U0840463

纳博科夫传

俄罗斯时期 · 1929–1940

（新西兰）布赖恩 · 博伊德 著　刘佳林 译

广西师范大学出版社
· 桂林 ·

第十三章　作家纳博科夫

我们对时间的感受也许是来自下一个维度的草稿。

——《最后的证据》手稿

纳博科夫之艺术的真正故事在于，他要发现创造性的形式与虚构 292
手段，去表现他的哲学所提出的全部问题。二十年代末，他不仅抛弃了早期诗歌中的那些二手词汇和技法，而且告别了诸如《声音》《仁慈》《柏林向导》等小说中那种直接的沉思，这些内容最好作为哲学来处理，可惜还很单薄，作为艺术吧，又太平了。随着他的才能不断发展，纳博科夫找到了新的结构与策略，从而使得他的思想可以尽情展现出知性的价值来，同时又有人性的背景，有根基，有名姓。

在《防守》中，纳博科夫首次设计了一个手法来充分表达他的思想观念。在开始研读他的第一部杰作之前，我们需要对纳博科夫的思想进行研究，需要分析它们是如何构成他艺术之独特性的。

一

纳博科夫坚信,只要我们学会不理所当然地去看待世界,生活就会充满幸福。这一基本倾向——别忘了,他的第一部长篇小说就曾准备命名为《幸福》——影响着他的全部创作,它的好奇心,它的开放姿态,最重要的,它充满感激的惊奇感。在早期一个短篇中,他说,一个次要人物“是悲观主义者,像所有的悲观主义者一样,是一个可笑的、观察力迟钝的人”。[1]在他早期的一首诗歌中,使徒们看到蛆虫从一条狗的膨胀尸体中爬出来时觉得很恶心,但基督却独自对死狗那洁白的牙齿感到惊奇。[2]

在纳博科夫看来,将生存看作是优胜劣汰的斗争,是要争取全球垄断,这样的常识大错特错。他的一个人物承认,很难对付“生活的所
293 谓实际的一面(你我在星光下卖书做账显得很不真实)”。[3]纳博科夫用“艺术”反对“常识”,但他的艺术有着特殊含义,常常引起误解。[4]卡车司机会说,运输使世界得以运转,但纳博科夫不会因为自己是一个艺术家,就相信艺术是比其他人类活动更重要的职业。他也不会把艺术看作是避难所和隐居地,可以从残酷的世界逃进鉴赏家的茧室里,编织着往昔生活的那些精致蚕丝。对纳博科夫来说,艺术是能够从屠宰店的那些肉块上看到美的精神,是从忙乱的世界中超脱出来的精神,不是要弃绝世界,而是要重新打量它,去品味那无价、无用又无餍的生活。

在他的艺术中,纳博科夫既探求一物区别于另一物的独特之处,又探求将不同事物联系在一起的组合方式。他天性喜欢独立,喜欢任何独立不依的事物,喜欢心灵在遭遇自由粒子的世界时的那种自由。

他憎恶一般与概括，憎恶强迫性的联系。例外，意想不到的火花，有待在新的特异层面发现的起爆的细节，总是能够摧毁分类学、决定论和通则的牢狱。他喜欢去看待事物自身，而不受范畴或平均数的限制，他喜欢观察处于开放状态的瞬间，喜欢将每个事物无所约束地珍藏在心里，喜欢追求更彻底的心灵解放，能够摆脱性格的囚室，时间的牢房。

尽管他赞美自由电子，他对分子的各种可能联系也大加颂扬。他发现，就像事物的独特性一样，它们与其他事物、瞬间和心灵的重新组合也是奇妙无穷，难以解释，比如长期进化发展的自然界的复杂拟态手段，比如某个瞬间的精妙和谐。世界充满了花样，它们太容易被忽视，比如雪花上的几何图形，比如信手涂鸦的图案。宇宙充满着各种意想不到的联系，而纳博科夫认为，最接近于生命创造奇迹的却是，他能够将那些看似风马牛不相及的东西重新排列整合，从而构成他自己的组合，比如词语、世界、感觉。

二

纳博科夫哲学的第一个假设是，意识是第一性的，“意识是世界上唯一真实的事物，是一切神秘之物中最神秘的一种”。[5]在《玛丽》中，加宁的记忆再造了他和玛丽的过去，因此柏林彻底从眼前淡去。纳博科夫强调心灵的指导性力量，加宁的记忆无须依赖什么契机，无须尝
一尝从普鲁斯特糕点铺出来的什么小玛德莱娜点心。像纳博科夫本 294
人的记忆一样，它们是“精心修剪过的直接射线，不是火花或亮点子”。[6]

另一方面，纳博科夫并不是唯我论者，他知道，外部世界抵御着内

部世界的欲望,不管这些欲望多么强烈、迫切。尽管他常常为人类意识的力量感到自豪,但也对它荒谬的局限性无可奈何,比如死亡,孤独,甚至我们与自己的过去的隔绝。心灵提供的一切让他激动,心灵闭锁的一切让他惊骇,纳博科夫的全部作品都在致力于弄清我们“在为意识所拥抱的世界中的位置”[7],致力于剖析我们丰富的生活与它的渐行渐远之间古怪的不一致性。我们的生活每时每刻都在积累,却总是跟我们的当下状态不同,它不断退向过去,而我们在向死亡迈进。

在探究意识之位置的同时,纳博科夫还留心进化问题。他认为,生命本质上是创造性的,不断演化为更丰富的生存样式,每个样式都比前一个样式更自由,更具创造性:从卵到蠋再到翩翩起舞的蝴蝶,从单细胞到智人,从沙沙的雨声到托尔斯泰。在这方面,他当然受到柏格森的影响,二十年代中期,柏格森是家喻户晓、影响广泛的人物。《玛丽》《乔布的归来》和《柏林向导》忽然将空间与时间进行对照,这显然表明他当时正在接触柏格森的著作。事实上,在流亡欧洲期间,他曾如饥似渴地阅读柏格森。[8]为了强调世界是非决定论的,柏格森把时间与空间分开[9],纳博科夫从心底赞同这样的做法。他也接受了柏格森认为时间是比空间更丰富的存在样式的观点,不过下面这个观点却是他自己的:空间上的可能回归与时间上的不可能回归构成荒谬的对立。

纳博科夫从柏格森那里接受了多少,又有多少属于他自己,这很难估量。柏格森制造了空间与时间的不和,目的是要反对机械唯物主义。他认为,狭隘的空间或外在的世界观是机械唯物主义的,而时间或内在的世界观则不然。因为受母亲和俄国象征主义的影响,纳博科夫本人就是十九世纪唯物主义之反动的产物,因此他也许会发现,柏格森的目的跟他具有亲缘关系,而无须首先认同他的观点或结论。

早在学生时代,纳博科夫就曾对黑格尔的历史辩证法进行过新的阐释,认为那是从封闭的圆走向开放的螺旋体,第一个弧线是正题,它导向更大的反题的弧线,然后回到合题,那是新系列的正题。[10]在他看来,那个不断扩展的螺旋体永远不停地展开。他将这个看法用于他 295
个人生活的结构,用于他关于蝴蝶翅膀斑纹进化的科学思考,最重要的,用于他的形而上学,用于他对时间的认识,在他看来,时间就是在不断扩大开去——这种认识似乎源自天生对自由的向往,它先于黑格尔或柏格森的影响:

> 每一个维度里都必然有一种媒介在起作用,在事物螺旋式的展开中,如果空间能变成某种类似于时间的东西,而时间又转变成某种类似于思想的东西,那么,当然接着也就会产生另一个维度。[11]

在先前一本著作中,我曾把纳博科夫的形而上学结构描述为一个双螺旋体,他对独立及组合的双重热情决定了他对所描述的每个存在之弧的态度:空间,时间,思想,人的意识,还有更为超验的东西。[12]

为了描画人的意识,全方位的意识,纳博科夫深感,不仅要从内在的三维方面去描绘存在,还必须把世界瓦解为一维或两维,或者扩展为四维或五维。因此,《王,后,杰克》开头的那个世界可以独具特色地摇晃,那是一种令人不安的感觉;他小说中的世界有时变得过于扁平,有时变得过于层次丰富,比我们脑子里所能想到的三根轴线还要多一两根。正因为如此,他的作品会令那些认为形而上学早已被抛弃的读者感到愤怒。

抛弃形而上学本身就是一个形而上学问题,那些抛弃形而上学的人也把他们自身抛弃了；只要人类存在，形而上学就不会死去。从二十年代开始，纳博科夫就不断提出这些问题，他使它们变得非常紧迫，值得我们重新去面对，只有麻木的人才会无知无觉。他的怀疑主义是无情的，他对任何宗教的漠视是彻底的。他拒绝仰仗传统，他抛弃不可靠的知识，摆脱沉湎中的感情，他提供的答案并非确切的结论，而是哲学的可能，迫使我们重新开启我们以为有理由关闭的大门。

三

纳博科夫活着的时候，人们常常指责他是一个变戏法的魔术师，没有什么实质性内容。实际上，纳博科夫终其一生的写作活动所玩弄、驾驭的“戏法”恰恰证明，他具有非凡的想象力，并试图将对世界的全部独创性感受与认识传达出来。

296 在《庶出的标志》中，纳博科夫直截了当地提出意识第一性，并在费奥多尔的《车尔尼雪夫斯基传》中做了详尽的阐发。此外，在所构思小说的方方面面，他都不断强调意识的中心地位。甚至与所谓客观世界的直接面对强调的也是意识的重要性，比如在《王，后，杰克》开头一章的那个列车车厢里，每个人物似乎都属于不同的世界。那种不同常常会演变成着迷的坚硬外壳：金波特的赞巴拉，赫尔曼的孪生形象，卢仁的象棋。纳博科夫常常让某个人物的意识把我们吞没，直到我们晕头转向时才被释放出来：外部现实似乎仍在展示它那无可挑剔的真实证明，而摇晃之间我们发现已经陷身于梦想、幻觉、疯狂或垂死大脑的最后一次精神冲刺。在《未知地区》中，我们无法区分哪里是谵妄，哪里是现实，就像我们永远无法识别客观的真实一样。我们所能知道的只是主观。

意识不仅从个体那里发射出来，它似乎还呈现在世界之中。纳博科夫的典型意象是一种动画般的感觉，其中甚至那些没有生命的物质也会突然获得生气，或者仿佛怀着某种意图活着：一个影子会纵身向前去倾听；一面镜子会“一夜辛苦……劳碌”，因为有人在它前面来来回回；雨停了又下，“好像在练习”；云雕刻得很拙劣；一个导演潜伏在松树的背后。这并非旧式的拟人手法，也不是老套的感情误置，在粗枝大叶的诗歌中，在水彩画里，我们经常看到这样的手法，湿气就表示人物情绪在风中的飘荡、林中的弥漫。纳博科夫的意象跳过了惊奇的鸿沟，它们有意显得很假，不自然，但唤醒的却是这样一个可能世界，那里，熠熠生辉的意识是我们无法看到的。《王，后，杰克》这样开头：

> 那根硕大的黑色指针仍一动不动，不过很快就要做出它一分钟一次的动作；那富有弹性的抖颤将会促使整个世界运动起来。钟面会慢慢转过脸去，充满绝望、轻蔑和厌烦；铁柱也会开始一根一根地往后跑，像无精打采的男像柱，带走车站的穹顶；站台会开始往后移，带着烟蒂、废票、光斑和唾沫，开始莫名的旅程……[13]

他的所有动画形象，比如那个钟面，那些铁柱，那个站台，四处分散在他的作品中，进而造成一种不断积累的下意识印象，似乎物质或空间也是有思想的活物。他的所有动画制作人——艺术家，作家，木偶演员，象棋大师，命运，天神，甚至火车站大钟上的那根颤动的指针——都在“玩着世界的游戏”，它们让我们起疑，时间看来并不那么单纯天真。

四

297 现在我们转向纳博科夫的存在螺旋体和它的第一道弧线即空间——当然我们只有在它与当下的意识交叉时才能认识到它。在处理物理世界时,纳博科夫没有像巴尔扎克那样去堆砌大量的信息,而是采取迅速变焦的手法,因此既有凡·艾克那种精确的细节,也有葛饰北斋那信手留下的空间。① 比如:“我记得一个特别的落日,它把一抹余晖留在了我的自行车铃上。”或者:“早晨,她是洛,平凡的洛,穿着一只短袜,挺直了四英尺十英寸长的身体。”

纳博科夫能够让他的细节无限细微下去。他对科学家、艺术家的好奇心大加赞美,他们绝对不受功利性考虑的限制。为了追求涉笔的精确,他不惜冒犯典雅,比如他会描写印堂,克劳泽的细胞②,或者“油亮的红草莓……每一粒瘦果都宣称要跟舌乳头亲近”。[14]只要存在浓淡深浅,他就不会满足于差不多的颜色:瓦夏舅舅的眼睛是“灰绿色的……有一些赭色斑点”,夏天,他会招摇地穿着各式各样的衣服:“鸽灰色,鼠灰色,银灰色。”[15]他留意那些意想不到的层面上的细节:烧得很热的平底锅上的青烟,阴影的颜色与形状。

在纳博科夫笔下,细节绝不是惰性的,它们的周围存在着静电。事物就在**那儿**,与我们的意图无涉,可当我们心不在焉时,这些事物却

---

① 凡·艾克指胡伯特·凡·艾克(Hubert van Eyck,1370—1426)和扬·凡·艾克(1385—1441),二人是文艺复兴时期尼德兰画家,曾合作根特祭坛组画,这是欧洲油画史上第一件重要作品;葛饰北斋(Hokusai,1760—1849),日本著名画家,作品有《富士三十六景》等,尤以《巨浪》知名。

② 克劳泽(Wilhelm Krause,1833—1910),德国解剖学家。克劳泽的细胞,指生殖器黏膜上出现的细小的感觉微粒。

会吸引我们的注意，似乎生活更加关注这些事物，而我们却懒得去想。因此，亨伯特在草坪上除草时注意到“草屑在眼前的夕阳里吱吱直叫”。或者，为了强调一件琐事的妥帖与价值，他会轻轻转向另一个聚焦点：在《柏林向导》中，他突然拉开距离，去关注电车售票员制服上的纽扣；在《征兆与象征》中，他突然进行放大，去描写那位老父亲痛苦地取下刚装的假牙时拖出的“长长的涎水”。

作为一个科学家，一个艺术家，世界在纳博科夫眼里不仅是具体而微的细节，也是大量的组合、花样与和谐。从一开始，这片或那片空间中的巧搭配就让艺术家的纳博科夫兴奋不已：园中小径上阳光与叶影的交织，开着煤炭卡车的黑脸的送煤工与他齿间衔着的酸橙树枝的嫩绿树叶的滑稽对照。[16] 而科学家的纳博科夫则始终惊叹自然设计的精湛，惊叹从原子和水晶到云彩和彗星每个层次的井然有序。他懂得，从柳叶菜到泥炭兰，从连雀到鹧鸪，从榆树到泡桐，从丽鱼到海鞘，生命形式一直在扩展。他研究生态的和谐组合：

> 初生的……塞勒涅豹纹蝶……一只已经衰败但仍在抖擞的 298
> 凤蝶……两只带紫色的铜灰蝶……这些迷人的生灵啊，从它们眼下混处共居的情形，你不但可以准确地说出夏天的年龄（几乎可以精确到一天），还可以说出这里的地理位置，空地上的植被构成——所有这一切对他来说是那么鲜活，真实，永远亲切，只需锐利、老到地一瞥，费奥多尔就将它们尽收眼底。[17]

对纳博科夫来说，最深不可测、最激动人心的是大自然复杂的拟态本领，其设计远远超过生存需要，其惟妙惟肖的程度让任何捕猎者都无法识别。在这一非凡的层次上，大自然似乎在完善其作品方面也获得了难以言喻的**艺术**快感,生怕我们的慧眼轻易就识破。

纳博科夫知道,大自然是一个对手,在与它的游戏中,他无法超越。因此,除了那偶一为之的赞巴拉鸟或反地球植物外,他并不劳心去重新杜撰自己的生命树,但会用更稳健的技法去描画大自然提供的东西——金合欢树那鸡雏一般的绒毛,一颗仿佛小直升机般旋转的翅果——其手段之高超罕有艺术家可以比拟。同时,纳博科夫也有所作为,他可以虚构自己的世界,让它充满令人惊奇的花样,形状有大有小,其种类、复杂程度、纷繁错综的层次与他早年就在大自然中震惊地看到的那些花样颇有几分相似。他总是咀嚼着那些音韵婉转的诗句,想从中获得在自然感受中领略到的惊奇,他将拟态描述为"大自然的韵脚"。[18]在纳博科夫成熟的小说中,声音的游戏,离合字的重组,多主题的发展,某个层面一目了然、换个层面若隐若现的那些捉迷藏的花样比比皆是,乍看上去,它们比小说中的其他任何东西都假。也许吧,纳博科夫会说,不过,大自然可是第一出色的技师呢。

五

纳博科夫或者像在《阿达》里那样通过直接的陈述与论证,或者通过把对称的空间跟不对称的时间进行形形色色的对照,从而坚决地分割空间与时间。

在时间的世界里,他把未来当作"一个时间项"加以取消,以维护自由。他彻底否认它的存在,就像在《庶出的标志》《阿达》《透明》中一样。他用整个作品来构建可靠的期待,结果只是为了彻底地毁灭这
299 些期待。尽管他的第一部长篇小说名叫《玛丽》,但玛丽从未在加宁的柏林出现;《事件》中让特罗谢金陷于恐慌的那个不断迫近的事件从未

登场;《洛丽塔》中的卡门主题构成了虚假的期待,人们以为亨伯特的牺牲品将是洛丽塔自己。在《洛丽塔》《阿达》这样的小说中,节奏的突然中断破坏了稳定、连续的假设。在《天资》或《洛丽塔》中,虚假的连续引诱我们沿着一种可能的情节线前进,结果只是要让我们明白,那脚下看似坚实的石阶却是幽灵一般的楼梯,把我们引向陌生的境地。在《时间与落潮》《兰斯》《阿达》中,纳博科夫还会颠覆科幻小说,那里幻想的未来结果比我们漠然置之的过去——我们的现在——更平淡无奇,它不多不少就是人类希望与恐惧的奇迹的永恒状态。

往回看,纳博科夫发现,过去充满了鲜活的花样,而在他之前,谁也想不到这样的可能性。它们是否意味着什么,这另当别论,现在的问题是:究竟有多少是我们直接察觉出来的?有多少是创造出来的?

爱的力量促使《天资》、塞·奈特的《成功》和《庶出的标志》中的主人公去回首往昔,去解释他们何以相遇。在每一种情形里,恋人们都差不多不止一次地触及他们更早时候的生活。在最后成功地姻缘相牵之前,那些不断重复的手段是否表明,那个坚持要成就双方的命运经历了一次又一次错误的试探?还是爱人们热切的好奇心才促使他们去探究那纵横交错、梢有差池就会失之交臂的过去的花样?

尽管赋予过去的花样以意义是困难的,尽管他捍卫时间的非决定性,纳博科夫还是孜孜不倦地寻找着命运的某种证据,那不是靠无可违逆的天意发挥作用的命运,而是走一步但在第一步失败后再设计另一步的命运:“正是针对这样的偶然性,命运准备了另外一种连续性……”[19]生活当然会经常发生明显的巧合,纳博科夫也给这些巧合派上了用武之地,但同时他特别谨慎,尽量不去构造这样的情节,那里巧合一个接一个,从而形成一个假的必然的悲剧逻辑。

纳博科夫的一些主人公自己会扮演命运的角色,这样就没有什么人物比他们——雷克斯、克莱尔·奎尔蒂——更残忍、更堕落，他们用其他人的生活来玩猫捉老鼠的游戏，以此来折磨他们。另一方面，纳博科夫凭直觉认识到，即使是在悲剧性的失去之时间花样的背后，仍有温柔存在，而小心翼翼地检视个人生活，用艺术形式来表达我们的过去，将命运人格化地体现其中，就像费奥多尔、谢德和纳博科夫本人一样，这是接近温柔的最好办法。

300 纳博科夫之所以能够用崭新的方式去研究时间的花样，是因为他慢慢掌握了对小说的细节进行重组的技巧。他会对一个反复出现的元素进行足够的变形处理，使得重复轻易就被忽视；他会漫不经心地抖落一条信息的片言只语，让我们去把它跟其他明显一目了然的事实联系起来；或者，他会把许多零星的细节网罗在一起，很久后又在另外一个遥远的语境中重复这些乌合的细节。《洛丽塔》有两个主要的、表面看来各不相关的高潮，彼此相隔五年之久，行程相距千里之遥，前面又是殊异的终点，可在奔向那里的路上，亨伯特每次都会在一个叫帕金顿的地方的加油站打个电话，而小说并无其他场景在帕金顿发生。这是偶然呢，是自动的记忆重复呢，还是有趣的巧合？如果其他巧合开始加入到这个花样里，我们是否该努力发现其中的意义？更多的巧合掺和进来后，我们还能**拒绝**解释那明显的、迫切的意义吗？在《阿达》中，在两个相隔数年的场景里，分别紧挨着出现了摩托车、“林中马道”和“吉卜赛人”的字眼，但是背景不同，人物各异，而且是不同的摩托车，不同的“吉卜赛人”。在一本充满大量细节和明显花样的小说里，这些细节微不足道，它们的重复又经过如此变形，只有在仔细的重读之后，我们才能注意到它们的彼此呼应。即使这样，它们还是会被当作纯粹的偶然装点而被忽略——**直到**我们发现，它们是在一个更大的构思中发生的，我们才觉得迫切需要对它们做出解释。

无论纳博科夫组织进时间里的花样是什么，无论它们是一目了然还是云山雾罩，无论它们在蓦然回首时是否像命运的播弄，他都不允许它们对未来进行预兆：

> 时间里的现象纷繁杂沓，反复出现的组合唯有不再影响我们的时候，才能被如此辨识出来——这时我们可以说已经被囚禁在过去之中了，说它是过去，因为它已经消过毒了。[20]

消过毒了，也就是说，当下的人们不再能够自由地去选择了。

六

选择时的意识处在它永恒的当下之狱中，这样的意识成了大多数小说家的主题。纳博科夫碰巧还有别的主题，却无碍于这个主题。如 301
果他研究的存在维度比我们的维度窄或者宽，那是为了更好地勘察人类可能性的边界。

他不断赞美人类意识的宽广，同时他又叹息它的微不足道，与我们所能想象的其他存在状态相形见绌。让我们先来看看积极的一面。

在纳博科夫的文体风格中，他的句子遵循着独特的运动规律，这是他所了解的心灵力量的展示。他拒绝让一个时刻所做的选择去主宰下一个时刻，他以此来拓展散文的自由。《透明》的首段只有一句，显然是叙述者在说话：

> 这就是我想要的人。你好，人！他没听见。

跟着又是一行，又是一段，说：

> 如果真有未来存在，具体地以个体的形式存在，就像脑子较好的人所能觉察的东西一样，过去也许就没有那么诱人了。

打开托尔斯泰的作品，从一页的开头，我们就能知道页尾的气氛，除非中间出现一段流光溢彩的感情，就像阳光掠过阴沉的大地。翻开一页《尤利西斯》，我们就能预先想见下一段的风格，只是我们永远无从知道，乔伊斯会在哪里挖出这棵或那棵独特的语言块菌。但在纳博科夫成熟的作品中，哪怕是在一个句子或一个段落里，我们也找不到暗示，不知道下面会发生什么。在《说吧，记忆》中，一个句子开头写的是他那在半空中的父亲，可没有任何停顿，还是同样的节奏，句子就以十五年后的情形结尾，以教堂里的景象进入永恒。在《洛丽塔》中，一个句子介绍了亨伯特的母亲后又把她打发走了，在几段奇怪的拉扯后，最终收笔于我们自己的回忆：

> 我的那位很上相的母亲在一桩反常的意外事件中（野餐，闪电）去世了。除了保留在最最黑暗的过去中的一小片温暖，在记忆的岩穴和幽谷中，她什么也不存在了。我幼年的太阳，如果你们还忍受得了我的文体（我是在监视下写作的），已经从那片记忆的岩穴和幽谷上方落下。你们肯定都知道夏天黄昏，在一座小山的脚下，那芬芳馥郁的落日余晖，带着一些蠓虫，悬在一道鲜花盛开的树篱四周，或者突然被一个漫步的人闯入和穿越；一种毛茸茸的温暖，一些金黄色的蠓虫。

物理学告诉我们，动量越大，改变方向所需的力就越大。在三十年代，在以后几十年的一个又一个句子中，纳博科夫的散文常常会打破这个定律，它们一方面在高速运动，一方面又不断进行各种转向，甚 302
至就在一个句子里完成：从饱含感情到嬉戏，嘲讽，超脱，怪诞，美；从此时此刻到另一个时空，再到第三个时空；从近到远，从抽象到具体，从第一人称到第三甚至第二人称（“陪审团的女士们和先生们！”或者“在生命的最后几夜，我不会后悔，我的爱”）。范在发现阿达的不忠后最终离开了阿迪斯，他忍着痛苦与悲伤，准备着各种物事：

> 早安，再见，小卧室。范剃须，范修剪脚指甲，范精心地穿戴：灰色的袜子，丝绸衬衫，灰色的领带，刚刚熨过的深灰色西服——鞋子，对了，鞋子，不能忘了鞋子，无须挑选别的东西了，把二十枚二十美元金币塞进麂皮钱包里，把手帕、支票簿、护照分开放，还有什么？没有了，屈下僵硬的下身，在枕头上别一个字条，要他们把他的东西收拾好，直接送到他父亲的住处。儿子死于雪崩，帽子也没有找到，避孕的东西给了老向导家。

这里没有一贯得体的绝望，只有跌跌绊绊的心思，从内到外，从夏日的阿迪斯到白雪皑皑的山顶，从例行公事般的轻快到最后荒谬又带几分惬意的嗤笑。

纳博科夫不相信，我们悲伤的时候会是充满了盐水的海绵，情绪改变（**挤掉**）的时候，又会不断吸收幸福的绵柔糖浆，直到饱和状态。相反，他认为意识是相当复杂的、流动的和多信道的，即使是在特别紧张的时候，也会出现跑马的思想、离题的念头，并且始终准备意识到对自身的意识。他的文体是最精致的心理学。《洛丽塔》开篇不久，天真的洛丽塔穿着星期天的漂亮服装,两腿搁在亨伯特的膝盖上,他经历了一次偷偷摸摸的战栗。就在他专注于隐秘的快乐时,他的思想仍在东游西走:

> 隐约的阳光在填补的白杨枝叶间颤动;我们意想不到地、神奇地单独待在一起。我瞅着她,她脸色红润,待在金色的尘埃中,在我抑制着的喜悦的帐幔之外,自己并不知晓,而且也显得格格不入。阳光照在她的嘴上,她的嘴似乎仍在哼着卡尔曼——酒吧间的男招待那首小调的唱词,而我已经无法意识到了。现在一切都准备就绪。享乐的神经已经暴露出来。克劳泽的细胞正进入疯狂骚动的阶段。最小的一点儿压力就足以使整个天堂敞开。我已经不是“猎狗亨伯特”,那条目光忧伤、体力衰退、紧抱住不久就要把他踢开的靴子的杂种狗了。我已经脱离了被人嘲笑的磨
> 303 难,也不可能受到什么报应。在我自己修建的内宅中,我是一个容光焕发、体格健壮的土耳其人,充分意识到自己的自由,故意把享受他的最年轻、最脆弱的女奴的快乐时刻往后推延。

亨伯特所有存在的通风口都打开了。他从明亮的窗户向外张望,他把闪烁协调的阳光和阴影跟他花样精美的散文搭配起来;他的眼睛调整为一个特写镜头,聚焦于洛丽塔脸部发光的轮廓;他把炽热的激动、科学的术语和诗性的节奏混杂在一起;他描写不断膨胀的自我专注,又嘲弄般地保持着某种距离;他不断增长的兴奋激起了他更加遥远的遐思。

注意,尽管亨伯特可以随心所欲地调整自己的思想,但时间依旧稳步地流逝。这样的流逝对他的散文来说是很自然的,纳博科夫只是

偶尔才去动摇这种进程,但就是那样,他仍会不断变化语气语调。请看《微暗的火》的索引:

> **昂哈瓦** 美丽的赞巴拉首都,12,71,130,149,171,181,275,579,894,1000
>
> **奥塔尔公爵** 上流社会异性恋者,赞巴拉爱国志士,生于1915年,他的秃顶,他的两个十几岁的情人弗萝尔和菲法尔达(后成为奥塔尔公爵夫人),两个姑娘皆为德·菲丽尔女伯爵的高贵女儿,有趣的灯光景色,71

或者,当克鲁格冲出他那被杀的儿子躺着的牢房时,英文文本爆发为一段关于手法拙劣的谋害的俄文假报告,并且提供了一段战战兢兢的重译:

> Tut pocherk zhizni stanovitsa kraĭne nerazborchivym[这里,用通常手法书写的生命变得特别难辨认]. Ochevidtzy, sredi kotorykh byl i evo vnutrenniĭ sogliadataĭ[那些证人中有一个是他自己的什么("内奸?""密探?"意思一点也不清楚)]potom govorili[后来说]shto evo prishlos' sviazat'[他必须要捆起来].

这些反常的表达效果自有存在的道理,在那些语境中,它们具有喜剧效果,或者像噩梦一般,不过这样的句子并不典型。通常情况下,纳博科夫会让幻觉保持稳定的发展势头,然后突然转向,进而加以颠覆。他避免现代主义文学的那些老套手法,他不会描写断裂、破碎的时间,不会从一个思想跳到另一个打了着重号的思想。要知道,今生今世,我们每个人都待在一种意识里,我们也无法逃脱均匀流逝的时光。但纳博科夫告诉我们,在我们听到的滴和我们等待的答之间,我们的心灵能够随意进行选择。

七

304　在一个极简主义艺术勃兴的时代,纳博科夫是一个极繁主义者。他通过意识的极限来探索人的本性。在贝克特的笔下,那些自动人正在等待遗忘,或将归于消亡;在福克纳的世界里,到处是傻瓜、弱智和白痴;可纳博科夫的人物却与他们天悬地隔。

在他的作品中,思想不懂得寻常的界限。有时,他会让他的人物彻底从叙事中解放出来,听任他们天马行空、凭虚御风,尽管非常抽象,但却个性鲜活:比如费奥多尔对车尔尼雪夫斯基的形而上学、认识论和美学的大肆抨击,哲学家克鲁格的思想草稿,谢德玄妙的沉思,范·维恩洋洋洒洒的论文《时间的组织》。更经常地,思想会在小说内部繁盛。他会让他的主要角色尤其是叙述人才华横溢、妙语连珠,这种倾向在他事业鼎盛时更为突出,他会调动各种手段来给他们增光添彩。

如果即使像赫尔曼这样一个巧克力生产商都被赋予了文学天赋,能够在《绝望》中讲述自己的故事,那么这并不是说,纳博科夫相信所有的人都聪明绝顶,或者唯有聪明才算一回事。他把笔交给他的人物,追求的是一种创造性的优势,这正好说明,他不愿意放弃个人全部的才智。范和阿达对他们“超凡的”天才沾沾自喜,他们成了他们世界的主宰,但《阿达》——纳博科夫的小说,而不是维恩的回忆录——为之雄辩的恰恰是被其叙述人放逐到边缘的那些人。

纳博科夫想检验花样繁多的思想，这在对话中很难做到，道理很快就会明了。让一个说话人能够像坐在写字台旁边的作家那样雄辩滔滔，这在莎士比亚甚至亨利·詹姆斯的时代也许能够做到，以后就不行了。只有在貌似真实的短暂顿悟中（谢德对金波特）或者在高度程式化的口气中（费奥多尔与孔切耶夫，范与阿达），纳博科夫才会把口头天才的魔仆放出来。他也不想去模仿私人思想在语言中的消散。他会检视某个人的内心（“护照，还有什么？没有了，屈下僵硬的下身”）或简要地戏拟内心独白，他会让我们通过报告出来的思想之滤器去追随费奥多尔的奇思妙想，或者把我们放到克鲁格混乱的心思中， 305
但他不会像乔伊斯、伍尔夫、福克纳有时会做的那样，逐字逐句地去捕捉即刻的思想。他知道，要把内心译成一段文字是不可能的，因为意识在“非时间的人类思想”[21]中活动，它有着不同的表达层次，会从一个信道飘忽到另一个松松垮垮的信道，或者同时从几个电台播出，信号会忽强忽弱，忽隐忽现。

纳博科夫希望思想是个体的、生动的，是他虚构的人物内心的产物，但又要达到最大值，拥有“心灵全部的百叶窗、盖子和大门……全天任何时候都可以立即打开”[22]，并且有时间把每一个瞬间的冲动都尽情地伸展蜿蜒。他要让他的人物利用书面语言的全部源泉。坐在两用沙发上的亨伯特集中体现了纳博科夫的手法：思想绝对不是油然而生的，围绕事件而蒸腾的热量绝不是这单个的时刻能够生成的。他没有**装着**去模仿亨伯特那即时的心思，但却能更好地**刺激**读者内心的分子，因为亨伯特原本就有机会静心书写自己。

对纳博科夫来说，意识活动远远多于思想活动。他还把感情推向极致：由失去而折射出来的爱（约翰·谢德和女儿，西涅乌索夫和妻子，费奥多尔和父亲），面对无可避免的厄运而表现出来的温柔（卢仁太太和一头栽进疯狂的丈夫，克鲁格和被政府屠戮的儿子，《征兆与象征》中的父母和发疯自杀的儿子），或者亨伯特对洛丽塔、范对阿达的一派热狂。在一些读者看来，最后两个例子所表现的强烈、浪漫而充满抒情意味的爱情真可以说是老掉牙了。人们不禁要问，这些爱人是否记得他们究竟在赞美**谁**（十二岁的养女，妹妹），或者他们是否在性格塑造方面取得了全新的成就，因为亨伯特在试图勾勒那个被他纠缠却无所报偿的恋人时，最后搞得很复杂，反而糟蹋了这个形象。一种纯粹矫揉造作的感情又矫揉造作地夸张为花哨的爆炸，没有什么比这更糟糕的了。对一些现代读者来说，那似乎有些夸大其词的必定是感情的整个强度，可是，我们只要看一看《说吧，记忆》和纳博科夫本人对维拉、父母、儿子、“科莱特”“波连卡”“塔玛拉”以及群芳之首、他妻子的爱，我们就会明白，何以爱会在他的作品中显得如此突出。

纳博科夫是第一位透过显微镜去点数蝴蝶翅斑上的鳞行的昆虫学家，作为一个艺术家，他同样坚持认为，我们的感觉应该既新颖又精确。他把科学家和心理学家的好奇心与知识赋予了观察者，也赋予了
306 观察对象。他没有把自己局限在五种传统的感官之中，他致力于本体感受或像飞蝇幻视之类的微小现象（眼纤毛虫爬过我们的视野）。他让范·维恩立足于威廉·詹姆斯的发现；他在一个短篇小说的随机观察中预示了 J. J. 吉布森那出色的视觉理论；他在《说吧，记忆》中阐述了对联觉的看法，后来又高兴地发现，他的观点被有关该主题的学术研究引用。他有着画家一般对光的感受，有着画图员、演员或运动员一般对运动、动作、面部特征的感受。他擅长根据一个印象来仔细描写另一个印象，或者发挥想象去看待某个事物、感受某种感觉。随便翻开一页，我们会读到，洛丽塔涂了口红后，牙齿“像酒浸过的象牙”一般闪闪发光；亨伯特怀疑她不忠，他不愿意“由于我的散步所产生的那

种心旷神怡的感觉——由于吹拂着我颈背的初夏的清风,由于潮湿的沙砾发出的嘎吱嘎吱的声音,由于我从一只蛀牙中终于吸出的那一丁点儿有汁水的事物"而分心。纳博科夫告诫他的学生和读者要训练感官想象力,要能**看到**安娜·卡列尼娜的颈项,要能在博斯①的油画中体味到"眼睛的快乐,去领略跟女人一般大小的草莓拥抱时的那种感觉和味道,或发现一个非同寻常的洞口后那奇妙的感受"[23],而不是什么乏味可疑的象征意义。

有些评论家指责纳博科夫过于理智,有些评论家说他过于浪漫,有些评论家则发现他过于感官。对,纳博科夫就是要穷形尽相地去描写人类的思想、情感和感觉,甚至仅仅这样还不够。

八

纳博科夫想拓展意识,这很好,可是我们碰巧只能拥有自然、文化和机遇赋予我们的那些东西。他想逼近人类的种种界限,可是仅仅依凭那些远非齐整精良的装备,他如何能去处理真实的人?

对此有两个答案,一个是他的心理学,一个是他的伦理学。

纳博科夫对弗洛伊德的蔑视是出了名的,这并非由于他讨厌心理学,而是因为他深爱主体的无限可能。像对感知活动充满好奇一样,他对心理的各个方面也充满好奇,不过,现在还不是全面探讨他心理学观点的时候。就目前的主题而言,我们可以说,这跟他对人物性格的理解有很大关系。因为热爱独立,所以他要去探究意识的边界;出

---

① 博斯(Hieronymus Bosch,约 1450—1516),尼德兰画家,生于北布拉班特的斯梅尔托亨博斯,受基督教神秘主义神学影响,其作品带有强烈的象征性、暗喻性,同时兼具民间艺术的讽刺和风趣,代表作有三叶式祭坛画《干草车》《世上欢乐之园》《圣安东尼的诱惑》等。

307 于同样的热情，他特别留意人的个性和彼此间差异的程度与价值。他相信，我们的存在是由许多无法预料的特殊构成的，不能从任何一般中加以推演，但又跟每个自我的那种神秘、独特的和谐相适应。洛丽塔不是“某部女性小说中的脆弱的孩子”，而是那个坐着用指头捡起卵石朝一个罐子扔去的姑娘；阿达始终是那个嘴角挂着一丝甜蜜，把头一甩，仔细琢磨着她正看着的那个人，睥睨的微笑背后藏着某种诡秘，却又准备热情迸发的姑娘；卢仁始终那样无助，一头冲进一个他所知甚少的女子的房间，通知她说，她将要成为他的妻子，然后一屁股坐在散热器旁边大哭起来，抓住那个女子的胳膊，亲吻着“某个又硬又冷的东西——她的手表”。

虽然我们的个性不可化约，但我们又不是由各自分离、互不相关的瞬间构成的，它们并非倏然而来、飘然而逝。我们当然会具有某种经由时间构成的统一性，却没有什么通律可以去发现它。在纳博科夫看来，我们每个人都有“某种独特的生命花样，每个人的悲伤与热情……都遵循他个性化的规律”。[24]这种花样的诸构成要素在聚合到一起以前会像生命中的任何东西一样无法估量，但它们终将结合起来，胜过各自的和谐。就像金波特那样，人物性格中的所有形形色色的构成要素——他的妄想狂，他的同性恋，他的想入非非的乡愁，他对邻居的冒犯，他对个人生活的气恼，他的乒乓球，他的伙伴，他的孤独，他那半是寄生虫、半是篡改者的文学评论家的身份，他对自杀的渴望——都会无所龃龉地融成一个天衣无缝的整体。

像纳博科夫的其他一切一样，他的伦理学也来自他的意识观念。他将意识看作是自由的空间，正如他的文体所示，心灵可以思接千载，视通万里，挥洒自如，同时又总能反观自觉。不过，意识终究是人的意识，它是自由的载体，又是禁锢的所在。纳博科夫塑造了许多精神上异常自由的形象,可同时他们又都是执迷不悟的性格。对这些形象来说,强烈的感情似乎可以让他们柔情似水,羽化登仙——而恰恰是在这个时候,在他们孜孜矻矻的时候,他们成了最盲视、最自私、最残忍的人。不过,纳博科夫指出,即使是这样,他们的心灵仍没有丧失全部的开放性与灵活性,即使是情痴意迷,我们也绝不会偏执于一隅而动弹不得。当亨伯特坐在那张两用沙发上,洛丽塔的身子压着他,她一无所知,他轻蹭慢擦的时候,他的精神依旧无拘无束。一年后,他将成为她的爱人,她的牢长,她的磨盘,他更加痴迷,但是他的心灵依旧奔 308
放自由。纳博科夫把我们放到亨伯特、金波特或范·维恩的内心,让我们在另一个人的身上体验自我的盲目,他比任何一个作家更让我们感到震惊。

现在也许就比较清楚了,纳博科夫让他的许多人物成为艺术家,并将他们的艺术放到突出的位置,这并不是说他只是一个唯美主义者,或是一个自大狂,要让他的世界充斥着各种小纳博科夫。在他看来,他的作品所关注的那些想象性生灵是这样一些人,他们待在意识的最后堡垒中,如果他们愿意,他们可以越过堑壕,获得彻底的自由。可他们结果却表明,堑壕是无法逾越的深渊,那光怪陆离的监狱则是荒凉寂寥的土牢。那些艺术家—疯子(巴赫曼,卢仁,赫尔曼,《征兆与象征》中的儿子,金波特)试图从他们世界的狭长裂缝中逃走,结果却出现在最凄凉阴郁的人间牢狱中,焦虑又孤单。那些艺术家—罪犯(雷克斯,赫尔曼,亨伯特,范·维恩)妄想纵身跃过道德责任之墙,最后却是铩羽而归。于是就又有了这样许多艺术家、思想家,他们是凡人,他们常犯错,他们必须面对死亡与失落:辛辛纳特斯,费奥多尔,西涅乌索夫,塞巴斯蒂安·奈特,V.,克鲁格,亨伯特,普宁,谢德,金波特,范与阿达,休·珀森,瓦季姆·瓦季梅奇。甚至那些喜欢沉思的心灵比如克鲁格、西涅乌索夫或范·维恩，他们差不多已经走到边界，眼睛紧盯着黑黝黝的死亡之镜，但看到的也只是他们自己的映像。唯有那样一些形象，他们认定艺术是间接的，有着一束束光芒，一幅幅倒影，他们透过潜望镜似乎差不多窥见到了远处的某些东西。

九

约翰·谢德曾写过这样十个字，它们可以说是纳博科夫后期所有作品的座右铭："不在于文本，而在于结构。"[25]从上下文来看，这句话的意思是，尽管针对过去人类意识的任何直接的说法都会在我们的无知之墙面前碰壁，但一个艺术作品的组织结构本身却能对远处的东西提供一个线索。大多数读者承认，谢德的这个说法很妙，可他们却不愿意琢磨其中的意思，或者觉得它太缥缈，或者认为它不过是艺术的自吹自擂。纳博科夫是认真的，他的字里行间闪耀着某种奇妙的光辉，它诱引着读者，直到他们能够仿佛是从另外一边，从意识局限以外的某个地方来看待他书中的世界。要找到实现这种效果的方法，纳博科夫不得不重新思考小说能够做什么。

309 纳博科夫勾勒出了人类意识反复无常的边界，他让我们认识到，不加任何质疑就接受边界以外一无所有的说法，这样做是荒谬的。他通过直陈的方式（在《说吧，记忆》中），通过戏剧化的方式（亨伯特在杀害奎尔蒂之前跟他说："据我们所知，未来也可能是极其痛苦的精神错乱的永恒状态"），尤其是通过能刺痛人的想象力的意象来达到目的，因为总有那样一些人，他们对这类问题漠不关心，或者太过于自以为是。谢德回忆说：

在我那狂热的青年时代，有一阵
不知怎的我竟怀疑那尽人皆知的
死后复生的真理：
唯独我一无所知，
这是一项阴谋，
人们和书本向我隐瞒了这一真理。

或者如费奥多尔所说：“人们心理上已经习惯的那个不恰切的意象‘路’（生命好比一次旅行）乃是愚蠢的幻象，我们其实哪儿也不去，我们就一直待在家里。彼岸世界始终包围着我们，而根本不是在什么人生旅程的尽头。在我们尘世的住所里，镜子代替了那个世界的窗户，时辰未到之前，门总关着，但空气却从门缝里吹进来。”

甚至这样的意象仍然不够，仍过于直白，纳博科夫需要的是某种能够逃过感觉之哨兵的东西。要贴切地描绘意识的局限，我们不能去赞同或反对，只能去**体验**，纳博科夫修改小说的结构、散文的组织，为的是让我们撞击牢笼的铁栅，或者告诉我们，我们差点儿脱身。

现在我们就更加明白了，为什么纳博科夫会对二十世纪的许多自由思想抱怀疑态度。在这个时代，民主思想已经变得让人迷糊，因为大家觉得，任何超过平均数的东西都是一种罪过，而纳博科夫却固执于丰厚的馈赠，他宣称尽管他们已经拥有，但**他们**实际上还可以拥有更多。这没有让他成为一个反动派，却说明他与他那个时代的社会关切相距甚远。他是自由的斗士，但他的战斗是哲学的，形而上学的，而非社会的。

十

任何一个阅读六七十年代纳博科夫访谈录的人都会懂得,他特别
310 喜欢称自己为“V. N.”,这不过是地地道道的游戏。我们不要忘了,在他的访谈和前言以外的全部写作中,他变成了别人。这一点儿也不奇怪,像意识中的其他任何东西一样,在他眼里,人格个性既是奖掖也是监狱。

为了挣脱出来,纳博科夫抓住自我的铁栅,用手掌和手指估摸着它们的粗细,试图把它们扭歪。他伸手拿来一根撬棍,那是语言的一阵震颤(“……克鲁格想道,圆形的克鲁格[①],一个克鲁格套着另一个克鲁格”),或是整个作品结构上的惊奇。在《眼睛》的开篇,叙述者杀害了自己——这只是纳博科夫众多世界中的一个——但显然又靠思想的动量继续着他的柏林生活,对一帮老熟人中的一个捉摸不定的新面孔产生了强烈的兴趣,那是一个叫斯穆罗夫的人,结果却是他自己。

纳博科夫的一些主人公希望,他们能够在爱的迷狂中跟所爱的人同化混合(亨伯特与安娜贝尔或洛丽塔,范与阿达);另有一些人物急切地想了解他人存在的无法企及的秘密(费奥多尔与他的父亲,V. 与塞巴斯蒂安,金波特与谢德);还有一些形象渴望来自彼岸的某种征兆能够打破丧亲之痛的寂寞(马丁与父亲,费奥多尔与父亲,西涅乌索夫与妻子,克鲁格与妻子),但他们都失败了。

某些敏感的主人公假装在他们的故事中进入了别人的心灵(费奥多尔,《声音》中的叙述者),他们连续数页都保持这种状态,直到别人

---

① 克鲁格在俄语里即“圆圈”的意思。

的想象意识呈现出自己的生命，但这终究还是迫切要挣脱束缚的感同身受之举。而在《透明》中，那些死去的人物的幽灵则穿梭在另一个人物的灵魂内外，为我们讲述着他们活着时所了解到的有关他的故事，他们在个性和某种更为流动的公共身份之间逡巡游移。在《斩首之邀》中，主人公周围的每个人物似乎都是两维的，他们靠机械而非意识活动，辛辛纳特斯只有在死亡中似乎才走向他的同类。在其他地方，纳博科夫的人物都围绕着死亡这个平面，这样或那样地构成镜像或孪生形象：赫尔曼与那个他认为是他的镜像的男子，他将那个男子杀害，想为自己捞一笔保险金；V. 追踪着同父异母哥哥塞巴斯蒂安的过去，发现他的行踪非常飘忽，障碍重重，让人心力交瘁，这时他忽然明白，这种错综复杂的线索正是塞巴斯蒂安小说结构的模仿，V. 在追踪已故哥哥的过程中，似乎上演了塞巴斯蒂安·奈特的一部新作，似乎他成了塞巴斯蒂安；亨伯特杀害了他的嘲讽映像奎尔蒂；约翰·谢德成了金波特的替死鬼，后者是他那赞巴拉碧空之镜中的影像，他欣赏的是 311
谢德的诗歌和他本人的自我；范和阿达在生命的暮年一起合写《阿达》，可以说，他们在书中、在死亡中合二为一。

在现实中，内部自我与外部世界之间也许存在着无法变更的障碍，但纳博科夫仍明白，语言差不多能够突破这种障碍。与他之前的任何作家相比，纳博科夫在同一个故事里更为自由地在第三人称叙事和第一人称叙事之间穿梭往来，时骤时舒，亦张亦弛，神出鬼没。他会在悄无声息中让我们恍然若梦地直接进入世界和他人的内心，接着又把我们拉回到一个叙述性的自我：费奥多尔和亨伯特，金波特和范·维恩，他们都在转瞬之间变脸换面，刚刚还是个性化的自我之“言”（“I”），转眼就成了小说中的非我之“眼”（eye）。纳博科夫知道，在日常生活中，我们每个人都无法跨越缺席与出席、自我与世界之间的界限,因此他要利用书面语言的特殊环境来随心所欲地模糊或明确这种界限,他身手敏捷,张弛有度,我们不禁感叹,走到另外一边旋又折身而返,是多么的简单!若是生活也能让我们像在这样的语言中一样自由,那该多好![26]

十一

性格如此,时间亦然。纳博科夫的结构迫使我们认识到,流逝的过去不是事物面貌的直接反映,而是人类意识的荒谬约束。

他主人公的命运一次又一次地说明,我们能够在空间上重返,却无法在时间上回归,这是严重的脱节。休·珀森在妻子死后尽其所能地重访了瑞士的一些地方,他是在那里遇到她的,那时他经常遭到她的羞辱。叙述人冷嘲热讽地问道:“你对自己的朝觐有些什么期待呢,珀森?只是要把它当作一面镜子来再现过去所受的折磨吗?想博取一块古老石头的同情?强行再造不可恢复的中世纪大学三学科?”[27]记忆至少让我们对自己的过去拥有某些权力,纳博科夫的人物当然也有其创造者的能力,能够准确地回忆,并将他们的追忆缀之成文。不过,即使像范和阿达这样天分极高的形象,他们终生都不断跟对方讲述彼此的过去,仍旧要为细节争吵不休。凭着艰苦的研究,费奥多尔似乎能生动地再现车尔尼雪夫斯基的理想形象和十九世纪的环境;靠着记忆,他能更好地接近他自己的过去,能够创作一部像《天资》这样令人赏心悦目的艺术作品。但即使是费奥多尔的才情也比不上塞巴斯蒂安·奈特在他的小说《成功》中赋予自己的那种特别让人不可思议的权力,那里,作为小说家的他可以无限地追随人物生活的蛛丝马
312 迹;也比不上那个绝对神奇、让人难以置信的西尔伯曼,他能够撬开时

间的各种秘密。更加突破人类局限的是《透明》中的那些故事叙述人,他们能透过现在看到一支铅笔或珀森的过去,能够把时间的一个层面跟另一个层面折叠起来。

大多数初读《透明》的读者都会对小说中的那些幽灵感到惊奇,他们似乎突然之间就闯进了纳博科夫的作品。他们本不该这样。在纳博科夫成熟的小说中,句句都在用自身的形态暗示,语言之中含有某种超越人类时间的东西。

我们已经看到,纳博科夫散文的独特结构使得他能够在时光的无情展开中去处理内心的流动,那是叙述者的内心,也是读者的内心。在《尤利西斯》中,乔伊斯通过布卢姆那断断续续的内心活动也创造了思想在当下时刻的感觉,但方式截然不同。阅读乔伊斯时,我们体味到的是他遣词造句背后的细斟慢酌,结果我们在阅读过程中也慢慢放下了脚步。纳博科夫则不然,他认为意识的本质就在于它的开放性,他要时刻保持这种开放的意味。他在锤炼句子时不仅要反复掂量下一个字词短语(当然,在这方面他没有达到乔伊斯那样的程度),还要考虑语气、语调、气氛、声音和别的选择,同时又要使句子流畅动听,能够保持时间缓缓向前的感觉。

但是,他在描摹人类意识在时间中之自由状态的同时,也感到了这种自由的局限,他知道:“乍看上去如此无边无际的时间是一座牢狱。”[28]因此,他的句子结构要执行第二个动作,那是对第一个动作的颠倒,它们要坚持不懈地越过时间的界限。

纳博科夫觉得,口头语言是脱口而出的语言,它很快就会遗忘,带有一点儿当下之狱的味道。而书面语言的特点对他却有特别的意义。如果说时间迫使我们从过去的一阵冲动中继续前行,那么书面语言就可以让我们重新玩味这个冲动,让我们接近更富有弹性的时间,重新琢磨我们的意念，让它羽翼丰满，神采飞扬。在六十年代，他开始拒绝采访，除非问题事先提交，且答案可以进行充分的书面准备。那似乎纯粹是一种自负的姿态，但我们应该明白，他对他的口头语言（“我说话时像一个孩子”）和反复推敲后形成的观念之间的差异有着高度自觉的意识。他的橡皮总是比铅笔用得更快，他为此感到骄傲，这一点也不奇怪。

313 九十七岁的范·维恩已经是缠绵病榻、日薄西山了，他校对着《阿达》的校样，又加了最后一段注释：

> ……关于她那令人着迷的特性。那些蠢货原本真的以为，在永恒的星光中，在十九世纪，北美某地，**我**，范·维恩，和**她**，阿达·维恩的结合，只不过是一个针尖大的星球的兆分之一中的兆分之一的事儿，现在他们会在 *ailleurs*，*ailleurs*，*ailleurs*（别处、别处、别处）（英文词没有拟声元素；老维恩是对的）刺刺不休，因为她那令人着迷的特性如果放到现实（唯一的现实）的显微镜下，就会显示出复杂精致的脑桥系统，那些感觉会在细胞膜和大脑之间来回穿梭——笑着，抱着，把鲜花抛向空中——那过去是，现在仍始终是一种记忆形式，哪怕是在感知的时候。我很虚弱。我写得很糟糕。我也许今夜就会死去。我的魔毯不再会掠过那些树冠层、那些张嘴的雏鸟和她那些极为罕见的兰花了。插入。[29]

纳博科夫这里模仿的是一个紧张地意识到时间正在迅速飞逝的人，他挣扎在行将吞噬一切的死亡面前，已经来不及纠正一个词，已经失去了方向。但即使如此，我们仍然能够感到背后那个作家的存在，**他**在一个特殊的空间里进行选择，而外在于时间的写作和修改活动能够提供这些选择，他利用第一批思想、第二批思想、第三批思想去安排笔下人物的幻觉，因此这个心灵虽然陷于惊慌，但仍可以自由自在地左顾右盼。

或者，纳博科夫会生成一段记忆，面对消逝的时间，那算得上是一次小小的胜利：

> 我再次试图回忆起科莱特那只小狗的名字——沿着那些遥远的海滨，经过往日那些披上了暮色的光滑的沙滩，每一个脚印都慢慢地灌满了落霞和海水，啊，想起来了，想起来了，回荡着，飘漾着：弗洛斯，弗洛斯，弗洛斯！[30]

这个句子沿着一条连贯的路线，从写字台旁的纳博科夫滑向了“往日那些披上了暮色的光滑的沙滩”，落霞和海水让沙滩上的脚印变得清晰可辨，于是那个五十或六十年代的纳博科夫违反任何逻辑地站在了1909年的海滩上，在主人的呼唤下，一段记忆气喘吁吁、蹦蹦跳跳地走了过来，他不禁放声叫喊。这个句子优雅从容，它是对时间的胜利，它不仅给纳博科夫带来了激动的个人回忆，也为我们准备了一场胜利，我们在阅读的时候分享了纳博科夫的喜悦。这里的过渡十分流畅自然，句子极其轻盈明快，正像他经常做的那样，纳博科夫在这里教导我们，我们的心灵从当下迅速向前的同时，它们也会跳到很远的 314
一边，因为比起我们的思想准备来，想象会更加机敏、更加轻巧、更加开阔，能够带我们走得更远。插上艺术的翅膀，我们差不多可以飞越当下之狱的孤岛。

十二

在性格与时间之后，意识还有第三个约束，那就是封闭的尘世知识体系。对此纳博科夫要进行描绘，激起我们的注意，并试图予以超越。

书籍往往追求舒适的坚实与稳固，但纳博科夫的小说却要破坏这种坚固。我们沉浸在形形色色的世界之中，它们似乎真实不虚，可是常态之外总会发生这样或那样的事，这说明，与另外一种现实相比，我们的世界只是两维的。组织结构有时会变得稀疏，舞台道具不时会露出破绽，或者一个人物会看出“树叶上厚厚的绿色油彩”。戏拟与幻觉把天地的针脚绷得紧紧的，因此我们无法拥有一个天衣无缝的自然世界。一个剧中人会从观众中间走上舞台，然后又回去，或者从一幅油画中走出来，从银幕上走下来。一个文学形象写的一本书或一个剧本似乎反映了小说的全部世界，包括尚未发生的事件。那是违反一切逻辑的，部分包含了整体，内部包围着外部。或者，“书的世界”既向我们展示与我们世界的同一性，也展示与我们世界的差异性，让我们晕头转向，比如《微暗的火》中的赞巴拉，比如《阿达》中的反地球。

死亡尤其刺激着我们的神经。文学教师喜欢的一个训练是，比较十九世纪小说中的死亡场景。纳博科夫的许多小说都以死亡收尾，但那些死亡没有让我们守候在主人公的床边，没有让我们站在悲伤的亲人身后，而是把我们放进了张着大嘴的墓穴里，直到一块合情合理的木板开裂。辛辛纳特斯在斩首之后爬了起来，向着那些声音像他的人们走去；克鲁格临死之前发现，他是《庶出的标志》的作者虚构出来的；阿达与范死进了书里或封面的简介中；《透明》中的主要叙述人，小说中那个小说家 R. 的幽灵,在小说结尾的句子中欢迎休·珀森跨过死亡之线。

这里,纳博科夫同样不仅通过直陈、意象及结构的错乱来表达自身,他还通过那无处不在的文体组织来展示自我。他让克鲁格想象死亡“要么是完美知识的瞬间获得……要么是绝对的虚空”。[31]不管人类的知识是什么,它既非瞬间的,也非完美的。我们只能在时间中求知,我们只能一点一点地求知。每一个新的时刻都会生产出比我们所 315
能注意的多得多的信息,每一个消逝的岁月都意味着有太多东西一去不返,即使当初发生时我们曾热切关注。我们没有为知识准备的确切基础,没有直接的真理器官,有的只是不完美的感觉,有的只是多少有些机灵的猜测。我们关于宇宙的取样小得可怜,我们对尘世生活以外的了解约等于零。

纳博科夫的全部创作都将这一切考虑进去,他要提炼的是艺术发现的隐性逻辑。他精心安排着我们的理解所面对的种种错落的障碍,我们的心灵在处理我们的世界时遭遇的各种困难,但在每道跨栏的另一侧,他又吁请我们来一次精神焕发的濒落与发现。他追求独特与精确,但这绝不是要为难读者,跟读者抬杠,而是要显示他的慷慨大度。他让我们凭借好奇与想象去发现心灵遭遇世界时的那种激动与成就,对那些冥顽不灵的人,他甚至准备了某种近乎让他们瞠目结舌的“关于死亡的知识”[32],发现我们突然处在生命以外的意识状态。

甚至在他事业的初期,纳博科夫就回避传统的阐述方法。他知道,生活不会提供标签分明的信息,却会一点一点地向探寻的眼睛和醒觉的心灵暴露。在他的艺术中,纳博科夫设计与他相对应的形象。在《庶出的标志》中,克鲁格从他妻子去世的医院楼上下来。尽管悲伤如潮水般汹涌而来,他还是注意到那个护士长:“她那幽蓝色的眼睛,皱纹很长的上唇，很像他已认识多年的某个人，却想不起来——真滑稽。”三十页后，克鲁格所在大学的校长阿佐雷斯走上来欢迎他：

> 他的手臂张着，他那幽蓝色的眼睛笑兮兮的，他那皱纹很长的上唇在颤动——
>
> “对，当然——我多蠢啊。”克鲁格想道，圆形的克鲁格，一个克鲁格套着另一个克鲁格。

章节戛然而止。那位护士的眼睛和嘴唇默默地提出了一个问题，我们期待着，却没有答案；克鲁格的一句“我多蠢啊”在当时的情境中提出了另一个问题，好记性的幸运读者会立即找到答案，好奇的普通读者则会在翻阅一阵后找到答案：幽蓝色的眼睛和皱纹很长的上唇会唤起对过去某个类似神情的记忆，第二个问题的答案也解开了第一个问题。对一个活跃的读者来说，这个双重难题半是挑逗，半是赞美，它部分还是对愉快的发现的内在奖赏。

316 纳博科夫对这个问题的设计与解答都很明晰，他的散文差不多总是如此。但在小说的某些关键点上，他也会偶尔一反平常的清澈，给我们奉上一段波谲云诡的文字。包括克鲁格在内的四位教授被马屁精亚历山大博士带去见阿佐雷斯，后者为了大学的利益要他们签名效忠国家新的残暴的独裁政权。亚历山大去泊车，教授们走上楼梯：

> 但他们既不需要按门铃，也不需要敲门，因为那个在最高层的门已经敞在那里迎候着他们，那是身躯庞大的亚历山大打开的，他已经在那儿了，也许是从某个特别的后楼梯急遽升上来的，或者是凭借那些一刻不停的东西上来的，就像我们从基委那瓦丁

那双生的黑夜、从劳伦纪那恐怖的变革、从那鬼影憧憧的二叠纪区，从近代、稍近代、不太近代、很近代、最近代——暖和了，暖和了！——升到了**我**的宾馆楼层上的**我**的房间，那是在一个遥远的国家，他上升着，上升着，在一个快速的电梯里，由一个黑皮肤的灵巧双手操纵着——在一张底片上，那是我的手——肚子在下沉，心脏在上升，却永远到不了天堂，它不是一个楼顶花园。从上部树枝枯萎的大厅的深处，校长阿佐雷斯迅速地走来，他的手臂张着，他那幽蓝色的眼睛笑兮兮的，他那皱纹很长的上唇在颤动——

“对，当然——我多蠢啊。”克鲁格想道，圆形的克鲁格，一个克鲁格套着另一个克鲁格。

1949年，《庶出的标志》的德文译者请纳博科夫帮忙，他回答说：

……这是很艰涩的一段，它同时在几个层面上展开。“基委那瓦丁”一词是两个术语“基瓦丁”（是太古代——最古老的——片岩的名称）和“基瓦那万”（元古代的一个阶段）在望远镜下的重叠。劳伦纪属于太古代，二叠纪属于古生代。“从近代”等——半存在半虚构的地质发展的又一些阶段。换句话说就是，当他乘电梯从美国摩天大楼一层一层地上升时，他从最幽暗的过去走到了现在，经过了地球演化的各个阶段。另外补充几句：“鬼影憧憧的二叠纪区”既是对恐怖的……劳动营的暗示，也是对爱伦·坡《尤拉路姆》那复杂世界的暗示（借助的是相似的韵律——“鬼影憧憧的威尔区”，我想是这样）……事实上，世界的这个遥远的过去仍然伴随着我们，中间的几层被抽掉了，仍然野蛮……富有悲

> 剧意味的是，那个孤独的“我”（**我**的宾馆楼层，**我**的房间）不仅存
> 317 在于当下世界，还存在于一个仍在无限扩大的世界，所有的过去实际上都存在于当下。“灵巧双手”等——大多时候，电梯都是由黑人服务员开的（“在一张底片上，那是我的手”——黑人的黑手）。“肚子在下沉，心脏在上升”，在很高的建筑物里，乘上快速运行的电梯后经常体会到的感觉。经过所有这些楼层后，黑人服务员却永远到不了天堂，甚至到不了楼顶的花园。这句话的含义是，虽然从太古代到了现在，从穴居到了带有楼顶花园的摩天大楼，它仍然与地球上的真正天堂相距遥远，同时顺带反映了黑人的糟糕处境。“上部树枝枯萎的大厅的深处”等——尽管是轻描淡写，它却是对全书所描写的整个环境的概括：阿佐雷斯教授以及他那扁平的物质世界是来自他那洞穴的穴居生物……“皱纹很长的上唇”进一步说明他那远古的猿猴特征。[33]

对纳博科夫来说，这种复杂得让人头晕目眩的解释性段落是很少见的。这些文字的晦涩与艰深表明，我们每个人对那些应该知道的东西把握得多么少。但是，些许想象，一点好奇——从一本很不错的词典中查查“基委那瓦丁”的意思——这就是我们需要的一切，可以防止我们的感觉骤然堕落，可以带来基瓦丁/基瓦那万的意外惊喜。

在纳博科夫的后期作品中，大大小小的针对理解的挑战渗透在各个层面。有时它们取决于外在的信息，比如“基委那瓦丁”，不过外在用典实际上并不那么经常，也不那么困扰人，相反，倒是我们已经提到的那两个文体特征常常令人煞费苦心：那让人眼花缭乱的一个部分跟另一个部分的分离，句子、段落或章节如东奔西突的脱缰野马，或者像超越时间、迅速上升的电梯；那错综复杂的一个部分跟另一个部分的

关系,比如“幽蓝色的眼睛……皱纹很长的上唇”。纳博科夫提出的问题可能只是增加一点色调,激发并回报一点好奇心,但也可能丰富小说的世界。克鲁格想忆起那个护士究竟像**谁**,这样的经验我们都很熟悉,纳博科夫以此表明,我们的阅读不仅是一种静观,也是一种体验;它还说明——这是小说的一个主题——即使像克鲁格这样心灵伟大,也依然受到意识的细微局限。

纳博科夫感到,精神与世界在争斗,这促使他身手不凡地大胆虚
构,去提出并解决各种各样的谜团,编织它们之间的关系。作为一个
科学家,他知道,大自然给了我们一些暗示,又隐藏了另外一些线索,
让我们误入歧途,以假当真。作为一个艺术家,棋题设计者,一度的魔
术师,他找到了与之抗衡的模式。他学会了藏头露尾地去摆布问题或
答案,去分散我们的注意力,欺骗我们的好奇心,发布假警告,提供伪 318
线索,或者让我们在嘈杂的世界、紧张的时间里手忙脚乱,去发现新问
题,寻找新答案。在大自然里,一个发现会导致另一个发现,或者会颠
覆古老的正统思想,纳博科夫也照此把一个答案跟另一个答案联系起
来,它们相互启发或者彼此龃龉:a 得到解决后,b 却成了问题;c 和 d
看似一目了然,我们迄今也没有觉得它们有什么模糊之处,直到 e 找
到答案后;我们瞬间发现,f、g 和 v 原来彼此关联,而且与那个老问题
m、n 相关。

就像自然在挑战科学家的眼睛一样,纳博科夫也引诱我们去体验发现的喜悦,去回头处理新的问题,发现新的惊喜。像自然那样,他鼓励我们投身于越来越深刻的意义。解决他所提出的问题,不仅丰富了他世界的表面,揭示了更多的真相、意想不到的动机、复杂的个性,而且一个答案还会排除其他答案——就像《防守》首次展现的那样——能够从老石碑读出新意义,能够引导我们发现小说的隐秘结构,在最

隐秘的密室墙上读出道德或形而上学的象形文字。

甚至还没有上学之前,纳博科夫就阅读了大量关于鳞翅目昆虫的知识,自然拟态的奇妙现象让他着迷。对他的想象力来说,那种发现可能是最强烈的一次刺激。从那时起,纳博科夫开始懂得,通过探索世界的独特现象,我们的心灵就能在大自然中读懂复杂得让人吃惊的设计与安排,能在事物中读懂神秘的艺术性,它们藏匿在那里,就是要等待人类最终的发现。他用同样的方式去建构自己的世界,一个问题叠着一个问题,一个回报接着一个回报,对我们循循善诱。当我们艰难地穿过新的意义层时,问题与答案开始发生变化,以一种意想不到的速度和意义向我们呈现。就像在《防守》中那样,纳博科夫突然让我们看到了我们从未想到要去寻找的事物:某些外在于小说世界的力量加入了进来;一个花样立即变得异常清晰,让花样设计师原形毕露;一个创造者创造的一切正等待层层深入的理解与发现。

《透明》中的叙述人看到,他们眼前的那支铅笔存在于原木之中,它们在过去的某个时刻被砍了下来:"就如我们知道原木存在于树木之中,树木存在于森林之中,森林存在于杰克建造起来的世界上。"他们是一些幽灵般的形象,在过去休·珀森生活的那段时间里已经死
319 去,现在却观察着他的存在。他们不是惯常的幽灵,"透明的物体",而是与时间有了新的关系的存在,能够研究他们选择的过去的任何层面,盯着现在的寻常事物,盯着所有这些"透明物体,过去正穿过它们发出光芒!"

既然从另一方面看,事物、时间和心灵对我们来说都是模糊的,纳博科夫就不会让读者看到那些过去非常分明的小说世界,在那样的世界里,作者总是迫切希望读者一下子就明白所讲述的一切。虽然纳博科夫的文体异常清晰,但段落中间还是不时会出现一些晦涩朦胧、飘

忽不定的字句，诱使我们亲手去探索小说的世界。恰恰是在这里，纳博科夫区分了生活与艺术。只要我们愿意，我们可以在任何一本书中经常回头，只要有理由这样做。纳博科夫为我们准备了发现的激动、惊喜与价值，值得我们不断回顾，去面对刚刚注意到的挑战，去接受仍未发现的奖赏。等到他那复杂作品中的每一个细节都异常清晰地呈现在我们面前的时候，等到我们明白了一个不断重复的巧妙短语，一个坚持涌现的花样的时候，或者换句话说，等到我们自己跟小说不断展开的时间建立了新的关系的时候，纳博科夫的朦胧世界就突然变得透明起来，我们就能够看到远处的彼岸世界。

十三

纳博科夫再次使形而上学成为迫切的问题。他告诉我们，正因为人类意识戴了太多的护眼罩，世界才会藏匿更多的事物，让我们无法辨别。如果一个有涯的小说世界都能埋伏许多我们无法发现的东西，我们初次或再次遭遇它们时，甚至都觉得没有必要去怀疑，那么我们自己的世界该会有多少东西隐身息影，因为我们不过是时间里的匆匆过客而已。

对于那些准备在真实世界或他虚构的微观世界寻寻觅觅的读者，纳博科夫在他作品的最后一个层面做了这样的暗示：事物的背后莫非存在某种玄妙之处，它吁请我们把世界打散，再重新整合，玩一种创造性的生活游戏？死亡之外莫非存在某种新的时间关系，让我们有机会在更深的层面去发现世界的独特花样，发现将一切集中起来的创造力
量？莫非存在某种事物，它引诱我们在无限复杂的世界里去不断发 320
现，在发现的激动中，我们仿佛找到了最接近于创造快乐的途径？

在寻找表达这些观念的方式时，三十年代中期的纳博科夫极其深刻地重新思考了小说的各种可能。到了五十年代，他思考得更多。与他之前的任何作家相比，纳博科夫的小说章节与章节之间更加自由不羁，部分与部分之间关系更加复杂。在这样的过程中，他还找到了另外一种方式，使他的作品越来越成为作者与读者之间的发现竞赛。

在驾驭他创造的文体、结构与策略的过程中，纳博科夫学会去解决他在二十年代中期开始用自己的方式、自己的技巧去处理的那些问题。他抛弃了从商籁体和圣器室偷来的天使羽毛，他丢开了早期小说中的直白，他甚至跨越了他在1925年标示出来的障碍，那是可以重访的空间和不能回归的时间之间的障碍。在《玛丽》中，他确立了第一批主题，他发现，意识不仅有超越当下的自由和召唤过去的力量，还有不可逾越的界限，除了回忆以外，我们无法进入过去。尽管困难重重，但他在创作《防守》时已经尝试跨越这个界限，将我们带进这样一个时间，那里所有的过去都活在当下。

纳博科夫从没有要我们轻视我们所熟悉的世界，但凭借成熟艺术的魔力，他为我们提供了生活永远无法提供的机会。他让我们亲自去发现，从人类时间以外的某处看，我们这个无穷的世界是多么宝贵。

注释

本章引语：手稿，国会图书馆纳博科夫档案。

［1］《〈俄国佳丽〉及其他》，页111。

［2］《基督与使徒》（《在陀思妥耶夫斯基纪念日上》），发表于《舵》，1921年11月11日；重印于《星团》，页19。

［3］《塞巴斯蒂安·奈特的真实生活》，页68。

［4］特别参见《文学艺术与常识》，最初以《创造性的作家》发表于1942年，现收于《文学讲稿》，页371—380。

[5]《庶出的标志》,页 168。

[6] 杰拉尔德·克拉克采访纳博科夫,《绅士》,1975 年 7 月,页 69。

[7]《说吧,记忆》,页 218。

[8]《坚决的意见》,页 43。

[9] 参见《阿达》第四部分,范的《时间的组织》。纳博科夫承认,范的论文受到柏格森的影响(《坚决的意见》,页 290),并接受了基本的结论(《坚决的意见》,页 185—187)。

[10]《说吧,记忆》,页 275。

[11]《说吧,记忆》,页 301。

[12]《纳博科夫的〈阿达〉》,第四至五章。有关纳博科夫哲学与文体及策略之关系的更详细讨论,参见《纳博科夫的〈阿达〉》,第一至三章。

[13]《王,后,杰克》,页 1。

[14]《王,后,杰克》,页 2。

[15]《说吧,记忆》,页 69。

[16]《普希金,或真实与逼真》,《新法兰西评论》,48:282(1937 年 3 月),页 377;德米特里·纳博科夫译,《纽约书评》,1988 年 3 月 31 日。

[17]《天资》,页 145。

[18]"《天资》附录二",手稿,国会图书馆纳博科夫档案。

[19]《阿达》,页 434。

[20]《庶出的标志》,页 39。

[21]《王,后,杰克》,页 33。

[22]《塞巴斯蒂安·奈特的真实生活》,页 67。

[23]《阿达》,页 437。

[24]《〈苏联来客〉及其他剧本》,页 341;这里的文本据手稿修正,蒙特勒纳博科夫档案。

[25]《微暗的火》,页 63。

[26] 关于这个主题最精彩的分析——全面,敏锐,尽管有些学究气——参见塔米,《纳博科夫诗学问题:叙事学分析》。

[27]《透明》,页 94。

[28]《说吧,记忆》,页 20。

[29]《阿达》,页 220—221。

[30]《说吧,记忆》,页 151—152。

[31]《庶出的标志》,页 155—156。

[32]《透明》,页 82。

[33] 薇拉·纳博科娃致查尔斯·提默,1949 年 12 月 20 日,蒙特勒纳博科夫档案。

第十四章 《防守》

一

《防守》是纳博科夫的第一部杰作。在这部作品中，纳博科夫完善了他艺术的表面形式，同时又尝试发现深化艺术内涵的手段。[1]

像在《王，后，杰克》中一样，他在这里也是要界定我们在低人和超人之间的位置，但这一次他的小说摆脱了所有笨拙的描述，成了诗歌、戏剧或更加精美的东西。弗朗茨、玛莎与德雷尔既不怎么像人，也差点让我们失去兴趣。而现在这个无法面对生活或他人的卢仁，虽然似乎也不太像人，却因此更具有人性。只要我们曾有过面对世界手足无措的感觉，我们就能从他身上看到我们自己：他集中了我们所有的脆弱，集中了我们对同情的所有需要。尽管在生活中孱弱无力，但象棋天赋却让他获得了一种可怕的、无法度量的力量与优雅，他远远超出了我们所熟悉的世界。他仿佛是“一个不同维度上的人”：不是通常拥挤的三维人类生活，而是笨拙的两维世界，可又接近某个超越我们之上的第四维。

卢仁的整个存在似乎弯成了纳博科夫的一个大大的问号:人类意识何处才能适应世界?这样的性格几乎很难安置到情节之中,但纳博科夫却以一种精致的形式叙写了他那令人心酸的命运。

卢仁的故事可以分为三个阶段。在第一阶段(1910—1912),一个十年来面对生活的蜇刺与抓挠唯有不断退避的小男孩,在象棋天赋中找到了自己的避难所。

对作家纳博科夫来说,支持最大的莫过于他对光辉、安逸的童年的记忆,他由此成长为一个异常自信的成人。在《玛丽》中,他再现了过去的某些片断;在《王,后,杰克》中,他避开了它;在《防守》中,他颠倒了它,今后他还会为了创造新的形象而不断颠倒个人的生活。在《防守》中,他的安逸变成了卢仁的恐惧,父母之爱对他的沐浴在卢仁那里变成了无法忍受的刺激。即便如此,纳博科夫还是尽可能将自己
322 的过去赋予他的主人公:他对新来的法国女家庭教师的恐惧,他从夏日庄园回到冬日城市时的恼怒与悔恨。纳博科夫还用童年的那些共同元素来打造卢仁——青一块紫一块的身体,乐此不疲的老一套,新学校的威胁,其他孩子的残忍——一切都是那么生动,让我们不禁想起了自己那些遥远的往昔。可他的病态却又与我们迥然不同。

卢仁认为,整个世界是一场无情的进攻,他左右彷徨,时而回避那些痛苦的事实,时而在环境里搜寻新的威胁。但他深切感受到的童年的所有恐怖与羞辱并没有把他变成感伤主义作家笔下的青春烈士,因为就像任何一个孩子一样,卢仁也试着构筑自己的防御工事。他躲避、撤退或者反击,他发脾气来恐吓父母和家庭教师,他淘气地碾碎石头下面的甲虫,“他想再次听到当初那种汁液飞溅的噼啪声”。

在塑造卢仁时,纳博科夫的眼睛关注的是一些心理上的怪癖,对

此我们并不陌生，却很少在意。他让卢仁特别留心花样，同时有着本能的防守策略。这个男孩用一种特别的方式将送他上学的出租车号码进行分组，以便下次能够记住，可事实上他根本没有必要；他偷偷地调整着他和家庭教师散步的路线和节奏，以便尽可能远离正午圣彼得堡开炮的声音。通过这些特征，纳博科夫想塑造一个独特的个体，同时又想揭示任何童年、任何心灵都有的一些品质。

卢仁的独特个性突然融进了新的结构之中，他不幸的童年开始过早地结束，因为在十一岁的时候，他发现了象棋。他擅长这种游戏，这让他立即从乖戾的生活状态获得解脱。

于是小说出人意料地从 1912 年卢仁的第一次锦标赛跳到了第二阶段，那是 1928 年夏，卢仁正准备参加一个新的锦标赛，获胜者将会挑战世界冠军。更令人惊讶的是，我们看到他跟一个迷人而富有同情心的女子待在一起，她不但从他的语无伦次中读出了求爱的信息，并且答应了他的求婚。卢仁依然那么真实可信，他古怪、笨拙，郁郁寡欢，对生活漠不关心，他抬起手肘防止马蜂的攻击，当未来的妻子问他下了多久的象棋时，他的反应是：

> 他没有回答，而是转过身去。她尴尬极了，于是一口气说出
> 了昨天、今天和明天的气温。他依旧沉默着，她也只得一声不吭，
> 接着开始在她的手提包里翻起来，痛苦地想翻出一个话题来，结 323
> 果只找到一把折断了的梳子。突然，他掉头对她说：“十八年三个
> 月零四天。”

她能够看出卢仁的为人，她同情他，决心保护他，让他免受生活的风刀霜剑，这一切深深地打动了我们。但是悲剧在蔓延，他对象棋的

狂热和对未婚妻的爱相持不下。为了能够全神贯注,他脑子里的象棋奋力要将他新近对温柔的渴望挤出去,冲突的结果是,在跟强大的对手图拉提对弈的休战阶段,他的精神崩溃了。

最后一个阶段(1928—1929 年冬)开始于卢仁的康复。对卢仁来说,差不多二十年来,象棋似乎让他胜利地从生活撤退到一个比较安全的地带,这是他能够控制的领域。可当他现在处于康复阶段时,他的未婚妻和好心的医生却说服他说,象棋是生活给他的最大威胁。在他精神的雾霭消散前,他们劝他将象棋从意识中抹去,他们代之以童年时曾包围着他的呵护。

我们喜欢卢仁能够再次体味简单的尘世欢乐,可是他的灵魂仍像球一样在滚动。我们被两种欲望折磨着,我们既想看到他能够跟那个已经嫁给他的非凡女子幸福地生活,又想看到他回归自我,看到他棋艺的胜利。卢仁乖巧地抵制着象棋的入侵,以此来保护自己,却径直走向灾难,因为当他的自我在展开时,他自然倾向于发现威胁,玩味花样,构筑防线,这使他确信,时间的花样正在重复他的过去,想把他重新引向象棋。为了保护他不受这个针对他新生活的攻击,为了保护新的防守人即他的妻子,卢仁觉得,他必须设计一个新的、坚不可摧的反击策略,就像他曾为对付图拉提而准备的那套策略一样。他越是急切地想避开对幸福的威胁,我们越是能感受到无情命运的迫近。他无法抵御冰冷的象棋世界对他温暖生活的侵犯,只好别无选择地使用那决定性的一招——自杀。结果他发现,就是这最后一手也扭曲成了象棋的图案:当他急速地栽向死亡时,他惊怖地看到,院子里的那些看似整一的石板正在变成深浅两色的方格。

在小说的结尾部分,卢仁的妻子慢慢绝望地发现,她无法唤醒卢仁去享受尘世生活的快乐,她高贵地让步了;当她努力提防他的心灵

彻底破碎时，她又显得那么坚定、勇敢。如此美好的形象在文学作品
中是很少见的。尤其令人心碎的是自我之孤独的主题。虽然卢仁的
妻子注意到，一种挥之不去的忧郁缠绕着丈夫，但他不会对她吐露一
个字，他相信，他需要尽力找到一个答案，时间似乎为他准备了某个隐 324
秘的组合，他要破解它。她无从知道他疯狂的运思，她无法明白他的
自杀是最后一次深情的、忠于她的宣言，是最后一次悲惨而忠诚的努
力，他不想离开她，不想进入象棋的平地。

二

早在感受到《防守》那渐趋深沉的悲剧氛围之前，我们就知道，我们正在被一部杰作吸引。小说这样开头道：

> 最让他吃惊的是，从星期一开始，他就要被称作卢仁了。他的父亲——真卢仁，老卢仁，几本书的作者——微笑着走出儿童室，搓着双手（已经搽过透明的、夜用的冷霜），靸着绒面拖鞋，啪嗒、啪嗒地回到了卧室。他的妻子躺在床上，欠着身子问道："怎么样？"他一边脱下灰色的睡衣，一边答道："成了。平静地接受了。咳……一副担子卸下了肩。""太好了……"妻子说，慢慢把丝绸的毯子拉过身。"谢天谢地，谢天谢地……"

就像我们还未想好准备去接，网球已经啪的一下开了出来一样，小说的第一句立即让我们闯进小卢仁的内心。更令人惊奇的是跟后一句，它飞向我们身后的一块场地，我们还不得不回身去接：在他父亲的冷霜和拖鞋的啪嗒声的引诱下，我们发现，我们已经把卢仁丢在了

身后，来到了他父母的卧室。纳博科夫一点也不手软，他认为我们能够跟得上他的想象力的节拍。他恭维我们，认为我们打得像冠军一样好，他让我们——这是他的一个艺术秘密——去体验那种超越自我以后的兴奋。

对攻继续进行：

> 这确实是一种解脱。整个夏天——乡村的短暂夏天，主要由
> 三种气味构成：丁香花的气味，新割的青草的气味和干树叶的气
> 味——整个夏天他们都在争论，何时跟他说，怎样说，他们一拖再
> 拖，就拖到了八月底。他们小心翼翼地围着他，旁敲侧击，可他只
> 325 是抬头，父亲只好假装满怀兴致地敲敲晴雨表的表盘，那根指针
> 总是指向暴风雨，母亲则蹑手蹑脚走到房子的深处，把所有的门
> 都敞着，那束七长八短的蓝铃花忘在了钢琴盖上。

纳博科夫对他的世界十分自信，因此对读者也十分自信。他寥寥数笔就交代了一个短暂的夏天——“丁香花的气味，新割的青草的气味和干树叶的气味”——这些最普通的感觉既有长度又有深度，是对整个季节的概括，而此刻这个季节正紧张地屏住呼吸。“他们小心翼翼地围着他，旁敲侧击，可他只是抬头”——那个细微的动作把概括变成了场景——“父亲只好假装满怀兴致地敲敲晴雨表的表盘……”晴雨表上静止不动的指针，前景上的蓝铃花，远景中的房子，这些细节在我们的头脑里构成一幅闪光的画面，类似于维米尔[①]笔下的室内风景

① 维米尔（Jan Vermeer，1632—1675），荷兰风俗画家，亦作肖像及风景画，以善用色彩表现空间感及光的效果而著称，作品有《挤奶女工》等。

画，让我们想起了肯尼思·克拉克对维米尔的评价："完美无缺的间距感。每一个形态自身都很有兴味，空间上、画面上又跟邻物十分协调。"[2]除此以外，它又不是一幅静止的画面，而是一幕一触即发的家庭剧，父母像逃离蛇怪一样躲开了他们的儿子，而且这一切都是在半个句子中发生的。

还是在同一段，纳博科夫又转换了场景：

> 那个肥胖的法国女家庭教师自告奋勇地跟他父母说，让她去抓住那只公牛的犄角，不过这只公牛也让她怕得要死。过去她常给他大声朗读《基度山伯爵》（还不时地停一停，深情地感叹道："好可怜的邓蒂斯哟！"），但好可怜的邓蒂斯并没有激起他丝毫的同情，他正在下面画着她那隆起的胸部，要多恐怖有多恐怖。面对她那富有教育意义的叹息，他只是眯起眼睛，一块橡皮在画纸上擦啊，擦啊，最后画纸都给擦破了。

纳博科夫知道，只要引导得当，细节准确，我们的心灵就能够比设想的更自由。在建构卢仁的世界时，他不是笨拙地堆砌沉闷的事实，而是发挥清晰流畅的想象，让每一粒尘埃都生动，让所有的空间都贯通。

我们一开始就进入卢仁的内心，我们不知道，为什么从星期一开始他就要被称作卢仁这件事会让他大为吃惊。这个小男孩是谁？为什么他会让父母和家庭教师如此害怕？就像莎士比亚在引入另一个神秘、阴郁的儿子时那样，纳博科夫也通过延宕加强着我们的好奇心。他没有回答我们的问题，而是把卢仁的世界又向前延长了二十年，然后再次回到过去另一个特写镜头：

326 许多年后,在一个意想不到的神清气爽又让人销魂的年月,他带着心醉神迷的快乐回忆起了这些在走廊上读书的日子,花园里的花翻柳笑让他感到舒畅。记忆里充满了阳光,弥漫着浓烈的甘草梗的甜味。她常常用铅笔刀削下几片,劝他放在舌头下面。他想起了那些图钉,他有一次把它们放在了嘎吱作响的柳条椅上,它们注定要去迎接她那肥硕的臀部;还有花园里的阳光和声音,那只叮着他那擦破了皮的膝盖的蚊子,它欣悦地鼓起了血红的肚子。一个十岁的小男孩已经很留意他的膝盖——痒兮兮的肿包被挠得出血,晒得漆黑的皮肤上留下了道道抓痕,还有沙砾、鹅卵石和尖树枝刮擦的痕迹。

意想不到的是,卢仁会带着心醉神迷的快乐回眸过去那些讨厌的下午。意想不到,这纯粹是一种心理感受,因为在感情上我们连过去的疼痛都很珍惜——因为它们不再能够伤害我们了,因为它们已经成了我们独特自我的一部分,因为它们不再能够挽回了。在交代卢仁那长长的回望时,纳博科夫也改变了我们吸收消化卢仁整个过去的方式。作为一个孩子,卢仁面对生活的豁口芒刺常常畏葸不前,但虽然他在这个场景中回忆起了座椅上的那枚图钉,嘎吱作响的柳条椅,擦破了皮的膝盖,讨厌的叮咬的蚊子,可这里的每一个细节似乎都异常珍贵,是费尽心机才搜集起来的,因此变得很神圣,有了胜过遗忘的魔力。就像空气中的每一粒尘埃、每一个飘浮的微生物都被净化了一样,《防守》中的过去也出人意料地变得晶莹剔透、光辉夺目,卢仁感受的痛苦或酿成的痛苦都显得异常分明,而那一度剑拔弩张的威胁却不复存在了。甚至在让我们明白卢仁家里的紧张以前,纳博科夫也反对当下的威胁和过去的坚不可摧。

此前小卢仁一直跟着女家庭教师学习,但今年暑假后他必须去上学。他父亲担心难对付的儿子会有什么反应,生怕他发脾气,就在一堆事情中像做补偿一样提出,他将像一个成人一样被以姓氏相称。听到这话后,

> 儿子脸红了,眼睛开始眨个不停,他一头倒在枕头上,仰面躺在那儿,张着嘴,摇着头("不要那样扭来扭去。"父亲忧虑地说,他注意到他的局促不安和即将启程的泪水),但眼泪没有夺眶而出,他把脸埋进了枕头里,嘴唇紧贴着它爆发出一阵声音,又突然 327
> 抬起头——满脸压痕,面色潮红,眼睛晶亮——他急速地问,是否在家里他们也叫他卢仁。

卢仁的头埋在枕头里,嘴唇爆发出一阵声音,他提出一个幼稚而令人同情的问题——这些细节大大出乎父母的预料,它们无法简化为发脾气、哭鼻子等老一套的感情模式。

卢仁夫妇乘车去火车站准备返城,那天他们突然明白,他们的忧虑有道理。他们的儿子变得很木然,空气中的凛冽似乎是他那不祥的心绪散发出来的。母亲想帮他理理斗篷,可注意到他眼里的神色后,赶紧把手缩了回去。在车站,卢仁的紧张决堤了。他装着若无其事地走到站台尽头,然后从树林里跑着回到了庄园,他想躲在那里过冬,靠储藏室里的奶酪和果酱生存。他的父母追到庄园,一个魁梧的农民在阁楼上找到了他,把他强行带进城里。没有什么能够阻止将要发生的威胁:星期一一到,他将被叫作"卢仁",他将要去上学。

不管我们对这部小说多么熟悉,开头一句的那个惊奇始终没有削弱。但就像我们对小说中的许多表达深信不疑一样,我们对那个句子

也坚信不已，直到小说结束。从第一天上学起，他的名字就被“卢仁”替代了，在小说的进程中，我们一次也没有听到有人叫他的本名。直到小说的最后一页，他锁上了盥洗室的门，费力地爬上窗台，纵身跳下赴死时，我们才知道了他的本名：

> 门被撞开了。“亚历山大·伊万诺维奇，亚历山大·伊万诺维奇。”几个声音在大声喊叫。
>
> 但没有亚历山大·伊万诺维奇。

从小说的第一句到最后一句，卢仁始终在上演成人与儿童的冲突，玫瑰般的过去与荆棘般的未来的冲突，它们一刻也没有停止。

三

自卢梭和华兹华斯以来，作家们发现，他们可以在小说温暖、光亮、一尘不染的角落里回望自己的童年，但没有哪个作家像纳博科夫这样珍视早年的岁月。通过那个十岁的、留意自己膝盖的卢仁，纳博
328 科夫重访了自己十岁时的那个夏天，并邀请我们同行。他甚至让卢仁像他自己一样快乐地回眸凝望。依凭“完美的往昔”，纳博科夫创造了一个为幸福而筑的世界，但又把一个天性注定要不幸的人安置其中。孩提时代的纳博科夫是“一个神童，一个早熟的天才”，他编造故事，饱览身边的美丽乐园。小卢仁在接触象棋之前也已经与众不同，但对他来说，整个世界就像霍桑笔下那个伟大的拉帕奇尼的花园一样，每棵植物都意味着死亡。他的特殊天赋没有为他打开生活之门，而是把他关在了门外。

纳博科夫的双重视角使得卢仁的童年既充满光辉又异常不幸。当卢仁发现自己突然置身成年世界时，他对妻子的爱与对象棋的爱两相颉颃，下面则是悲剧的深渊。对大多数小说家来说，有一个致命的冲突就够了，纳博科夫却加进更多的内容，戏剧性的力量又丝毫未减。

小说第三阶段开始，卢仁的医生和未婚妻都跟他指出象棋的致命危险。他们的劝解很成功，他在完全重新露面前压抑了所有关于象棋的意识。他的康复似乎是在新世界里的苏醒，他漫步在疗养院的花园里，甚至跟未婚妻问起那些花卉的名字。既然象棋和刚刚过去的全部生活都成了禁地，他的思想唯有不断回到童年：

> 他过去从未想过上学以前、下棋以前的童年辰光，那些日子让他不寒而栗，他不愿意触碰那些隐痛和羞辱，现在它们却成了令人惊奇的安全地带，他可以徜徉其间，有时还会涌起一种沦肌浃髓的快乐。卢仁搞不懂这种兴奋从何而来，为什么当初那个他很讨厌的形象，那个肥胖的法国女家庭教师——每次把硕大的屁股落进扶手椅的时候，裙子一侧的三颗骨质纽扣就会挤到一起去——如今却在他的心中激起一种温柔、收缩的感觉。

卢仁第一次回想起他的过去。不仅于此，他似乎刚好落脚于一个彻底修订过的童年，所有的痛苦都从那里删掉了。在跟图拉提激战之后，他满脑子想的都是象棋，最后身边的城市成了一团幻影。一个沙哑的声音在他耳边提示说：“回家。”晕头转向的卢仁没有去未婚妻的住所，而是想从柏林的街道走到他童年俄国乡下的家中，他惊慌踉跄的“回家”最后以昏厥收场。等他从昏迷中苏醒过来后，他看到疗养院 329
的医生正俯身看着他，那卷曲的黑胡子让他想起了那个农民，儿时的卢仁逃回家时,那个农民在阁楼里找到了他。他从病床上看着窗外,远处的树木让他模糊的意识回想起老庄园周围的那些树,窗户好像充满了“同样幸福的光辉”。医生和未婚妻精心呵护着他,世界显得很和善,象棋不知为何物:他回到了消过毒的童年。

对纳博科夫来说,生活的馈赠最终就是过去的馈赠,我们的感知乃是“一种记忆形式,哪怕是在感知的时候”。[3]但是,时间把我们跟过去分隔开来,记忆只能让我们从后视镜里隐约去瞥视往昔。卢仁的象棋天赋让他能超出纷纷扰扰的寻常人生,进入和谐可控的层面。乍看起来,如今他虚幻的回归似乎是对人生限制的又一次胜利,但这样的童年乐园不会长久地收复。慢慢地,它成了向地狱的堕落。在纳博科夫看来,唯有优秀艺术才能够指示一个逃离时间之狱的出口,它创造特殊的世界,其中每一个琐细之物都将免于遗忘。艺术某种程度上置身于生活以外,能够预示某种意识状态,能够不受限制地进入过去的乐园。卢仁在生活**中**就想回到爽身粉般舒适的童年,这完全是对尘世时间的否定,是对过去三分之二时光的剥夺,他忽视了棘手的自我,甚至压制了象棋,后者是他对艺术的粗浅代理。

生活——或时间——开始报复了。江山易改,本性难移,卢仁的自我慢慢地复活了。他生性警惕,留心花样,又有一种防守的本能,他发现他的命运中有某种不祥之物在蠢蠢欲动,他必须策划一次反击。尽管他无法查明威胁的性质,但处身之外的我们却能够去猜度。现在生活开始违反进步的本性,它不断重复,亦步亦趋地重演着过去。当初本是为了保护卢仁不受象棋侵犯才天真地再现出来的童年,现在开始沿着童年的那些初期的轨迹,一路把他引向首次发现象棋的情景。卢仁遇到了他过去的一个同学,后者模糊地记得他是一个象棋新秀,但卢仁否认了他的回忆。一个从苏联来的客人提到他的姨母,后者是

他的象棋启蒙老师，卢仁终于想了起来，他充满了“作为一个象棋选手
的那种喜悦、自豪和轻松，还有一种生理上的和谐感，艺术家对这样的
感受太熟悉了”。差不多与此同时，他发现，时间围绕他形成的那些组
合又进了一步(“乡下的房子……城市……学校……姨母”)，惊慌之
中，他想构思某种防守策略，去对付不断向他迫近的花样。可他却碰 330
巧找到了一个被妻子忽略了的袖珍棋盘，他始终隐藏着棋盘，还有他
的象棋心思，一如儿时的他最初发现象棋后开始偷偷摸摸地琢磨
一样。

卢仁努力探寻在他周围形成的组合，于是又陷入了孤独的冥想状态。不知不觉地，他现在不仅再次经历了生命第一阶段的结尾，他童年时对象棋的痴迷，而且再次经历了第二阶段的结尾。他在棋盘的格子上不断攀爬，他与图拉提鏖战，争夺掀翻世界冠军的权利，面对图拉提那著名的新颖开局，他一刻不停地寻找着固若金汤的防守策略，苦思冥想终于让卢仁崩溃。而这一次，更糟糕的情况还在后头。

随着卢仁的压抑不断加深，他对过去的重复纷至沓来：他那远离象棋的童年，他逃往庄园，他发现象棋，他逃学去下棋，他在经纪人瓦伦季诺夫的安排下参加象棋巡回赛的那些孤独的岁月，他寻找对付图拉提的防守策略，在与图拉提休战后他无知无觉地逃往昏暗虚幻的庄园。如今惊慌失措的卢仁为了打破重复的花样，采取了一些惊人的手段，但就是这些手段也只是在繁密地孕育别的重复。

有些重复一目了然，有些重复则云山雾罩、改头换面，第一次阅读根本发现不了。在这些众多的、相互连锁的花样中，我们几乎很难一眼就看出什么来，只看到那步步紧逼的命运。随着发现不断增多，我们可以看到两个相互争斗的部分：一个部分让卢仁的妻子变得更加高大，她不断为他营造着温暖、舒适、安全而又重复的童年；另一个部分

显然更强势,它与第一种重复纠缠在一起,有着更多的幻想,重复的是卢仁对象棋的发现,他又捡起了过去放弃了的与图拉提的比赛。当卢仁最终认识到命运对他发起攻击的真正用意——他应该离开妻子为他提供的避难所,回到冰冷的象棋世界,接受无情而精明的瓦伦季诺夫的监护——时,这样的未来让他害怕。针对这样的进攻,他只能想到一种防守策略:他要退出游戏,他要结束生命。当他栽向死亡时,他看到下面院子中的阴影

> 分成了深浅两色的方格,在卢仁松手的一刹那,在冰冷的空气灌进他嘴里的一刹那,他清楚地看到,某种永恒正热心地、无可阻挡地在他面前展开。

331 卢仁无法逃离自身,无法逃离对防守的需要和对花样的警惕,这使得象棋顺理成章地充满了他的生活。

确实,在最后的几个月里,导致他悲剧的所有那些独特的精神力量都被提高到令人头晕目眩的新高度。孩提时代,他为象棋关闭了生活的大门。成年以后,他允许妻子重启他的心扉,探问他的世界。而今,他不但要在棋盘上寻找,也要在周围不断展开的生活中寻找,他要寻找那些发挥作用的组合与策略。这近乎疯狂,但有一点除外,他对时间的布局有了一种挥之不去、欲罢不能的洞察。那些花样绝不只是幻想,身处庐山之外的我们,只要反复阅读,就会发现那些不断向他迫近的花样,甚至先于他的注意。**他**应该在时间的花样展开时就能发现它们,这一事实在我们心中激起了一阵形而上的战栗。

《防守》以这样一个世界开场,它注重的是个别和无法逃料的事物:绒面拖鞋,蓝铃花,布满抓痕的膝盖,一个孩子嘴埋在枕头里爆发出来的

奇怪的声音,他对成为“卢仁”的惊讶,他徒劳的向庄园家中的逃归。慢慢地,这个对个别如此宽容大度的世界却无可阻挡地充满了花样,卢仁自身怪诞的独特个性反而让他看到了这一从外面强加于他的花样。纳博科夫告诉我们,尽管这个世界的事物沾沾自喜于自身的独立性,但也许某种外在力量确实在我们无量的生活事件中烙上了印痕。

四

在《防守》中,纳博科夫学会把世界的一个部分跟另一个部分放在一起。他拣选细节,控制角度,转变焦距,扩散花样,其速度、经济、流畅与和谐罕有小说可以企及。他出色地驾驭着部分与部分之间的关系,将古典叙事的优点提高到一个完美的新高度。

关于他艺术的表面形式,我们就谈这么多,那绝不仅仅是措辞风格的问题;现在我们转向深层问题。因为纳博科夫在《防守》中还反复思考了作家与读者之间的关系问题,由此他第一次表明,他将成为一个伟大的小说革新家。他后来会宣称说,一个棋题的真正斗争不在黑白双方之间,而在棋题设计者和假想的解答者之间;同样,一部小说的伟大剧情不是人物之间的冲突,而是作家和读者之间的较量。他之所
以想到象棋这样的类比,可能是因为在《防守》中,他首次为读者精心 332
准备了许多问题,这些问题从第一句(为什么这个男孩从星期一开始要被叫作卢仁?)贯穿到最后一句(为什么他的本名和父名直到现在才交代?)。

纳博科夫向读者提出的真正问题是那些他用时间编织的花样造成的问题。为什么小说的最后一个阶段要遍布重复的花样?它们难道只是存在于卢仁的大脑中吗?纳博科夫是否仅仅希望我们惊叹于

它们那复杂的交织，仿佛凯尔特人的编织品？他是否像有些读者设想的那样，诱使我们用紧张的指甲和手指去解开那些费解的结？或者，是否他漫不经心地把整个布局搞得过于复杂，根本就无法解开？

那些花样似乎要向我们提出问题，其答案就在下文，或者在我们前面读过的那些文字中。可是它们又跟其他花样纠结在一起，最后似乎就不可能找到答案了。这时一些读者会得出结论说，纳博科夫要么是在戏弄读者，要么是把纯粹的设计之乐当作了唯一的目的。但是鳞翅目昆虫学家纳博科夫知道，大自然的设计是错综复杂的，只要耐着性子，它们能够慢慢地解开。

他还是一个棋题编写者，他在《防守》中不但学会把一个花样叠加到另一个花样之上，还像在棋谱中所做的那样去提出问题。跟编写棋题一样，他希望小说中的难题也能求解。

小说前几章的展开有条不紊，接着在一个段落的中间部分，笔锋突然一转，跳到了十六年后的一个场景：卢仁坐着在跟一个女子说话，她既没有名字，又在镜头之外。在她现身以前，这个场景一直扑朔迷离。随后纳博科夫转而用一整章的篇幅写了卢仁的父亲——这是我们在小说中唯一一次离开卢仁的视角很久——并对前一章明显跳过的十六年做了交代。直到接下去的第三章开头，我们才又回到那个丢在半空中的场景。摄像机再次运转，我们发现

> 卢仁仍在摆弄着那只手提包，仍在对那个模糊的同伴喋喋不休，她随即不再模糊了，她把包从他手里拿了过来，谈到了老卢仁的死，从而成了这个构图中显眼的部分。

在小说英文本的前言中，纳博科夫做了这样一个概括，接着他把

这三个章节跟一个棋题作了比较。他期待某种答案,但是什么样的答案呢?

五

我在别的地方曾详细解释我就《防守》问题给出的答案[4],现在我 333
简单地对它们做一个概括。

一组花样坚持把卢仁的外祖父与这个孩子对象棋的发现联系在一起,另一组花样则将卢仁的父亲与那个一头闯进卢仁生活的女子联系起来。有趣的是,每组花样中的第一个动作都在他外祖父或父亲刚刚去世不久后开始。

早在《防守》之前,纳博科夫就在诗歌、短篇小说和他私人笔记的沉思中处理过神秘的后世问题。他未来的小说会明确描写一些主人公,他们在故事的进程中死去,但死后又参与到他人的生活中来。在《微暗的火》中,他谈到来生以及彼岸的影响问题,并写出了那个关键的句子:“不在于文本,而在于结构。”我认为,纳博科夫是想要我们从《防守》结构的那些谜一样的花样中推导出我们在小说文本的任何句子中都无法读到的内容:卢仁死去的外祖父在以某种方式将外孙引向象棋,而死去的父亲则以某种方式将儿子引向他要娶的那位女子。

卢仁的外祖父是一个小提琴家和作曲家,“虽然有些乏味,成熟时期又容易受华而不实的技巧的诱惑”。家人在他去世周年时举行了一场纪念音乐会,一个小提琴家演奏了他的作品。中间休息时,小提琴家狂热地说,他宁可下棋也不愿意去继续演奏:“旋律一般的组合。你知道,我简直能**听到**那些步子……天神的游戏,无穷的可能。”“他们在等你呢,大师。”有人叫他,但他对象棋的赞美已经激起了卢仁的兴趣:尽管对这个游戏一窍不通,尽管一直在躲避生活,但这个小男孩现在浑身激动,迫切想学会它。不久以后他成了大师,在生涯的巅峰状态,他要去角逐挑战世界冠军的权利。当某人过来叫他去大厅跟图拉提对阵时(“他们在等你呢,大师”),这个场景发出了某种奇怪的回声。在卢仁这场特别精彩的比赛中,音乐意象反复在棋盘上流淌:最初是“装了弱音器的小提琴”的安静步调,接着是“音乐的风暴”和“激动不安的”高潮。诸如此类的花样将卢仁的象棋与外祖父联系在一起,说明死后的外祖父发现了卢仁对威胁的警觉、在防守方面的天赋、对组合花样的喜爱,老人促使这个孩子去下棋,这是他对精湛组合表演之渴望的替代性宣泄。

334 卢仁的父亲是一个写作励志故事的儿童作家,一个喜欢腻味的解决[①]的感伤主义者,他梦想儿子能够成为艺术家或音乐天才。得知卢仁的真正天赋后,他明白,儿子仍像过去一样让他困惑不解。经纪人瓦伦季诺夫把儿子从他身边带走,临死前的他试图创作一个中篇《开局弃子》,以怀念并美化他儿子的象棋生涯。父亲死后一个月不到,那个理想的女子突然走进了卢仁的生活——这时小说突然转向老卢仁,写他眼里的儿子与瓦伦季诺夫一起度过的岁月,他写作《开局弃子》的打算,他的死——在该场景煞尾前,那女子说,她很遗憾“不认识你的父亲……他一定很善良,很认真,很喜欢你”(卢仁坐着,一言不发)。就像卢仁与图拉提对弈时,那不断响起的音乐形象见证着老作曲家、他外祖父的悄然存在一样,小说这里颇不和谐的笔调转换说明,在儿

---

① 解决(resolution),音乐术语,指和声中不协和音或和弦向协和音或和弦的转向;在戏剧等文学作品中,它指高潮后冲突的解开。

子与他将来要娶的女子会面的时候，那个老小说家、老卢仁也奇怪地闯了进来。

卢仁对象棋的热情，瓦伦季诺夫用冷酷手段对他成长的压抑，使得他的成年生活被剥夺了，而这位女子一开始似乎就想给他提供这样的生活。可是，卢仁无法同时对付那场最艰难的锦标赛和他社会性自我的初生蓓蕾。崩溃后的卢仁似乎被带回了童年，在疗养院的花园里，卢仁“穿着崭新的、软皮做的夜用拖鞋”，他的未婚妻在陪他散步。她莫名其妙地想起了

> 小时候曾经读过的一本书，讲的是一个已经上学的小男孩的事，他带着他曾经救过的狗一起离家出走了。后来这个男孩生活中的所有麻烦都因一次（对作者来说）方便的发烧——不是伤寒，不是猩红热，只是“一次发烧”——获得解决，以前他一直不喜欢的年轻后妈悉心照料着他，他突然对她充满感激，愿意叫她妈妈。一颗滚热的泪珠从她的面颊上滑落，一切都好了。

她想不起书的名字，但却准确地感到，那种感伤主义的语调正适合疗养院里的卢仁身边的新氛围。实际上，那本书正是老卢仁写的《托尼历险记》。她跟卢仁结婚后，一幅木刻挂在他们卧室的窗子之间，画的是“一个睡袍拖到脚跟的神童，正在一架巨大的钢琴上弹奏，父亲穿着灰色晨衣，手持蜡烛，一动不动地站在旁边，门虚掩着”——这正是老卢仁内心深处梦想着的儿子的形象。当卢仁最后陷入阴郁的心境之中时，他的妻子唯一能够求助的就是再三催促他去父亲的 335
墓地。

老卢仁生前无法成就儿子辉煌的故事，于是死后选择了这个有同

情心的敏感女子,似乎想借此轻松地解决儿子生活中的全部麻烦。卢仁可以继续下棋,但他也该懂得成年人的欢爱。可这个女子进入卢仁的生活后,她对卢仁那些麻烦的解决与父亲的手段并没有多少区别,后者当时焦急等待后发现,儿子的天才解决了过去的一切问题。如今,卢仁一方面爱着自己的未婚妻,一方面又爱着象棋,冲突的结果只能是崩溃。儿子崩溃后,老卢仁似乎决定,如果他不能像一个成人那样活着,又当不了象棋冠军,那就让他回到他从未感受过的安全的童年。卢仁在谵妄之中从柏林逃回了记忆中的庄园;如今他又在一个疗养院苏醒过来,未婚妻和医生(他那亚述人的胡子让卢仁想起了那个农民,当他第一次逃回庄园后,父亲派那个农民来找他)劝他压抑象棋,去接受他婚后将要搬进去的舒适、幸福、如同孩提时代的家。像老卢仁的所有计划一样,这样的解决办法也完全忽视了生活的全部麻烦:卢仁不是孩子,不是成人,他的存在离不开象棋。

小说中的其他花样说明,在这个女子进入卢仁的生活以后,他的外祖父开始了反击。卢仁现在每天晚上都跟未婚妻及其父母待在一起,他们避而不谈象棋,但外祖父迫使卢仁感到,这样的房间让他格格不入。冲突并没有让卢仁放弃未婚妻、回到象棋,而是把他引向幕落。他后来的康复、家庭,他那有益身心的对过去的重复,似乎都是父亲作用的结果;但外祖父,那个艺术爱好者,开始向对手发起新的进攻,他把对童年的重复引向对卢仁最初发现象棋的重复。围绕这个基本策略,他展示了许多让人眼花缭乱的花招,使得重复的主题变得纷繁复杂,似乎是在嘲笑对手的幼稚天真。

在父亲和外祖父之外,还有一个更强大的力量在推波助澜,使得他俩的冲突走向它那更加居心叵测的结局。外祖父想发展卢仁生命中的象棋线索,父亲则想促进妻子、家庭的线索,他们都不希望他死去。可是,他们之外的一股力量却使这种冲突将卢仁推向无法阻挡的死亡,那是他唯一可能的解脱。这个压倒一切的命运既促进了卢仁的象棋技艺,又促进了他对生活的注意,它从外祖父的正题(象棋,或者 336
说艺术)和父亲的反题(妻子与家,或者说生活)的对抗中建立起了一个新的合题。在卢仁生活的最后阶段,这个狡猾的力量操纵着两股相互竞争的关于卢仁过去的重复,将他的组合才能提高到一个异乎寻常的新高度,他由此发现了时间的花样:这是他奇异心灵的新胜利。但时间花样的含义太令人心惊,他感到别无选择,唯有结束自己可怜的生命。

也许,死后的卢仁会发现,他那识别时间花样的天赋将会有更多的用武之地,正如他那才智平平的父亲和外祖父死后却发现了更多的可能一样。不断追问下去,《防守》中的花样似乎暗示

> 卢仁的死也许意味着,他回到了过去的“家”,那里,事物的基本之善将在另一个层面上展现自身,但又不会忽略生命在**这个**层面上的一切麻烦。也许,他将从死亡的空白中醒来,进入另外一个世界,那里过去将成为他的避难所、他的家、他的防守,**同时**又是他的艺术新天地,他可以永无止境地探索时间的花样。
>
> 从这个层面上说,《防守》告诉我们,也许命运之中,甚至等级分明的多种命运之中存在着一种设计,它给了我们最大的机会去成为我们自己,哪怕从尘世的观点看,我们的生活障碍重重,磨难不断,仿佛众神的游戏。[5]

外祖父的“艺术”是贫瘠的,父亲的“生活”是腻味的,可是逡巡在生活背后的某种神秘的灵巧却似乎把他们的干戈化作了玉帛。

六

在《防守》中，纳博科夫小心翼翼，努力不用明显正面的形式来呈现自己的形而上学。像在《王，后，杰克》中一样，他颠倒了所珍视的一切，以便检验自己的思想，不过这次却有了更多共鸣。纳博科夫始终对他那田园诗般的、安逸的童年心存感激，现在却把另外一种性情加给了孩提时代的卢仁，让他哪怕面对最天真无邪的事物都要畏缩退让。面对无助的人生，纳博科夫在艺术所能允许的熟练把握中找到了栖身之所，他也赋予卢仁天赋，但却是低于艺术的天赋，这种天赋可以让他逃避生活，却无力解决生活中的紧张。天道无亲，常与善人，纳博科夫的婚姻以另外一种形式复活了他安逸的童年，他与那位女子过着宁静的幸福生活，她懂得他艺术的细枝末节，可他却给卢仁安排了另
337 外一位女子，她一心要保护他免受他艺术的伤害，结果反而成了危险与威胁，让他陷入疯狂摸索的孤独境地。纳博科夫天性中想象，终有一天，我们会在摆脱了所有失去之虞的永恒世界中重新体验往昔，可他却让卢仁重复着过去，这种重复初看是安慰，但很快就退化成徒劳的逃避现实，接着又变质为噩梦般的陷阱。纳博科夫渴望在生活的背后窥探到比生活所能允许的更多内容，他把这种天赋也给了卢仁，结果恰恰是这种天赋使这个可怜的人走向死亡。

在卢仁的命运中，纳博科夫把他个人生活的所有珍奇都变成了苦痛。但他又指出，即使是这样，即使一个人拥有的只是他本人全部优势的反面，在某个终极的层面上，在父亲与外祖父的冲突以外，仍然潜伏着一种力量，它怀着无限的温柔设计着生活，为死后的卢仁准备着，让他毫无痛苦地从痛苦的过去康复，让他特殊的力量得到宣泄与成

就,那时,他生命中的全部恐怖都将获得补偿。

七

作为一个艺术家,纳博科夫懂得如何将生活及其独特的价值观分予每一个细节,同时又保持世界各个部分之间的整体感。但是,尽管在卢仁的世界里,每个难以磨灭的细节都很精确,每个部分之间都很和谐,我们还是不能仅仅囿于其中去寻求解释。

卢仁不安地怀疑着在他周围生成花样的时间,这种领悟让他走向疯狂。即使第一次阅读《防守》,我们也会心神不宁,我们觉得卢仁寻找事件背后的缘由有道理,不过他当然没有找到。读完第一遍,我们认为,控制他生活的命运是无法辨别的,除非也许是小说家本人。即使反复阅读数遍,我们也不会异想天开地以为,卢仁死去的外祖父和父亲会加入他的生活之中,背后还会有一种力量在精心安排着他们的对位声部。但既然我们置身卢仁的世界之外,纳博科夫就可以让我们注意到那个世界特殊的联系方式。他向我们提出了一些问题,比如叙事突然转向卢仁未来的妻子——对她模糊的介绍,老卢仁的插入,她推迟后的重新入场,最后的聚焦——让我们慢慢去注意情节的多个层面和故事的含义,这些内容最初一点暗示也没有。

我们对《防守》的第一次留神始于小说开头那个让人吃惊的句子,在还未搞清方向以前,我们就被放到了卢仁的内心。更奇妙的是,我们又转身跟随他的父亲,直等通过他的眼睛浏览了背景之后,我们才 338
又回到最初看到的那一幕:老卢仁告诉他的儿子,他要去上学,要开始生命的下一个阶段。尽管对新的“成人”名字没有什么准备,但那个男孩还是要成为“卢仁”,直到他死之前,我们只知道他这个名字。

几章以后，又一个场景在我们没有准备的情况下突现：卢仁突然长了十六岁，在跟一个女子说话。我们再次把这个场景丢在半空中，跟随老卢仁而去，通过他了解到了中间间隔的岁月，然后重新回到那个未完成的场景。仿佛是为了证明，这次又是卢仁的父亲在把差不多还是孩子的儿子推向成年岁月一样，那个闯进卢仁生活的女子除了“卢仁太太”（俄语就是“卢仁娜”）外也没有别的名姓。这样，小说第一句的突然袭击似乎就更加惊奇——也更加合理。

在《防守》第一章的末尾，卢仁跑回庄园，从客厅开着的窗户爬了进去。

> 一进客厅，他就站在那里，听着。用达盖尔银版法拍摄的相片中的外祖父——黑色的络腮胡子，手拿小提琴——正俯视着他，可一旦从侧面打量那幅肖像，外祖父就会彻底消失，融进镜面之中——那是一种阴郁的快乐，每次走进客厅，他都不放过这样的快乐。

初看起来，卢仁跟外祖父的相片行的小仪式不过是纳博科夫众多出色的、让人意想不到的细节之一，它很准确，栩栩如生。可是，从我们现在的视角看，它似乎在透露这样一个事实，卢仁是在刚过世不久的外祖父的引诱下回到庄园，爬上阁楼的——那里有一张开裂的棋盘，但没有引起他的注意——这时的外祖父还没有采取行动。[6]

卢仁爬进去的那个窗户当然预示着小说里的最后那个窗户，后来卢仁将费力地爬上去，纵身跳向死亡。从一开始，就有某种力量在设计卢仁的命运，这里的窗户说明，有人知道二十年以后的终局，知道卢仁从生活里撤退的冲动。这个窗户还从一开始就暴露出了那个终极设计师的计划，它要驾驭外祖父和父亲及其黑胡子助手之间相互对立的意图。此刻，卢仁正从玻璃镜框里凝视着这位外祖父；一页以后，他会从**另外**一扇窗户里注视着他的父亲和那个农民，他们正匆匆奔向他藏身的阁楼。第一章结尾的这些细节跟开头的那些细节一样精美，其花样我们已经指出。

花样从一开始就比比皆是，但它们似乎没有什么意义，这恰恰是
纳博科夫的本意。《防守》中大量的象棋音符开始只是欢快地哼唱一 339
些柔曼的旋律，直到很久以后，我们才听懂，那是复杂精巧的赋格曲，是阴谋与反阴谋的戏剧，是生活与艺术的思辨，最后生活的灵巧将这一切化解。如果他能完全在小说中构想并隐藏卢仁命运的螺旋体，复杂得叫人结舌，和谐得让人瞠目，那么，纷繁杂沓的生活本身还有什么不能隐藏？

《防守》中的花样有着巴赫的那种旋律美，严密的构思安排令人振奋，但在如此激动人心的组合之外，纳博科夫又增加了更多的内容。在我们的时代，科学揭示出了世界中的世界中的梦想不到的世界，我们的宇宙扩展了，我们的微观世界则缩小到难以测量的地步。纳博科夫似乎在问，如果物理学能够揭示一个其安排比我们的意想层次更多、更复杂的世界，我们的形而上学为什么不能做同样的事？

八

在《防守》中，纳博科夫第一次创作了这样一部小说，它从一开始就抓住了想象力，塑造了独特而令人难忘的性格形象，他为人物安排的命运深深地打动了我们。卢仁不管做何种选择，他注定要么孤独地活在他的天赋之中，要么压抑他的自我，去寻求普通的人伦之爱。他

的妻子英勇又饱含同情,她不断自我克制,结果却花自飘零水自流。他们是小说人物画廊中最温润、最动人的两个形象。

通过他们的故事,纳博科夫为我们奉献了一个关于反常、天才与疯狂的研究,一幕家庭悲剧,一幅关于自我之孤独与脆弱的生动写照。他在成人身上研究儿童,在儿童身上研究成人,他探讨个体与家庭的关系。他对尘世生活中的艺术家做了分析,又对感伤主义和贫乏的鉴赏趣味做了批判。他思考记忆及我们与往昔的关系,命运及我们与未来的关系,他思考无情流逝的尘世时间。他勾画了人类意识的奇怪处境,他探索了来生与时间及自我建立丰富关系的可能。他追问,我们世界的那些独立不依的个别与特殊是否还能构成我们无法看清的设计,我们杂乱无章的生活是否还能隐藏彼岸那几乎无法想象的灵巧?当然,他这一切努力都是要促进整个小说的艺术,他能将如此丰富的观念天衣无缝地整合到故事的形态之中,人们说他的作品只是文体风格却没有内容,这样的误解也就情有可原了。

340 此外,纳博科夫看重的是能够围绕我们的世界旋转的新世界,而不是刷了石灰水的旧坯子。这部小说真正重要的是构成卢仁世界的那些细节、动作和感情的脉动:他印在未来妻子手腕上的那个又饿又瞎的吻;她丢在旅馆床下的那双没有鞋带的鞋;还有小心翼翼向大丽花俯下身子的卢仁,它"兴许会咬人",让他吃惊的是,它不香。

注释

[1] 创作于1929年2—8月;发表于《当代纪事》40—42期(1929年10月—1930年4月);书籍形式,柏林:词语出版社,1930;迈克尔·斯卡梅尔和纳博科夫译,纽约:普特南,1964。

[2]《品画》(伦敦:约翰·默里,1960),页107。

[3]《阿达》,页221。

[4]《花样问题:纳博科夫的〈防守〉》,《现代小说研究》33 卷 4 期(1987 年冬),页 575—604。

[5] 同上,页 600。

[6] 同上,页 585。

第十五章　反与正（柏林，1929－1930）

一

341　1929 年 8 月，当“齐柏林伯爵号”飞艇神不知鬼不觉地穿云破雾、巡游世界的时候，纳博科夫正在下面的科尔贝格消受着自己的那一片安详宁静的晴空。他很快就会完成一部迄今为止最优秀的小说，乌尔施泰因出版帝国正怀着浓厚的兴趣注视着他近来的工作，纳博科夫踌躇满志，因为他似乎很快就可以只靠写作来维持生计了。他跟母亲开玩笑说：“马上就要毙了卢仁，把它的尸首交给乌尔施泰因，这样他们好买回去分尸移葬。”[1]不幸的是，他的信心落了空，他的作品越好，就越难在侨民出版界以外的地方出手。两年里他和薇拉不但没有着手在科尔贝格盖房，连地皮钱都无法继续支付，最后只好把那块地还给了卖主。[2]唯一的补偿是，那块城外的地方可以巧妙地用作《绝望》的谋杀现场。

靠近 8 月底的时候，薇拉乘火车去了柏林。在陆军中校冯·巴尔德勒本家“庞大而阴暗”的单元房里，她租了两个带家具的房间，一间客厅，一间卧室。[3]在《天资》的开头，纳博科夫描写了费奥多尔搬进同一地段的房子后的感受：一段与他没有任何联系的街道曾经悄然溜走，如今却要接纳它内部的生灵。纳博科夫夫妇太理解这样的感觉了，婚后他们曾住在卢伊特波尔德大街 13 号，后来搬到附近的莫茨街，跟冯·莱佩尔夫人住在一起，接着又搬到三个街区外的帕绍街，住在冯·达尔维茨夫妇家，现在他们又回到了安静的卢伊特波尔德大街，住 17 号。

当弗拉基米尔·纳博科夫回到日渐萎缩的俄罗斯的柏林之中心时，弗拉基米尔·西林开始当仁不让地成为俄国侨民文学的中心。10 月，《防守》洋洋洒洒三大段连载的第一部分刊登在《当代纪事》上。[4]

《当代纪事》编辑部设在巴黎，它无疑是侨民界最优秀的期刊，该
杂志秉承沙俄时代“厚杂志”月刊的传统，刊登的是文学及思想性作 342
品，有着鲜明的反政府色彩。在侨民界，由于投稿人急剧减少，读者群数量很低，资金方面又捉襟见肘，《当代纪事》一年只能出三四期，但篇幅往往达五百页甚至更多。该杂志的编辑不是作家，而是社会革命党的四个政治人士，尽管如此，它却独立于党派政治，保持着一贯的文学水准，许多人认为，它在这方面甚至超过了革命前的那些最优秀的杂志。《当代纪事》从 1920 年一直维持到 1940 年希特勒占领巴黎。它的竞争对手既不能维持很久——只有一家杂志坚持了它一半的时间——也不十分突出，因为每期的间隔很长，内容又丰富，所以读者、评论家总是翘首以待，每一期的面世都是文学岁月中的重大节日。

人们对《当代纪事》只有一大不满。该杂志的编辑不是专业文人，

他们给自己规定的任务是为俄国文化服务,因此总是关注那些功成名就的作家:散文方面如蒲宁、德·梅列日科夫斯基、阿·列米佐夫、库普林、伊万·什梅廖夫、扎伊采夫、阿尔达诺夫等,诗歌方面如济娜伊达·吉皮乌斯、霍达谢维奇、茨维塔耶娃等。直到 1926 年,人们还在抱怨,《当代纪事》对那些流亡之前默默无闻的年轻作家很冷淡。西林是年轻一代作家的翘楚,1921 年、1922 年曾在《当代纪事》发表一些短诗,那时该杂志尚未脱颖而出。直到 1927 年,他的长诗《大学赋》和短篇小说《恐怖》才在上面发表。1929 年 10 月起,忽视年轻人的情形有了彻底改观,西林后来的七部长篇(还有未完成的第八部以及一些短篇)都将在该杂志后来四十一期的三十八期中先后发表,有时篇幅会占到八十页以上。西林之后,其他一些年轻的散文作家——尼娜·别尔别罗娃、盖托·加兹达诺夫——也曾在这份杂志上轮番露脸。

1929 年 10 月前,西林的作品就已在俄语图书馆里流通,俄国作家也多有讨论——霍达谢维奇说,几乎每个人都对他交口赞誉,尽管未必写成书面文字[5]——但他尚未受到高度重视。尽管一个批评家(对《防守》第一部分的连载怀着**敌意**)说,西林曾因在俄国诗歌方面的非凡技巧迅速赢得广泛关注,转变写作风格后又同样迅速地为他赢得了“出色的俄国散文大师”称号,但大多数评论家认为,西林迄今为止都被批评家忽略了——也许是故意为之。*[6]而现在,《防守》不容置疑的质量和在《当代纪事》上发表的事实使得人们再也无法忽视他了。

343 1929 年秋,在巴黎的一次文学座谈会上,《当代纪事》编辑马克·

---

* 西林之所以遭到忽视,主要原因是他决意留在柏林,并始终主要在《舵》上发表作品。两年前,尤里·艾亨瓦尔德经常给《舵》投稿,他曾在该报发表一篇评论尼娜·别尔别罗娃的文章,有人将报纸带给了别尔别罗娃,后者写信给艾亨瓦尔德说:“你无法想象,你的报纸在巴黎是多么罕见。”(1927 年 3 月 8 日,莫斯科国立中央文艺档案馆,f. 1175,op. 2,d. 78)

维什尼亚克宣布说,下期将会有出色的作品发表。尼娜·别尔别罗娃是当时最有前途的两个新生代散文作家之一,她激动地问道:“作者是谁?”维什尼亚克回答说:“纳博科夫。”别尔别罗娃未免有些失望,因为维什尼亚克毕竟不是评论家,而西林的作品也不值得有**那样**的反应。

《当代纪事》第四十期出来了,依旧是素净、淡雅的米色封面,富有学术品味。别尔别罗娃翻开《防守》的开头几章,一口气读了两遍:“呈现在我面前的是一位了不起的现代作家,一位伟大的俄罗斯作家,成熟而又高超,就像从革命与流亡的烈火与灰烬中诞生的凤凰。从此以后,我们的存在获得了意义,我们整个一代人得到了捍卫,我们得救了。”[7]

安德烈·列温松是一个才智超群的流亡评论家,他同样大为震惊。他描述了一个评论家习惯性地从新的一期杂志上做剪报的情景:“突然,你觉得自己被置于正常反应之外,你被紧紧抓牢,太阳穴遭重击,心中既欢喜又苦恼,你处在一种……美妙的悬而未决中……一下子,你感到自己正面对一本巨大的书。”[8]

所有人的反应都很强烈。一个评论家写道:“像西林这样看待生活,多么可怕!像蒲宁那样看待生活,多么美妙!”面对这样的评论,纳博科夫的反应发人深省:“读了[基里尔·]扎伊采夫的文章后我不禁哑然失笑——不是笑扎伊采夫,而是笑这样一个事实,在生活里,在我整个的精神产品中,我都是乐观昂扬的,而据我所知,蒲宁更喜欢沮丧和阴郁的思想——可扎伊采夫恰恰搞反了。”[9]蒲宁尽管当时仍是侨民文学无可争议的大师,他对《防守》的评价却是:“这小子抓起一把枪,把整个老一辈包括我在内都干掉了。”[10]

二

在一些否定的声音中,迄今最有影响的说法来自阿达莫维奇。

阿达莫维奇 1923 年进入侨民界,当时已有两本薄薄的为他赢得声名的诗集。二十年代底以前,他成了当时最出色的两个流亡评论家之一,是俄罗斯的巴黎之文学立法者。在报纸、杂志、带插图的周刊
344 上,在塞纳河左岸蒙帕纳斯地区的文学俱乐部和咖啡馆里,阿达莫维奇敲打着“巴黎音调”的音叉:流亡生活的绝望,现代灵魂的苦痛,还有那些尽管真实、诚恳、感人却不注意形式、艺术性丧失殆尽的日记式诗歌。阿达莫维奇很有影响力,他喜欢宣布针对“我们这个时代”的正确态度,对形式上的精巧充满敌意,偏爱一成不变的忧郁,又有排外倾向,纳博科夫很不喜欢他。纳博科夫也不喜欢蒙帕纳斯地区的病态气氛,讨厌毒品、同性恋尤其是党同伐异的做法,认为那会破坏客观公允的文学判断力。*

阿达莫维奇反唇相讥,认为纳博科夫对形式的注意就是无视内容或缺乏深度。阿达莫维奇写诗很少,他的文章关注的是精神的混乱,认为这种混乱使得流亡诗歌几乎无所作为,因此面对一个自信而生气勃勃的作家,他感到威胁。他是霍达谢维奇的敌人,后者的诗歌却备受纳博科夫的推崇;他与济娜伊达·吉皮乌斯交好,后者昔日乃彼得

---

* 在攻击阿达莫维奇方面,纳博科夫并非孤军作战。悃诚的霍达谢维奇始终反对阿达莫维奇对真理的蔑视,而茨维塔耶娃则在《诗人的批评》一文(《良好的意愿》,1926 年 4 月)中痛斥他,用西蒙·卡尔林斯基的话说,茨维塔耶娃说他“出尔反尔,不负责任,非常肤浅”(《茨维塔耶娃》,页 157)。阿达莫维奇坦然承认,愧疚地笑笑,他不敢得罪这些人,于是继续写谄媚他们的文章,并说:“文学短暂,友谊长存。”(堂·阿米那多,《开往第三条道路的列车》,1954,页 307—308)

堡文坛皇后,曾对纳博科夫十六岁时写的诗歌大加挞伐。[11] 如今吉皮乌斯跟阿达莫维奇一起统治着俄罗斯的巴黎的文坛,她不依不饶地贬低西林。就像格特鲁德·斯泰因“瞧不起乔伊斯,且将任何谈论乔伊斯的人拒之门外一样,吉皮乌斯也不喜欢谈论纳博科夫,对别人的谈论也充耳不闻”——当然,除非是诋毁之辞。[12]

在评论《当代纪事》第四十期时,阿达莫维奇像许多评论家一样认为,西林的作品有一种非俄国的西方风格。但他又进一步说,《防守》是对当前法国模式的东施效颦——但他却没有具体指明,不过也无法指明——因此不会像在《当代纪事》上那样引起《新法兰西评论》太多的注意。事实与这样的断言恰恰相反,列温松在《新文学》上发表了热情洋溢的评论,一周不到,法国出版商法亚尔跟纳博科夫签订了出版合同,那时小说完整的俄文本还没有出版。阿达莫维奇并不善罢甘休,他继续坚持他那“小心却顽固的反西林路线”。*[13]

三

1929 年末是《防守》开始产生影响的时候,也是纳博科夫个人生 345
平突然显得苍白的时候。9 月、10 月间,他写了几篇评论,并在达莱姆博物馆做稀有蝴蝶品种的分类工作——“让人感动又激动的工作”。[14] 12 月中旬,他的第一个短篇小说集《乔布的归来》出版,那时他一定还在写作中篇《眼睛》。

对纳博科夫来说,一部新作的念头往往会与作品的各个部分一起

* 格列布·司徒卢威在分析阿达莫维奇针对西林的批评态度时说,阿达莫维奇简直是“在对真理犯罪”。(《俄国文学出版》,页 279)

突然闪现,但尽管如此,他并不立即动笔,而是常常要花几个月在脑子里摆布并澄清小说的细节和结构。接下去他会整天躺在沙发上抽烟,在支起来当桌子的膝盖上写作,旁边是四卷本的达利辞典。他用的是薄薄的、蓝色的学校练习本,一开始书写很整洁,容易辨认,“用的是蘸水钢笔,隔天换一次笔尖……划掉,插入,再划掉,把整页都撕掉,每页重写三四遍”。纳博科夫后来解释说,那些年他“仍按章节的顺序去写作,但尽管如此,我从一开始就主要靠在心里构思、组织全部的段落。我走在大街上,坐在浴盆里,躺在床上,脑子里都在琢磨,不过后来往往又会删掉或重写”。他虚构的那个孪生形象,《瞧,这些小丑!》中的瓦季姆·瓦季梅奇曾对他流亡岁月中的写作方式做过描述,那部分是作家本人的写照:文本“只有几页是照顺序写的,因为跟着就被一大段文字打断了,那是小说后面或前面的内容。在调整安排先后顺序后,我进入下一个阶段:誊清稿。我把它们整整齐齐地写好,用的是自来水笔[不同的墨水,纳博科夫也许可以用自己的口吻说],一本厚而结实的练习本或账本。然后新的一轮恣意修改又慢慢将过去整个貌似完美的快乐抹杀”。最后,不会打字的纳博科夫会把整个作品口授给妻子,她把它打印出来。[15]

在精力充沛、才思泉涌的时候,他会一口气写上十二个小时,直到凌晨四点,然后通常要到中午以后才起床。1930 年 1 月他写信给母亲说,这让他身心美妙。[16]神经裸露的斯穆罗夫和他周围可怕的虚空都是出色的虚构,没有任何翻录的色彩。2 月底,他完成了《眼睛》。

四

《眼睛》

在《眼睛》中，纳博科夫第一次用第一人称写作。[17]他曾在《王， 346
后，杰克》和《防守》中利用过他个人生活与价值观的反面样本，现在他又选择第一人称视角，以便进一步接近他颠倒的自我，接近他颠倒的自我感。

纳博科夫始终非常自信，在《防守》之后，他更有理由懂得自身作品的价值，懂得可以把最丰富的宝藏埋设得更深，让读者花很长时间去探寻，去领悟作品的全部价值。他知道，他的小说有比第一批评论家所发现的更多的内容，因此他对别人的反应淡然置之。他对自己作为一个作家的独特性和地位如此充满自信，他没有必要自我沉湎。

可《眼睛》的叙述人却不然，后者是一个流亡青年，曾在他两个学生的注视下遭到一个嫉妒丈夫的毒打，觉得是奇耻大辱，于是开枪自杀。尽管他告诉我们说他已经死了，但不知怎么搞的，他还在继续讲他的故事，说医院里的病房、他的康复、新的工作、新的住所、新的朋友都是他思想惯性的产物，他丰富的想象力造成他尘世生活貌似真实的延续。在这种新的生活状态下，他发现自己被楼上一个流亡家庭吸引，尤其是迷人的瓦尔瓦拉（昵称万尼亚）。他几乎每晚都去她家，并对一个名叫斯穆罗夫的年轻人很入迷，后者显然也是这个家庭的新朋友。他琢磨这个年轻人给万尼亚留下的印象，年轻人外表安静，内心却勇猛热情似火。其他人也注意到斯穆罗夫，比如万尼亚的另一个朋友穆欣，他很快发现，斯穆罗夫的冒险故事是编造的；还有斯穆罗夫的新老板，他发现这个伙计差不多是个特务。

叙述人越来越想弄清斯穆罗夫的真实身份，他研究别人对斯穆罗夫的反应，请他们直接对他进行评价，甚至为了证据去搜查他们的卧室，截取他们的信件。某个时候，万尼亚似乎爱上了斯穆罗夫，希望嫁给他。可后来却发现是个让人尴尬的误会，她已经许配给穆欣且忠心耿耿。叙述人突然对斯穆罗夫兴趣全无。

在万尼亚即将与穆欣成婚前一周，叙述人发现她独自一人在家，他再也不能克制自己了。他抓住她的手腕，胡搅蛮缠地说他爱她，但
347 遭到对方礼貌而坚决的拒绝。回来后的穆欣在隔壁房间听着，骂他混蛋。叙述人又一次遭到侮辱，他径直跑到过去租住的房子里，想检查子弹在墙上留下的洞眼，“证明”他**确实**枪杀了自己，一切都不真实，一切都不重要。但几个月以前曾经毒打过他的那个怒气冲冲的丈夫在街上遇到了他，跟他打招呼（“斯穆罗夫先生！”），他现在知道了他妻子——前妻——其他一些不轨的事，并跟他道歉。对那些还没有猜到的读者来说，现在真相大白了，叙述人**就是**斯穆罗夫。

基里尔·扎伊采夫说，西林那荒凉阴暗的世界让他感到恐怖，纳博科夫对此一笑了之。他很清楚，什么——当然包括别人的误解——也影响不了他的愉快情绪，他觉得没有必要理睬。但斯穆罗夫就不一样了，他以急迫的、大呼小叫的抗议结束了他的故事：

> 然而，我快乐。对，快乐。我发誓，我发誓我快乐。我已经认识到世界上唯一的快乐就是观察，刺探，监视、审视自己和别人，不做别的，只做一只略带玻璃色的，有点儿充血的，一眨也不眨的大眼睛。我发誓这就是快乐……这世界，尽管它可以竭尽全力，但伤害不了我的一根毫毛。我是刀斧不入，坚不可摧的。假如她跟别人结婚，我担的哪门子心？每隔一个晚上，我都梦见她的衣

> 物在一条没头没尾的幸福的晾衣绳上，在一股永不停息的占有的风里荡漾，而她的丈夫永远也不会知道我如何对待这个跳舞的女巫的丝毛绫罗……我快乐——对，快乐！我还能做什么来证明、怎样来宣布我快乐呢？啊，喊出来，好让你们最后都相信我，你们这些残酷无情、自鸣得意的家伙啊……[18]

纳博科夫可能是以颠倒的自我来开始他的故事的，但他并不希望读者知道或在意这回事，光光了解斯穆罗夫和他的世界就够了。

《眼睛》的篇幅并不大，但纳博科夫既做到了焦点集中，也做到了视野开阔。他的叙事非常简约，没有把全景式的场景硬挤在一起。斯穆罗夫与玛蒂尔达的私情，她丈夫对他的暴打，他的自杀企图，都在寥寥数页中完成，但我们能感受到卡什马林那手杖的每一下抽打，两个孩子注视缩头乌龟老师的那分分秒秒。《眼睛》有意围绕一个主人公展开，但各种高低强弱的流亡音符又清晰可辨（一本正经的罗曼·波戈丹诺维奇，波罗的海地区的俄国人；工程师穆欣，曾经当过白卫军官；犹太书商魏因施托克，古怪的关亡人；还有贵族派头、智力平平而又敏感的万尼亚等），他们跟斯穆罗夫的音符相和鸣。

纳博科夫的《眼睛》在技法上的一大进步就是对视角的大胆处理，348
这对他后来的创作多有预示：那些近乎疯狂的自我中心式的叙述人；第一人称与第三人称叙事之间的不断变换；突然的焦点变化，使得一种现实跟另一种现实发生冲突，迫使我们自己去解决它们之间的冲突。《眼睛》中的叙述人“真”死了吗？如果没有，他以为他死了吗？他死后的持续状态是事实、妄念、比喻还是故意的安排？叙述人与斯穆罗夫真是一个人吗？如果是，那么是否“每个人”都意识到了“对方”？

斯穆罗夫受到暴打，他想自杀了事，却又笨手笨脚。为了补偿，他想象自己无所不能，又创造死后继续活着的假象。这给他带来其他许多便利，他立即摆脱了心理上的混乱："想到现在没有什么犯愁的了，便感到异常的欣慰。"当然，他自己也无法回避的是，至少他尘世存在的某种回响似乎仍在延续，比如他对食物和烟草的渴望，对家业的需要。但他试图想与这些琐事和无名的物理存在保持距离——只采取想象的视角和自由的眼窝——同时仿佛能从身外监视自己，把自己看作斯穆罗夫，一个新人，有各种新的可能。

小说的俄文名字 Soglyadatay 意指间谍、密探。他本可将小说的英译本取名为《我监视》，最后用了一个更好的名字《眼睛》(*The Eye*)，与"我"(I)谐音。斯穆罗夫把注意力从那个继续存在并讲述故事的"我"身上转开，他认为他也逃脱了他人的冷眼——比如那两个一直看着他受辱、让人耿耿于怀的男孩。虽然叙述人走进万尼亚及其家人的生活，但似乎没有人注意他。既然所有的注意力都集中在斯穆罗夫身上，那个敏感的叙事性眼睛就可以注视斯穆罗夫，注视其他注视斯穆罗夫的人，不受任何凝视的侵扰。

叙述人把斯穆罗夫安排成一个陌生人，这样他自己不但可以免受他人注意，也有了一个摆脱自身身份的机会，把整个存在投射到一个更为满意的自我身上。他假装绝对客观，试图给斯穆罗夫披上勇猛的光环和神秘诱人的面纱，却弄巧成拙："斯穆罗夫一边听，一边连连点头表示赞许。显而易见，他这人表面上朴实安静，骨子里激情似火……如果万尼亚是什么性格裁判，她肯定注意到了这一点。"

对他本人来说，他对万尼亚的暗恋和她也许感觉到的对他——不，不是对他，是对迷人的斯穆罗夫——的爱仿佛新的逃跑路线。但
349 在追求可能的爱时，他粉碎了自己的迷梦，他不再继续是这个世界无

动于衷的创造者，不再超然于狂怒的情绪泥沼之上。

斯穆罗夫妄想摆脱耻辱的生存状态，但彻底失败，《眼睛》的真正目的就在这里。纳博科夫要用斯穆罗夫的失败情形来展示一种人生境况，它截然不同于真正的彼岸世界——在纳博科夫看来，那个世界与斯穆罗夫所固守的自我是水火不容的。

当然，斯穆罗夫的监视，他对自我超脱的自我沉迷，是在他说服自己相信他已死了后开始的，但纳博科夫又将这种行为跟另外一些让人生疑的永生企图联系在一起：魏因施托克的降神会，罗曼·波戈丹诺维奇的日记。书商魏因施托克迷恋两件事，一是时刻提防活动在柏林的苏联特务，一是热衷于问死者问题。在深夜的降神会上，双重间谍阿泽夫的魂灵警告他说，斯穆罗夫可能是危险人物："他刺探，他诱骗，他背叛。"

斯穆罗夫当然是密探，但他只是自己的密探，或者说得更准确一些，他探听的是其他人对他的印象。罗曼·波戈丹诺维奇是万尼亚家的常客，他写日记，为了不给自己事后修改的机会，他每周都会将这些日记寄给塔林的一位朋友。斯穆罗夫有了新的牵挂，罗曼·波戈丹诺维奇也许是当代的佩皮斯[①]，"这种人知道怎样……使一片空灵的风景……或一位相识的怪癖万古不灭。想到斯穆罗夫的形象也许会这样万无一失地永生永世保留下来，我不禁有一种神圣的胆寒，于是急不可耐，简直要发疯了"。他在狂热的冲动下从罗曼·波戈丹诺维奇那里夺走了一封信，假装替他投进邮筒，然后匆匆逃进夜幕之中，他想看看信上究竟写了什么。虽然他侥幸得到这封信，上面有部分内容是对

① 佩皮斯（Samuel Pepys，1633—1703），英国文学家、海军行政长官，以所写日记闻名于世，日记记述了王政复辟、鼠疫的恐怖和伦敦大火等。

斯穆罗夫的分析，罗曼·波戈丹诺维奇说斯穆罗夫是一个同性恋，但这些描述对斯穆罗夫来说并没有什么特别新奇的东西。

拼命希望不朽的努力最后落空了，斯穆罗夫神经质一般的自我欺骗也是一场空。不过，纳博科夫指出，斯穆罗夫企图逃脱生存状态的那种力量本身——自我意识的稚嫩，孤独的苦痛，感情的辗转反侧、眩晕欲吐——恰恰是一个紧张的灵魂在挣扎的明证，那是一种自我报偿。纳博科夫的言下之意是，无法忍受生命的局限也许就是生机勃勃之最明确的标志。

五

在 1930 年大萧条席卷德国之前，俄罗斯的柏林就已经差不多人
350 去楼空了。因此，当西林 2 月 27 日在嘈杂、拥挤、烟雾缭绕的施米特咖啡馆里朗读《眼睛》第一章时，那是几个月以来俄国作家联盟主办的第一个晚会。[19]

2 月底，在气氛冷清的艾亨瓦尔德文社里，他还宣读了一篇题为《美德的胜利》的文章。《眼睛》里有一段文字戏拟了……历史决定论，这可能激发了纳博科夫的灵感，从而写出这篇讽刺苏联文学的文章。文章开头是对苏联那些套话的滑稽模仿，结尾时问道："既然回到湮灭无闻的模式，回到神秘剧和寓言故事是那么容易，人类还值得如此世世代代花费时间去深化提高写作技巧吗？"[20]

1930 年 3 月，一份名为《数目》的新杂志在巴黎露面，它有意挑战《当代纪事》的霸主地位。这本杂志的编辑是诗人尼古拉·奥楚普，但背后却受朋友阿达莫维奇和诗人格奥尔吉·伊万诺夫的鼓动，第一期就因一桩小事而惹出丑闻，那是伊万诺夫对西林最近四本书的

评论。[21]

伊万诺夫的腔调与阿达莫维奇一致,但没有后者那么注意策略。他说,西林的小说也许在俄国文学中显得很新颖,但**每个**法、德作家都是那样写的。接着是一阵劈头盖脸的诋毁,他说,西林是庸俗的新闻作家,一个自封的伯爵,就像人们在电影中看到的那样,但其实出身低贱,不过是一个厨子的儿子,一个农民。他在诗歌方面的导师是卡萨特金-罗斯托夫斯基公爵、拉特豪斯、德米特里·岑佐尔(都是子虚乌有的名字);散文方面呢,直到发现德、法作家之前,他都是以卡缅斯基和拉扎列夫斯基为榜样的。* 针对伊万诺夫的攻击,流亡杂志几个月里发表了许多义愤填膺的批评文章。风波快平息时,济娜伊达·吉皮乌斯又为伊万诺夫辩护,于是烽烟再起。[22]

纳博科夫知道伊万诺夫为什么要如此恶毒地攻击他。几个月前,伊万诺夫的妻子、诗人伊里娜·奥多耶夫采娃将她的小说处女作送给了纳博科夫,并题献说:“谢谢你的《王,后,杰克》。”仿佛纳博科夫曾将最近的小说送过她。薇拉·纳博科娃解释说:“照阿达莫维奇和伊万诺夫的见解来看,这样的贿赂应该影响到我丈夫可能会对奥[多耶夫采娃]作品的评价,但其实结果恰恰相反。”面对这个主动送来的礼物——一部绝对糟糕的小说——纳博科夫以颇为不屑的口气写了一篇评论。伊万诺夫火冒三丈,于是跳了出来。纳博科夫“本想跟他决斗,但有人告诉他,伊万诺夫不值得决斗”。[23]

《防守》还在连载,他的第一个短篇小说集又出版了,人们自然会 351

* 阿纳托利·卡缅斯基因为小说中露骨的性描写而出名。鲍里斯·拉扎列夫斯基是一个新闻记者,契诃夫的朋友,曾写过几则爱情故事。伊万诺夫提到这两个小作家,是说纳博科夫的小说有色情色彩。这样的影射未免有些奇怪,因为伊万诺夫本人的那部《原子的解体》(1938)却像亨利·米勒一样“色情”。

对他的创作历程进行概述，于是西林成为全年批评关注的焦点。有趣的是，这一情景跟五十年代后期《洛丽塔》闪亮登场后发生的情况差不多：先是在一个很小的圈子里备受推崇，接着名声大噪，重新发现他先前的创作，毁誉参半，各执一端。

西林只是觉得，如此针锋相对的评价很有意思。伊万诺夫指责他始则模仿那些受雇于俄国老插图周刊的文人，继则照搬任何一个法国作家都会写作的那些东西；深受法国文学浸淫的列温松则认为，西林的作品有着惊人的新奇，他的风格"虽然以托尔斯泰为基调，但个性色彩很强"。在华沙的一份报纸上，有人说伊万诺夫的评论非常迷人，有人则说他是一个萨列里①。一位巴黎评论家说，西林无法塑造我们能够效法的形象，另一位评论家说，卢仁可以与托尔斯泰笔下的娜塔莎或彼埃尔媲美。有些评论者说纳博科夫没有俄国特征，有些评论者说他立即回答了关于俄国文学的一个问题，即流亡文学或苏联文学能否保持十九世纪的高度。[24]

纳博科夫一直都在有意无意地搜集材料，为他那部最伟大的俄语小说《天资》做准备。1930 年，他还在构思这部作品，但生活开始更加频繁地为未来提供养料。在《天资》的第五章，针对《防守》的那些评论将会变成可笑的、围绕费奥多尔第一部重要作品而展开的叫嚣，评论家们将聚讼纷纭，也将有一篇出自阿达莫维奇（名字改为克里斯托弗·莫特乌斯，但完全保留了他的古怪和焦虑）的评论，它是整个沙哑合唱中的领唱。

---

① 萨列里（Antonio Salieri，1750—1825），意大利作曲家，传说他因嫉妒莫扎特而毒死对方，普希金据此写过短剧《莫扎特与萨列里》，纳博科夫 1941 年曾将该剧译为英文。

六

伊万诺夫的评论出笼时，纳博科夫的心思在别处。3 月 20 日，他开始创作短篇小说《皮尔格拉姆》(《昆虫采集家》)，十天后他完成了。[25]

皮尔格拉姆是德国人，从未离开过柏林，五十年来一直梦想亲手捉到他在自己的蝴蝶商店出售的那些外国品种。他终于积攒了一笔钱，决定全部用于去西班牙捉蝴蝶，尽管他知道，妻子无力经营那个商店，但还是把妻子留在家中。他拖着沉重的行李箱出门，后来心脏病发作。妻子发现他死了，但这并不重要："是的，皮尔格拉姆已经走了很远，很远。他很可能去过格拉纳达、穆尔西亚、阿尔瓦拉辛，又去了苏里南或塔普罗班尼。几乎没有人能怀疑他看到了所有他渴望看到 352
的那些壮丽的虫子——翩跹在丛林上空的黑丝绒般的蝴蝶，塔斯马尼亚岛上的小飞蛾，还有……"

这篇小说成功地将多个主题混合在一起：外表普通，内心却藏着特殊秘密的人；发现的喜悦；完美、幸福但今生却无法企及的梦；梦想的绝对排他性以及让一切梦想泡汤或成真的死亡。一切似乎都恰到好处：皮尔格拉姆一点感伤的念头也没有，对妻子不冷酷、不尖刻、不自私，却为自己的梦想活着；远景突然巨细无遗地呈现出来，意想不到的生活立体地展现在眼前(酒吧的侍者，小学生买的橡皮，邻居的婚礼激起的回忆)；皮尔格拉姆的想象构成的优美场景。最奇妙的也许是——如果不能把握这些事实，我们就无法理解纳博科夫——尽管乏味的街道、店铺、昏暗的住宅、不理解他的妻子让皮尔格拉姆闷闷不乐，但小说却将所有这一切变成了稀奇和奖赏，像他店铺里或苏里南从林斜坡上的那些宝贝一样。

《昆虫采集家》也是为《天资》准备的，它预示着费奥多尔的那个鳞翅目昆虫学家父亲去中亚探险所感受到的无与伦比的美，预示着费奥多尔的那个特别的梦，他想在最后那次探险中陪伴父亲，结果那位老人再也没有回来。

七

纳博科夫后来回忆时说，他从没有成为一个会员，一个集体书信签名人，一个委员会成员。事实上，他三者都是，只不过尽量避免罢了。在《天资》中，俄国作家协会成员希林请费奥多尔帮助纠正

> 一桩非常滑稽（费奥多尔的看法）、绝对不能容忍（用希林的话说）的事……它跟协会的资金有关。每当一个成员申请借贷或补助（两者的区别就等于九十九年租借和终身拥有的区别）时，他要紧追不舍，万一快要接近这笔资金时，钱却又忽然变得很飘忽，仿佛始终等距离地处在三点的中间，那三个点分别是会计和委员会的两个成员。[26]

希林要费奥多尔竞选委员会成员，以便将那个见不得人的三人帮
353 赶出去。他拒绝了："我可不想做傻瓜。""唔，如果你把尽公共义务看
作是做傻瓜……""要是我进了委员会，我当然就是做傻瓜，我正是出
于对义务的尊重才拒绝的。"[27]那也许是纳博科夫在 1935 年时的态
度。但在实际生活中，当他的那个为人尖刻的朋友、作家维克多·伊
列茨基（或者是另一个人，那位作家兼艺术家约瑟夫·马图谢维奇？

薇拉·纳博科娃不能绝对肯定）在1930年4月同样的情境下要他竞选俄国作家联盟委员会成员时，纳博科夫至少同意在年度大会上当选检察委员会成员，1931年、1932年他还供职于联盟委员会。[28]《天资》中的那场会议几乎就是一幕让人难以置信的闹剧，纳博科夫实际上差不多是从生活中照搬过去的。但有一个主要的区别：费奥多尔离开了会议，而纳博科夫却留了下来，这更多地不是为了联盟而是为了未来写作素材的积累。

与虚构的希林一样，伊列茨基事先在柏林动物园就斗争策略安排了一次讨论。这位朋友苦口婆心地就委员会的组成做了一番解释，西林却让他注意那些鬣狗。伊列茨基似乎根本没有注意到人们会把动物关在动物园，他漫不经心地看了一下铁笼说："我们俄国人对大自然了解很少"——面对弗拉基米尔·纳博科夫做这样的评论，真是荒谬绝伦。[29]

八

纳博科夫已经构思好了下一部小说，主人公马丁·埃德尔韦斯在脑子里琢磨着佐尔兰德，后者是童话般的俄国，一个强制均等的专制国家，他勇敢地跨过边境，走向死亡。4月的某些时候，纳博科夫在一首诗歌《乌尔达伯格》（一首译自佐尔兰德语的诗歌）中已经事先预告了这样的主题：在某个地方，欢笑是不合法的，一个死刑犯走上断头台时却勇敢地放声大笑。[30]想象性的北国，行刑的时刻，作为最后防守的笑声——这些主题将会不断再现。

5月，纳博科夫开始创作新的小说，最初取名为Voploshchenie（某个计划的"实现"，某个梦想的"体现"），后来又改为《黄金时代》或《浪漫时代》。[31]至少从 1926 年写作《论一般》开始,他已经对新闻记者不断悲悼“我们这个时代”的做法感到厌倦,这方面的东西他听得太多了,“新闻记者总爱把这个时代称作‘物质的’‘实际的’‘功利的’”,斯宾格勒关于西方之没落的鼓吹喋喋不休,巴黎俄国诗歌派更是屡屡义正词严、痛心疾首。在创作了几部表面看来是他价值观之反面的小说
354 之后,在将固有的幸福倾向严格控制在智性理解的范围内以后,他要用一部新的小说告诉人们,他的世界也可以发现光荣和高尚的行为,可以发现遥远而大胆的浪漫,还有主人公“在最寻常的快乐以及看似无意义的孤身冒险中发现的”“激动与魅力”。[32]

新的小说动笔不久后,纳博科夫去了布拉格。他是 5 月的第二个星期到的,他发现母亲变了,安详而欣悦,精神面貌焕然一新,她新近皈依了基督教科学派。他回柏林后给母亲写信说:“我唯有赞同。”[33]纳博科夫在自己的作品中始终对宗教的因循充满敌意,但在作品以外作为一个公众形象发言时,他会时刻记住母亲的例子,小心不去破坏别人一己的慰藉。[34]

他母亲充满爱怜地将几册《昆虫学家》放在他的床头,妹妹叶连娜为他的公开朗诵会制作海报。他的弟弟基里尔已经十九岁,英俊优雅,无忧无虑,善于朗诵,是个感情充沛的诗人(“他大声朗诵[他的诗歌],我做些评点”)。[35]

纳博科夫到布拉格后,曾把他的《眼睛》读给家人听。他们误解了这个故事,认为主人公在第一章真死了,他的灵魂进入了斯穆罗夫体内。基里尔参加了一个名叫“诗人隐修院”的文学团体,他们经常举办晚会,纳博科夫曾参加过一次,诗人丹尼尔·拉特豪斯缠住他不放。拉特豪斯——这个名字与坏诗同音——天真地说:“他们把你跟我作比较呢。”他不知道伊万诺夫比较的真正用心。三天后,纳博科

夫写信给薇拉说，米哈伊尔·戈尔林为年轻的柏林诗人张罗了一个机构，并邀请他参加，但他拒绝了："我既不年轻，也非诗人。"[36]

在布拉格，他跟一位鳞翅目昆虫学家尼古拉·拉耶夫斯基检查了博物馆的昆虫采集情况。他们谈到了热带蝴蝶，拉耶夫斯基说，亏得纳博科夫没有钱，否则他会在新几内亚岛或所罗门岛死于疟疾的。纳博科夫笑着说："我不知道我是否一定会**死**在那里，但我确实应该去那里的。"拉耶夫斯基问他是否喜欢普鲁斯特，"不仅喜欢，我简直是崇拜他。我已经把全部的十二卷读了两遍"。[37]他在俄国历史档案馆——那是最好的流亡资料库，后被苏军征收——四处翻找他要找的一篇文章（"要查找一篇关于我的文章很吃力，对么？我毕竟不是女明星"）。一个晴天，他爬上了附近的一座小山，俯视着一个流浪马戏团的帐篷区，听着狮吼虎叫，看着光彩夺目的旋转木马和画着绿老虎的围栏，老 355
虎龇牙咧嘴，围着勇猛的、胡子拉碴的驯兽师——这个景象几年后将在《菲雅尔塔的春天》里看到。5 月 20 日，他在伊莈拉塞克礼堂拥挤而热情的听众面前举行了一次公开朗诵会（《眼睛》的开篇，《昆虫采集家》以及几首诗歌），第二天在十几位用餐的客人面前朗读了《大学赋》，四天后他回到柏林。[38]

虽然大萧条正席卷整个城市，但薇拉·纳博科娃还是在丈夫离开期间找到一份工作，那是魏尔、甘斯与迪克曼律师事务所，为法国大使馆提供咨询顾问。薇拉在这里做秘书（法语和德语速记，法语和英语书信草拟及翻译），一天工作五个小时。事务所位于兰德格拉芬街[39]，纳博科夫有时会来接她下班，打量那个像狄更斯笔下描绘过的肮脏的办公室，并询问妻子有关事务所的情况。在《天资》中，他会对此做准确的刻画，不过是通过果戈理的三棱镜折射出来的，那是济娜工作的特劳姆、鲍姆与克泽别尔* 事务所。[40]

所幸的是，薇拉和弗拉基米尔仍上一些英语课，因为纳博科夫纯粹的稿费收入很可怜。他的作品俄文本收入很低，翻译本倒要高一些。虽然《防守》被译成了法语和德语，德文版本指望有丰厚的利润，结果却遇到经济不景气。[41]财务上一直捉襟见肘的《舵》已经离垮台不远了。

《当代纪事》因为得到捷克政府的部分赞助，因此小说连载的稿费还比较合理。1930 年夏初，《当代纪事》的一个编辑伊利亚 · 丰达明斯基到柏林办事，顺便走访了西林。从一开始，丰达明斯基就把毕生的精力投入到《当代纪事》中，他是这个杂志的灵魂，是它最热情的鼓吹者。他认为，保护最优秀的流亡作家是他的特殊职责，为此他总是给这些作家预支一笔相当可观的稿费。[42]在促使《当代纪事》成为侨民文化的主要记录者方面，没有人能与他相比。

纳博科夫后来称丰达明斯基是“一个圣洁的英雄，他对俄国流亡文学的贡献超过了任何人”。[43]其他人也称他是圣人，但开玩笑地说，作为一个犹太人，一个社会革命党人，他成圣的机会很渺茫。当时丰达明斯基五十岁，热情而富有活力，前额上翘着一撮波浪形的卷发，他深深地吸引了纳博科夫夫妇，也为他们所吸引。[44]纳博科夫从布拉格回来后继续写作，小说最终命名为《光荣》，但丰达明斯基已经准备在
356 它还在“生根阶段”（好比是收获之前的庄稼地）就买下它。纳博科夫写道：“那个场景我历历在目，当时他坐在我家暗绿色的沙发上，最后交易谈妥了，他兴奋地拍着大腿站了起来。”[45]

---

* 这几个名字分别表示“梦、树和干酪啤酒”，它们的那种超现实成分对应于魏尔、甘斯与迪克曼所表示的“因为、鹅和胖子”。

纳博科夫在布拉格结识的一个昆虫学家曾劝他夏天去捉蝴蝶，纳博科夫对这样的念头很怀疑，因为时间不对。[46]他继续待在柏林，每天都在创作《光荣》，晚上则把写好的部分念给薇拉听。

9 月，俄国作家联盟在舒伯特厅举行了“共三节的新闻闹剧”，以示结束假期，开始认真的活动。西林不仅参加了模仿新闻的项目，还跟朋友格奥尔吉·赫森举行了一场拳击赛——这使得《光荣》中的马丁和达尔文之间的那场打斗多了一两个细节。10 月 23 日，他完成了小说初稿。[47]

九
《光荣》

从幼年起，马丁·埃德尔韦斯——尽管名字有些奇怪，却是一个俄国人——就将生活看作是浪漫的冒险。母亲给他读过一个童话故事，说的是“一幅画有林中小路的画，就在小男孩的床头上方。一个美好的夜晚，那个小男孩像他一样，穿着衬衫式睡衣等，从床上走进那幅画中，走上那条消失在密林中的小路”。他希望母亲不会注意到他自己床头上方正好也有这样一幅画，她不会把画拿开，让他无法探索当中的森林小路，消失在画出来的树林中。任何遥远、遭禁、得不到的东西都在向他召唤：铿锵的列车经过黑暗的村庄时那些像珠宝一样的灯光啦，等待攀爬的峭壁啦，爱的种种风险啦，等等。[48]

《说吧，记忆》的读者会发现，纳博科夫将自己的浪漫观、他那幅画有林中小路的画和他记忆中的珠宝一样在黑暗中闪烁的灯光赋予了马丁，但他没有把才智给予马丁，马丁在现实生活中似乎既不浪漫也不突出。

1919 年 4 月,布尔什维克军队准备收复克里米亚,马丁跟母亲一起南逃。在希腊,他与一个年龄稍长的已婚妇女有过一段风流韵事,后来又去瑞士过夏天,他父亲的堂兄弟亨利给母亲和他提供食宿。1919 年 10 月,他去了剑桥,爱上一个生活在伦敦的年轻流亡姑娘索尼娅·济拉诺娃。索尼娅水性杨花又爱挑剔,她只是在挑逗、调戏和挑衅马丁,马丁很难成功。他后来又看到她调戏——比过去调戏他更认真——他的好友达尔文,后者年龄稍大些,表面很懒散,其实很镇定、
357 有教养,曾立过战功,是个很有前途的作家。达尔文向索尼娅求婚,索尼娅却拒绝了他。索尼娅一家搬到了柏林,马丁无法抵御她的诱惑,于是拿到学位后又跟她去了柏林。

几年前,索尼娅问马丁,为什么他不像她姐夫那样参加白卫军。马丁对政治并不感兴趣,也不关心别人的事儿,却难以抵御冒险的诱惑,特别喜欢为年轻貌美的女子去成就功业,他开始考虑单身冒险,跨越俄国封锁的边境。在索尼娅的影响下,他把苏俄变成了一个私人的幻想地佐尔兰德,那是噩梦一样的地方,受种种令人胆寒的清规戒律的束缚,人们被迫过着均等的生活。尽管是一种幻想,但他的计划还是很周密,他要冒险穿过丛林,跨越俄国边境二十四小时。他把这个计划只告诉了达尔文,并在朋友阻止之前离开柏林,后来再也没有听到他的消息。几个星期后,达尔文跟踪到拉脱维亚,却无法继续寻觅他的踪迹,于是返回瑞士,将消息告诉了马丁的母亲,小说到此结束。

乍一看,《光荣》似乎是一个完全真实的故事。在个人生活中,马丁还算有想象力,在颠簸的火车上肮脏狭窄的卫生间里,用可折叠的浴盆洗澡都会引起他的激动,但在说话或写作时,马丁仅仅表现得“冷静、稳妥而已”。他的思想似乎缺少卢仁或斯穆罗夫那鲜明的个性色彩。只是不断变化、充满异国情调的外部环境才给小说带来一些生

趣——彼得堡、比亚里茨海滩、雅尔塔、雅典、瑞士、伦敦、剑桥、柏林、法国南部的农场，还有不少的人物如阿拉、索尼娅、达尔文。比之于纳博科夫以前的小说，这个作品的人物形象阵容要大许多。*

《光荣》非但没有奇异的人物、绚丽的色彩，情节似乎也不够紧凑。《玛丽》叙写了加宁一周的生活，《王，后，杰克》的故事持续了一年，《防守》则先用很长的篇幅写了童年的卢仁学习象棋的经历，接着迅速把焦点集中在他生命的最后几个月，然后是他无可挽回的死亡。纳博科夫逐渐摆脱了那种戏剧性的简洁凝练的手法和隐含性的决定论，他后来的作品更喜欢在一生或更长的时间内纵情展开——《天资》和《阿达》分别横跨一个世纪——并且不再将故事慢慢引向逐渐消逝的死亡，而代之以断续的情节和未完成的线索，信马由缰的冲动，曲曲折
折的机会。在《光荣》中，纳博科夫第一次尝试不按照人物生活的结构 358
来谋篇布局，而且小说甚至没有结尾，它只是慢慢淡出——融入了柯罗①的色彩之中，融入了契诃夫伟大的浮雕式油画之中。

从结构上看，戏剧性的推进与反冲是很匀称的，但纳博科夫拒绝受这种结构的诱惑，他不断激发自己的想象力，试图寻找更大胆、更新颖的方式去满足他对形式之和谐的理解。在《光荣》中，他从过渡中找到了这样的和谐，这部小说的结构就在于前后的切换。有些过渡很舒缓，有些切换很隐秘，有些则异常醒目，它们反映了马丁头脑中的独特花样，并使叙事悄然带上一种不安的情绪，这样的节奏预示着马丁的企图，他想潜入封锁的边境再回来。我们只要看一段就够了。

---

* 1971 年 4 月，正在翻译《光荣》的纳博科夫跟斯蒂芬·帕克说，他有些担心，他对剑桥生活场景的描写对新的英语读者来说将不再具有异国色彩，而当初他构思的这些内容对流亡读者来说却十分新鲜。

① 柯罗（Jean Baptiste Corot，1796—1875），法国画家，使法国风景画从传统的历史风景画过渡到现实主义风景画的代表。

在第十八章，索尼娅和母亲在剑桥造访了马丁后回到伦敦，济拉诺夫太太请他在给母亲的信中代为问候。他没有，实际上他写信有些费力。他潦草地写了几行，这时

> 他突然在脑海里看到那个正在雪地里行走的邮递员；雪发出轻轻的嘎吱嘎吱的声音，蓝色的脚印仍然留在上面。于是他写道："邮递员将会把我的信件送去。这里正在下雨。"他想了想，把邮递员删掉了，只留下雨。

马丁具有想象力，但他无法用语言来表达。就目前而言，似乎就是这样，但那个没有说出来的景象将会在马丁本人消失以后重现。

写完信后，一滴墨水不慎滴到信封上，马丁将它"变成了反面看来像黑猫的图案"。接着是突然的过渡："埃德尔韦斯太太一直将这只信封跟他的书信一起保存。每到学期结束，她就会把它们整理成一摞，然后用橡皮筋扎成一个十字。多年后她有时间温习这些信件。"这是第一次对小说结尾以后的时间投去一瞥，那时马丁的母亲必须面对儿子的失去。当她重新阅读这些信件时，她"异常清晰地想起那时她常常跟亨利散步的情景，大块大块的积雪把冷杉树的树枝压得低垂，他们沿着中间那条晶莹闪亮的小路往前走，突然一串串清脆的铃声响起，邮递员的雪橇，信件"。

某些奇怪的东西仍然悬而未决。马丁脑海里有关邮递员在雪地里走路的场景显然是错觉——但让人意想不到的是，它会变得更加真实，因为在小说的最后一个场景中，达尔文在将马丁那些日期往后填的明信片寄出以后，他要从同样的路上走到马丁母亲那里，告诉她，她儿子已经失踪，他会在路上留下马丁不知怎么竟能看到的那些脚印。

埃德尔韦斯太太对马丁书信的回忆,他在每摞信件之间跟她一起 359
度过的假期,引起又一个切换,从而回到马丁第一个圣诞节从剑桥回家的情景,这是从他的视角来写的。在到达瑞士时,他有“一种奇怪的感觉,仿佛回到了俄国”。蹬上新的滑雪板时,他想起了彼得堡白雪覆盖的山坡,还有儿时那副特别的滑雪板。他踩着滑雪板开始滑行:“是的,他发现他回到了俄国。那里是普希金诗歌里覆盖着的灿烂雪‘毯’,阿奇博尔德·莫恩背诵得那么铿锵有力。”眼前回忆遥远过去的场景跟最近的剑桥印象(他的文学老师背诵普希金的诗)融合在一起。

不过眼前还是瑞士的景象,马丁吹着口哨,沿着山坡下滑,滑雪板“越来越快。后来,当他睡在寒冷的剑桥宿舍里时,他多少次像这样随梦飞翔,突然一阵令人头晕的雪爆,他摔倒,醒来。一切照旧,他能听到旁边客厅里闹钟的滴答声,一只老鼠在地板上滚着一个糖块……”在滑雪还没有结束前,又是一个突然的转换,马丁回到了剑桥的床上。

马丁想象中的每一件事都在促使他跨越时间和空间的界限,构建一个花样,只有在他死后,这个花样才会充满意义。

马丁站在剑桥的足球场上,在给三一学院球队守门,他再次回到过去的俄罗斯,想起他儿时关于足球的那些沉思,像他现在的沉思一样,

> 在那些沉思中,他往往会慢慢地、尽情地享受,生怕太快就到了美妙的精髓部分,他会在赛前花许多时间精心准备——套上袜口五颜六色的长统袜,穿上黑色的短裤,系好结实的球鞋的鞋带……童年时,比赛开始的几分钟里总会有阵阵睡意袭来,因为

> 马丁在序言部分会对每个细节全神贯注，结果总是无法接近文本的主体部分。

如今，在扑救了圣约翰队队长的一次射门后，他注意到他成年岁月中某种奇怪的特征：“过去那些沉思往往变成睡梦，现在却结晶成了现实。”

马丁最伟大的梦想是孤身一人突袭苏联边境，这个梦将变成现实。在别人看来，他的行为令人困惑，也没有意义，但纳博科夫却要向人们证明，这个过着乏味的外在生活、死得又轻若鸿毛的年轻人却有
360 内在的光荣。用世俗的标准看，也许达尔文才堪称伟大：他是一个行动的人，一个战斗英雄，而马丁只是从俄国内战中逃到安全的瑞士；他是一个有天赋、有创造性的作家，而马丁的想象力却缺乏表达自身的力量；他表面上起码是一个成功的恋人，而马丁在索尼娅眼里只是一个长得太大的儿童伙伴。但达尔文安于成为一个无可挑剔的未婚夫，安于做一个冷淡的体面人，安于成为一个政治和经济问题评论家，过功成名就的生活，而马丁却始终忠于儿时那个躁动不宁的光明想象。他缺乏才智，有似纳博科夫又一个颠倒的形象，但却是他而非达尔文一直忠于费奥多尔和纳博科夫的吁请：“哦，请对我起誓，将信任带进梦里头，仅仅相信幻想，决不要让你的灵魂在牢房生锈……”[49]是他用全部的生命证明了永不凋谢的胜利。

但怎样证明呢？当他离开柏林去实践自己的梦想时，他从小说的视野中彻底消失。他失踪以后，达尔文来到瑞士，穿过冷杉林去告诉马丁的母亲，她的儿子失踪了。一个小时后，达尔文走上来时的路，我们没有听到无情的告白。剩下的只是那条小路的景象，还有意味深长的马丁的缺席。仅此而已。

虽然整部小说以及马丁的全部生活都是长长的梦幻，是他最终冒险的准备，但我们只有序言，文本的主体——跨进俄国，跨进死亡——却全然阙如。而意义正在这里，小说结尾标示的是马丁童年幻想的一种非理性的实现：他完全淡入那幅画中，就像那个穿睡衣的小男孩走进墙上画中的森林一样。*

某些东西摆脱了现实主义的束缚。可为什么呢？为什么纳博科夫要让马丁这般死**进**他生命的花样之中？为什么他只是在我们看到的瑞士场景背后去暗示遥远的俄国边境，在继续展现在我们面前的生活背后去暗示遥远的死亡？

正因为我们无法看到那个在边境的马丁，而只能再次看到熟悉的瑞士场景，那里他不再存在，他才可以实现那个小男孩的童年梦想，即消失在一直存在于那里的画中。他的消失表明，那是表面看来无法实现的梦想的完美实现：正是所期待的那个“文本的主体部分”，他的冒险故事的缺席，正是无法看到他在边境上的情形，才是故事的完成。通过某种奇怪的逻辑转换，那些先于他之消逝的一切现在在回忆中变成了意想不到的文本主体，是他消失其中的画，是胜利的梦。但纳博科夫用这些来表达什么呢？

他后来作品中的两段文字也许可以成为答案。在《孤王》中，西涅 361
乌索夫要福尔特——他的思想似乎将他置于这样一种境地，那里一切神秘的事物都得到了解决——告诉他，“所有的一切——生活，天然的栖息地，四月，泉水的声音……都不过是杂乱无章的序言，文本的主体还在前头”。福尔特回答说：“跳过序言，就如探囊取物！”[50]或者在

* 巴顿·约翰逊指出，马丁及其对光荣的梦想是纳博科夫的表兄尤里·劳施的写照，他成年时冲锋陷阵，勇敢赴死，就是要实现童年的梦想。参见《纳博科夫与梅因·里德》，《西克诺斯》，10：1（1993），页99—106，页103—104。

《瞧,这些小丑!》中,瓦季姆宣布说:“**这**是简单的结论,小溪、树枝和彼岸的美都将随原初的存在开始。”[51]死亡之外,也许就是文本的主体,而生命只是一篇序言,因为死后我们的生命可以从后往前读,也可以从前往后读,随心所欲,这样生命的这个永恒文本就是文本的主体,尘世时间里却无法获得,唯有通过独特的设计才能够展示出来。

马丁显然是一个头脑冷静的年轻人,他把世界看作是令人激动的冒险,那些近在手边的东西不一定就是理所当然,不可靠的现在受到两翼的威胁,一个是我们无法进入的过去,一个是我们无法转向的未来。终其一生,他都在偷偷地从近处滑向远处,从现在滑向回忆中的过去或计划中的未来。他在离开希腊以前却到了瑞士,他已身处剑桥却又回到瑞士的秋天。他在离开童年以前就经历了成人的浪漫,他站在英国足球场上守门时又回到俄国儿童的梦中。他在没有任何特殊外部力量的想象中总结了什么是英雄行为,又在小说的结尾将全部生命大胆投入一个未知的未来,跨越已经关闭的通向过去与死亡的边境,他生命中的所有时间也许都同时在那里存在,他的整个图景都在那里珍藏。

注释

[1] 纳博科夫致叶连娜·纳博科娃,1929 年 8 月 15 日,蒙特勒纳博科夫档案。

[2] 费尔得,《VN:弗·纳博科夫的生活与艺术》,页 155。

[3]《光荣》,页 x。另参见《眼睛》,页 7。

[4] 有关该杂志的描述,参见马克·维什尼亚克,《当代纪事:主编的回忆》(布卢明顿:印第安纳大学斯拉夫及东欧丛书,1957)。

[5]《复兴》,1932 年 5 月 5 日。

[6] 基里尔·扎伊采夫,《俄罗斯与斯拉夫民族》,1929 年 11 月 9 日;

阿达莫维奇,《图说俄国》,1929 年 12 月 7 日;霍达谢维奇,《复兴》,1932 年 5 月 5 日。

[7] 尼娜·别尔别罗娃,《我的着重号》,菲利普·拉德雷译(纽约:哈考特·布雷斯·乔瓦诺维奇,1969),页 318。

[8]《新文学》,1930 年 2 月 15 日。

[9] 扎伊采夫,《俄罗斯与斯拉夫民族》;纳博科夫致格列布·司徒卢威,1930 年 2 月左右,斯坦福大学胡佛研究所。

[10] 转引自列夫·柳比莫夫,《新世界》3 期(1957 年 3 月)。

[11] 参见上文页 121。

[12] 尼娜·别尔别罗娃,《我的着重号》,页 248。

[13] 尼古拉·安德烈耶夫,见于尼古拉·波尔托拉茨基编辑,《俄国流亡文学》(匹兹堡:匹兹堡大学斯拉夫语系,1972),页 33。

[14] 纳博科夫致叶连娜·纳博科娃,1929 年 10 月 18 日,蒙特勒纳博科夫档案。

[15]《坚决的意见》,页 68、29;《瞧,这些小丑!》,页 80;纳博科夫采访安德烈·塞季克特,《今天》,1932 年 11 月 4 日;赫森,《流亡岁月》,页 101。

[16] 皮沃的访谈;纳博科夫致叶连娜·纳博科娃,1930 年 1 月 19 日,蒙特勒纳博科夫档案。

[17] 发表于《当代纪事》44 期(1930 年 10 月);书籍形式,巴黎:俄罗斯纪事,1938;德米特里·纳博科夫和纳博科夫译,《眼睛》(纽约:准得拉,1965)。

[18] 采自英文本,这里跟俄文本实际上是一致的。

[19]《舵》,1930 年 3 月 4 日。

[20]《舵》,1930 年 3 月 5 日;卡纳克,《俄罗斯思想》,1977 年 12 月 29 日;薇拉·纳博科娃剪贴簿,蒙特勒纳博科夫档案。

[21]《数目》1 期(1930 年 3 月),页 233—236。

[22] 安东·克莱尼(济娜伊达·吉皮乌斯),《数目》2—3 期(1930 年 8 月),页 148—149。

[23] 薇拉·纳博科娃致西蒙·卡尔林斯基,1979 年 7 月 18 日,蒙特勒

纳博科夫档案;纳博科夫致格列布·司徒卢威,1959 年 6 月 3 日,斯坦福大学胡佛研究所;《舵》,1929 年 1 月 30 日;《坚决的意见》,页 39。

［24］安德烈·列温松,《新文学》,1939 年 2 月 15 日;安德烈·卢加诺夫,《为了自由》,1930 年 3 月, S. 纳良奇,《为了自由》,1930 年 4—5 月(来自剪报,蒙特勒纳博科夫档案);阿达莫维奇,《最新消息》,1930 年 5 月 15 日,Gr. A. D. ,《无效的俄语》,1932 年 2 月 22 日。有关认为纳博科夫是俄国文学之胜利的评论,参见格列布·司徒卢威,《俄罗斯与斯拉夫民族》,1930 年 5 月 17 日,A. 萨维利耶夫,《舵》,1930 年 10 月 1 日。

［25］手稿,国会图书馆纳博科夫档案;发表于《当代纪事》43 期(1930 年 7 月);德米特里·纳博科夫译。

［26］《天资》,页 329。

［27］《天资》,页 330。

［28］《舵》,1930 年 5 月 17 日,1931 年 5 月 6 日,1932 年 4 月 26 日;博伊德采访薇拉·纳博科娃,1985 年 1 月。

［29］《天资》,页 328;博伊德采访薇拉·纳博科娃,1982 年 11 月。

［30］发表于《舵》,1930 年 5 月 4 日;重印于《诗集》。

［31］纳博科夫致格列布·司徒卢威,1930 年 10 月 26 日,斯坦福大学胡佛研究所;《光荣》,页 x;博伊德采访薇拉·纳博科娃,1979 年 6 月。

［32］《光荣》,页 x。

［33］纳博科夫致薇拉·纳博科娃,1930 年 5 月 12 日,蒙特勒纳博科夫档案。

［34］参见罗伯特·休斯采访纳博科夫,日期为 1966 年 1 月 3 日,蒙特勒纳博科夫档案打印稿。

［35］纳博科夫致薇拉·纳博科娃,1930 年 5 月 12、17、21 日左右,蒙特勒纳博科夫档案。

［36］纳博科夫致薇拉·纳博科娃,1930 年 5 月 12、16 日左右,17 日,蒙特勒纳博科夫档案。

［37］尼古拉·拉耶夫斯基致叶连娜·西科尔斯卡娅,1986 年 4 月 25 日,私人收藏;拉耶夫斯基,《回忆纳博科夫》,《自由》2 期(1989 年 2 月),

页 112—117。

［38］纳博科夫致薇拉·纳博科娃,1930 年 5 月 17、20、21、22 日;《星期》,1930 年 5 月 28 日。

［39］迪特尔·齐默尔致博伊德,1993 年 4 月 30 日。

［40］薇拉·纳博科娃致戈登魏泽,1958 年 5 月 22 日,1967 年 3 月 6 日;戈登魏泽致薇拉·纳博科娃,1938 年 7 月 29 日,哥伦比亚大学巴赫梅捷夫档案馆;纳博科夫致薇拉·纳博科娃,1930 年 5 月 21 日;博伊德采访薇拉·纳博科娃,1981 年 12 月,1983 年 2 月。

［41］《俄罗斯与斯拉夫民族》,1930 年 5 月 3 日。

［42］维什尼亚克,《当代纪事》,页 28、89、99、292、320;维什尼亚克,《侨民岁月,1919—1969》(斯坦福:斯坦福大学胡佛研究所,1970),页 48—49。丰达明斯基用妻子在锡兰茶叶种植园的收入支付部分预付稿费。

［43］《说吧,记忆》,页 286—287。

［44］G. P. 费多托夫,《新杂志》18 期(1948),页 317;V. N. 蒲宁,见 I. A. 和 V. N. 蒲宁,《蒲宁著作》,格林编(法兰克福:波塞夫,1981),卷二,页 236。

［45］《光荣》,页 x。费尔得的《纳博科夫:部分生平》页 214 糟蹋了这个故事,说丰达明斯基是为《当代纪事》首次招聘纳博科夫,甚至还说纳博科夫将《防守》的手稿交给丰达明斯基发表,根本不顾《防守》在 1930 年初已经在《当代纪事》发表并引起聚讼的事实!

［46］纳博科夫致薇拉·纳博科娃,1930 年 5 月 17 日。

［47］《舵》,1930 年 9 月 26 日;《光荣》手稿,国会图书馆纳博科夫档案。

［48］《光荣》,发表于《当代纪事》45—48 期(1931 年 2 月—1932 年 1 月);书籍形式,巴黎:当代纪事,1932;德米特里·纳博科夫和纳博科夫译,《光荣》(纽约:麦格劳-希尔,1972)。

［49］《天资》,页 189。

［50］《〈俄国佳丽〉及其他》,页 179。

［51］《瞧,这些小丑!》,页 16。

第十六章　明亮的书桌，黑暗的世界

（柏林，1930－1932）

一

1930 年 10 月、11 月，在即将完成《光荣》的写作时，纳博科夫发表了《哈姆莱特》的三段译文（“生存还是毁灭”，乔特鲁德的“在小溪之旁，斜生着一株杨柳”，还有哈姆莱特与雷欧提斯在奥菲利娅墓前的一段），并准备翻译整个剧本。[1]

可尽管他在两年不到的时间里已经创作了两部足够长的长篇和一个稍短一些的长篇，但想象力仍迫使他要写作更多的作品。一个意象突然进入他的脑海，一个盲人遭遇妻子及其情夫的背叛。1931 年 1 月底，他确定了以此为主题的小说标题《天堂鸟》，并动手写作。[2]2 月底，他告诉母亲说，他刚完成一部新作，“把它送进了美容院，修修指甲，做做面摩，喏，去掉皱纹……很快你会发现，它是一个俏妮子呢”。

在同一封信中，他还对弟弟基里尔的几首诗做了批评，这些诗发表在布拉格的一家流亡期刊《俄罗斯意志》上，该杂志算是多年来《当代纪事》的唯一竞争对手：

> 为什么“一只野兽在嚎叫”，然后又出现“一只鸟”——什么鸟？……为什么用幼稚的对偶——那里星星，这里工厂，那里玫瑰，这里电——我想问的是，工厂怎么就不如玫瑰了？所有这些都是空谈的形而上学，跟生活、诗歌没有任何关系，跟真正的鸟儿与玫瑰没有任何关系。不过，我在《俄罗斯意志》上读到的所有诗歌……水平都差不多。[3]

纳博科夫一边痛斥弟弟的诗，一边也在考虑自己的作品，最后决定不是简单地做些涂脂抹粉的工作，而是要来一场彻底的整形外科手术。这样他又要花三个月的时间才能完成，小说换了一个新的名字《暗箱》，除了盲人遭背叛这一基本构思外，小说跟我们今天看到的《天堂鸟》的两页内容完全不同。

纳博科夫曾就主人公突然失明的问题请教过一位眼科专家[4]，但小说中的另一个新主题即电影他只好自己去琢磨了。在柏林，他和薇 363
拉差不多两周看一次电影，往往去那些旮旯里的廉价影院，而不是纪念教堂周围的那些昂贵的一等剧院。纳博科夫喜欢喜剧片，比如巴斯特・基顿、哈罗德・劳埃德、卓别林、劳雷尔和哈代、马克斯兄弟等，三十多年后，他仍然能一口气报出一个又一个的场景，细节一点儿不差。他推崇一些严肃的影片如德雷尔的《圣女贞德蒙难记》、雷内・克莱尔的作品或德国最优秀的哥特式影片（《奥莱克之手》，穆瑙的《最后一笑》），但最喜欢的还是那些荒诞的、老掉牙的电影。当格奥尔吉・赫森开始为《舵》写影评时，他有时会给他们送一些赠票。赫森的父亲曾对纳博科夫做过很有个性的描绘：“对西林来说，最大的快乐莫过于有意挑选一部愚蠢的美国影片。片子越浅薄愚蠢,他越忍俊不禁,笑得前仰后合,有时甚至不得不走出放映厅。”[5]

他的新小说翻译成英文时名字改成了《黑暗中的笑声》,这再合适不过。俄文本的封面像电影胶片,每一帧都印了书名“暗箱”。这是他所有长篇小说中构思时间最短的一部,他后来回想说,从最初意象的产生到最后变成文稿只用了六个月。[6]匆忙的痕迹甚至在最后一稿中都看得出来,但他还有时间做别的事。

3 月 20 日,俄国作家联盟在古特曼厅举行了一个关于陀思妥耶夫斯基的晚会,纳博科夫在会上宣读了论文《没有陀思妥耶夫斯基气的陀思妥耶夫斯基》,后来我们知道,这是在为下一部小说《绝望》做准备。[7]过去纳博科夫曾在诗歌中阐述了他与俄国文学的关系,也专门为这类纪念晚会写过论勃洛克、古米廖夫、普希金、托尔斯泰和涅克拉索夫的文章,如今他要让普希金、陀思妥耶夫斯基和勃洛克经受散文的检验。向散文转变,注意辨析与传统的关系,这都是对《天资》的预示,他会在后一部作品中研究费奥多尔从诗歌向散文的发展,并追踪费奥多尔与普希金、果戈理之文学传统的复杂关系。一个世纪以来,俄国总是希望文学能够成为政治的净化物或社会的安慰品,费奥多尔与这种要求的关系也是小说探讨的内容。

四周后的 4 月中旬,纳博科夫为炼金药一般的“弗洛伊德主义普及读物”写了一篇冷嘲热讽的推介文章(《众所必知》)。[8]从中我们可以看出,他的另外一种艺术倾向也在发展,那就是戏拟,有时是纯粹文学性的戏拟(老卢仁的小说,刚刚完成的《暗箱》对普鲁斯特的生动戏拟),有时是对眼前知识时尚的讥讽(马克思,斯宾格勒,弗洛伊德)。此后,戏拟成了纳博科夫武库中的实弹之枪、出鞘之剑,它能有效抨击
364 那些理所当然、“外强中干的事物……这些假充活物的死东西仍在被

一些思想懒散的人泰然接受，根本没有意识到骗局的存在”。[9]

格列布·司徒卢威为法国的新杂志《月份》写了一篇关于西林的文章，并建议西林为法语读者写点关于弗洛伊德与文学的东西。纳博科夫拒绝了，他认为文学跟弗洛伊德没有关系，除非是一些赶时髦的俗物如茨威格等，“可那不是文学”。[10]相反，他在5月第一次用法语写了一篇谈论“当代性”观念的文章：每人所处的“时代”都具有个性特征，我们这个时代忽视的琐事在未来人的眼里将成为神奇。[11]

春末，纳博科夫阅读了借来的《尤利西斯》。1922年在剑桥时，他曾听彼得·姆罗索夫斯基读过摩莉·布卢姆的独白，但此后他显然没有读过这个作品。他跟司徒卢威评价这部作品说：“淫秽，但绝对是天才之作。不过，有些地方有些做作。你喜欢吗？”[12]

5月的第四个星期，他完成了《暗箱》。[13]

二

《暗箱》（《黑暗中的笑声》）

富有而受尊敬的艺术评论家布鲁诺·克雷奇马尔迷上了电影院的引座员玛戈·彼得斯，后者曾做过妓女，是卖弄风骚的老手，她逼他抛弃了妻子女儿。罗伯特·霍恩是个天资聪颖但冷酷无情、玩世不恭的艺术家，是玛戈的首任情人。他遇到克雷奇马尔，发现玛戈成了他的情妇，于是就与他交往。玛戈与霍恩再次偷偷成为情人。

几个月后，克雷奇马尔觉察到玛戈的不忠，他想杀了她。她试图让他相信她的清白，他驾车跟她一起离开，可惜驾驶技术不熟练，又被怀疑折磨得心神不宁，这等于自杀。终于发生了撞车事故，克雷奇马尔成了一个瞎子。

离开医院后，克雷奇马尔不得不接受失明的现实，他住到瑞士一个偏僻的小别墅里，玛戈照料着他。他不知道，这个别墅是玛戈跟霍恩一起选中的，霍恩把最好的房间留给了自己；他也不知道霍恩不但每晚跟玛戈睡在一起，还帮她从克雷奇马尔的账户上抽取资金，光着身子在别墅周围散步，在瞎眼的克雷奇马尔面前放肆地晒日光浴，用无法解释的脚步声来折磨他。当妻弟马克斯走进这个反常的三角家庭时，克雷奇马尔知道了可怕的骗局。他带着手枪，闯进玛戈的房间，
365 把门堵住，把玛戈逼到房间角落里。他看不到她，错过了目标，她跟他抢夺手枪，第二次枪声在克雷奇马尔的黑暗世界里响起，很快他被杀死了。[*]

瞎眼的克雷奇马尔在别墅里听任玛戈和霍恩的戏弄与折磨，如此骇人、如此无由的残忍场景，文学作品中罕见。他没有遭受身体的痛苦，小说没有什么可以跟葛罗斯特的眼睛被挖去的场景相比，也没有什么可以跟《泰特斯 · 安德洛尼克斯》里的那场恐怖戏相比。霍恩只是光着身子在他面前招摇，嘲讽他的瞎眼，或者为了逗乐要玛戈颠倒黑白地说出桌子和墙壁的颜色。当克雷奇马尔把玛戈抱到怀里时，她会滑稽地、无可奈何地对着霍恩翻眼睛，当克雷奇马尔怀着特别的温柔看她时，她会对他伸舌头。他们糟蹋着他的尊严、信任、无助，糟蹋着他的挚爱。起初他处在惬意的错觉中，以为玛戈对他的照顾表明她感情纯真，但随着他的其他感官不断灵敏，恐惧代替了舒适，他觉得这里待着的人不止是他和玛戈。霍恩悠闲欢快地注视着变得越来越紧

---

* 英译本读者会发现，纳博科夫把原先的德国人名改成了更为国际化的名字，克雷奇马尔变成了阿尔伯特 · 欧比纳斯，玛戈变成了玛戈达，霍恩变成了阿克塞尔 · 雷克斯，安尼利丝变成了伊丽莎白，马克斯变成了保罗。纳博科夫在 1937 年的译本中还有其他一些改动，下面第十九章将会讨论。

张的克雷奇马尔,最后每个声音都让克雷奇马尔神情不安而充满狐疑。

毫无疑问,这些几乎让人无法忍受的恐怖场景就是纳博科夫创作《暗箱》的灵感。刚刚经历了《光荣》中的那种镇静,这部小说似乎有意要与《光荣》的世界形成对照。在上一部作品中,生活似乎是高尚的、浪漫的、无利害的冒险,而到了《暗箱》里,却成了怯懦、自私和残忍的深渊。马丁无法用艺术来表达自己的想象,他在生活中为内心"迫切而神奇的冲动"找到了宣泄的渠道。相反,霍恩具有艺术才能,却沉湎于对艺术的嘲弄,把一个活生生的人变成了手中的卡通形象,变成了他的笑柄。在《光荣》中,马丁完全淡入小说的风景之中,但他的消失标志着他儿时梦想的实现。可在《暗箱》中,失明的结果却是对克雷奇马尔梦想拥有美丽的玛戈的嘲讽,他彻底虚弱地暴露在他全然看不到的人的面前。

《暗箱》的结尾仿佛一个地狱,一系列的主题由此生发出来。纳博科夫认为,理想的爱情可以让基本上是孤独的自我获得部分的解放,可别墅里的场景却是生动的反面。小说还有一组虽不直接但很重要的对比,那就是艺术和庸俗的对比,纳博科夫认为后者是前者的反面。366
庸俗有各种形式,从极度的残忍到对假艺术、假高雅、假感伤的迟钝。

玛戈自视是个女演员,克雷奇马尔则是一个艺术鉴赏家,而霍恩是一个有天资的图画家。马丁追求个人的光荣,这种光荣与他无法理解的高尚艺术有着神秘联系;而玛戈贫乏的想象力却把艺术降格为明星梦、肥马轻裘和目瞪口呆的拥趸。看到玛戈后,克雷奇马尔第一次产生了艺术冲动,要紧紧把握稍纵即逝的美,就像马丁在开始他注定的旅行之前突然觉得,他可以将他知道他差不多再也看不到的世界的各种琐事都记录、保存一样。但最鲜明的是马丁与霍恩的对比。马丁没有才智，却能感受一切事物的艺术性，他内在的想象力纯净而高贵，他能够感受到生活的优雅，平凡能够化为历险。可霍恩尽管拥有艺术天赋，他只是喜欢“把生活描绘成荒诞不经的样子，看着生活束手无策地变成取笑、讥讽的对象”。

小说的中心还存在另外一种对比，即霍恩和霍恩的创造者在掌控克雷奇马尔的命运之间的对比，这对理解小说的意义至关重要。在纳博科夫看来，艺术需要的是好奇，是对世间一切脆弱生灵的温柔和对事物基本之善的信任。霍恩有着冷漠的好奇，同时又带有一种故意的残忍和利用他人之轻信的得意：“他渴望要弄他人，这方面差不多是个天才。”因为克雷奇马尔眼瞎了，所以霍恩能够轻而易举地操纵他、嘲讽他，仿佛是他手下的卡通人物，同时他又以残忍为乐，他知道克雷奇马尔是个有生命、在受苦的人。纳博科夫也在控制着克雷奇马尔的命运，但与霍恩的用心完全不同，他要激起我们对克雷奇马尔无助人生的同情。同样，纳博科夫还指出，尘世命运的艺术家也许能容忍尘世生活的欠缺与痛苦，那是为了唤醒那些看不见的读者内心的温柔。虽然在小说的第一部分，我们眼里的克雷奇马尔是个没有同情心的人，撒谎者，懦夫，傻瓜，让妻子备受折磨，但到了第二部分，当霍恩歪曲、戏弄克雷奇马尔的温柔与信任时，我们的怜悯之心又被激发了。

小说开头，克雷奇马尔的妻子和妻弟似乎很蠢笨冷淡。但到了结尾，他们都对克雷奇马尔深怀同情，尽管他曾给他们带来许多痛苦，这两个不起眼的角色由此成为全书最动人的形象。纳博科夫经常跟那
367 些卑微的人物站在一起，他们备受小说中心光彩人物的肆意践踏。克雷奇马尔嘲讽马克斯、安尼利丝缺乏想象力，自己反过来遭到玛戈和霍恩的嘲讽。可结果却证明，与小说里的三个有着艺术冲动的堕落者相比，温柔、怜悯的马克斯和安尼利丝更接近想象力的真正价值，更远

离庸俗。

小说中大量出现的艺术画面（图画、绘画、电影）混合着光与影、明与瞎的意象，既有字面意义上的，也有比喻的甚至超感觉的。这些看与被看的意象反过来在克雷奇马尔的命运周围形成一种力场，暗示着道德与艺术观念最终的亲缘关系。

玛戈曾做过艺术模特儿，她习惯于被看，渴望能够在电影里看到自己，并怂恿克雷奇马尔出资拍摄。可银幕上的她又蠢又难看，她观看时觉得“自己像是下到地狱里的灵魂，魔鬼们分明在历数她在尘世所犯的罪孽”。同样，玛戈与霍恩似乎对他们在失明的克雷奇马尔周围上演的演出很得意，不过小说也许暗示说，有一天他们会在另一种状态下观看他们的表演，那是死亡投射在一块截然不同的屏幕上的。即使是在生活中，别人的眼睛也会将他们以为肯定不会被看到的那些花招改变花样。霍恩光着身子坐在克雷奇马尔面前，用一棵草逗着他，仿佛是恼人的苍蝇，可当霍恩转过头时，却发现马克斯正注视着他，于是霍恩赶紧跑开，退缩着，一只手遮着裸露的身子，“仿佛堕落后的亚当”。

马克斯好像是道德感的化身，他表面上视力很差，可实际上却对这场下流的表演高度警觉：克雷奇马尔和玛戈之间偷偷摸摸的通话，冰球比赛时玛戈与霍恩之间的窃窃私语，玛戈不让克雷奇马尔去看望濒死的女儿时的可耻争吵，还有如今霍恩对克雷奇马尔的折磨，一切都在他的眼里。如果说马克斯并非通过监视而看到这些场景的，那么安尼利丝似乎不用眼看就能看清一切：她差不多对克雷奇马尔的命运有一种心灵感应般的敏感，比如冰球比赛的那一天，比如克雷奇马尔在几百里外撞车的那一天，比如马克斯决定去调查克雷奇马尔在瑞士情形的那一天。

与克雷奇马尔的瞎眼相对的是马克斯的敏锐，还有安尼利丝的神视。此外，还有更突出的。当克雷奇马尔沿着蜿蜒的山路驾车奔向灾难时，一个采集草药的妇人从山崖上俯视着这个景象。更高处，一个飞行员能够将彼此相距十二英里的两个村庄尽收眼底。“倘若飞机再
368 升高一点”，小说写道，他就能看见普罗旺斯的景象和柏林——那里，安尼利丝正预感到要发生什么。从一个相当高的视角看，我们的一切行为都能看清，正如歌德用手杖指着头顶的星星所说：“那是我的良心。”在《暗箱》的世界里，道德的眼睛似乎是最高、最确实的视力，一切都无法摆脱它的凝视。

尽管小说的许多场景洋溢着感情与道德的气氛，但小说的休止部分承载了太多的负担。为了铺垫高潮，纳博科夫在性格刻画和因果交代方面有许多细小的让人难以置信的安排，因此情节显得有些生硬。比如，霍恩的第一次出场和第二次出场判若两人，轻而易举的偷听总是发生在恰当的时机，同样轻而易举的是主人公的充耳不闻，他们苦恼不已，而其余一切本该很快真相大白。

尽管如此，小说的心理描写和结构安排还是可圈可点。克雷奇马尔的妻子进了产科医院，他担心她会死于分娩，但还是抵不住妻子不在身边的诱惑，想找个女孩玩玩。八年后，他的女儿死了，玛戈和霍恩于是利用了克雷奇马尔待在女儿灵床边的机会，把他当时只是犹豫不决的想法付诸实施。特别精彩的是克雷奇马尔发现自己失明后的那痛苦的一幕：纳博科夫始终避免使用“瞎”这个词，生怕普通的字眼会代替他要表现的那种失明给克雷奇马尔带来的全部独特而新奇的震惊效果。

在创作《暗箱》时，纳博科夫是将它当动画片看待的。[14] 克雷奇马尔爱上了一个引座员，后者梦想成为一个影星，此后，主人公们把他们

的世界变成庸俗的电影场景。情节按照电影的速度展开,明快的语言保证了一切都能在银幕上再现出来。光与影、明与瞎、卡通与电影及表演的意象会激起天才导演的创造性反应。当时进入有声电影时代才两年,纳博科夫构思的高潮——克雷奇马尔试图杀死玛戈,纯粹通过他视力全无的眼睛去“看”——那需要黑暗的银幕,无声的仇恨,只有喘气、扭打的声音打破沉寂,然后是两声枪响,一切都像克雷奇马尔的听觉那样被放大了。

《暗箱》迄今只被改编过一次,而且很糟糕,其实它可以成为一部很出色的电影。但从文学角度说,它就要付出代价。作为一部小说,《暗箱》在结构上太单薄,剧情发展太匆忙,很难跟纳博科夫的其他小说相比。它适合影院里那些乒乒乓乓的护墙板,却不像其他小说那样能打开心灵的所有盖子与门窗。

三

1931 年 5 月初,连续几个暖天之后,选帝侯大街咖啡馆门前的那 369
些露天的桌子又一次出现了,只有下雨、化雪和冷天的时候才又搬回去。这个月的月底,纳博科夫已经沐浴在格鲁内瓦尔德公园的阳光之中。[15]一个流亡朋友记得曾在那里碰到过他。“我们俩都是太阳崇拜者。”纳博科夫说——《天资》的读者会记得,费奥多尔在炎热的五月和六月,曾日复一日地沐浴在格鲁内瓦尔德的阳光中。[16]

6 月第四周的开头,纳博科夫写了短篇《糟糕的一天》。[17]一个少年在夏天的一个节日里到表兄的庄园做客,结果搞得很狼狈。毫无疑问,纳博科夫这里回忆的是他家人去维拉附近的德鲁日诺塞尔庄园的一次乏味的游历,他的堂兄赛恩-维特根斯坦一家住在那里。[18]《糟糕的一天》试图充分地捕捉过去的那些感受，这既让人想起了蒲宁笔下关于昔日俄国的清晰描绘——纳博科夫甚至将这篇小说献给蒲宁——也是对《天资》《说吧，记忆》和阿迪斯花园那些游戏的预示。彼得柔弱敏感，他眼里的世界惊奇不断。这一天彼得感到的只是痛苦，但即使是通过彼得的眼睛来观察的，小说仍然记录了整个充满神奇魅力的场景，未来岁月中他无疑将珍惜这些场景。

《糟糕的一天》两周后发表在《最新消息》上，小说宣告一个新的浪潮来临。过去，当柏林成为侨民的中心、《舵》是其主要的报纸时，西林的诗歌总是像甘霖一般不断洒向读者的心田。可如今柏林只剩下三万俄国人，有一半都不再属于俄侨，因为其中有些人由于出身德国直接成了德国人[19]，《舵》也只剩下三个月的寿命。而巴黎现在则成了法国四十万庞大俄国人口的中心，流亡出版物很繁荣。那里，《最新消息》——巴黎主要的俄文日报，侨民最主要的报纸——开始连篇累牍地登载西林的短篇小说，还有摘自《当代纪事》的、他全文发表或连载的长篇小说的片段。

西林过去一年半内写作的两个长篇和一个稍短一些的作品都已出版，《最新消息》的定期撰稿人阿达莫维奇开始改变攻击的理由，他说虽然西林的创作也许很出色，但写得这么快肯定有问题。阿达莫维
370 奇和他的同党坚信，在当前的危机下——对这些危机行家来说，危机始终迫在眉睫——敏感的心灵其力量深受绝望的挫伤，而西林却这么多产，无疑是架没有灵魂的写作机器。其他人也是声气相求。

西林对这些攻击早有估计。在《光荣》开始连载前，他曾跟司徒卢威说，这本书将会“引来索多莫维奇和其他几个格奥尔吉暗自的唿哨”（格奥尔吉·阿达莫维奇，格奥尔吉·伊万诺夫）。[20]他给司徒卢威和丰达明斯基寄去了一首辛辣的、讽刺伊万诺夫的短诗，这首诗很快在

俄罗斯的巴黎传开，他很开心。[21]

7月1日，他借一首篇幅更长的诗歌对阿达莫维奇及其党羽再次进行抨击，这次他把普希金搬了出来，后者是一个更加犀利的讽刺大师，是文仗高手。这首诗表面上看似乎是英语诗《夜行》的翻译——作者是杜撰的维维安·卡姆布鲁德，有些内容提到年轻的华兹华斯，仿佛写于1800年左右——描绘的是坐马车去伦敦的经历。路上，卡姆布鲁德黑暗中听到一个身份不清的作家在抱怨，他的抒情诗快变成了讽刺。[22]

> 我为一个评论家
> 感到羞耻，因为
> 我发现，他忧郁可笑，
> 敏感偏执，
> 他的判断力贫乏，他的风格矫揉造作，
> 总让人厌烦，
> 尤其是——他的诗歌。
> 可怜的家伙。他的骨节嘎吱作响，
> 摆弄着那把破里拉；
> 将亚当的头颅* 歪向
> 阴郁的墓穴。

卡姆布鲁德听出了这个诗人的声音，当晨曦照进车厢时，他怀疑

* 这是阿达莫维奇和“亚当的头颅”的双关语，是“骷髅”的习语，字面意思就是“亚当的头颅”。

这个人是否是他所想的那位：

我忍不住了。“请告诉我，
你叫什么？”他看了我一眼，
回答说：“我是琴斯顿。”
我们拥抱了。

在最后一行，西林跟普希金结成了统一战线——普希金曾将优秀的小悲剧《吝啬的骑士》说成是对虚构的琴斯顿的翻译——他抨击阿达莫维奇，后者认为，普希金那些精致的形式已经不再适合如今变得
371 很复杂的世界，也抨击了他的朋友伊万诺夫。[*]西林还跟霍达谢维奇并肩战斗，后者是侨民界最伟大的诗人，在许多人眼里，他也是最伟大的评论家。霍达谢维奇一心研究普希金的时代、创作与生活，他的诗歌是对普希金的继承，明晰而优美，但又有着高度个人化的风格，是对普希金欢呼光明世界的反拨。虽然在情调上与阿达莫维奇相似，但霍达谢维奇坚持认为，写作好诗不仅需要一腔热情，还需要熟练把握诗歌技巧，而在俄国诗歌方面，普希金是独一无二的。

从二十年代中期开始，霍达谢维奇跟阿达莫维奇就势不两立，彼此展开了旷日持久的斗争。而西林尽管跟霍达谢维奇从未谋面，但在过去的几年里，对优秀作品的热爱将他们连在了一起。在撰写评论时，西林会称颂霍达谢维奇的诗歌，而霍达谢维奇则对西林的小说赞叹不已，他们又都对阿达莫维奇（还有在一旁帮腔的伊万诺夫）义愤填

* 这首诗通过“约翰生”（“伊万诺夫”在英语中的对应名称）对伊万诺夫进行了狠狠的回击，那是一个批评家，手挥蜡烛架在数落一篇“做了记号［就像扑克牌一样］的文章”，这正是伊万诺夫在《数目》上猛烈攻击西林的写照。

膺,因为他居然肆意诽谤他们的作品,仅仅是因为他们写得很好。现在,西林说"'我是琴斯顿'……我们拥抱了",这是表明他将与霍达谢维奇一起,在普希金的旗帜下并肩战斗。

当然,这首诗也有十分有趣的地方。在诗人俱乐部,西林朗读了这个"翻译"作品,事先又加了一段杜撰的有关卡姆布鲁德的生平细节。后来他承认这是骗人的把戏,大家都上了当——就像十年前他那翻译自"卡姆布鲁德"的戏剧作品让他父亲上当一样。[23]

四

1931 年 9 月 17 日到 26 日期间,纳博科夫创作了短篇小说《忙人》。[24]32 岁的格拉菲茨基是一个孤独的流亡者,他忽然异常清晰地忆起年轻时候的一个梦,他将在三十三岁时死去。这个梦萦绕心头,让他非常恐慌,他杞人忧天地害怕各种死亡,终年生活在极度的痛苦与折磨中。直到三十四岁生日那天,恐惧才慢慢消失。

这篇小说是一个荒诞性的寓言故事,有点像黑色喜剧,对死亡的恐惧竟然影响了一个人的生活,使他躲避生活。同时,纳博科夫的文体风格又使这样的故事更具魅力。思想在牢狱的墙壁上弹来弹去,撞击着纳博科夫的一个又一个主题:命运,孤独,死亡,意识,时间。在一 372
个很典型的晚上,格拉菲茨基"久久地凝望着穹苍,突然感到无法忍受人类意识的重负,觉得滑稽可笑的不祥之兆太多"。他无休无止地寻找着死亡的种种威胁,结果发现"你越是留心巧合,巧合就越经常发生"。三十四岁生日后的早晨,他终于放下心来,迷迷糊糊地进入梦乡。他醒了过来,对那个梦的记忆渐渐淡去,觉得并没有想明白什么。接着他又开始了寻常的生活,仿佛那一整年的对死亡的恐惧已经彻底从记忆中消失了。

在这个复杂故事的结尾，有两件事让我们感到吃惊。小说结尾集中了许多明显具有预言性的迹象，说明格拉菲茨基的寿限获准延长。他的公寓楼里住进一个新的房客伊万·伊万诺维奇·恩格尔，似乎是上帝或命运派来的代理，类似于守护天使。过完三十四岁生日后的第二天，格拉菲茨基安全通过了危险地带，他在门厅的桌子上看到恩格尔前一天收到的电报："同意延期。"但如今格拉菲茨基的恐惧已经消失，这个及其他迹象并没有引起他的注意。纳博科夫指出，我们周围的事件也许就是命运的迹象，超自然也许比我们想象的离我们更近，但不管我们在生活中多么急切地寻找，却无法发现正确的线索。那无疑将是后来一篇小说《文姐妹》中所描写的负担，那篇小说的结尾与此相似，主人公彻夜未眠，凌晨时迷糊地睡去，发现梦里的黄色景象只是一些"无法理解，无法琢磨透彻"的东西。*

但这篇小说的真正意义最好也许可以用《微暗的火》中的两句诗来概括："我们天天死去；不只是对干枯骨，/也对血气方刚的生命，遗忘真是无比兴旺。"[25]无意识时刻包围着我们，遗忘时刻让位于过去的阴森墓穴。这个小说的主人公为死亡所困扰，但死亡逡巡在他所不知道的未来，他忽视了当下，却又抛弃了过去，于是每天都处在遗忘的死亡之中。

五

1931年底，柏林陷入严重的危机。德国失业人口有五百万之众，

---

* 在《忙人》中，主人公梦里的"一切总有点柔软、光亮，琢磨不透"，在《文姐妹》叙述人的梦里，"一切似乎模糊，像黄色的云，一点也不真切"。

施粥摊到处可见,人们四处找寻便宜住所,或者干脆离开柏林,成千上 373
万的楼房空置。德国在左派和右派之间摇摆不定,政治流氓气焰嚣张。法西斯分子占领街头,一直为财务犯愁的《舵》则在 10 月初遭到袭击——据说是共产主义分子干的。[26] 当《忙人》10 月 20 日在《最新消息》上发表时,《舵》停刊了。

可纳博科夫的想象却在千里之外。10 月底、11 月初,他创作了小说《未知地区》。[27] 一个探险家、博物学家描绘了他在热带沼泽地最后几小时的热病状态。幻觉中,一间卧室不停地在面前浮现,似乎他身处欧洲的某个城市,由于高烧卧床不起,丛林只是谵妄状态下的景象。事实似乎也确实如此,但叙述人不相信:“我知道那间突然出现的房间是假的……这里,美妙、骇人的热带天空下的一切才是真的。”就像那位中国哲人庄子从梦中醒来(不知周之梦为蝴蝶与,蝴蝶之梦为周与?)一样,这个故事也让我们感到,我们只有置身其外才能知道所处的现实,但在有生之年我们却无法采取那样的立场。

《未知地区》看似博尔赫斯式的谜团,但纳博科夫对探险和大自然的热爱却赋予了小说更多的内涵,那是丰富想象力虚构出来的热带世界,是一幕关于勇气的戏剧,唯有真正的博物学家才能构思出这样的场景来。小说充满了瑰丽的异国情调,帷幔垂地的卧室与人迹不到的地带亦真亦幻,这是《天资》第二章的一次试笔,纳博科夫将在那伟大的一章中去描写勇敢无畏的探险。

《舵》停止了发行,俄国的咖啡馆则纷纷关门,俄国音乐会和各种演出面对的观众也越来越少,但俄罗斯的柏林还在顽强挣扎。[28] 新闻记者的出路现在很少,因为经济状况糟糕,上一年已经取消的新闻界舞会不得不再举行一次,目的是为那些极度贫困的作家紧急筹集一笔资金。为了填补《舵》的倒闭造成的空白,包括奥夫罗西莫夫和萨维利耶夫在内的几个人编辑了一份薄薄的周报《我们的世纪》。此外,艾亨瓦尔德文社起码还在继续活动,11 月中旬纳博科夫在那里朗读了《暗箱》中的几段,当时听众挤得水泄不通。[29]

接下去的几周里,他创作了小说《流言》,并于 12 月 6 日完工。[30]一个鳏夫商人谨小慎微,粗通文墨,于是决定写一部小说。完成一部腻味的浪漫作品后,一家处境糟糕的文学杂志诱骗他提供资助,编辑
374 假惺惺地说,很喜欢他的作品。后来这家起死回生的杂志在下一期刊登了他的小说选段,但只是近乎羞辱的三页。在剧场休息室,伊利亚·鲍利索维奇无意中听到一段谈话,说他上了别人的当,那家杂志编辑只是将他的作品当作了笑料。虽然起初他仓皇逃走,好像逃离某种"羞耻、可恶、无法忍受的"东西,但很快他又平静下来,并忍气吞声地想:"他必须宽恕一切,否则'待续'将无法实现。他还跟自己说,死后他将得到充分的认可。"

无辜的伊利亚·鲍利索维奇遭到欺骗,这似乎是残忍想象的产物。应该是的。不幸的是,实际生活中确有其事。一个叫亚历山大·布罗夫的作家跟人说,他计划创办一本新的评论期刊。巴黎的《数目》杂志发行四期后似乎要倒闭,于是该杂志的编辑尼古拉·奥楚普及其朋友阿达莫维奇、伊万诺夫无耻地谄媚恭维布罗夫。不久杂志第五期出版了,上面刊有布罗夫的三页作品,是非常拙劣、装腔作势的浪漫作品,后面还写着"待续"两个字。

《最新消息》以为西林的小说纯属虚构,于是就录用了,并已经排版。后来才发现,小说讽刺的是《数目》,于是赶紧把清样毁了,小说直到二十五年后才出版。[31]

另一方面,纳博科夫的小说写完后,布罗夫的小说确实在《数目》

后来的几期中刊载完毕，还有许多关于他小说的评论，那大段大段的阐释既像是狂热的崇拜，又像是抑制不住的嗤笑。只是在《数目》的第十期（最后一期），阿达莫维奇才对布罗夫的风格进行了直率的批评。几个月后，布罗夫与伊万诺夫见面时冲撞起来，两人差点儿决斗（伊万诺夫发出挑战，但布罗夫拒绝了）。[32]几年后，布罗夫就整个事件发表了一篇辛辣的讽刺文章，并明确表示，尽管那些谄媚他的人当时只是出于恭维才说他是果戈理、托尔斯泰和陀思妥耶夫斯基的继承人，但他认为他确实是他们未经公认的后裔。[33]

六

当俄国人纷纷离开柏林西去时，其他俄罗斯作家却慢慢地从苏联过来。扎米亚金因为小说《我们》——《美丽新世界》和《一九八四》的榜样——受到批判，可能是中间高尔基出于个人利益所做的斡旋，扎米亚金获准流亡。1931 年 12 月到达柏林后，他终于读到流亡作家的作品，他赞美西林是光辉的天才，是流亡文学最伟大的成就。[34]那年冬天，其他一些苏联作家如阿·托尔斯泰、左琴科等也访问了西欧。 375
针对这些具有“资产阶级倾向”的作家对西方的访问，苏联派了一批无产阶级作家出访欧洲，作为他们的文化代表[35]，其中就有亚历山大·塔拉索夫-罗季奥诺夫。

塔拉索夫-罗季奥诺夫写过一本有名的小说《巧克力》，称赞党在决定处死一个优秀党员时的英明正确，尽管他们知道对他的指控不对，但为了让群众明白，革命不会饶恕任何一个人，就必须这样做，这是鼓舞人心的道德主张。（1937 年，塔拉索夫-罗季奥诺夫本人成了这个原则的牺牲品，他受到批判并于次年死于劳动营。）1931 年 12 月，他访问柏林期间曾在利亚斯科夫斯基书店留了一个便条,那是西林经常光顾的地方。出于好玩和好奇,西林答应见他。他俩坐在一家俄德咖啡馆里,塔拉索夫-罗季奥诺夫邀请西林回苏联,去颂扬快乐的农庄生活、党的生活和乡村生活。西林说,他很乐意回去,但条件是,他要"能像在国外一样随心所欲地写自己想写的东西。对方答应说:'当然,我们能够给你世上最好的自由——那是在党的限制下的自由'"。这时,一位前白卫军官操俄语跟他们说话——他只是在卖鞋带——这人忽然惊恐不安,以为遭到监视,赶紧说:"那么,你就这样对待我?"[36]

这种苏维埃气氛可能促使西林在 12 月中旬写作了小说《重聚》。[37]一个流亡者在柏林寓所招待了他的兄弟,后者是从苏联来做生意的。他们过去从未亲近过,近来的生活也没有什么共同点,两人只好寒暄一阵。最后一个偶然、飘忽的回忆似乎要唤醒过去一起生活的场景,他们却又要分手。

12 月中旬发生的另外一件事会在纳博科夫的心里留待更久一些,一个俄国学生在动物园一条僻静的小路上开枪自杀了。[38]在《天资》中,那个叫雅沙·车尔尼雪夫斯基的学生在柏林另一个著名公园格鲁内瓦尔德开枪自杀。那个情节更加复杂的虚构事件可能源自这个真实报道,但那时在柏林,自杀一直被视为"流亡者的罪行",不过过去的两年里,越来越多的德国老百姓也开始自杀。

七

1932 年初,面对艰难的岁月,西林做出了自己的反应。在 1932 年 1 月 2 日《最新消息》的封面上,他一反常态地独自发出这样的呼吁:

> 面对别人的需要掉头他顾或不闻不问，这样的人真叫闲适、 376
> 冷漠、心不在焉，所幸这种人很少。在今天这样一个异常艰难、饥饿的时代，面对失业的人们，一个头脑健全的人却不愿意鼎力相助，这令人难以想象。

第二天，西林遇到了一个也许能帮他自己摆脱经济困境的人。谢尔盖·贝尔滕松曾是莫斯科艺术剧院导演，现在好莱坞工作，他翻译了纳博科夫早期的小说《侏儒》，并跟电影制片人刘易斯·迈尔斯通谈起这个作品。迈尔斯通出生于俄国，那时正处于事业的巅峰，执导过《西线无战事》(1930)和《头版新闻》(1931)。他计划将《侏儒》改编成电影——纳博科夫本人在1924年完成该小说后也曾有此念头——并想请纳博科夫到好莱坞去编写其他电影脚本故事。贝尔滕松跟纳博科夫谈了迈尔斯通的建议，并在日记中写道："他听后非常激动。他说他其实最爱看电影，他会津津有味地观看各种动画片。"纳博科夫给他《暗箱》的手稿，但贝尔滕松觉得这个作品太色情了，会给好莱坞带来消极影响。[39]纳博科夫答应，可以将那些能够改编成电影的作品梗概寄给他们。年底，他又将下一部小说《绝望》推荐给贝尔滕松，但仍然没有下文。[40]不过现在纳博科夫开始考虑把希望寄托在英国或美国了。

12月30日，他动笔写作《菠菜》，1932年1月14日完成。[41]像《糟糕的一天》一样，《菠菜》仍以彼得·希什科夫为主人公，这说明纳博科夫已经在大规模地构思有关他童年和青少年时期的生活，这个念头最终将通过《天资》第一章更为彻底地表现出来。这篇小说也可以看作是《说吧，记忆》的萌芽，到那时，纳博科夫将会把整个场景反复呈现。彼得在学校里听说，父亲跟人决斗了，他非常焦虑痛苦，但勇敢克制着。直到第二天上学，他发现决斗已经结束、但没有人受伤时，那轻松后难以抑制的泪水才夺眶而出。

纳博科夫本人第一年在捷尼舍夫读书时，也曾遇到父亲差点儿决斗的事。那时他还是学校足球队的一个守门员，只要天气允许，他和同学们每天都会在院子里赛上一场，球门也只好凑合，如今他准备重操旧业。1931 年 11 月，柏林成立了一家俄国体育俱乐部，主要人马就是一个足球队，纳博科夫当然是守门员。直到月底以前，纳博科夫和
377 队友们每周都会在弗尔柏林广场的球场上训练两次。2 月 14 日，球队跟一个德国俱乐部举行了首场比赛。即使算上两名替补，他们还少两个人，纳博科夫守门的任务一点也不轻松。才赛过几场，才过了几周，俄国队就跟德国工人队展开一场恶战。飞身扑救时，纳博科夫被撞得昏了过去，最后只好被抬下场。他醒来时发现，一个队友正急切地将他抱得死死的皮球扒出来。薇拉·纳博科娃回忆说："他折断了肋骨，我也下定了决心。"足球生涯到此结束。[42]

纳博科夫后来给朋友写信说："所有这几年里，我最愚蠢的担心就是跟贫困作斗争却一无所获。"[43] 1932 年初，由于经济十分拮据，纳博科夫夫妇只好从巴尔德勒本家搬到西边一英里远的地方，在威斯特伐利舍大街 29 号租了个单间，跟科恩一家挤在一个套间里。这是临时安排，因为隔一个街区，在内斯托大街是薇拉的姨姐安娜·费金娜的住所，跟她同住的另外一个表亲马上出嫁，这样就可以把她住的房间让给纳博科夫夫妇。[44]在柏林，4 月 1 日（还有 10 月 1 日）通常是大批换房的日子*，但从未像 1932 年 4 月 1 日那样，有那么多的人需要小

---

* 《天资》的开头写道："4 月 1 日，一个多云而明媚的日子，下午将近四点……"纳博科夫之所以选择这个日子，不仅因为小说里的一个主人公要跟费奥多尔开愚人节的玩笑，还因为费奥多尔那天换了房子。这本是作者的一个富有想象力的构思，但结果表明又是一次准确的社会观察。

房子、负担得起的房子。[45]但纳博科夫夫妇不能等下去。

他们自身倒没有大问题，只是要给布拉格的叶连娜·纳博科娃寄钱就很困难。2月29日，纳博科夫想到了一个新的对策，他在一个私人寓所为应邀参加的听众朗读自己的作品，以此募集一些钱款。[46]他在那里朗读了《暗箱》里的一章，几首诗歌，还有新作《音乐》，一个简单但引人入胜的故事。这个故事也许跟当时的处境有关，一个出席私人音乐会的男子在听众中发现了自己的前妻，他如今仍爱着她。[47]钢琴家在演奏乐曲，这名男子重温着他跟妻子过去的生活。她显然也看到了他，因为第一个节目结束后她就离开了。他过去曾以为，音乐是把他们囚禁在一起的牢狱，现在却发现那其实是一种巨大的快乐：音乐让他再次呼吸她也能领略到的那种气息。虽然音乐似乎把每个人都凝聚到同一个时空中——小说对场景和演出有很精彩的描写——但这个男子的内心却激荡着个人的感情，与音乐全然无关，那巨大的力量根本无法抗拒。正如西蒙·卡尔林斯基所说："这个故事就像钢 378
琴家演奏的那个乐章一样精湛完美。"

八

当又一轮选举热潮席卷德国、柏林的大街小巷四处张贴着花哨的宣传海报（兴登堡①！希特勒！）时，纳博科夫在4月3日乘火车去了布拉格，而薇拉则留在家里，设法躲避着房东太太没完没了的唠叨。尽管布拉格很漂亮，但这打动不了纳博科夫，在他眼里，这个城市依旧那

① 兴登堡（Paul von Hindenberg，1847—1934），德国元帅、总统（1925—1934），他在任期内支持保皇派和法西斯组织，任命希特勒为总理。

么糟糕、泥泞，他无法忍受那些臭虫，无法忍受那些落在阴暗、古老的纪念碑上的乌鸦，但他又一直在收集种种印象，准备开始新的小说创作。[48]他当然是来看望家人的，他的妹妹们和基里尔保持着“令人惊奇的纯洁精神”（他尤其高兴地看到，基里尔对政治上的左派了解很多，远离了反动的右派），他的母亲仍然状态很好，他特别喜欢奥莉嘉刚生的儿子罗斯季斯拉夫，这是他母亲的第一个外孙。他跟朋友拉耶夫斯基一起研究了博物馆新搜集的蝴蝶标本，并宣布说：“夏天我们一起去保加利亚，就这么定了。”谢尔盖・赫森是约瑟夫・赫森的另一个儿子，也是纳博科夫在捷尼舍夫的老同学，在他家，纳博科夫遇到了米哈伊尔・卡尔波维奇，纳博科夫非常喜欢这位未来的朋友。卡尔波维奇是哈佛大学历史学家，三十年代末，在设法让纳博科夫一家去美国方面，他的贡献可能比任何人都大。纳博科夫还“第一百次”重读了《包法利夫人》。[49]

《暗箱》尚未开始连载前，纳博科夫就已经对它不满了，他跟薇拉说，他计划写一部新的小说：

> 想象一下。一个人准备参加驾驶考试，内容涉及城市的路况。第一部分准备说说考试的准备情况，还有与此相关的一些谈话，当然还有他的家庭和人际关系，细节上有些模糊。接着不知不觉转入第二部分。他去了，发现自己在考试，却不是什么驾驶考试，而是——我怎样说呢——一次关于尘世状态的考试。他已经死了，他们问他有关活着时的那些街道和十字路口的问题。所有这一切都没有神秘色彩。考试中，他讲了他一生记忆中……最光明、最可靠的那些部分。那些考他的人都已经死了很久，比如儿时给他做雪橇的马车夫，中学里的老教师，他生前仅仅听说过

> 的那些远房亲戚。这还是胚胎。我似乎描述得很差，确实很难，因为小说还只是处于感觉状态，还不成熟。[50]

实际上，这个作品永远也没有写出来。但让一个人物死了，又继续以某种方式存在着，这样的构思却在纳博科夫的作品中反复出现。

他一直想拥有一本《尤利西斯》，但所能找到的只是乔伊斯的捷克 379
译本。他现在对这部作品已经相当了解，并宣称他喜欢乔伊斯而不喜欢陀思妥耶夫斯基，这让一个流亡同事很生气。[51]他还想将签证延长两天，结果遇到麻烦。一位官员拒绝跟他说德语（纳博科夫的德语至少要比捷克语强），“因为，我们俩毕竟都是斯拉夫人”——然后又暗示他的斯拉夫同胞说，要延长两天几乎不可能。他写信给薇拉说：“不管他们是推我还是搡我，我都不在乎，我会在这儿待到 20 号，然后一切听便吧。边境上也许有麻烦，不过我会对付的。”但他母亲不放心，坚持要他遵章办事。又跑了两趟签证处后，所有正确的文件都盖上了正确的印章。[52]

4 月 20 日晚上，纳博科夫乘坐的列车驶进了柏林火车站。第二天他开始写作短篇小说《潇洒的家伙》，5 月 5 日完成。[53]一个贵族出身的流亡者如今成了旅行推销商，并在火车上搭讪上一个妇女，在她家乡下车，来到她的住处。妇女出去了一会儿，有人来电话说，她父亲快死了。她回来后，这个急不可待的旅客并没有告诉她这个消息，而是匆忙占有了她，笨手笨脚地完了事。女子准备晚饭，他假装出去买香烟，然后回到车站，继续他的旅行。

这篇小说是对一个精力旺盛、狼心狗肺、自我满足的俗物的内在刻画，有关车窗外匆匆飞逝的物象描写栩栩如生，铿锵飞驰的列车、欲火中烧的男子跃然纸上。小说一直随着主人公龌龊的内心活动展开，忽东忽西:勾搭时的花言巧语,肮脏的意识流,道貌岸然的口吻,“我们”“我们”地说个不休:“我们有着黝黑的肤色,紫红色的血管,黑色的髭须,修得很整齐,还有毛茸茸的鼻孔……上次出行我们三次背叛了卡佳,那花了我们三十马克。”纳博科夫的作品很少有如此**戏剧性**的笔法,很少如此彻底地进入另外一个人的内心。小说的绝妙之处在于,一个卑劣的形象及其举止竟会如此艳丽——除非是花里胡哨的领带上的那些令人作呕的色彩。

5 月 7 日,西林去德累斯顿,出席他的一个作品朗诵会,地点是俄国教堂的地下室。[54] 回柏林后,他在下个月又写了短篇小说《完美》,这是他在德国旅行的结果。[55] 这一次他彻底从反面形象转向了正面形象,从对生命残忍无情的凌辱转向对另一种状态的投视,那里充满无限的温柔。小说主人公伊万诺夫是一个穷困的流亡者,靠做家教勉
380 强维持生计。他外表羞怯,但在孤独、可怜的生活中却懂得了补偿,对世界慷慨的馈赠欣然接受——飘浮的云朵,坐在凳子上的老人,跳房子的女孩——他尤其陶醉在对那些从未见过和体验过的事物的想象中:

> 有时,当伊万诺夫看着扫烟囱的工人……或钻进云层的飞机时,他会想象许多他永远无法知道得更多的事物,想象他永远无法从事的那些职业,想象降落伞像巨大的花冠张开时的景象……他满怀热情地渴望去体验一切,获得一切,触摸一切,让喧阗的声音、鸟儿的啁啾透过他的存在暂时进入一个过路人的内心,那个人正走进凉爽的树荫。他的内心不断琢磨着那些无法回答的问题:扫烟囱的人回去后怎样洗澡呢?在哪里洗呢?他刚刚生动地回忆起的那条俄罗斯森林小径变样了么?

他在柏林辅导一个俄国出生的犹太小男孩，夏天他带孩子去波罗的海海滨度假，这个讨厌的孩子假装溺水了，伊万诺夫游过去救他，可孱弱的心脏却吃不消。不知怎么搞的，他又在沙滩上出现了，仿佛是黄昏时分，他看不到戴维。他默念着如何跟孩子的母亲说明死亡的经过，但发现“这些想法中有某些地方错了，他再次向周围打量，只看到自己独自陷在阴沉的雾霭中，戴维却不在身旁。他明白了，如果戴维没有跟他在一起，戴维就没有死”。直到知道他自己死了，一切才突然变得清晰起来：“那阴郁的雾霭顿时消散，绽放出斑斓的色彩，各种声音纷纷响起……”他能够看到戴维，小男孩被自己的恶作剧酿成的后果吓呆了，他能看到人们在打捞他的尸体，

> 波罗的海的海面上波光粼粼；在间过苗的森林里，绿荫下的小路上，躺着刚刚砍伐下来的山杨，还在散发着生气；浑身煤灰的小伙子在厨房的水龙头下洗澡，身体渐渐变白；长尾的小鹦鹉在新西兰终年不化的雪山上方飞翔着……

也许因为伊万诺夫曾生动地想象过他身外那激动人心的生活，也许只是因为他死了，他现在能将所有的生活都呈现在眼前，所有的渴望都得到满足，所有的问题都找到答案。

7 月，纳博科夫写作了诗歌《空地上的夜晚》。[56] 这是他诗歌风格成熟后的第一首诗，介乎失眠与梦游之间，与理查德 · 威尔伯[①]的那首美妙的《走进梦乡》很相似。诗人在一片空地上等待灵感，他感到空中 381

① 威尔伯（Richard Wilbur，1921—2017），美国诗人、翻译家，作品有《美好的变化》《尘世之事》等。

有一种虚无在萦绕，与他此刻谨小慎微地琢磨轻巧的韵句不同，他能仓促地把过去的一个场景拼凑出来，那时他在老园子的小路上等待着。现在他听到一声口哨，一个男子向他走来，喊他。他知道那是他的父亲：

> 我认出了
> 你矫健的步伐。去世至今
> 你没有多大变化。

在《天资》的结尾，费奥多尔会梦见自己走过去迎接他死去的父亲，在整个小说中，父亲似乎都忽隐忽现地存在着。到纳博科夫写作《空地上的夜晚》时，他一直下意识地为《天资》积累的材料差不多都已就绪了。

注释

[1]《舵》，1930 年 10 月 19 日，11 月 23 日；《月份》6 期（1931 年 6—7 月），页 143。

[2] 手稿，蒙特勒纳博科夫档案。

[3] 纳博科夫致叶连娜·纳博科娃，1931 年 2 月 25 日，蒙特勒纳博科夫档案。

[4] 纳博科夫针对鲍勃斯-梅里尔问卷的回信，1937—1938，蒙特勒纳博科夫档案。

[5]《坚决的意见》，页 163—164；阿佩尔，《纳博科夫的〈暗箱〉》，页 137，页 310—311；赫森，《流亡岁月》，页 105。

[6] 鲍勃斯-梅里尔问卷。

[7]《舵》，1931 年 3 月 24 日。

［8］打印稿，叶连娜・纳博科娃剪贴簿，1931—1932，蒙特勒纳博科夫档案；发表于《新报》1 期（1931 年 5 月 1 日）。

［9］《塞巴斯蒂安・奈特的真实生活》，页 91。

［10］格列布・司徒卢威，《新俄罗斯语言》，1979 年 6 月 5 日。

［11］《作家群与时代》，《月份》6 期（1931 年 6—7 月）。

［12］纳博科夫致格列布・司徒卢威，1931 年 5 月 8 日，斯坦福大学胡佛研究所。

［13］纳博科夫致叶连娜・纳博科娃，1931 年 5 月 18、26 日，蒙特勒纳博科夫档案；发表于《当代纪事》49—52 期（1932 年 5 月—1933 年 5 月），书名为《暗箱》；书籍形式，《暗箱》（巴黎：当代纪事，1933）；W. 罗伊翻译的《暗箱》（伦敦：约翰・隆，1936）；纳博科夫翻译修订，《黑暗中的笑声》（印第安纳波利斯：鲍勃斯-梅里尔，1938）。

［14］纳博科夫致沃尔特・明顿，1958 年 11 月 4 日，蒙特勒纳博科夫档案。

［15］纳博科夫致叶连娜・纳博科娃，1931 年 5 月 26 日，蒙特勒纳博科夫档案。

［16］亚历山大・布拉伊洛夫致博伊德，1983 年 10 月 20 日。

［17］日期见手稿，国会图书馆纳博科夫档案；发表于《最新消息》，1931 年 7 月 12 日；重印，《眼睛》；德米特里・纳博科夫和纳博科夫译，《〈黄昏小景〉及其他》。

［18］参见《最后的证据》，页 116。

［19］《最新消息》，1931 年 11 月 19 日。

［20］纳博科夫致格列布・司徒卢威，1931 年 1 月 19 日，斯坦福大学胡佛研究所。

［21］纳博科夫致格列布・司徒卢威，1931 年 6 月 7 日，7 月 3、17 日，斯坦福大学胡佛研究所。

［22］《卡姆布鲁德的〈夜行〉》，手稿，蒙特勒纳博科夫档案；发表于《舵》，1931 年 7 月 5 日；重印于《诗集》。

[23] 格里戈里·阿隆生,《新俄罗斯语言》,1963 年 12 月 8 日。

[24]《〈黄昏小景〉及其他》,页 164;发表于《最新消息》,1931 年 10 月 20 日;重印,《眼睛》;德米特里·纳博科夫和纳博科夫译,《〈黄昏小景〉及其他》。

[25]《微暗的火》,页 52。

[26]《舵》,1931 年 10 月 11 日。

[27] 发表于《最新消息》,1931 年 11 月 22 日;重印,《眼睛》;德米特里·纳博科夫和纳博科夫译,《〈俄国佳丽〉及其他》。只有根据下列办法确定日期,写作和在《最新消息》上发表通常间隔两到四周。

[28]《最新消息》,1931 年 11 月 2 日。

[29]《最新消息》,1931 年 11 月 18 日。

[30] 打印稿,叶连娜·纳博科娃剪贴簿,1931—1932,蒙特勒纳博科夫档案;发表于《菲雅尔塔的春天》;德米特里·纳博科夫和纳博科夫译,《〈俄国佳丽〉及其他》。

[31]《〈俄国佳丽〉及其他》,页 46;参见 1973 年 2 月 20 日纳博科夫致费尔得笔记未刊稿。

[32]《最新消息》,1935 年 3 月 22 日。

[33] 参见霍达谢维奇的评论,《复兴》,1939 年 3 月 10 日。

[34]《我们的世纪》,1932 年 1 月 1 日;《最新消息》,1932 年 1 月 3 日;格列布·司徒卢威,《俄国流亡文学》,页 281。

[35]《我们的世纪》,1931 年 12 月 6 日;《最新消息》,1932 年 1 月 18 日。

[36]《坚决的意见》,页 97—98;讲稿笔记,蒙特勒纳博科夫档案;费尔得,《纳博科夫:部分生平》,页 157;博伊德采访薇拉·纳博科娃,1982 年 11 月。

[37] 发表于《最新消息》,1932 年 1 月 1 日;重印,《眼睛》;德米特里·纳博科夫和纳博科夫译,《〈黄昏小景〉及其他》。

[38]《我们的世纪》,1931 年 12 月 20 日。

［39］费尔得，《纳博科夫：部分生平》，页 160。

［40］纳博科夫致贝尔滕松，1932 年 12 月左右，蒙特勒纳博科夫档案。

［41］打印稿，叶连娜·纳博科娃剪贴簿，1931—1932；发表于《最新消息》，1932 年 1 月 31 日；重印，《眼睛》；德米特里·纳博科夫和纳博科夫译，《〈黄昏小景〉及其他》。

［42］《复兴》，1931 年 11 月 3 日；《我们的世纪》，1931 年 11 月 8 日，12 月13 日，1932 年 1 月 1 日，2 月 21 日；纳博科夫致罗索夫，1937 年 9 月 4 日；费尔得，《纳博科夫：部分生平》，页 154；1973 年 2 月 20 日纳博科夫致费尔得笔记未刊稿；博伊德采访薇拉·纳博科娃，1983 年 2 月。

［43］纳博科夫致罗索夫，1937 年 9 月 4 日。

［44］纳博科夫致格列布·司徒卢威，1932 年 1 月 24 日，斯坦福大学胡佛研究所；博伊德采访薇拉·纳博科娃，1982 年 9 月，1985 年 1 月；纳博科夫致薇拉·纳博科娃，1932 年 4 月 18 日。

［45］《复兴》，1932 年 4 月 8 日。

［46］邀请函印刷件，薇拉·纳博科娃剪贴簿，蒙特勒纳博科夫档案；《复兴》，1932 年 3 月 4 日。

［47］发表于《最新消息》，1932 年 3 月 27 日；重印，《眼睛》；德米特里·纳博科夫和纳博科夫译，《〈毁灭的暴君〉及其他》。

［48］纳博科夫致薇拉·纳博科娃，1932 年 4 月 8、11 日，蒙特勒纳博科夫档案。

［49］纳博科夫致薇拉·纳博科娃，1932 年 4 月 8—19 日，蒙特勒纳博科夫档案。

［50］纳博科夫致薇拉·纳博科娃，1932 年 4 月 16 日，蒙特勒纳博科夫档案。

［51］纳博科夫致薇拉·纳博科娃，1932 年 4 月 16、18 日。

［52］同上。

［53］纳博科夫致薇拉·纳博科娃，1932 年 4 月 19 日；《潇洒的家伙》最初发表于《今天》，1932 年 10 月 2、4 日；重印，《眼睛》；德米特里·纳博科

夫和纳博科夫译,《〈俄国佳丽〉及其他》。

[54]《我们的世纪》,1932 年 5 月 15 日。

[55] 写作时间见《〈毁灭的暴君〉及其他》,页 186;发表于《最新消息》,1932 年 7 月 3 日;重印,《眼睛》;德米特里·纳博科夫和纳博科夫译,《〈毁灭的暴君〉及其他》。

[56] 发表于《最新消息》,1932 年 7 月 31 日;翻译重印于《诗与棋题》。

第十七章　远　景（柏林,1932－1934）

一

1932 年 6 月初,兴登堡解散了德国国会,并要求在 7 月末举行选 382
举。他撤销了对冲锋队及党卫队的禁令,于是褐衫党徒和黑衫党徒纷纷走上街头,纳粹分子与共产党之间爆发了流血冲突,旗帜、制服、刺耳的音乐非常低俗,目的就是要赢得选举。国社党即将成为国会第一大党,兴登堡任命希特勒为总理只是时间问题。

尽管街头骚乱不断,尽管希特勒就要上台,纳博科夫夫妇仍在柏林又待了差不多五年。欧洲的失业率还在不断刷新纪录,他们留下的原因就直接与此相关。由于冲锋队经常搞政治暗杀活动,纳博科夫的一个俄国旧交亚历山大·布拉伊洛夫准备离开德国,纳博科夫碰到他时说,他也想离开,可惜经济上吃不消,因为薇拉其时还有一份秘书的工作。[1]

另一个理由更为充分,因为纳博科夫在这里有一个幸福的落脚点,那是一套宽敞可心的房子,坐落在“幽静的、田园诗一般”的地方,周围掩映着灰蒙蒙的椴树。1932 年 8 月底,晚夏时节,他们搬到了薇拉的姨姐安娜·费金娜的住处,那是一套四居室的公寓房,位于柏林维尔默斯多夫区内斯托街 22 号的三楼,他们一起分摊房租。安娜·费金娜是个有天分的钢琴家,可惜从未得到深造机会,她智力平平,但纳博科夫自认识她以后的五十年里都始终珍视与她的友谊,并将她看作是“人性的光辉榜样”。[2]

在搬到内斯托街前的一个月,也就是 1932 年 7 月 31 日,纳博科夫开始创作新的小说《绝望》。9 月 10 日,精疲力竭的他完成了初稿。[3]

二

《绝望》

赫尔曼,一个德裔俄国人,现在是柏林的巧克力商人,一次去布拉
383 格商业旅行时遇到一个流浪汉,发现跟自己相貌上难分彼此。尽管有着幸福的婚姻,但赫尔曼终年在家庭与办公室之间奔波,他觉得单调乏味,于是他为自己买了一份高额保险,并诱骗流浪汉跟他换装,然后枪杀了流浪汉。他前往法国,他的妻子丽迪亚将带着保险金在那里与他会面。[4]

在比利牛斯山脉一个小村子住下后,赫尔曼从报纸上发现,他的计划破产了:人们并没有把菲利克斯的尸体误认作是他的,警方大惑不解的是,赫尔曼竟然“给一个跟我毫不相像的人穿上我的衣服来欺瞒世人”。他精心设计的罪行竟得不到愚蠢大众的赏识,赫尔曼立即着手把他的这个精彩故事写下来,以为自己证明。快结束时,他从近

期一份报纸上发现,他的汽车——作为一个标志留在谋杀现场,后来被偷走——找到了,侦查人员从车上的一件物品掌握了受害者的姓名。赫尔曼嘀咕那会是什么东西,因为他周密计划的全部目的就是要让人们对尸体的身份做出错误的判断,将凶手当作受害者。为了弄清情况,他又把自己的故事读了一遍。突然,他发现了致命的漏洞,愚蠢的错误,那是一根刻着菲利克斯姓名的手杖,菲利克斯当时无意中将它丢在赫尔曼的车里了。他皱着眉头想,也许公众是对的,也许他终究不是一个犯罪天才,只是一个疯子,一个笨蛋。他拿起手稿,在上面写下了如今最合适的标题:**绝望**。失败的他坐以待毙,在警方包围他以前的最后两个自由的日子里,完成了他当初旨在赞美他完美罪行的手稿。

《绝望》是一个谋杀小说,一个孪生兄弟的故事,书中不断提到那个"老达斯蒂",即陀思妥耶夫斯基。《绝望》最初曾想引用陀思妥耶夫斯基的一句话做卷首语,纳博科夫写作时用的书名《欺世者手记》会让人想起《地下室手记》。[5]但与纳博科夫所说的"那个俄罗斯著名的恐怖小说家""我国灵魂疟疾专家"相比,《绝望》似乎完全没有描写犯罪心理(赫尔曼的动机好像根本不存在)。他当然对保险金、闲适的生活感兴趣,但对他这样的人来说,这些东西不足以迫使他去谋杀。至于悔恨,他根本没有。陀思妥耶夫斯基迷恋罪犯,他相信那只伸进羞耻之泥淖的手能够从中打捞出精神的珍珠来,纳博科夫不以为然。

如果说有那么一点点表面的所谓动机,赫尔曼提到的乃是艺术动机,对纳博科夫来说,这是最高的动机。赫尔曼认为自己是一个犯罪艺术家,一个创造性天才,他将生活呈现的偶然(他的脸在菲利克斯脸
上反映了出来)变成了一个天衣无缝的计划。他会笑纳保险金,这是 384
对他周密设计的馈赠。但整个工作的完美无缺才是他的目标。

赫尔曼这样开始他的故事：

> 倘若我对我的写作能力和用最优雅与生动的语言来表述思想的令人称羡的才能并不非常有把握的话……当我开始琢磨写我的故事时，大致上就想这么开头。然后，我应该让读者明白倘若我果真缺乏那种写作能力，那种才能什么的话，我早就不会去描写最近发生的那些事儿，而且压根儿就不会有什么可描写的东西。也许这有些愚蠢，但至少是明确的。

在他一系列漫长的、生机勃勃的创造性练习中，谋杀计划不过是最近的一次：孩提时代的他就在头脑里编织诗歌和小说，他有一两本没有出版的小说，最重要的是他“撒谎的天赋”：“我尽情地忘我地撒谎，就像夜莺吟唱。”

尽管标题是“绝望”，但赫尔曼在文学上的高昂信心还是使这部小说成了一个开心之作。在纳博科夫的风格中，自我意识和戏拟第一次获得全面的解放，并且在后来丰产的四十年里差不多一直如此。赫尔曼不加修改地一路写下去，时而偏离话题，时而哄劝善良的读者，时而踉跄前进，无法停顿：“我的手在战栗，我想呐喊，我想砸东西……这样的心情对于描写一个富有闲情逸致的故事是非常不合适的。”但当歇斯底里平息之后，他又完全沉浸在写作的愉悦中。在这种心情下，他能够为一章提供三个开头，每个开头乍一看都很生动，但其作为嫌疑犯所玩的那些小聪明和肤浅的设计又暴露无遗。再比如，书接近末尾时，他仓促总结交代说，他已经带我们进入老派的尾声，那些事情都是他虚构出来的。赫尔曼不能不炫耀，他炫耀他高超的文学手段，他炫耀他高超的犯罪手段，他炫耀他那歇斯底里的自我。

自我是《绝望》的关键词。赫尔曼把他的罪行看作是一个艺术品，把自己看作是那个高明的艺术家，纳博科夫则根据他本人对艺术的全部理解对此予以否定。在纳博科夫看来，艺术不是展示自我的时候，而是超越自我的机会，不是放纵的消遣，而是道德的明证，是界定人之存在的手段，是对某种彼岸性的暗示。

无论是创造一件艺术品，还是面对一件艺术品，想象力可以说都是在超越自我的边界，进入另一种生活：另一个时间，另一个地点，另一个心灵。没有那种意识能力，艺术将不复存在——道德选择也将不再可能。如果缺少了让一颗心去领悟另一颗心的那种想象性的同情， 385
缺少了想象他人之苦痛的能力，道德就毫无意义。在关于他艺术的最著名、最独特的声明中，纳博科夫宣称他

> 既不读教诲小说，也不写教诲小说。尽管约翰·雷有他的主张，但《洛丽塔》并没有连带的道德内容。对我来说，一部小说只有在能够给我那我直截了当地称为审美狂喜的东西时，它才存在，这是以某种方式、在某个地方与其他生存状态相联系的感觉，而艺术（好奇，温柔，仁慈，出神）就是这个标准状态。[6]

但后来他又接受了这样的看法：“总有一天会出现一位对我做出崭新评价的人，宣称我远不是轻浮之徒，而是一位严峻的道德家，旨在驱逐罪恶，拷住愚昧，嘲弄庸俗和残酷——而且施无上的权力于温厚、天资和自尊。”[7]根据后一种说法及他全部的哲学思想，“审美狂喜”的定义解释比术语本身更富有启发意义：“其他生存状态”就是它的宗旨，纳博科夫把这个短语跟重在超越自我的道德价值连在了一起。也许死后灵魂能够**出窍**（“出神”的字面意思），以好奇、温柔、仁慈的方

式进入每一个被漠视的细故琐物之中，进入每一个遭打击、受伤害的人的心底。而虚构的作品则能够预先揭示这种状态，它在活着的生命中就唤起这样的反应，《洛丽塔》就是一个例子。这部小说既让我们陷于亨伯特的心灵，又吁请我们逃跑，去想象洛丽塔的痛苦——纳博科夫的全部小说创作都是本着这样的观念。

在纳博科夫看来，赫尔曼的自我膨胀和对他人的无视使得他成为艺术家的对立面。他敬奉自我，其程度与他鄙视他人正相一致，甚至那个他认为跟他共享“万里无云的婚姻”的妻子也不在他眼里。他认为他“婚姻的幸福”是完美的，这只是因为丽迪亚——“一个蠢笨、迷人但崇拜我的妻子”——是他自尊的一面不断放大的镜子。小说除赫尔曼以外的几个人物——菲利克斯、丽迪亚、她的表哥阿德利安、律师奥洛维乌斯——都只是一些轮廓，因为读者是通过他的眼睛来认识这些形象的。他既背后抹杀他们（“笨蛋”，“没有头脑”），也当面否定他们（“傻瓜”，“蠢笨”）。他非但不想进入菲利克斯的心灵，而且完全无视它的存在。既然他根本不认为菲利克斯有自己的生命，赫尔曼也就必然认为，弄死他不足为奇。

赫尔曼的犯罪是对艺术试图超越自我的戏拟，也是对它的否定。他不替菲利克斯着想，只是要把自己的脸刻印到后者脸上，消灭他，用偷得的菲利克斯的身份混淆视听。但在纳博科夫看来，犯罪始终包含
386 着不完美的苗芽：自我的那些要求是疯狂的，它以其他的所有人为代价，它异想天开要控制未来，但未来却不因某个人的欲望而成真。菲利克斯走出赫尔曼的车子，他想一旦跟赫尔曼交换衣服，他就可以驾驶这辆汽车，赫尔曼注意到，菲利克斯现在“不再带着那种穷光蛋急于奉承的表情，而是怀着一个车主的安详的满足感”欣赏起车子来了。赫尔曼很晚才认识到，菲利克斯正是在这种情绪下把他的手杖留在车

上后下车的,“当然啦——因为车暂时是他的了”。在一个万事万物各有其独一无二的生命的世界上——就像《王,后,杰克》中的玛莎·德雷尔发现的那样——没有什么可以滴水不漏地谋划安排。

赫尔曼认为,他的谋划乃是非凡天才的手笔,其杰出高超非愚蠢的世界所能欣赏。他也许没有认识到,骗取保险金不过是一种老掉牙的罪行。实际上,这部小说的大多数喜剧效果都来自赫尔曼自以为是的天才——他的理解力和创造力——与古怪的现实之间的鸿沟。他陶醉于自己偷天换日的构想,却看不到身边每个人都清楚的事实:他跟菲利克斯毫无相似之处。也许最荒谬的是,赫尔曼对他的婚姻坚信不疑,他看不到他的妻子与画家表哥阿德利安之间公然的私情。

赫尔曼妄自尊大,他似乎瞎了眼,看不出丽迪亚和阿德利安之间的颠鸾倒凤、如胶似漆和卿卿我我。但实际上这只是一种蒙蔽,他骨子里知道,只要一掉头他就能发现。但是他甚至在扪心自问时都不愿意面对这样一种可能性。如果他必须承认,丽迪亚会像爱他一样爱别人,甚至超过爱他,那么他如何继续坚持他那种自命不凡的感觉?这是他的一切。

像一个真正的艺术家一样,赫尔曼强调说,他的罪行真正让他兴奋的是天衣无缝的设计。他甚至对自己也不愿意承认的是,他实施这样的犯罪是为了让他和丽迪亚摆脱阿德利安的影子,他不愿意承认后者是一个艺术家,他要证明自己比起对手来更是一个艺术家。

在这里,纳博科夫第一次提出了他后来反复提出的那种挑战。无论如何,赫尔曼作为一个作家是善于表达且十分警觉的。既然如此,纳博科夫又如何能够表达一个跟赫尔曼想要表达的内容完全相反的意思呢?像在《洛丽塔》《阿达》及其他作品中一样,纳博科夫在这里悄悄织入一些隐秘的平行线,形成了一种密码,从而逃脱了赫尔曼的注意,但警觉的读者却能够翻译出来。

赫尔曼在布拉格的一座山上看到一个流浪汉,他张开四肢在睡
387 觉,仿佛死了一样。赫尔曼被迷住了,但又有一种逃离自我和环境的无言的冲动,他看到了他想看到的东西,一张十分像他的脸:

> “别胡思乱想了,”我自言自语道,“他睡着了,睡着了。没必要去惊动他。”但不管怎么样,我还是走了过去,用我考究的鞋尖儿将帽子从他的脸上踢了开去。
>
> 请吹起喇叭吧!或者敲响那种伴奏令人叹为观止的杂技表演的鼓声吧。令人难以置信!我简直难以相信我看到的一切,我怀疑我是否神经错乱了,我觉得恶心,一阵昏眩——老实告诉你,我不得不坐了下去,两腿在战栗。

而阿德利安在小说中第一次出场时也是睡着的,并且周围也有喇叭。阿德利安说服赫尔曼和丽迪亚跟他去看新买的一块地皮,在柏林城外的一个湖边,驱车需要数个小时,但他睡过头了。

> 我按喇叭按了好长时间,眼睛紧盯着他的窗户。窗户在熟睡。丽迪亚将手放在嘴边,作喇叭状喊道:“阿——德——利!”在下面的一个窗户里,就在酒馆招牌的上面(这酒馆瞧上去像是阿德利安在那儿欠了些钱),窗帘被愤怒地撩开,一个俾斯麦式的大人物,穿着盘花饰扣的浴衣,手中拿着一只真正的喇叭,往外瞧。
>
> 车已经停止抖动了,我将丽迪亚留在车里,便径自上楼去叫醒阿德利安。我发现他还睡着。

在这第一个场景中，我们随阿德利安到达他新买的地皮，赫尔曼的想象不断奔向那个即将在这里发生的谋杀案，白雪和冬天光秃秃的白桦树透过夏天的景象顽固地、歇斯底里地呈现出来。赫尔曼把车开下了公路，进入森林，阿德利安在颠簸的汽车中断断续续地说：“我们将很快（砰）进入森林（砰），然后（砰——砰）是石楠矮树丛，路就要好走一些（砰）。”几个月以后，在杀死菲利克斯之前半小时，赫尔曼载着他的牺牲品走到同样的路上，听着菲利克斯急切的絮叨：“要是我来开的话，就不会有这种麻烦啦（砰）。天啊，这是什么路啊（砰）。别害怕（砰——砰）我不会弄坏它的！”当然，菲利克斯丢下了那根暴露真相的手杖，赫尔曼忘记了，直到警方发现他才想起这件事。而阿德利安第一次去未来的谋杀现场时则带去了一瓶伏特加，被丽迪亚没收并埋到地里。他们离开时忘了这个茬儿，像菲利克斯的手杖一样都被忘了，直到警方搜查犯罪现场时才发现。

一旦谋杀完成，一旦丽迪亚得到保险金，出国去跟已经拥有新身份、平安无事的赫尔曼会合，阿德利安就被永远抛开：没有人——尤其是指阿德利安——会知道，赫尔曼并没有真的死去。正像菲利克斯与阿德利安之间那平行虚线所揭示的——睡觉与喇叭，伴随着砰砰声的
话语，留在犯罪现场的物品——赫尔曼要清除的是阿德利安，如果他 388
能够像干掉一个无家可归的流浪汉一样轻而易举地干掉阿德利安，他一定会把阿德利安引诱到那个谋杀地点。

赫尔曼不但要把阿德利安从丽迪亚的心里、从她的生活中干掉，他还想作为一个艺术家要胜过阿德利安，以向她证明自己。奇怪的是，他只是以更加粗糙的形式重复阿德利安的缺点。在未来的谋杀现场，阿德利安试图给赫尔曼画一幅肖像，但没有成功。可当阿德利安重画了一幅时，赫尔曼评论说：“瞧上去，压根儿就没有相像的地方！”

当然，后来也没有人能够从他在同一个地点塑造出来的菲利克斯身上看出与他相像的地方："我的那部杰作(3 月 9 日在一片阴霾的森林中完稿并签字)。"

赫尔曼不但没有摆脱阿德利安，甚至在逃亡鲁西永的日子里，阿德利安的形象也挥之不去。在他想象的尾声里，他让丽迪亚高兴地宣布："我多么高兴……我们终于摆脱阿德利安了。我总是可怜他，花很多时间和他在一起，但实际上，我真受不了这个人。"可实际上，在赫尔曼意识到他的犯罪计划已经出了大问题时，他去匹格南邮局取收信人为"阿德利安"的邮件(他得用一个化名，以便健忘的妻子能够记住，好给隐匿的他写信，最后不得不选了阿德利安)，他只看到一封信，不是来自丽迪亚，而是来自阿德利安，丽迪亚被怀疑是同谋，她当然向阿德利安吐露了一切。信的语调非同寻常：处心积虑的低劣，同时充满道德义愤，谴责赫尔曼将受惊吓失去理解力的丽迪亚卷了进去。我也许算不了什么，阿德利安的意思是说，不过看看你。在赫尔曼差不多两百页的自吹自擂之后(尽管一眼便看出，那是多么名不副实)，突然遭遇阿德利安对他断然(且完全正当)的蔑视，这多么令他震惊，因为阿德利安是一个邋遢鬼，一个混饭吃的家伙，一个优柔寡断的醉汉，在此之前，他好像仅仅是个破烂的、不足挂齿的笑料。尽管他信中的语调有些刺耳，却对丽迪亚表示了无限的同情，这是赫尔曼无法企及的。

阿德利安向赫尔曼指出，"这种有关寿险的小小的技巧多年来人们早就知晓了"，而且不但他跟他的受害者之间没有相似之处，就是"在整个世界，不管你怎么伪装，没有，也不可能有两个完全相像的人"。他在这里重复的是先前曾跟赫尔曼交换过的一种看法。赫尔曼絮絮叨叨地谈论着脸型和它们的相似，阿德利安反驳说："每一张脸都
389 是唯一的……艺术家观察事物是观察它们的**不同点**。"赫尔曼根本无

视他身外的世界,也就注意不到每个人、每个事物的独特性,他坚持认为唯有**他**才是重要的,唯有他才有设计完美罪行的才华。这个疯子如何去证明他的非凡独特呢?他要劝说世界相信,某个人与他酷肖。

在纳博科夫看来,罪犯所漠视的乃是真正的艺术家所深知的东西,即人的欲望与令人沮丧的真实世界之间的鸿沟。我们都囚禁在一个朝生夕死、美丑杂陈的世界里,唯有永恒、完美的艺术品能为我们提供尽管有限却合法的逃避。但只有当艺术家明确认识到艺术与生活之间的区分时,艺术才能发挥那样的功能。赫尔曼模模糊糊地感到,他对生活不满意,他想在生活之中创造一个杰作,让他偷偷地超越死亡的界限,杀死"他自己"但在另一副伪装下继续活着。像《眼睛》一样,《绝望》可以视为一部关于死后继续存活并"超越"自我的想象性作品。但是赫尔曼是为了什么呢?为的是跟他不愿劳神去了解的妻子过一种悠闲自在的资产阶级生活。他的目标跟手段一样平庸,他根本没有到达永恒的艺术自由境界,在他最后一个藏身地,他结束了他的故事,在无情的、步步逼近的现实面前,他潦草地写着日记,在警察走到他门口那最后的时刻,他书写着他自由的最后时刻。

纳博科夫的全部才智闪烁在《绝望》的字里行间,但尽管该作文笔活泼,结构上却似乎缺少些什么。赫尔曼允许纳博科夫去戏拟他自己的艺术感受,将艺术看作是超越自我、同情他人的一种方式,这甚至超过了生活所能允许的程度。纳博科夫从未推翻他怀着欢欣所珍视的价值,但赫尔曼无缘由地假想另一张脸像他,这样的构思使得整部小说有些站不住脚。它始终不能让人完全信服,一页接一页地读下去,那些换一种情形就能让人兴味盎然的文字只是让读者不至于完全走神,这个故事的中心前提无法构成悬疑。

三

10月初，纳博科夫完成《绝望》初稿后几个星期，薇拉有两周的休假。通常情况下，他们并没有经济能力去城外度假，但有朋友邀请纳
390 博科夫的堂弟、作曲家尼古拉·纳博科夫及其妻子娜塔莉和儿子去科尔布谢姆庄园的一所小房子小憩，那里靠近斯特拉斯堡，于是尼古拉夫妇邀请纳博科夫夫妇同行。因为夏天早已过去，采集蝴蝶的季节也已结束，弗拉基米尔只好欣然在连绵不断的雨天里散步聊天。[8]薇拉回柏林上班后，他继续留在科尔布谢姆，因为他准备去巴黎，参加将在那里举办的他的第一个朗诵会。他写信给薇拉说：

> 我在拯救老鼠，厨房里有许多。女仆在捉老鼠，第一次抓到后她要杀了它，但我把它带到花园放掉了。此后所有的老鼠都交给了我，它们吱吱地叫着……我已经照那样放跑了三只——也许是同一只。*[9]

他在酝酿一篇新的小说，希望能在离开前写好，但这次灵感却没有来。相反，周围的法语环境让他产生了另外一个念头，他想写一篇关于特殊的法国环境中的俄国贵族的文章，包括他们的那些玫瑰红封面的丛书、法国女家庭教师和法语诗歌等。[10]但即使是这样的念头也要在三年后才能实现。

---

* 纳博科夫与契诃夫有许多相似，有趣的是，后者也曾在一封信中谈到用捕鼠夹捉到老鼠又将它们放走的事。（《契诃夫书信集》，西蒙·卡尔林斯基、迈克尔·亨利·海姆编，页226）

四

10 月下旬，纳博科夫第一次造访巴黎，这里已经成为侨民的中心，而西林是侨民界最杰出的年轻诗人。这次旅行部分是参加朗诵会，部分是做考察——他和薇拉能在这里谋生么？——但整个是一次公开亮相的机会。

10 月 21 日傍晚时分，他到了巴黎，住在堂弟尼古拉的家里，雅克・马瓦斯街 9 号。七点三十分，他去了丰达明斯基家，那里他天天都可以去。跟其他人一样，他很快就觉得，丰达明斯基“简直就是一个天使”。他在那里还会经常碰到其他人。丰达明斯基夫妇的密友弗拉基米尔・津济诺夫也是《当代纪事》的编辑，是一个主张采取恐怖手段的老社会革命党人*，他后来成为纳博科夫在巴黎及美国时期的好朋友。眼睛近视、脾气粗暴而又快活的克伦斯基也在那里，仍像 1917 391
年在政治舞台中心那样富有戏剧色彩。当人们赞美《暗箱》时，克伦斯基握着西林的手，眼睛透过金边的长柄眼镜盯着他看了很久，然后表情丰富地低声说道：“太好了！”在丰达明斯基的引领下，西林又去了马克・维什尼亚克家。维什尼亚克是个乐天派，矮墩墩的个子，是《当代纪事》的第三个编辑。在那里，他还见到了第四个也是最后一个编辑，瓦季姆・鲁德涅夫，还有《最新消息》的两个文学斗士伊戈尔・杰米多夫和胖乎乎的马克・阿尔达诺夫。[11]

第二天，西林那运动员一般的瘦长身影出现在了《最新消息》编辑

---

* 津济诺夫曾有过尴尬的名声，因为他让臭名昭著的双料间谍阿泽夫在他的监视下逃跑。

部里。他见到了富有才华的年轻诗人安东宁·拉金斯基,他在那里负责接电话。西林跟阿尔达诺夫和杰米多夫去附近一家咖啡馆,小说家、诗人尼娜·别尔别罗娃也过来了,她的眼睛扑闪扑闪的,富有生气,过去十年里,她一直跟霍达谢维奇住在一起,她正跟西林细诉着近来跟霍达谢维奇的不和。[12]

天天如此,访问一个接着一个,整天都是咖啡馆、编辑部、寓所、公共大厅,接着又是咖啡馆。他见到了目光呆滞、情绪悲观的弟弟谢尔盖;他见到了姑妈、表弟;他见到了父亲的朋友,比如米留可夫、贝努瓦、维纳韦尔太太等,他们都自豪地说,弗·德·纳博科夫当年为小沃洛佳感到骄傲,的确是太英明了;他见到了过去的同学,柏林流亡高峰时的朋友,他结婚初期的朋友;他见到了法国作家,译者,编辑,出版商;他跟俄罗斯文学的巴黎的许多人都有接触,他随便跟人打个电话,对方都知道他在巴黎。巴黎的大街小巷都在谈论他,他写信回柏林说:“他们觉得我有‘英国气派’,‘格调很高’。他们说我总是带着一只浴盆出行,我想就像马丁那样。我又变得爱说俏皮话了。”[13]

他拜访了住在默顿的伊万·卢卡什,后者凄凉而孤独。他力图回避梅列日科夫斯基夫妇,可一天晚上去丰达明斯基家时,他俩刚好准备离开。济娜伊达·吉皮乌斯一头红发,耳朵不好,她丈夫德米特里·梅列日科夫斯基身材矮小,留着一部胡子,像个先知。房间里的气氛显得有些冷淡,双方一言不发,然后各走各的路。他见到了米哈伊尔·奥索尔金,后者是一个新闻记者和小说家,是他巴黎的热心崇拜者之一,但他不在意。他发现被一堆先祖的肖像、照片包围着的鲍里斯·扎伊采夫更讨人喜欢,而且很直率。他没有去见列米佐夫,扎伊采夫提醒他,他的评论已经让列米佐夫恨之入骨。他在戏剧作家尼古拉·叶夫列伊诺夫家吃晚饭,他觉得饭菜的味道里混杂着“神秘的弗洛伊德及戈雅的”气息：“叶夫列伊诺夫是那种与我格格不入的人，但很有趣，热情好客。他在模仿人或事时显得很有才华，但一谈起哲理问题就非常庸俗讨厌。比如他说，所有的人都可以分成几‘类’…… 392
说陀思妥耶夫斯基是世上最伟大的作家。”[14]他见到了他很喜欢的作家库普林，发现他“十分可爱，是个小个儿农民，眯着一双小眼睛”，他几乎一句法语都不会说。他喜欢“玛利亚嬷嬷”（伊丽莎白·库兹明娜-卡拉瓦耶娃），“体态丰腴，皮肤略带粉红色”，是个修女诗人。他去拜访安德烈·列温松，后者舒适地坐在奢华的寓所里，裹着红色的晨衣，眼皮仁慈而又庄重地低垂着，说话时一字一顿，对整个流亡出版业的态度就像一位皇帝鄙视某个遥远又难以驾驭的小村庄一样。[15]

但在流亡文学圈中，西林真正亲近的人还是霍达谢维奇、阿尔达诺夫和丰达明斯基。

10 月 23 日傍晚，他拜访了霍达谢维奇。霍达谢维奇很穷，住在巴黎郊区一个逼仄、凌乱、散发着酸臭气味的房子里。他们多年来相互欣赏对方的作品，但从未谋面。西林发现，这个四十六岁的诗人脸庞消瘦而稚气，跟猴子差不多。尽管他处境阴暗，玩笑乏味，说话时咂吧着嘴，但西林还是从他身上感受到某种令人动情的东西，立即喜欢上了他。他十分感激这位年龄稍长的诗人对他表示的全部善意。[16]

为了迎接西林的来访，霍达谢维奇请来了尼娜·别尔别罗娃以及其他几位年轻诗人如尤里·捷拉皮亚诺、弗拉基米尔·斯莫连斯基、弗拉基米尔·威德尔等。在回忆录中，别尔别罗娃说，那天，主人和尊贵的客人之间的谈话就是《天资》中费奥多尔想象中跟同伴孔切耶夫谈话的原型。[17]纳博科夫对此予以否定，无疑他是对的。他后来又去看过霍达谢维奇一次，两天后他去了别尔别罗娃的住处，在那里遇到了尤里·费利曾，一个年轻的散文作家，西林的崇拜者。虽然他喜欢别尔别罗娃,但觉得她的谈话很让人厌烦:“话题总是离不开文学,我很快就厌倦了。从高中以来,我从未有过这样的谈话。‘你知道这个吗?你喜欢这个吗?你读过这个吗?’总之,讨厌。”[18]

纳博科夫喜欢霍达谢维奇的一个原因是,他很快就能领会纳博科夫的玩笑,而马克·阿尔达诺夫则总是无法知道他是开玩笑还是当真。[19]纳博科夫与阿尔达诺夫交往的症结就在这儿,他们真心相待,但由于性情有着根本差异而又有所局限。阿尔达诺夫接受的是化学训练,现在从事历史小说的写作,天生是个文学外交家和经纪人。他
393 尊敬西林的才能,但又担心它容易伤人,桀骜不驯。西林对阿尔达诺夫小说中的怀疑主义思想和煞费苦心的建构非常敬重,但他知道这些作品没有任何艺术魅力。不过,他对朋友善意的担心和有关文学市场的建议总是心存感激。

通过阿尔达诺夫,西林结识了又一个流亡者,加利福尼亚大学的亚历山大·考恩教授。考恩喜欢西林的作品,并带了几本回去给他认识的几个美国出版商看。西林写信回柏林说:“要是美国人哪怕买一本,后面的事你就可想而知了。”在跟考恩吃饭时,他们就年轻一代的流亡者和现代世界的话题展开了激烈的辩论:“扎伊采夫说了一通基督教的陈词滥调,霍达谢维奇说了一通文学的陈词滥调,我那亲爱的、神圣的丰季克(丰达明斯基)很有社会情怀地讲了许多感人的话,还有维什尼亚克……我们有一点健康的唯物主义……当然,我也说了自己小小的见解,我说不存在什么时代。”[20]

纳博科夫还进入了法国的文学圈。他见到了德尼·罗什,后者正在将《防守》译成法语,他十分注意细节,这让纳博科夫很高兴。他发现诗人朱尔·絮佩维埃尔“特别可爱,有才华”,他们很快成为朋友。他将絮佩维埃尔的几首诗译成了俄文,絮佩维埃尔则对法语版的《防

守》中的一些选段很痴迷。纳博科夫还跟哲学家、戏剧作家加布里埃尔·马塞尔成了朋友,后者对他的作品很感兴趣,他又跟《新法兰西评论》的让·波扬一起吃饭。他去了格拉塞出版社和法亚尔出版社,那是他未来的出版商。他见了杜西娅·埃尔加兹,后者准备翻译《暗箱》,纳博科夫觉得她很迷人。杜西娅跟巴黎文坛的交往很好,她很快成为他欧洲的主要文学代理。[21]

在这些职业性的访问活动之间,纳博科夫还要去看望朋友和家人。1926 年,他认识了 C. 伯特兰·汤普森,他是薇拉的好朋友利斯贝特·汤普森的丈夫,纳博科夫与他结下了终生友谊。伯特兰如今四十多岁(像普希金一样,有点非洲血统),他十五岁就上大学,十八岁获得法学学位。因为太年轻,他无法从业,于是便写些法律方面的文章,并研究音乐,后又获得社会科学学位,在哈佛任教,后来拒绝了助教授的职位,成为一个管理顾问,并写了一些关于管理、社会学和经济学方面的著作。六十多岁时他研究生物化学,曾在大学做过一段研究直到被迫退休,接着又开始研究癌症,直到八十多岁。他广泛地阅读各种神秘主义的著作,包括基督教、穆斯林、波斯和印度的著作。他曾将莱蒙托夫的作品改编成音乐。纳博科夫认为,汤普森“差不多任何学科都能谈得津津有味、头头是道”,他认识的人中无人可比。在巴黎,汤普 394
森夫妇不止一次地宴请纳博科夫,香槟、红酒一瓶接一瓶,还有伯特兰轻松愉快、令人陶醉的谈话。[22]

纳博科夫还去看望过萨穆伊尔·基扬准采夫几次,后者是他在捷尼舍夫读书时的同学,他高兴地发现,萨穆伊尔和他母亲一点也没有变,而且他们“熟悉我所写的每一个句子……我觉得就好像几天前曾在他们这儿待过……萨瓦回到卧室,翻了一阵后拿出一首长诗来,那是我 1917 年 10 月 25 日从彼得堡寄到基斯洛沃斯克的,他当时在那里,那一天是苏联时代的第一天”。[23]西林就要出席公开朗诵会了,但没有无尾礼服,基扬准采夫答应把自己的礼服改一下给他穿。

实际上,面对文学同行、朋友和家人“那种毫无偏见的温柔态度”,他“简直惊呆了”。11 月 5 日,娜塔莉·纳博科娃从斯特拉斯堡回来了,他便搬到米拉大街 122 号,跟一个贫穷但好客的表弟住在一起,他是另一个劳施·冯·特劳本伯格男爵。西林住在客厅里,有几夜还得跟另一个客人挤在一起。由于每天都要出去会客,又没有私人空间,他一直想写的一篇小说——出于某种原因,需要重新读读龙沙①的作品——根本无法完成,甚至当他回到相对安静的柏林后,也很难缓过神来。他沉浸在新奇的名声中,他在柏林很难体验到这种荣光,他觉得应该抓住机会,趁势而上,否则就太傻了。[24]

在社交旋风开始让他感到精疲力竭之前,纳博科夫想,巴黎也许是写作的理想地方,前景似乎比柏林要好很多。他写信给薇拉说,“我认为我们必须过来”,并提出最好 1 月份就搬过来。瓦西里·马克拉科夫是他父亲过去的同事,也是一个立宪民主党人,现在是巴黎俄侨的官方代表,纳博科夫想,他会轻松地帮他们办好签证。[25]薇拉不想去,她不太相信,仅靠他的文学工作,就能够在巴黎生活下去。

五

11 月中旬,最后一家路边咖啡馆也已经撤回了屋内,繁忙的大街上,四处飘散着栗木火盆里燃起的烟雾。西林迫切想在公开朗诵会之

---

① 龙沙(Pierre de Ronsard, 1524—1585),法国第一个近代抒情诗人,曾和友人以及门生组织“七星诗社”,代表作有《颂歌集》《龙沙的情歌》《致埃莱娜十四行诗》等。

前能把欠下的觉补上，于是就在 11 月 13 日搬到了丰达明斯基家，帕斯地区的谢尔诺维茨路 1 号，那里是巴黎的俄国人居住区。这是一套面积很大、布置精美的房子——丰达明斯基的妻子在锡兰有一块茶叶种植园，收入颇丰——夫妇俩 1906 年离开俄国后就一直住在这里。* 395
西林搬家算是搬对了，第一夜他一口气睡了十三个小时，丰达明斯基一直守候在一旁，好等他醒来后给他打水洗澡。阿玛莉亚·丰达明斯卡娅像母亲一般照料着他，特地给他准备了一个梳妆台，好让他放爽身粉、科隆香水和肥皂。她帮他把准备要朗读的三十多页的《绝望》（修改稿刚刚完成）打印出来。他不停地抽烟，严重影响着她的肺，她说没关系。[26]

他开始为朗诵会穿衣打扮，结果发现基扬准采夫的礼服太短了，丝绸衬衫（也是基扬准采夫借给他的）的两只袖口都露了出来，裤带也出来了。阿玛莉亚赶紧帮他弄了一些弹力臂环把袖口缩了进去。津济诺夫把裤子背带借给了他，自己的裤子则老是往下掉。西林终于收拾停当了，三个人（其余的人已经先去了）赶紧叫了一辆出租车直奔拉卡斯路 5 号的社会博物馆。

西林的第一次巴黎朗诵会在侨民界激起了巨大反响，这很大程度上应归功于丰达明斯基。他是这次朗诵会的组织者，他在报刊上到处宣扬西林的名字。巴黎对西林作为一个作家的价值有直接的了解，现在又听说他还是个朗诵高手。于是大厅里挤满了人，门票销售一空。老一辈的说，他们从未见过一个流亡作家能够吸引这么多的听众。出席朗诵会的新老作家都有，出版界的代表也来了，还有“数千名妇女”。

---

* 不过，1917 年二月革命后，丰达明斯基曾回俄国积极参加政治活动，那段短暂的自由时光到 10 月结束。

朗诵会八点半开始，西林跟鲁德涅夫借了一只漂亮的公文包，他不慌不忙地从中掏出文稿。就像在家中一样，他从容不迫地开始背诵自己的诗歌，那些作品将成为他的标准节目：《致缪斯》，《飘渺的岛屿》，《窗》，《致尚未出生的读者》，《初恋》，《小天使》，《灵感，玫瑰色的天空》。他慷慨激昂地朗诵着，不像一个诗人，更像一个演员，每首诗都引起热烈的掌声。喝了一杯水后，他开始朗读短篇小说《音乐》。音响效果很好，观众听得很用心。又是雷鸣般的掌声，接着是中场休息。

人们再次簇拥到他身边。一个让人害怕的妇女浑身散发着让人难以忍受的汗味挤到他跟前，跟他说了些什么，但他没有听清。她是诺沃特沃尔采娃，他 1919 年在希腊时的情人，这一周晚些时候曾给他寄来两封责骂他的信。[27]一张又一张面孔闪过去，认识的，不认识的，他太累了，只好笑笑了事。

396 休息结束后，真正的享受开始了，他朗读了《绝望》的头两章，一共三十四页。他落落大方，表情丰富，挥洒自如，语调的轻重缓急丝丝入扣。听众仿佛“一头庞大、善良、敏感而充满活力的野兽，在我需要的地方会咕哝、狂笑，然后又温顺地安静下来”。朗诵会持续到十一点半，后来大批听众又涌进一家咖啡馆，西林做了简短的演讲，祝贺声潮水般涌来。直到凌晨时分，西林和丰达明斯基夫妇才回到家。丰达明斯基盘点一番，显然是好大的一笔收入，因为朗诵会还没有开始前，他已经从门票预售款中给了西林三千法郎。人人都称赞说，那天晚上是个大胜利。[28]

六

第二天,西林不认识的一个妇女主动提出,愿意将她在法国南部波城的别墅借给他住一阵,它差不多就在佩皮那的边上,他舅舅瓦西里·鲁卡维什尼科夫的别墅就在那里。他和薇拉可以在那里住三四个月,有一个佣人,还有一辆汽车,听他们支使。西林很开心,他写信回柏林说:"这样我们搬到法国的事就等于定了。"他计划 1 月搬到巴黎——他希望法文版的《防守》和《暗箱》在那里出版——从 2 月初到 6 月都住在那个别墅里。他在给薇拉的信中说:"说句私房话,你知道就得了,我想从 2 月到 6 月都待在波城,因为这段时间刚好对应于我们当时在勒布卢和索拉度过的那些日子。这很重要……这样我就可以逐日比较比利牛斯东西部地区各种蝴蝶的出现情况。"[29] 这一切听上去太美妙了,让人难以置信,确实如此。真实情况是,纳博科夫夫妇那些日子就待在柏林,每天面对的是焚书人、洗劫者和密探。

巴黎"全城"都在谈论西林的朗诵会。"一个称号竟然加到我的头上,第一个字母是 g,然后 e,然后 n①,我都有些飘飘然了,就像年轻时候的陀思妥耶夫斯基一样。"社交活动继续进行。他更经常地去看望谢尔盖,谢尔盖的同性恋行为总是让弗拉基米尔觉得难堪,兄弟俩在巴黎的第一次见面并不成功。尽管如此,谢尔盖还是说,他想跟弗拉基米尔认真地谈谈,他们要直面彼此之间的差异。一周后,他们在靠近卢森堡公园的地方一起吃午饭,还有谢尔盖的伴侣。"我得承认,那位丈夫很可爱、很安静,根本不像那些有断袖癖的人,他模样英俊,

① 这个称号是"天才"(genius)。

风度翩翩。但我始终感到不自在,特别是中间他们的一个朋友过来了,嘴唇涂得红红的,披着一头卷发。”公开朗诵会一周后,弗拉基米尔
397 跟谢尔盖谈得很认真,很平静,甚至很温馨。[30]那种温馨是他们之间从未有过的,哪怕是在童年时期。以后他们见面时都能继续感受到这种手足之情。

弗拉基米尔和薇拉 10 月份在科尔布谢姆的时候,曾见过娜塔莉·纳博科娃的母亲,沙霍夫斯卡娅女公爵。公主回到布鲁塞尔后,跟女儿济娜伊达·沙霍夫斯卡娅谈到与西林的会面,济娜伊达邀请西林从巴黎回去时顺便去比利时举行一次朗诵会。麻烦的签证问题终于解决了,11 月 26 日,西林离开巴黎去了安特卫普,当天晚上他在布尔斯餐厅给一批俄国听众朗读了自己的作品。第二天又去了布鲁塞尔,在艺术家之家为俄国犹太人俱乐部朗诵。[31]在布鲁塞尔待了三天后,精疲力竭的西林回到了柏林。

七

走向《天资》

纳博科夫把《绝望》的修改稿交给薇拉打印。不久后,他想起了《淘金记》里的卓别林在饿得两眼昏花的吉姆面前变成一只火鸡的情景,突然觉得,也可以将《绝望》拍成电影,只要采取一些技术手段去处理赫尔曼歪曲了的菲利克斯的形象就行。他跟谢尔盖·贝尔滕松说,导演刘易斯·迈尔斯通也许喜欢这个想法,但最后没有结果。[32]

完成《绝望》后,纳博科夫着手准备下一部小说《天资》。这部小说一旦写成,将是他的第九部俄语小说,像贝多芬的第九交响曲一样,它将更为庞大,形式上也更为大胆,胜过他以前写作的任何一部小说。

这是一部关于一个作家发现真正的艺术道路的作品,他可以将整个的自我投射到小说之中,就像普鲁斯特和乔伊斯将他们的一切放到自己的杰作之中一样,比如对薇拉的爱情,对记忆中的父亲的尊敬,对俄国文学和鳞翅目昆虫的热爱,幸福的俄罗斯的往昔,还有如今斑驳的流亡生活。不过与普鲁斯特或乔伊斯大为不同的是,他想把自己跟虚构的年轻作家区别开来,他会不断描写主人公早年的努力,那截然不同于他自己。因此,他的第一个决定是,费奥多尔虽然才华横溢,但缺少他本人在叙事及虚构方面的本领,因为费奥多尔的作品要么是个人的回忆,要么是历史的重构。

纳博科夫最深切的愿望是纪念他那非凡的父亲,同时又要避免侵入个人的隐私。他想到的解决办法是,让费奥多尔去描写**他**父亲的故
事,也像弗·德·纳博科夫一样杰出、勇敢——事实上,纳博科夫的母 398
亲后来吃惊地给儿子写信说,戈杜诺夫对他丈夫的把握非常细微而准确——但不是著名的政治家和记者,而是著名的鳞翅目昆虫学家和中亚探险者。纳博科夫本人曾希望去中亚进行鳞翅目昆虫方面的考察探险活动,但 1917 年改变了所有人的计划。他让费奥多尔想象自己伴随父亲最后一次出行,那一次戈杜诺夫再也没有回来,这样他和费奥多尔就都可以实现他们在鳞翅目昆虫探索方面的梦想,对亲爱的父亲异乎寻常的死表示崇敬,并可写作一种新的小说形式,将高度的浪漫与科学的精确结合在一起。当然,要成功地做到这一切,纳博科夫和他虚构的作家需要彻底研究伟大的俄国博物学家兼探险家留下来的探索文献,尤其是尼古拉·普尔热瓦尔斯基的文献,他是一个中亚探险家。

纳博科夫坚信,他本人的大多数优秀品质都传承自父亲。为了总结自己的这种身世观念,他要让费奥多尔去效仿勇敢的父亲,做一个

探索者，尽管是自己的领域即俄国文学。而且纳博科夫还想充分表现他目前的境况，想描写他笔下的那位年轻作家对俄罗斯文学的热爱和自身的成就，这远不止是要反衬流亡者的沮丧情绪，因此，理想的办法是能够为费奥多尔提供一个作品样本，既能够证明他无畏的文学勇气，也可以将俄国传统与他的流亡状态联系起来。

纳博科夫找到了办法。1928 年，苏联大张旗鼓地举行了车尔尼雪夫斯基诞辰一百周年的庆祝活动。车尔尼雪夫斯基是列宁最喜欢的作家，按照列宁自己的说法，是车尔尼雪夫斯基的小说《怎么办?》使他成为一个坚定的革命家。在苏联，社会主义现实主义是官方的美学主张，而车尔尼雪夫斯基被赞誉为社会主义现实主义之父。尽管国外很少读者知道他，但在苏联国内，他却是十九世纪俄国文学传统的关键人物。正如流亡批评家弗拉基米尔·威德尔所说，十九世纪下半叶的俄国文学其精神特质既不是由陀思妥耶夫斯基或托尔斯泰体现的，也不是由丘特切夫或费特体现的，而是由六十年代热心社会事务的功利主义文学体现的，“六十年代是思想粗糙、风格笨拙的年代”。[33] 车尔尼雪夫斯基的《怎么办?》写得很愚蠢，不堪卒读，但这部作品确定了六十年代至九十年代文学辩论和政治纷争的基调。尽管从文学上看，车
399 尔尼雪夫斯基的作品非常拙劣，但它们仍被尊崇为纪念碑，不但苏联国内如此，那些如今在流亡出版界大权独揽的社会主义知识分子也如此，这些人因为跟车氏思想的其他后裔意见不一而被迫过起流亡的生活。要推翻这尊纪念碑，需要真正的文学勇气。

二十世纪二十年代，随着斯特拉齐和莫洛亚重要传记作品的出现，或者，在流亡圈内随着霍达谢维奇那本精彩的《杰尔查文》的出现以及他有关普希金生平写作计划的提出，传记这一文类重新受到追捧，备受人们的尊敬。但在纳博科夫看来，这股潮流有其荒谬之处。

莫洛亚认为,如果传记作家用小说笔法去描写人的生平,而不是局限于文献资料,那么这个人会更真实,纳博科夫对此感到震惊。如果他让费奥多尔写作车尔尼雪夫斯基传时既严格忠实于确切的事实,又突破传记的规范,粉碎树在车尔尼雪夫斯基周围的神龛,他就能同时实现五六个目标。车尔尼雪夫斯基传本身就是一个大胆的原创性文学作品,它说明,费奥多尔像父亲一样勇敢,同时又与西林迥然不同,因为后者的散文作品纯属虚构。它使得纳博科夫可以向俄国文学传统表达敬意,可以驱散来自左派和右派审查的阴影,可以有机会揭露功利性唯物主义的哲学漏洞,提出另一种形而上学的观点。同时,它兴奋的批驳和悲剧性的语调又可以与费奥多尔描述父亲和本人幸运生活时的那种欢欣笔调形成反衬。

与费奥多尔形象地再现父亲闯入中亚的故事相比,车尔尼雪夫斯基传需要投入更多的研究工作,它最终成为《天资》中百页之长的插曲。纳博科夫知道,无论是花费的精力还是最后的成就,《天资》都将胜过他迄今写作的任何作品。他还知道,如果不能完成车尔尼雪夫斯基传,不能处理好戈杜诺夫的中亚历险,那么整个作品将无法成功,而这两者都与他过去所有的写作活动不同。就像以后他会先着手处理约翰·谢德的诗歌,然后再信心满怀地完成《微暗的火》其余部分的写作一样,就像他会先撰写范·维恩的《时间的组织》然后再展开《阿达》的其他内容一样,他现在首先要研究并写作车尔尼雪夫斯基的传记——1933 年大部分时间以及 1934 年都在做这件事——然后再去对付费奥多尔父亲的旅行。[34]

就在开始研究工作之前,他患上了肋间神经痛,这种病异常疼痛,用他后来的话说,那是“撕心裂肺之痛,同时还有根铁手指一刻不停地在你的肋骨之间戳来戳去。这种病很罕见,就像我遇到的所有事情一

400 样”。[35]一阵袭击过后不久又是一阵,他差不多整个冬天都躺在床上。[36]两个朋友帮他去找资料。安娜·费金娜的朋友玛格达·纳奇曼-阿恰里亚从国家图书馆搬来一卷一卷的车尔尼雪夫斯基著作,还有俄国探险家——米克卢霍-马克莱,尼古拉·米哈伊洛维奇大公,尤其是尼古拉·普尔热瓦尔斯基和格里戈里·格鲁姆-格尔日迈洛——讲述他们中亚探险的各种大部头著作。格奥尔吉·赫森似乎始终毕不了业,他会从大学图书馆里拖些哈夫洛克·埃利斯和斯温伯恩①的书,不管什么,只要能够让那位贪婪的读者暂时忘了疼痛就行。[37]

八

纳博科夫在为《天资》做着各种准备的时候,希特勒开始了他的种种变革,最终迫使纳博科夫在完成小说之前就离开德国。1933 年 1 月,希特勒被任命为总理,两个月里,他压制了政治上的反对派,解散了国会,撤销了公民的自由权。

他的上台引起了预料不到的反应,俄国侨民右翼立即表态支持。一位作者在《当代纪事》上说,甚至尽管西林有着标准的俄国姓氏纳博科夫,也因为与犹太人有关而被剥夺了国籍:“在一群猴子中间,这位有教养的人独立不改。”但另一方面,纳博科夫夫妇结交的一对德国夫妻——丈夫过去是柏林军区首领——却经常邀请薇拉去吃饭。1933 年 3 月底,犹太人受到暴打、告密和洗劫。后来魏尔、甘斯与迪克曼律师事务所关闭,薇拉丢掉了秘书的工作。[38]纳粹当局开始了对犹太人

---

① 埃利斯(Havelock Ellis,1859—1939),英国散文家、编辑和医生,研究过人类的性行为,著作有《性心理研究》等;斯温伯恩(Algernon Swinburne,1837—1909),英国诗人、文学评论家,作品有诗剧《阿塔兰忒在卡吕冬》等。

商店的抵制活动,穿制服的士兵把守在商店门口,吓得那些本想进去的顾客赶忙逃开。纳博科夫和另一个非犹太人朋友在街上行走,故意进入那些仍开门营业的犹太商店。[39] 或者更为轻松地,他会给格奥尔吉·赫森去电话,问一些恼人的问题,比如"我们的共产党小组什么时候碰头?"他后来会在文章中指出,摧毁暴政的方式就是笑声。[40]

1930 年 2 月,安德烈·列温松在《新文学》上就《防守》发表了一篇热情洋溢的评论,随即法译本的合同就签订了,从那时起,纳博科夫就想搬到巴黎去。现在离开柏林的动机更迫切了,但那个译本还没有出版。甚至在 1932 年 12 月,他仍在想,也许来年 2 月他到巴黎后那
本书就会面世。两个月过去了,毫无动静,他写信给格列布·司徒卢 401
威说:"我的处境很糟糕,坦率地说,最近几个月越来越糟。我的小说法译本还在拖延……我梦寐以求的是能够出版英文版。"[41]

差不多十年来,司徒卢威一直对西林褒奖有加、热情不减,并首先将他的小说(《乔布的归来》)译成了英文。他现在是伦敦大学斯拉夫语系的讲师,曾讲授过蒲宁,第二讲则是关于西林的。纳博科夫问朋友是否能帮忙安排出版他小说的英文本。[42] 司徒卢威努力想引起英国出版商的兴趣,包括霍加斯出版社,可惜没有成功。布尔什维克思想在英国上流社会到处流行,人们对流亡者总是抱怀疑态度。[43] 伦敦一本自由派杂志根本不考虑再发表纳博科夫的小说,仅仅因为他是一个白俄。

与此同时,柏林的情况进一步恶化。1933 年 5 月,到处都在焚书。一天夜幕降临时分,薇拉·纳博科娃匆匆回家,她目睹了火刑仪式的开始,人们燃着篝火,大声唱着爱国歌曲。她没敢逗留。[44]

大学校园里到处都在焚书,但国家图书馆没有动静。纳博科夫的肋间神经痛治好了,他乘电车去椴树下大街的图书馆,穿过高大的拱

门和大厅,从书库里借来他需要的车尔尼雪夫斯基的著作。

在进行研究的同时,他还在忙着一些短期项目。5 月,他创作了短篇小说《海军部大楼塔尖》。[45]这篇小说显然是与诺沃特沃尔采娃相遇后的产物,它采取的是书信体形式,一位流亡读者以轻蔑、愤怒的口吻给一位流亡女作者写了一封信。书信作者在当地俄语图书馆新采购的图书中发现,有人肆意歪曲篡改了他的一段私情,那是 1916 年至 1917 年间与一个叫卡佳的女孩子的恋爱故事。他指责这位女作者用男性化名来掩盖自己,并对她的文体风格加以嘲讽。他回忆了他们早年恋爱时的情调,当时他们都没有什么经验,于是试图从未来某个时刻来看待他们目前的情况。他描写了她那个时髦阶层的反动和庸俗,他们之间逐渐的疏远,她的移情别恋。直到他写到他们的分手时,书信作者才不再假装以为女作者一定是从旁人那里了解到卡佳的故事的:“看了你的书后,卡佳,我害怕你。我们真的不必再像过去那样一起欢乐,一起受罪,只为在一位女士的小说中找到我们被丑化的过
402 去。”俄国的贵族或欧洲的流亡者同样可能存在庸俗,小说对此进行了批判,同时还对男性与女性、青年与成年、过去的热情与现在的清醒、生动的个人回忆与暗淡的文学滥调之间的差别做了巧妙的探讨。这篇小说具有纳博科夫成熟时期小说的那种多主题、多视角的特点。

为了琢磨《海军部大楼塔尖》,纳博科夫阅读了弗吉尼亚·伍尔夫和凯瑟琳·曼斯菲尔德的“所有”作品,感到如鲠在喉,不吐不快。他认为,《奥兰多》是“庸俗的一等典型”,曼斯菲尔德好一些,但仍然令人气愤,因为她“平庸地害怕平庸,还有那些花言巧语”。据说他对给英国文学杂志写评论有些畏惧,于是问《最新消息》是否能刊登他用英语写的东西。他们没有答应,多亏遭到拒绝,他才克制了自己的情绪。[46]

7 月初，纳博科夫坐在“格鲁内瓦尔德湖松树掩映的堤岸上”写作短篇小说《莱昂纳多》。[47]在柏林郊区一家工薪阶层的公寓里，一个新来的房客让隔壁两位健壮的兄弟感到很苦恼，他有很多书，他的灯彻夜亮着，他轻快的步子似乎每一步都让他“有机会看到一般人头顶上的不一般的东西”。他是做什么的？为什么他们无法猜透他的不同寻常？他们无法迫使他跟他们一样喝喝啤酒，享受享受，因此非常沮丧，他们用拳头揍他，又突然刺他一刀。他死后，警察发现，这个浪漫的隐居者罗曼托夫斯基整夜忙碌的不是不朽的诗章，而是伪钞的设计。

纳博科夫显然想起了俄国艺术家米亚索耶多夫，去年 10 月，他因伪造罪在柏林受审，但纳博科夫将这个故事完全服从自己的意图。这篇小说明显反映的是希特勒上台几个月来的形势，是对《斩首之邀》的预示，它不但对那些试图破坏他人灵魂之神秘、独特的做法感到愤怒，也对现实主义加以反叛。作者扮演的是巨匠造物主或木偶提线人的角色，召唤树木和房屋来搭建舞台，将暴虐的两兄弟体型夸张放大，他们的住所则缩小成玩具小屋大小。纳博科夫指出，对一个作家来说，用现实主义的概念去攻击唯物主义的思想，这在策略上犯了致命的错误。想象推动着世界，当厚底的靴子试图踩灭心灵的自由游戏时，他将他们脚下那坚固的地板变成了光滑的魔毯。尽管那样做无法阻止对罗曼托夫斯基的谋杀，却提醒我们，有比体力更强大的力量。

九

对付纳粹世界最简单的办法当然是彻底离开。1933 年夏末，纳博 403
科夫兴奋地指望，能够在瑞士的一所小大学里教授英国语言和文学。申请毫无结果，于是下一步最简单的办法还是搬到法国去。[48]但首先要把在德国做的事情完成。

到8月份,纳博科夫已经读完《怎么办?》、车尔尼雪夫斯基的书信和其他一些作品,已经能看到"这位愉快的绅士"活灵活现地站在面前。[49]投身于这一长期工程,他和妻子迫切需要别的收入。薇拉丢了秘书工作后,把才智用于别的方面:为外国游客尤其是美国游客做导游和翻译,做独立的法语速记员,为私人客户和国际会议做翻译。[50]她过去在法国大使馆的上司叫她

> 打电话给德国部长办公室,他们正在主办羊毛生产商的国际会议,就说是他给我安排工作的,我说:"他们不会要我的,不要忘了,我是犹太人。"他只是笑了笑,说:"他们会的。他们找不到别的人。"我照吩咐做了,他们欣然接受了我,尽管我跟那位德国人说:"你能确定你们要我么?我是犹太人。"……"噢,"他说,"但这对我们来说没有任何区别。我们不管这些事。谁告诉你说我们在乎的?"[51]

纳博科夫也有望靠语言天赋赚更多的钱。一个流亡出版商请他翻译《尤利西斯》,他在11月初写信给乔伊斯:"我非常崇拜你的作品,很高兴能够做这项翻译工作。此外,在我看来,俄语似乎能以最精微的方式将原作的音乐特性和复杂性传达出来。"乔伊斯的助手保罗·莱昂是露西·莱昂的丈夫,纳博科夫1920年就认识后者(她哥哥亚历山大·波尼佐夫斯基是他剑桥时的朋友)。保罗给纳博科夫写过两封信,探讨了一些细节问题。针对保罗有关进展方面的问题,纳博科夫在1934年1月6日回信说,他的出版商正在跟一个说不清楚的第三方进行"艰难的谈判"。这是最后一次提到这项工作,显然再也没有下

文。如果纳博科夫真的翻译了,那将是一部非凡的作品。刘易斯·卡罗尔是乔伊斯非常珍爱的作家,纳博科夫翻译的《爱丽斯漫游奇境记》被认为是所有语种的译本中最好的一本。毫无疑问,他如果翻译《尤利西斯》,也会赢得同样的赞美。但从他花费多年时间才将普希金那晓畅的《叶甫盖尼·奥涅金》(篇幅只是《尤利西斯》的一小部分)译成英文来看,这项工程不仅要使《天资》的剩余工作耽搁,而且纳博科夫后来用英语写作的几部小说也会泡汤。*[52]

大西洋彼岸有人谣传蒲宁将获得诺贝尔文学奖,这激起了人们对流亡文学的兴趣。在写给《美国信使》杂志的文章中,艾伯特·帕里对西林褒奖有加,但有趣的是,他说得不着边际:“西林是弗洛伊德博士的追随者,聪明而朴实。”[53]纳博科夫的心思既在法国或英国,也准备转向美国。一年不到,他将有一个纽约代理人,阿尔塔格拉齐亚·德·扬尼利,后者试图将他的著作介绍到美国。

谣言终于有一次成了真。11 月,蒲宁真的获得了诺贝尔文学奖,这是俄国人第一次获此殊荣。12 月 30 日,柏林的俄国作家联盟在舒伯特厅为他筹划了一个庆祝晚会。约瑟夫·赫森准备作开场白,费奥多尔·斯捷潘谈他的小说,西林谈他的诗歌。柏林的出版商、几个大车库的拥有者 N. E. 帕罗莫诺夫警告赫森说,不应该让“一个犹太人和半个犹太人”(赫森和西林)在那里讲话。[54]虽然俄国右翼分子的子弹 404
已经在类似的集会上让赫森失去一位朋友,让西林失去一位父亲,但他们决意不让流氓分子得逞,继续照他们的计划去做。

意想不到的是,蒲宁亲自到场了,他是从斯德哥尔摩回巴黎的路上赶来的。这是很久以来当地知识分子的第一次大聚会,晚会也给了

* 五十年后,《尤利西斯》才被译成俄文。

对那些仍留在柏林的人们进行盘点的机会，结果比许多人想象的要多。西林用热情高昂的语调谈了蒲宁的诗歌，他认为，在象征主义时代，这些诗歌被低估了，当象征主义及其类似“流派”长久被遗忘的时候，蒲宁的诗歌一定仍会被人记住。[55]

几天后，他跟蒲宁在柏林一家闹哄哄的餐馆后排吃饭，他们只好坐在一面大幅的纳粹旗帜下。蒲宁是个特别善于讲故事的人，后来在巴黎时，他告诉纳博科夫，他在离开柏林时被盖世太保拦住了，他们讯问他，搜查他是否夹带了珠宝，然后剥光衣服，又搜查一遍。不管是否获得了诺贝尔奖，他必须吞下一大杯的蓖麻油，蹲在一只空桶上，直到结果出来，然后光溜溜的由给他擦拭的盖世太保特务再查一遍。[56]

十

纳博科夫曾跟住在里加的朋友尼古拉·雅科夫列夫写信，了解有关绝嗣了的俄国贵族家系的名称。1934 年 1 月，雅科夫列夫回复了。[57]其中一家贵族叫切尔登采夫，纳博科夫将它改成了戈杜诺夫-切尔登采夫，并用在了 2 月份写作的短篇小说《循环》中。[58]

因诺肯季是乡村小学校长家的儿子，非常激进。他家河对岸住着贵族戈杜诺夫-切尔登采夫一家，他对他们那种贵族派头原则上很鄙视。1914 年的一天，他在庄园草坪上参加一个正式的聚会，年轻貌美的塔尼亚·戈杜诺夫邀请他跟她和她的朋友们一起玩。那个夏天他经常跟她们在一起，但始终处于游离状态，不参加她们的玩笑活动，生怕被她们嘲笑。一天夜晚，塔尼亚给他一张便条，要他去看她。他怀疑是在开玩笑，但还是去了。她哭了，嘴唇在他身上轻轻地蹭着，她说她妈妈第二天就要带她去克里米亚了，“咳，他怎么就这么迟钝呢！”二十年后,他成了一个流亡者,又遇到了她,仍然像过去一样迷人,身边是她的丈夫、女儿。后来他独自一人坐在巴黎一家咖啡馆里,脑子循环地回想着遥远的过去,回想着他三四岁后跟戈杜诺夫家的吵吵闹闹。

这篇小说的笔调深沉凝重,每个细节都显得很庄严。小说是通过因诺肯季的眼光来展现各个场景的,尽管他抱着狭隘的偏见,怀着敌 405
意苛刻地看待戈杜诺夫一家,但后者仍表现出罕见的高贵与魅力,他们宁静、勇敢、谦逊、大度。《循环》本身非常出色,但它还是会让那些关心《天资》的读者大为震惊,后一部作品是费奥多尔·戈杜诺夫-切尔登采夫本人对他个人生活的描述,他是塔尼亚的弟弟。在《循环》中,我们是从一个完全意想不到的视角去看待费奥多尔的童年世界的,那是一个冷漠的人的凝视,他在《天资》中根本不重要。但尽管因诺肯季是带着偏见去看待戈杜诺夫-切尔登采夫一家的,他们仍然显示出了高贵的品质,而费奥多尔却很谦逊,在《天资》里根本没有提这些。

最令人震惊的是,在这里,费奥多尔的世界是如此坚实,如此充满信心,故事里的每一个句子都富有表现力,要知道,这是纳博科夫完成《天资》写作前四年的一个作品。薇拉无法确定这部小说最初是何时发表的,她在六十年代说:“也许是 1939 年? 或者 1938 年底?”也就是说,是在《天资》完成以后。[59] 1973 年在为该小说译本撰写序言时,纳博科夫认为,它只能是在《天资》快要结束时写成的:“1936 年年中的时候,在我们永远离开柏林前和在法国完成《天资》前不久,我一定已经完成了最后一章五分之四的内容后,一个小卫星忽然从小说的主体部分释放出来了,开始绕着它飞行。”[60] 实际上,他写作《循环》时非但没有完成最后一章的写作，而且是过了三年才动笔写那个作品的。这篇小说也许最充分地表明，早在闪光的灵感蒸汽凝结为散文的水晶之前，纳博科夫对他虚构的世界已经有了绝对清晰的把握。

2 月初，约瑟夫 · 赫森曾去过一次布拉格，他跟纳博科夫说，他的母亲状态很不好，有黄疸病，非常瘦。纳博科夫束手无策，感到很痛苦："我绞尽脑汁，也许能有些办法——以前从未遇到这么糟糕的情况——当然，我们会克服的——可什么时候呢？"[61] 他询问阿尔达诺夫，是否可以在巴黎再安排一次朗诵会，他的第一部法译本小说《防守》在那里受到很好的评价。此外，《天资》还在进行中。[62]

因为这部小说还需要几年才能完成，他只好同时再做一些活儿，以解燃眉之急。1934 年 3 月，他创作了《公布消息》。[63] 小说开始时，一位住在柏林的寡妇的儿子已于前一天在巴黎去世，人们没有告诉她这个消息。她家的老朋友听到消息后，便告诉了其他朋友，却不敢对
406 这位母亲声张。她从商店回来后，朋友们聚在她的住处，没有人敢开口——尽管这位妇女有助听器，但耳朵仍不好——直到最后，紧张的气氛让人窒息，一位老朋友才在痛苦无助中叫了出来："不管怎么说——死了，死了，死了！"那些说纳博科夫冷酷、没有人性的人没有读过这篇小说，它是那么温情，那么出乎意料，对人性的观察那么准确，尽管对孤独和失去的描写有许多讽刺的笔法，但又是那么饱含同情。

到 4 月初，纳博科夫正在写三个月内的第三篇小说《纪念 L. I. 希加耶夫》。[64] 这篇小说是对一个朋友的悼念，叙述人因为失恋，成天借酒浇愁，产生了幻觉——蛤蟆样的小魔鬼爬上了他的写字台——L. I. 希加耶夫将他从那种状态中拯救出来。他在希加耶夫隔壁租了一间房，发现朋友没有什么特别之处，对艺术、文学、自然都漠不关心，但对

一些意想不到的小事却津津有味。希加耶夫在布拉格揽到一份工作,后因心力衰竭去世,叙述人问道:

> 我是否想到,我最后一次跟他说过再见?
>
> 当然,那正是我想到的:是的,我最后一次跟你说过再见。事实上,这正是我对每件事、每个人一贯的态度。我的一生就是无休无止地在跟人和事道别,它们常常对我痛苦、仓促、疯狂的招呼一点也不在意。

这篇小说紧凑而朴实,再次展现了纳博科夫的优点。它对那些小魔鬼做了仔细而出色的分类描绘,就像他描绘新的蝴蝶品种一样。它充分肯定了寻常生活无可替代的价值,尽管是从外部观察到的。它对叙述人内心生活的幽默记录让人印象深刻,他撰写的悼词异常优美。

随着春天的来临,纳博科夫的精神振作起来了。梦中的飞翔始终比买几张火车票便宜,他蛮有把握地准备秋天去旅行,到巴黎,到马略卡岛。[65]他还给霍达谢维奇写信:“春天的柏林十分迷人,今年尤其芬芳妖娆,我像一条狗一样兴奋若狂,东嗅嗅,西闻闻。”他还透露说:

> 完成《绝望》后,我现在着手写作另一部十分棘手的小说。除了别的一些事情外,我的主人公还要准备车尔尼雪夫斯基传,因此我不得不把关于那家伙的所有书都读上一通,还要自我消化,因此现在胃部都有些灼热。他智不及中人,却勇冠三军。他的日
> 记会详细记录他是如何呕吐的,因为什么呕吐的,在哪里呕吐的 407
> (他备受贫困折磨,邋里邋遢,学生时代总是吃些乌七八糟的东西)。当然,他的作品如今都已无人问津,但我还是从中(尤其是

他的两部小说，还有在流放地写的一些片断）找到一些很出色的人，很可怜的事。他饱受磨难，说托尔斯泰是“一个庸人，用孔雀羽毛装扮自己粗俗的屁股”，托尔斯泰则说他“臭气熏天”（都是给屠格涅夫的信），他的妻子……对他十分不忠。[66]

十一

纳博科夫兴高采烈不仅是因为春天，他在下一封给霍达谢维奇的信中说：“我们有了一个儿子，我们给他取名为德米特里。”德米特里·弗拉基米罗维奇·纳博科夫生于1934年5月10日凌晨，是在靠近巴耶里希广场的一个私人诊所出生的。虽然薇拉怀孕时，纳博科夫夫妇仍继续参加正常的社会活动，但薇拉的穿着、言谈、举止等都很小心，因此怀孕的事始终瞒得很好。好朋友中只有安娜·费金娜和格奥尔吉·赫森知道，连纳博科夫的母亲也完全是喜出望外。[67]

在《说吧，记忆》中，纳博科夫描述了早晨五点从诊所回来的情景，晨光熹微中，所有的影子都好像弄错了，落到马路对面去了。[68]他的世界被颠倒了，它有了新的焦点。纳博科夫始终都很喜欢小孩子，他如今着迷地注视着儿子长得很好看的指甲，他柔顺的头发，像薇拉那样打哈欠的样子。[69]随着德米特里一天一天地长大，他依旧父爱殷殷，百依百顺，以后的几十年里，父母对儿子的爱将成为他作品的又一个主题，同样或正或反地表现在那些作品中：《庶出的标志》，《最后的证据》，《洛丽塔》，《普宁》，《微暗的火》，《瞧，这些小丑！》。

德米特里出生后的一周里，又有了新的开端。他的一个文学代理人奥托·克莱蒙特设法让英国出版商哈钦森对《暗箱》和《绝望》产生了兴趣。[70]最初，这些英译本似乎只是商业上的考虑，但实际上它们预示着纳博科夫创作的一个重大变化,就像德米特里的出生是他个人生活的重大变化一样。这一年,为了保证作品质量,他要经常处理一些翻译问题,这让他产生一个念头,他可以用英文创作。

注释

[1] 亚历山大·布拉伊洛夫致博伊德,1983 年 10 月 20 日。

[2]《〈毁灭的暴君〉及其他》,页 158;纳博科夫致霍达谢维奇,1934 年 7 月 24 日,耶鲁大学拜内克图书馆;纳博科夫致格列布·司徒卢威,1932 年 8 月 11 日,1932 年 8 月,斯坦福大学胡佛研究所;1973 年 8 月 31 日纳博科夫致费尔得笔记未刊稿;博伊德采访伊丽莎白·马里内尔-阿兰,1983 年 3 月;德米特里·纳博科夫,《侥幸脱险与梦的实现:私人杂志条目选》,《安泰》61 期(1988 年秋),页 299。

[3] 手稿,国会图书馆纳博科夫档案。

[4] 发表于《当代纪事》54—56 期,1934 年 1—10 月;书籍形式,柏林:彼得罗波利斯,1936;纳博科夫译,《绝望》,伦敦:约翰·隆,1937;修订本,纽约:普特南,1966。

[5] 手稿,国会图书馆纳博科夫档案。

[6]《洛丽塔》,页 316—317。

[7]《坚决的意见》,页 193。

[8] 博伊德采访薇拉·纳博科娃,1981 年 12 月。

[9] 纳博科夫致薇拉·纳博科娃,1932 年 10 月 17 日。

[10] 同上。

[11] 纳博科夫致薇拉·纳博科娃,1932 年 10 月 31、22 日,蒙特勒纳博科夫档案。

[12] 纳博科夫致薇拉·纳博科娃,1932 年 10 月 24 日,蒙特勒纳博科夫档案。

[13] 纳博科夫致薇拉·纳博科娃,1932 年 10 月 25、28 日,蒙特勒纳博科夫档案。

［14］纳博科夫致薇拉·纳博科娃,1932 年 11 月 14 日,蒙特勒纳博科夫档案。

［15］纳博科夫致薇拉·纳博科娃,1932 年 10 月 22 日—11 月 24 日,蒙特勒纳博科夫档案。

［16］纳博科夫致薇拉·纳博科娃,1932 年 10 月 24 日。

［17］别尔别罗娃,《我的着重号》,卷一,页 369。

［18］纳博科夫致薇拉·纳博科娃,1932 年 11 月 2 日。

［19］纳博科夫致薇拉·纳博科娃,1932 年 10 月 24 日。

［20］纳博科夫致薇拉·纳博科娃,1932 年 10 月 31 日,11 月 3 日。

［21］纳博科夫致薇拉·纳博科娃,1932 年 10 月 25 日—11 月 8 日。

［22］汤普森通信,蒙特勒纳博科夫档案;费尔得,《纳博科夫:部分生平》,页 232;纳博科夫致薇拉·纳博科娃,1932 年 10 月 25 日。

［23］纳博科夫致薇拉·纳博科娃,1932 年 11 月 2 日。这首诗已经被誊抄、翻译并以传真件的形式出现在巴拉布塔尔洛的《鸟瞰:纳博科夫的艺术与形而上学文选》中,页 245—261。

［24］纳博科夫致薇拉·纳博科娃,1932 年 11 月 5、8、10 日。纳博科夫致安娜·费金娜,1932 年 11 月,蒙特勒纳博科夫档案。

［25］纳博科夫致薇拉·纳博科娃,1932 年 11 月 5 日。

［26］纳博科夫致薇拉·纳博科娃, 1932 年 11 月 14、18 日;纳博科夫,收于《回忆丰达明斯基》(巴黎:私人印刷,1937),页 71。

［27］纳博科夫致薇拉·纳博科娃,1932 年 11 月 21 日。

［28］纳博科夫致薇拉·纳博科娃,1932 年 11 月 16 日;《最新消息》和《复兴》,1932 年 11 月 17 日。

［29］纳博科夫致薇拉·纳博科娃,1932 年 11 月 16、18、21 日。

［30］纳博科夫致薇拉·纳博科娃,1932 年 10 月 24 日—11 月 22 日。

［31］纳博科夫致亚历山大·科利谢,11 月 19 日,致沙霍夫斯卡娅女公爵,1932 年 11 月 22 日,国会图书馆沙霍夫斯科依档案;《最新消息》,1932 年 11 月 22 日。

［32］纳博科夫致谢尔盖·贝尔滕松,1932 年 12 月左右,蒙特勒纳博科

夫档案。

[33] 见尼古拉·波尔托拉茨基,《俄国流亡文学》,页 8。

[34] 关于日期见纳博科夫致瓦季姆·鲁德涅夫,1933 年 11 月 11 日,伊利诺伊大学图书馆,厄巴纳。

[35]《纳博科夫—威尔逊通信集》,页 148;日记,1969 年 12 月 3 日,蒙特勒纳博科夫档案。

[36] 纳博科夫致格列布·司徒卢威,1933 年 8 月 23 日,斯坦福大学胡佛研究所。

[37] 博伊德采访薇拉·纳博科娃,1983 年 2 月,1985 年 1 月;纳博科夫致薇拉·纳博科娃,1936 年 1 月 18 日;费尔得,《VN:弗·纳博科夫的生活与艺术》,页 28。

[38]《最新消息》,1933 年 3 月 16 日;博伊德采访薇拉·纳博科娃,1982 年 9 月 19 日;薇拉·纳博科娃致 A. A. 戈登魏泽,1957 年 6 月 3 日,1967 年 3 月 6 日,哥伦比亚大学巴赫梅捷夫档案馆。

[39] 1973 年 8 月 31 日纳博科夫致费尔得笔记未刊稿;参见费尔得,《纳博科夫:部分生平》,页 200,《VN:弗·纳博科夫的生活与艺术》,页 158,费尔得将这件事放在"水晶之夜"事件(1938 年 11 月 9 日至 10 日凌晨,纳粹党员与党卫队袭击德国全境犹太人的事件——译者注)之后,后者发生于 1938 年底,其时纳博科夫已经永远离开德国两年多。

[40] 费尔得,《纳博科夫:部分生平》,页 199。

[41] 纳博科夫致格列布·司徒卢威,1933 年 4 月 29 日,斯坦福大学胡佛研究所。

[42] 同上。

[43] 格列布·司徒卢威,《俄国流亡文学》,页 239。

[44] 博伊德采访薇拉·纳博科娃,1982 年 12 月。

[45] 日期为 1933 年 5 月 23 日,最初发表于《最新消息》,1933 年 6 月 4—5 日;重印,《菲雅尔塔的春天》;德米特里·纳博科夫和纳博科夫译,《〈毁灭的暴君〉及其他》。

[46] 纳博科夫致济娜伊达·沙霍夫斯卡娅,1933 年 7 月,国会图书馆

沙霍夫斯科依档案;丰达明斯基致纳博科夫,1933 年 5 月 19 日,国会图书馆纳博科夫档案。

［47］日期见《〈俄国佳丽〉及其他》,页 10;发表于《最新消息》,1933 年 7 月 23—24 日;重印,《菲雅尔塔的春天》;德米特里 · 纳博科夫和纳博科夫译,《〈俄国佳丽〉及其他》。

［48］纳博科夫致格列布 · 司徒卢威,1933 年 8 月左右,8 月 23 日,斯坦福大学胡佛研究所。

［49］纳博科夫致格列布 · 司徒卢威,1933 年 8 月 23 日。

［50］薇拉 · 纳博科娃致 A. A. 戈登魏泽,1958 年 5 月 22 日。

［51］薇拉 · 纳博科娃致费尔得,1973 年 5 月 10 日;参见费尔得,《纳博科夫:部分生平》,页 199—200。

［52］特伦斯 · 基林,《纳博科夫……莱昂……乔伊斯》,《爱尔兰时代》,1992 年 6 月 13 日;纳博科夫致乔伊斯,1933 年 11 月 9 日,致保罗 · 莱昂,1933 年 11 月 29 日,1934 年 1 月 6 日,《乔伊斯—保罗 · 莱昂文件》,爱尔兰国家图书馆。

［53］《美国信使》,1933 年 7 月,页 318;参见帕里,《新俄罗斯语言》,1978 年 7 月 9 日。

［54］赫森,《流亡岁月》,页 70;格林编,《蒲宁著作》,卷二,页 299。

［55］《今天》,1934 年 1 月 3 日;《复兴》,1934 年 1 月 11 日。

［56］阿佩尔,《纳博科夫剪影》,见 J. E. 利弗斯与查尔斯 · 尼科尔编,《纳博科夫的第五弧》,奥斯丁:得克萨斯大学出版社,1982,页 19。

［57］雅科夫列夫致纳博科夫,1934 年 1 月 18 日,蒙特勒纳博科夫档案。

［58］日期见纳博科夫致叶连娜 · 纳博科娃,1934 年 2 月 14 日,蒙特勒纳博科夫档案;发表于《最新消息》,1934 年 3 月 11—12 日;重印,《菲雅尔塔的春天》;德米特里 · 纳博科夫和纳博科夫译,《〈俄国佳丽〉及其他》。

［59］笔记,蒙特勒纳博科夫档案。

［60］《〈俄国佳丽〉及其他》,页 254。

［61］纳博科夫致叶连娜 · 纳博科娃,1934 年 2 月 12 日,蒙特勒纳博科

夫档案。

［62］阿尔达诺夫，见《新杂志》80 期(1965)，页 285；纳博科夫致叶连娜·纳博科娃，1934 年 2 月 28 日，蒙特勒纳博科夫档案。

［63］发表于《最新消息》，1934 年 4 月 8 日；重印，《菲雅尔塔的春天》；德米特里·纳博科夫和纳博科夫译，《〈俄国佳丽〉及其他》。

［64］日期见纳博科夫致叶连娜·纳博科娃，1934 年 4 月 3 日；发表于《配插图的生活》，1934 年 9 月 27 日；重印，《菲雅尔塔的春天》；德米特里·纳博科夫和纳博科夫译，《〈毁灭的暴君〉及其他》。

［65］薇拉·纳博科娃致济娜伊达·沙霍夫斯卡娅，1934 年 4 月 10 日，国会图书馆沙霍夫斯科依档案。

［66］纳博科夫致霍达谢维奇，1934 年 4 月 26 日，耶鲁大学拜内克图书馆。

［67］纳博科夫致霍达谢维奇，1934 年 5 月 15 日，耶鲁大学拜内克图书馆；1973 年 2 月 20 日纳博科夫致费尔得笔记未刊稿；叶连娜·纳博科娃致纳博科夫和薇拉·纳博科娃，1934 年 5 月 12 日左右，蒙特勒纳博科夫档案；费尔得，《纳博科夫：部分生平》，页 199。

［68］《说吧，记忆》，页 295—296。

［69］纳博科夫致叶连娜·纳博科娃，1934 年 5 月 16、17 日，蒙特勒纳博科夫档案。

［70］纳博科夫致叶连娜·纳博科娃，1934 年 5 月 16 日；合同文件，蒙特勒纳博科夫档案。

第十八章　翻译与转换（柏林，1934－1937）

一

408 1934 年夏初，沉溺于为费奥多尔撰写《车尔尼雪夫斯基传》的纳博科夫突然把费奥多尔的世界搁在一边，开始琢磨起另一部小说来。6 月 24 日，他开始写作《斩首之邀》，“在两周无比的兴奋和连续的灵感之后”，他完成了初稿。[1]

通常情况下，纳博科夫手稿上的日期就像约翰·谢德手稿上的日期一样，记录的是开始动笔的日期，而不是最后完成的日期。但《斩首之邀》的手稿却有完稿日期，9 月 15 日。显然，这部小说的倏然而至让纳博科夫有些踌躇，仿佛是要等待完全发酵一样，他又将它放了一阵，等时机成熟后再去修改。

在初稿和第一次修改稿的间隙，他看来继续在写车尔尼雪夫斯基的传记。7 月底，他写信给司徒卢威：“我的车尔尼雪夫斯基在成长、反抗，希望不久就死去。”[2]

那个月他还写了一则新的短篇《俄国佳丽》。[3]一个漂亮的俄国少女，曾惹得男生彼此要拔枪相向，渐渐成了一个三十岁的流亡者，尽管风韵依旧，但穷困潦倒，她紧张地认识到，自己已是明日黄花，不会再有人爱慕了。在朋友的撮合下，一个鳏夫正式但不抱指望地向她求婚，她答应了——不然又能怎样呢——“第二年夏天，她死于分娩。”这是一篇揪心之作，那曾经对奥莉嘉非常垂青的命运却慢慢地遗弃了她，让她失去希望。她孤独、贫困、百无聊赖，不期而遇的婚姻让她暂时获得一点慰藉，但又迅速把她引向死亡。各种幸运的箭矢都错过了靶心，唯独死亡之箭百发百中。

7 月底，《斩首之邀》的思想仍然激动着纳博科夫，在给霍达谢维奇的信中，纳博科夫谈起了他朋友在巴黎《复兴》报上最近主持的每周专栏。他说，作家不应该考虑流亡观念之类的问题，而应在自身的领 409
域不断开拓，就像锅炉工只知道照看他们的炉子一样，不管甲板上或海上发生了什么。他们应该

> 仅仅关心他们自己的那种没有意义、天真而令人陶醉的事业，只是在认可那些在现实中根本无须证明的那一切的时候——这种存在的陌生性，困苦，孤独……藏在心底的快乐——他们才是正当的。因此，我对有关“当今时代”“焦虑”“宗教复兴”的论调或带有“战后”一词的任何句子都无法忍受，这些说法高明也罢，愚蠢也罢，对我都一个样。在这种“观念”中，我感到的只是同样的群居本能，是在昨日或上个世纪对世界博览会的热情中体现的那种“携手共进”的意愿……
>
> 我在写我的小说。我不看报。[4]

8月初，纳博科夫的脖子受了风寒，肌肉酸痛难忍，无法转动，仿佛辛辛纳特斯即将遭遇的斩首让他受到了惊吓。虽然几个月前，伦敦的一个代理人卖掉了《暗箱》和《绝望》的版权，但他的创作仍然获利甚微，现在薇拉又无法工作，他倍感沮丧失落。债务不断增加，他的母亲需要帮助，他却无力承担，刚刚收到的《暗箱》英译本又糟糕透顶。[5]

他继续修改《斩首之邀》，估计9月15日就可完稿。薇拉忙着照顾德米特里，已是筋疲力尽，他想，等到打印出来还需一个月。实际上，进展还要慢得多。整个11月，他都在紧张地修改小说，他喜欢紫墨水，而不喜欢蓝墨水，手稿处处都是增删涂改的痕迹，密密麻麻。到11月下旬，他不分日夜地念着稿子，薇拉则在一旁打字，甚至到12月的最后一周，他仍未完成打字稿的最后校对。[6]

在《斩首之邀》准备投给《当代纪事》之前，安娜·费金娜曾拜访瓦季姆·鲁德涅夫——这时实际上差不多是该杂志唯一的编辑，尽管名义上不是——将西林的文学现状和经济状况告诉了他。纳博科夫过去曾想，如果《当代纪事》能从车尔尼雪夫斯基传中抽出一段刊登在下一期上，那么这对他在经济上将不无小补。具有讽刺意味的是，根据后来的一些事件，鲁德涅夫急于刊登他尚未见过的《车尔尼雪夫斯基传》的任何一段。但纳博科夫改变了主意，他敏锐地认识到，节选会破坏全书，于是只好充满感激地预支了一笔稿费。[7]

410 虽然构思如闪电袭身，但《斩首之邀》却经历了意想不到的艰难的孕育过程。1935年来了，小说也终于发表了。

二

《斩首之邀》

《斩首之邀》是纳博科夫的第二部杰作(其他几部分别是《防守》《天资》《说吧,记忆》《洛丽塔》《微暗的火》《阿达》),这是一部反面乌托邦的寓言,是个体想象与否定这种想象的世界之间的对抗。它的情节非常简单:小说的第一页,辛辛纳特斯·C被判处死刑;十九天里,他处在孤独的囚禁状态,不知何时会死;最后一页,他被斩首。[8]

辛辛纳特斯的罪行是不透明,而他周围却是一个透明的世界,每个人立即能够相互理解。在他们看来,一切都是众所周知的,辛辛纳特斯则怀着好奇和疑问环视四周,仿佛事物有比每种语言所赋予它们的名字还要多的东西,他犯了"诺斯替教的堕落"* 罪行。

辛辛纳特斯的同伴并没有准备去质疑那些简单却方便的标签,他们满足于一个很不真实的世界。辛辛纳特斯实际上是他世界里唯一真实的存在:其他一切都是粗制滥造的赝品。这部作品充满了形形色色的不真实。一场风暴在城堡外面"上演",辛辛纳特斯囚室里的蜘蛛每天靠狱卒喂苍蝇活命,结果却是用弹簧、长毛绒和橡皮筋做的。监狱长造访辛辛纳特斯的囚室,辛辛纳特斯离开了——走出了监狱,回到城里,打开自己家的门,发现自己又回到了囚室。尤其糟糕的是,他周围的人只不过是"幽灵、豺狼、拙劣的仿品"。

---

* 原来的那个词"gnoseologicheskaya gnusnost"在俄国人听来似乎有些刺耳。像"gnusavit'"(在鼻子里哼哼)、"gnusnyy"(难闻的、肮脏的)和不太规范的诅咒语"gnus"(害虫)等使得gn这样的组合特别讨厌。有一次,茨维塔耶娃拒绝参加标题包含"gnoseologia"的讲座,因为她觉得这个词声音太难听。参见罗伯特·休斯,《三季》17期(1970),页290。

《斩首之邀》为何要堆积这么多的赝品、虚妄、幻象和矛盾？在一篇论述纳博科夫的最精彩的文章中，罗伯特·奥尔特指出："如果说意
411 识是现实得以形成的媒介，那么干净彻底地消灭意识……就是人类代理人——刽子手——对虚构原则的出色肯定。"[9]

小说一开头，死刑判决就**低声**——以便显得温和一些——宣布了，自那以后，辛辛纳特斯被一种夸张的虚情假意包围着。监狱主管尽一切所能在辛辛纳特斯和刽子手皮埃尔先生之间撮合友谊，让他相信后者不过是又一个囚犯。皮埃尔先生进来跟他闲聊（带着阴冷的讽刺悄悄告诉他说，**他**的罪行是试图帮助辛辛纳特斯越狱），分发照片，讲笑话，表演纸牌戏法，下棋。刽子手和监狱长甚至感到委屈，因为辛辛纳特斯不喜欢他们的虚情假意，无法被感化。他们希望他能够愉快地呼吸皮埃尔先生所说的在行刑人与受刑人之间的"温暖而亲密无间的气氛"，这对"我们共同的事业成功来说非常珍贵"。

在纳博科夫看来，这种说法是对庸俗的戏拟，它貌似高贵或模仿高贵，是一种最具杀伤力的文明化的情感，"特别是当它所模仿的价值被看作属于最高水平的艺术、思想或感情的时候"。他把那种在辛辛纳特斯处死前企图在他周围建立快乐的逢迎比作一桶"人类之好意的牛奶，但桶底却有一只死老鼠"。罗伯特·奥尔特把罗得里格·伊万诺维奇和皮埃尔先生的热情劲儿和浮夸的言辞恰当地比作法西斯的军乐队，他们一腔爱国热情，排着方阵，欢迎那些到达希特勒的死亡营的牺牲品，或者比作那些门前高悬着的标语口号"劳动带来自由"。[10]或者，那种支持所谓崇高动机的普遍的虚伪也能够在苏俄、在文学（塔拉索夫-罗季奥诺夫的《巧克力》，其中对一个无辜的人执行死刑被看作是正当的，是为了证明革命高于一切甚至正义）或生活中（三十年代中期的公审，布哈林及一些老布尔什维克相信，他们应该承认自己是

托洛茨基分子、外国特务，这样才能促进他们为此献身的事业）找到对应。

纳博科夫开始写作《斩首之邀》的时候，纳粹的宣传部长与国民教育部长戈培尔正竭力促使整个德国文化变成“纳粹”文化，斯大林对苏联作家协会和苏联其他所有方面的控制也在不断加强，这样的时机并非巧合。但乐观的纳博科夫并没有预见到未来十年里的所有恐怖景象，他的小说也不单纯是狭隘的政治小说。在这部作品里，他还能对他虚构的世界保持某种淡淡的喜剧态度，但经过残忍的十年之后，他的另一本更阴郁的政治小说《庶出的标志》就是另外一种格调了。 412
《斩首之邀》的情节发生在未来，内燃机淘汰之后（天鹅状的电动轻便马车穿梭在大街上，仿佛许多彻头彻尾的庸人在运动），一个具有中欧地貌但没有特定含义的俄语世界，那是一个外省城市，行政官员们都华而不实，缺少威严。那里的居民几乎不需要压制，因为除了辛辛纳特斯外，所有的人都接受了那种透明真理的陈词滥调。辛辛纳特斯并不想反抗，却有一种不由自主的观察、思考和想象的方式，他温顺地想将这种根深蒂固的“犯罪”倾向隐藏起来。

这部小说攻击的与其说是某种政治制度，不如说是在任何体制下都可能出现的思想状态——尽管其最糟糕的形式当然表现在思想专制方面，无论是过去的还是现在的，宗教的还是政治的，左的还是右的。人类的一切交流都必须运用含有事先假设的语词，运用简化其对象的描绘。我们可以与辛辛纳特斯的同胞的世界相一致，相信日常语言是完全足够的，而那种认为人或事物之中存在某种未知或无法把握的东西的想法则令人不安，应该立即消灭；或者我们像辛辛纳特斯一样，认为人类的语词和意象并不能替代无穷的现实。

坐在囚室里，辛辛纳特斯试图写下他关于没有开发的丰富生活的想法。在他看来，现实**表明**，它始终比我们设想的更特别、更复杂，它不可表达，不能简化为漂亮话。从狱卒的智力看，那些无法锁在语言牢笼之中的东西都要消灭，而在辛辛纳特斯看来，这种捉摸不定的特别之处正是事物的真正方面。不但狱窗的铁栅让他沮丧，“整个条纹世界”的监狱让他沮丧，那瓦解一切、让他无法井井有条地思想的时间也让他沮丧，他梦想能有这样一种情形，能够彻底地认识现实，超越罗得里格·伊万诺维奇或皮埃尔先生沾沾自喜的那种程度，事物中那难以捉摸的美与和谐将充盈在他四周：

> 绝非此地！“此地”太恐怖，是黑暗的地牢，是囚禁不断怒吼的心的地方，这个“此地”囚禁我，限制我。而是……**那里**，在**那里**，人们的目光中闪耀着无与伦比的理解；在**那里**，在此地备受折磨的怪人可以自由自在不受干扰地漫步；在**那里**，人们可以随心所欲地塑造时间的形状……**那里**，**那里**有我们在这个世界上漫游、躲藏的公园的原型……

小说的结尾，辛辛纳特斯在死亡中到达“那里”。他走上断头台时，他的世界变得越来越假，远处那些人群简直像是涂抹在布景上似
413 的。当斧头落下时，他的思想迅速地活动着，他从砧木上爬起来，看到他周围那个画出来的世界其画布正在裂开，“在浮尘之中，在飘落的杂物之中，在飘动的景色之中，辛辛纳特斯正朝着一个方向走去，根据声音判断，那里有他的亲人”。一个如此活跃的心灵只有在死后才找到它真正的土地。

在生活中，辛辛纳特斯之所以拒绝周围的人，不是由于他桀骜不驯——他其实非常温和、脆弱——而是因为他别无选择。实际上他渴

望交友，但在那些将一切都看得浅显寻常的人之中，他知音无觅。他翘首等待妻子的探望，但马思在他的牢房出现时，只不过是一个仿造的妻子，身后簇拥着家人孩子和新的情人，还有家具、器皿及临时性的墙壁。她是对亲密的拙劣摹仿：她无法理解他，她跟甚至只是暗示对她感兴趣的任何一个人上床，她无法区分一个情人和另一个情人。

如果现实让人失望，那么辛辛纳特斯就会对下一代有所期望：狱卒（有时又是监狱长）的女儿小埃米小巧玲珑，跟马思与别人生的跛脚儿子和肥胖女儿大异其趣。埃米是一个小芭蕾舞演员，好像飞翔在空中，她让辛辛纳特斯想起了自己的童年，似乎答应帮他逃跑。但当他发现自己已经走到要塞外面时，埃米突然从带刺的灌木丛中窜出，她没有将他带向自由，而是把他带到正在吃晚饭的罗得里格·伊万诺维奇面前。

那么过去又如何呢？在母亲塞西莉亚·C来访前，辛辛纳特斯从未见过她。他没有准备见她，对她那母亲般的絮叨非常反感，斥责她“和每一个人每一件东西一样，只不过是一件拙劣的仿制品……为什么你的雨衣湿了，鞋子却是干的——瞧，粗心了不是。请你替我转告道具管理员”。不过她比他更失望，她告诉他，他的父亲也“和你一样，辛辛纳特斯”。有一阵子他能从她的眼里看到“那最后的、确定无疑的、能解释一切的、不受任何干扰的迹象，他也知道如何从自己身上找到这种迹象”。但她再次开始母亲的那种絮叨，监狱长把她赶走了。当辛辛纳特斯下次听到有关她的消息时，她泄露了有关亲缘关系的一个小暗示：她被要跟一个死刑犯牵扯在一起吓怕了，她请求马思签署一个声明，说在辛辛纳特斯被捕前，她跟他没有任何关系。

小说早些时候，监狱长通知他唯一的囚犯，不久要再来一个犯人。辛辛纳特斯立即就想，也许会碰到一个与他类似的人。皮埃尔先生来

414 了,伸出的不仅是友谊之手还是十根黏糊糊的触须。辛辛纳特斯立即明白,他不过是又一个复杂的仿制品罢了。甚至他俩之间的一盘棋也变成一出令人作呕的闹剧:

> 我自己是单身汉,但是我当然能理解……快走。我很快就要……好棋手是用不着思考很久的。快走。你的老婆我只瞥了一眼——是个很有刺激的小美人,我的眼光绝对错不了——她的脖子多漂亮,就是我喜欢的那一种……嘿,等一等,我又看走眼了,请容我回一步。就这样,这一步好些……

接连几夜,辛辛纳特斯都从墙上听到挖地道的声音,且离他的囚室越来越近。最后墙上出现了一个洞,罗得里格·伊万诺维奇和皮埃尔先生笑着从里面跌跌绊绊地走了出来。直到辛辛纳特斯在皮埃尔先生的坚持下从地道爬到同伴的囚室后,他(跟读者)才发现那个他本该当时就猜到的事实:这个热情的狱友不久将砍下他的头颅。

在辛辛纳特斯周围的人看来,朋友、情人甚至自我都是可以互换的,而辛辛纳特斯却是一个独特的、复杂的个体,有着旁人无法理解的孤独感。辛辛纳特斯所能指望的友谊来自未来的读者,他在狱中写下了有限的沉思:“如果我是在为今天的读者而费力写作,我真的会放弃。”但到小说的结尾,在斩首之后他站了起来,并向“他的亲人”走去,这说明死亡不是孤独,而是获得真正友谊的第一次机会。《斩首之邀》不是生活的直接写照,而是令人难受的——尽管又出奇温柔——喜剧性的梦魇,它旨在砥砺我们对日常现实的感觉。辛辛纳特斯在他的世界中四面受敌,孤立无援,尽管辛辛纳特斯做不到,但这本书却假定有这样一些读者的存在,他们能够理解他表达自我的需要,却不是采用罗得里格·伊万诺维奇和皮埃尔先生那种浅薄的措辞方式。在一个他人视为理所当然的世界里，辛辛纳特斯采取拒绝接受的方式，他揭露了陈词滥调的劣币。

纳博科夫曾说，如果非常仔细地阅读《爱丽斯漫游奇境记》，“就会发现，这部作品在半独立的梦境背后，很有趣地同时暗含着一个非常坚实的、富有感伤色彩的世界”。[11]《斩首之邀》里的那个极其虚假伪劣的世界并不暗含我们这个虚假的世界，而是恰恰相反。我们贫乏的观念能够把一切都变成虚假，纳博科夫的这部作品则给人一种眼花缭乱、精神振奋的体验，是检讨并拒斥庸俗——这部小说将它阐述为虚假的陈词滥调——的一个过程，那种庸俗将导致更多的读者跳起来，怒发冲冠。在他看来，现实远过于人的思想，因此就需要更好的方 415
法来理解它。如果我们终其一生都格外留心，不去简单化地描画世界的轮廓，那么也许在生命终结的时候，我们也就像辛辛纳特斯一样，步入某个更丰饶的世界。

下面就小说的缘起说两句。纳博科夫否认他曾受到卡夫卡的影响，我们似乎没有理由怀疑他的这种否认。他的德语水平尚且不足以勉强读报，读小说就更不用谈了。孩提时代，他曾借助词典查阅过德文的蝴蝶著作，以后在学校里又学了七年的德语。但二十年代初移居柏林时，他

> 感到恐慌，害怕学会流利的德语会损害我宝贵的俄语。还好，语言封闭的任务相对轻松一些，因为我住在一个封闭的流亡圈子里，成天跟俄国朋友打交道，仅阅读俄文报纸、杂志和书籍。我涉足当地语言的机会仅限于跟我接二连三的房东互相问候及

必要的购物活动:Ich möchte etwas Schinken(我要买点火腿)。[12]

纳博科夫后来当然读过卡夫卡,就像读歌德一样,是那种镶边的翻译本。但在1934年,德语以外的广大读者才开始听说卡夫卡的名字。1959年,纳博科夫谈到侨民评论家时说:“他们感到困惑,但又喜欢[《斩首之邀》],他们自认为在书中发现了‘卡夫卡式’的格调。”[13]纳博科夫记错了:侨民作家确实比较过这两部作品,但是在小说第一版发行后很久。在有关小说的连载本(1935—1936)和单行本(1938)的各种评论中,没有一个重要的侨民评论家——那些博览群书、举足轻重的人——提到过卡夫卡的名字,估计他们要么没有读过卡夫卡,要么认为他是无名小辈。在这种批评的沉默中,只有一点例外:1936年巴黎的一次文学读书会上,格奥尔吉·阿达莫维奇问西林是否读过《审判》,他回答说:“没有。”[14]

到了五十年代,人们会很明显地把《斩首之邀》与《审判》进行比较。实际上,纳博科夫与卡夫卡除了各自的独创性外,可比性很小。在卡夫卡那沉重压抑的世界里,约瑟夫·K的叩击越烈,意义之门关起的哐啷声越响。纳博科夫的世界则要轻松许多,刽子手和监狱长萎缩到一边,而辛辛纳特斯则在他的世界里撕开一个洞口,到了另外一个亲人的世界。《斩首之邀》的那个颠三倒四的世界也许与刘易斯·卡罗尔及反面乌托邦传统有些关联——纳博科夫刚刚读过扎米亚金的《我们》法文本[15],当时尚未有俄文本,他使得想象在辛辛纳特斯的
416 世界里成为一种罪行,就像疾病在《乌有乡》里是罪行一样——却与卡夫卡毫无关系。硬是牵强附会,就等于要把哈姆莱特放到普洛斯彼罗的岛上一样。

在英译本的前言中,纳博科夫开玩笑说,唯一影响过《斩首之邀》

的作者是“那位忧郁、夸张、智慧、诙谐、神秘、非常可爱的皮埃尔·德拉朗德,不过这个名字是我杜撰出来的”。不过真正的玩笑却是,纳博科夫在这里所说的差不多就是实情。他在写作《天资》的过程中杜撰了德拉朗德,《斩首之邀》真正源于那部小说的创作。

1934 年的年中,纳博科夫专心致志地写着费奥多尔的《车尔尼雪夫斯基传》。他告诉霍达谢维奇,他认为车尔尼雪夫斯基往往很可笑,但有时也可敬。他将同样的反应赋予了费奥多尔,在《天资》的第三章,他写道:

> 他由衷地敬佩车尔尼雪夫斯基反对死刑的做法,后者曾对诗人茹科夫斯基百般奚落,因为他居然无耻地假扮仁慈、故作崇高地提议,应该在神秘的、隐秘的状态下执行死刑(因为,在公开场合,他说,罪犯会放肆地摆出一脸满不在乎的表情,从而令法律尊严扫地),这样,那些围观绞刑的人就不会看到什么,只能听到帷幕后传来的庄严的宗教圣歌,因为行刑的场面必须能感动人。

在对车尔尼雪夫斯基的研究中,纳博科夫已经注意到俄国刑法制度的残忍荒唐:车尔尼雪夫斯基本人曾被判处死刑,在判决改为流放西伯利亚之前,他被迫经受一次假死刑——陀思妥耶夫斯基曾遭遇过的折磨,现在则提炼为一种怪诞的仪式。纳博科夫接下去写道:

> 读到这些时,费奥多尔想起父亲曾说过的话,每个人天生都对死刑有某种不可逾越的反常感受,就像镜子里那些古怪的颠倒行为,其中每个人都成了左撇子:一切的颠倒对刽子手来说并非全无意义。抢劫犯拉辛被带上绞刑架时,他头上的马轭被颠倒过

> 来;倒给刽子手的酒不是顺手腕斟的,而是反倒的;如果说按照德国斯瓦比亚人的做法,一个受到侮辱的演员可以通过打击侮辱者的**影子**寻求满足,那么在中国,恰恰是演员——一个影子——担当刽子手的职责,可以说,一切责任都被从尘世中提升出来,变成了彻底颠倒的镜子里的行为。[16]

因此,纳博科夫感到这时必须停止《天资》的写作,而立即进入《斩首之邀》的镜子世界,就一点也不奇怪了。

417 写完《车尔尼雪夫斯基传》后,费奥多尔将要在《天资》的最后一章向济娜吐露,他要根据他俩会面的故事创作一部小说——也就是说,《天资》本身——但首先他要翻译一个法国老圣者皮埃尔·德拉朗德的作品。在这一章,他曾几次引用德拉朗德对死亡的优雅的打发。创作《斩首之邀》时,纳博科夫还没有完成《天资》的第五章,但他在头脑里对各个部分的蓝图进行构思琢磨已经一年多。因此,当纳博科夫决定"借"他的句子做《斩首之邀》的卷首语时,德拉朗德已经是一个老朋友,一个熟悉的鞭策人了。他清楚地知道,他要德拉朗德去代表什么,当他在卷首"引用"德拉朗德时,他是再次认真对待看似玩笑的话的:"就像一个疯子自以为是上帝一样,我们每个人都认为自己是会死的。"

三

到这个时候,纳博科夫已经不再做家教了,他菲薄的收入完全来自写作。下列 1934 年的一组数字可以说明问题:

	德国马克
柏林彼得罗波利斯出版社支付的俄文版《暗箱》版税	51.20
《当代纪事》支付俄文小说《绝望》的稿费	233.50
《最新消息》支付小说《循环》的稿费	82.53
《最新消息》支付小说《公布消息》的稿费	43.00
《最新消息》支付小说《俄国佳丽》的稿费	34.19
《最新消息》支付诗歌的稿费	10.00
约翰·隆版《暗箱》与《绝望》的预付稿费(低于代理收入)	250.00
法语版《暗箱》的预付稿费	100.00
瑞典语版《防守》的预付稿费	158.42
捷克语版《暗箱》的预付稿费	103.63
《福斯报》支付的德译本小说版税	50.00
巴黎苏联作家联盟的补助金	40.00
	1156.47[17]

这时纳博科夫在欧洲和美国都有文学代理,他们试图引起出版商的兴趣,翻译或改编他的作品。将电影改编权或翻译权让给捷克或瑞典,也许能够带来一笔可观的额外收入,但无论从艺术角度还是从更长远的经济利益考虑,英文版或法文版更重要。

1934 年末,纳博科夫收到德尼·罗什翻译成法文的《眼睛》。他 418
对译文非常满意,但做了大量细微的订正。1935 年 2 月初,他从罗什那里获知,印刷商直接从清样就把书印成了,不但没有采纳纳博科夫的订正,就连罗什的修改也没有接受。作者“连声叫屈”,但已经太迟了。[18]这一年翻译麻烦不断。

2月中旬，纳博科夫给《最新消息》——这份报纸如今在德国已经被查禁——寄去了一个新的短篇小说《烟雾缭绕》。[19]一个年轻的流亡诗人昏暗中躺在沙发上沉思，他妹妹打断了他的思绪，要他到父亲那里拿几支香烟，他又回到沙发上，内心的激动终于有了结晶，化作一句诗。这篇小说凝练而优美，显然与《天资》研究创作过程有很大关系。一切都交汇在一起：色彩、形状、声音、气味在诗人恍惚的内心世界飘漾，房间里没有点灯，在楼下路灯的映照下朦胧迷离；遥远的记忆，最近的印象，当前的感受，未来的情景，内与外，身与心，自我与他者，个人的梦幻与家庭的紧张，都纷至沓来。小说进入高潮时，过去与现在、第三人称与第一人称来回转换。但随着灵感消逝，我们又回到诗人的内心，能够在他的脉搏里感受到眼前生活的节奏。毫无疑问，喷涌而出的诗情很快就将凋敝，"但没有关系，诗情仍在宣泄流淌，我信赖这一刻的心醉神迷，我泪流满面，幸福在心田上汩汩流淌，我知道，这种幸福是世间的极致"。

4月6日，约瑟夫·赫森在家里为西林举办了一个朗诵会，有一百多人出席，西林朗诵了一些诗歌、小说和最近刚完成的《车尔尼雪夫斯基传》的精彩选段。为了答谢赫森，西林在中旬赫森七十岁生日的庆祝会上致辞，这是他第一次也是最后一次在宴会上致辞。赫森回忆了这个时期的一件事。当时他正在阅读《光荣》，并大声朗读了一段让他神往的文字："不断偷偷地扔葡萄干，是从蛋糕上掰下来的。"纳博科夫立即回答说："是的，那是瓦季姆在扔向达尔文，当时索尼娅刚到剑桥。"赫森很惊讶，为了测试他，又从一百页后挑了一段。"下面这句是哪里的：'在某人的脸颊上，就在眼睛下方，有一根掉落的细细的睫毛'？""当然啦，马丁在注视索尼娅，她正俯身看着电话簿。"他又说对了。赫森问："你是怎么如此准确地记得这些句子的？"纳博科夫说："不是'这些句子’，就是现在，我也差不多能从头到尾口授我的全部小说。”[20]

他母亲发现，他近来写作的小说比以前的作品难把握。她说，可 419
以从象征的角度去理解《斩首之邀》，纳博科夫回信说：“你不要从中寻找任何象征或寓言。它非常真实，符合逻辑，那是最简单的日常现实，不需要任何特别的解释。”他很清醒，他为弟弟基里尔感到担忧，几年前他放弃了阿姆斯特丹的工作，此后什么也没做，只是靠母亲和叶夫根尼娅·霍费尔德供养。下学年，他要进卢万大学。纳博科夫敦促基里尔，应该离开母亲去独自谋生了。基里尔似乎也懂得，艰苦的体力劳动对他来说是最好的锻炼，不能总是“沉在底下”。[21]

四

纳博科夫2月份完成《烟雾缭绕》后，可能在准备《天资》中的许多场景，其中费奥多尔在一阵注意力高度集中的创造活动中沉浮，尤其是第二章，他试图叙述父亲的生平与旅行。1935年年中，在完成费奥多尔的车尔尼雪夫斯基传以后，纳博科夫似乎转向了这一部分的写作。

以后的三年里，纳博科夫的英语水平不断使他分心，常常打断他最优秀的俄语小说的写作。5月，他写信给英语出版商，对《暗箱》的翻译非常不满意：

> 它潦草马虎，不成样子，到处都是错讹，缺少生机活力，如此沉闷、乏味的英文真让我不忍卒读。最痛苦的是，作者对待自己的作品是苦心经营，精益求精，结果到了译者那里，随随便便就把所有的心血付诸东流。[22]

出版商想修订文本，但纳博科夫觉得没有什么希望。不过他又不想失去出版第一个英译本的机会，于是决定不阻拦小说的出版——“如果你们认为目前这样能出版”。[23]

《绝望》在文体上更加复杂，为了不让自己再失望，纳博科夫夫妇一度试图自己寻找译者。薇拉给英国大使馆去电话，问他们是否能推荐译者，“应该是个经验丰富的文人，文体要漂亮”。另一头开玩笑地
420 说：“你们觉得威尔斯怎么样？”薇拉没有听出其中的讥讽，便回答说：“我丈夫可以接受他。”6 月底，她丈夫实际上走得更远，他想自己翻译，只要哈钦森愿意对他英文不够完善的地方进行修正。[24]

在内斯托街 22 号，纳博科夫夫妇和安娜·费金娜雇了一个女佣做饭。尽管他们还想雇一个奶妈或保姆，但负担不起。纳博科夫愉快地担当起了照顾德米特里的任务，还向朋友们展示怎样挤尿布，“手腕向相反的方向优美地一拧”，就像打网球时的反抽动作一样。夏阳朗照时，他会乘公交车带德米特里去格鲁内瓦尔德公园，在树下铺一条毯子，然后看着小家伙找松果。[25]他在那里构思了小说《新遇》（《招募》），回到内斯托街后，他开始写作，7 月底完成了这个作品。[26]

一个老流亡者参加了朋友的葬礼，想起他失去的一切，他的姐姐，他不忠的妻子，国内战争中受折磨的朋友。尽管如此，当他坐在公园的凳子上时，他仍感到心中充满一种稀有的幸福。而旁边那个坐在凳子上读报纸的人就是这个故事的作者，他只是为了小说的一章选中了这个陌生人，那看似真实的过去实际上是他虚构出来的。他想跟这个坐在身旁的陌生人分享创造性的狂喜，但无法肯定是否成功了。事实上，随着这位读报的“作者”逐渐成为焦点，我们发现，他也只是另外一个真实作者的玩偶。这篇小说文笔细腻，它预示着《微暗的火》里那种世界里的世界里的世界的游戏，说明生活尽管鲜活真切，但很可能只

是某种外在力量的创造性想象,它试图将创造的狂喜赋予所有愿意存在的对象。在那种力量之外,也许另又潜伏着一种力量……

也许还可以将这篇小说看作是纳博科夫试图在《天资》中表达的主题的另外一种形式。在《天资》中,费奥多尔在描写父亲的最后一次探险活动时,试图进入父亲的内心,或试图从一个因为儿子去世而失常的朋友眼里去看世界。

晚夏时节,纳博科夫写了一个相当出乎意料的作品,即用英语写的自传片断,谈的是他的幼年时期与英国的关系,这个片断后来成为《说吧,记忆》的第四章(《我的英语教育》)。该片断算是翻译《绝望》之前的一次英文写作练笔,他强调早年与英国的联系,算是为他在英语世界的接受做铺垫。尽管有良好的英语教育背景,但从这个片断的标题《是我》(It is me)看,他面临的困难还很多。“It is me”既不是地道的英文表达“It's me”,也不是昏庸的纯正派认为更地道的“It is I”。[27]不幸的是,这个作品除了这三个单词外什么也没有留下。 421

仿佛是为了奖励他在英语方面的努力似的,《纽约时报书评》发表了一篇关于西林的文章。他写信给母亲说:“《纽约时报》说‘我们这个时代因为一位伟大作家的出现而丰富了’,可我连一条像样的裤子也没有,我也不知道我穿什么去比利时,那里的笔会邀请我去。”他对自己经济状况的描述是“糟糕透顶”,他问格列布·司徒卢威,他是否有机会在英国教俄国文学或法国文学。[28]

9月初,他创作了短篇小说《生活片断》。[29]在纳博科夫的写作生涯中,这是他第一次以女性第一人称口吻叙述一个完整的故事,而且相当成功。一个敏感的女子注定要爱那些只是被抛弃了的男人,而且是那些不如她的妇女踢开的,结果又发现自己再次被人利用了。无意之间,她成了另一个男人的帮凶,后者试图枪杀他的妻子,她刚刚抛弃他跟别的男人走了。女主人公不止一次地发现,她总是会卷入别人龌龊的道德生活中,因为急切地想得到爱情,结果却蒙羞受辱。尽管如此,她依然极力保持善良与尊严,始终怀着希望。在这个故事的外部事件中,纳博科夫寻求的是“稀松平常的小报风味”,但背后却隐藏着他对不可磨灭的精神价值的信心。女主人公的生活也许不幸,甚至怪诞,根本不值得羡慕,但其中仍珍藏着某种令人欢欣的东西。

这篇小说一脱稿,纳博科夫就动手翻译《绝望》,出版商要他在圣诞节前交稿,这是“我第一次认真地尝试……用英文来实现艺术目的,如果可以这样说的话”。[30]那年秋天是最残忍的季节,照顾德米特里“既是一种享受也是一种苦差”,时间紧迫,翻译又纯粹是挑战,真让人心力交瘁。他写信给济娜伊达·沙霍夫斯卡娅说:“翻译自己的作品是件可怕的事,一方面你要仔细打量自己的内脏,另一方面又要像试戴手套一样把它们摘来摘去,我只觉得,再优秀的辞典也不是盟友,而是敌营。”[31]

12 月 29 日凌晨三点,他完成了《绝望》的翻译:“我打开窗子,外面一片漆黑,黑灯瞎火,但不知怎么搞的,却有一种春天的气息。”纳博科夫通过柏林的代理找到一个英国人,想请他检查一些习语的用法是否妥当,这位英国佬脾气很坏,他认为纳博科夫的译稿味道不对。纳博科夫说,译文有些笨拙,但英国佬发现“第一章有些文理不通……便
422 拒绝看下去,说他讨厌这本书。我怀疑,他也许感到奇怪,它兴许不是真正的忏悔录”。*[32]

---

* 滑稽凑巧的是,1979 年的《纽约客》曾就赖纳·维尔纳·法斯宾德的电影版《绝望》做过一个简介,粗心大意地说是根据纳博科夫的“自传体”小说改编的,直到遭受指责才改正。

五

纳博科夫迫切想回到《天资》的写作中去（“我早就预订好了砖头，现在已经过去三年了”），但他首先想重新写好自己的英文回忆文章。他特别想从济娜伊达·沙霍夫斯卡娅那里得到消息，1936 年 1 月底他要去布鲁塞尔，要在那里用法语朗读一个新作。三年前，他就想针对俄国贵族独特的法国亚文化背景写篇文章，现在手头又正忙着一篇关于他的英式幼年的文章——保姆、英国童话和《饶舌者》——他自然想到了他的法国女家庭教师那鲜活的形象。1 月第一周的两三天里，他匆匆完成《O 小姐》。他写得太轻松了，因此有些不敢相信，认为是三流作品。[33]这算是纳博科夫对他法语风格的委婉致歉。纳博科夫的作品后来被收入七星文库，用总编辑莫里斯·库蒂里耶的话说，他是“过于谨慎了，其实他的法语总体上说是相当诗性的，只是有时有点生硬而已”。[34]

又为签证不能准时到达担心一阵后，纳博科夫 1 月中旬动身去了布鲁塞尔、安特卫普和巴黎，去参加文学朗诵会。在布鲁塞尔，他跟济娜伊达·沙霍夫斯卡娅和她丈夫斯维亚托斯拉夫·马列夫斯基-马列维奇待在一起，他渐渐喜欢上了他们。他在那里会见了保罗·菲伦斯和比利时著名小说家弗朗茨·埃伦斯，后者的《上帝的眼睛》纳博科夫几年前曾读得津津有味。埃伦斯戴着单片眼镜，鹰钩鼻，是比利时议会图书馆馆长，娶了一位俄国太太，纳博科夫跟他一见如故。[35]

纳博科夫曾请济娜伊达·沙霍夫斯卡娅照顾基里尔（“小伙子很不错，就是……有些孩子气，头脑简单，愣头青”），他后来欣慰地发现，弟弟变得好多了。他开始想念德米特里，关切地给薇拉写信说：“我想,我不在的时候,他又学了一些新词吧。”他重新整理《O小姐》,仍担心观众会觉得冗长、乏味。相反,1月24日笔会举办的晚会非常成功,只是人数少了些。埃伦斯建议他把稿子交给让·波扬,争取在《新法兰西评论》上发表。[36]

1月26日,比利时的俄国犹太人俱乐部在布鲁塞尔安排了一个晚会。在许多观众面前,他朗诵了诗歌,短篇小说《流言》和《斩首之邀》
423 的最后三章。听众的反应很好,他觉得可以在巴黎再朗读一次。第二天晚上,他用俄语为安特卫普的俄国人又朗诵了一次(《昆虫采集家》),但他觉得很乏味,尽管别人表演了魔术,仍然无济于事。[37]

六

两天后,西林到了巴黎。他从北方车站直奔凡尔赛大街130号,丰达明斯基在自己宽敞的新寓所里给他安排了一个舒适的房间(丰达明斯基太太已于去年去世)。七点半,他刚坐下跟丰达明斯基和津济诺夫谈话,蒲宁就进来了。他喝得醉醺醺的,鼻子嘟囔着,不管西林怎么坚决反对,还是把他拖进了一家餐馆。第二天纳博科夫给家里写信说:

> 起初我们的谈话很乏味,我想主要是由于我的缘故。我又累又烦,事事不开心。他点花尾榛鸡时的那种架势,他说话的那种腔调,他的那些下流的小笑话,侍者那副奴颜婢膝的样子,都让我生气。后来他向阿尔达诺夫抱怨说,我一直都心不在焉。我已经很久没有像跟他出去吃饭这样生气过了。但最后以及后来我们走到街上时,友谊的火花又星星点点地迸发了出来。我们走进了

> 和平咖啡馆，胖乎乎的阿尔达诺夫已经在那里等我们，情绪顿时就兴奋起来了。我在那里还跟霍达谢维奇交谈了几分钟，他面色发黄。蒲宁恨他……阿尔达诺夫说，当蒲宁跟我交谈对视时，整个就像两部摄影机在转。[38]

《说吧，记忆》在描述这件事时，只是讲到那天晚上的初痛和余味，这破坏了他和蒲宁以后的关系，却没有提到和平咖啡馆气氛缓和的事。根据后来的这段回忆，他们晚饭结束时双方都已十分厌倦，可蒲宁对此坚决予以否认，甚至包括两人共进晚餐的事。蒲宁以说话刻薄著称，他对纳博科夫说："你会在极度的痛苦和彻底的孤独中死去。"（在另外一个场合，蒲宁抱怨说，纳博科夫不够开放，或者用纳博科夫的话说："我没有把我的灵魂洒在肉饼上。"）[39]他们离开餐馆后，发生了一件滑稽的事，衣帽间的服务生把纳博科夫的羊毛围巾塞错了袖孔，蒲宁只好从自己的大衣袖口里把它掏出来。

> 那物事一寸一寸地抽出来，就像解开木乃伊身上的裹布似
> 的。整个过程中，我们彼此不停地慢慢转圈，街头三个妓女看到 424
> 了，咯咯地笑个不停。弄好后，我们继续往前走，大家一声不吭，到了街角，我们握了握手，就分开了。后来我们也常见面，但总是跟其他人在一起……蒲宁和我说话时都喜欢开玩笑，但又都很压抑，那是美式"玩笑"的俄国变种，这使得我们之间无法进行真正的交流。[40]

纳博科夫来巴黎是要跟霍达谢维奇共同举办一个朗诵会，后者穷困潦倒，身体每况愈下。在给朗诵会做宣传时，《最新消息》把霍达谢

维奇的名字印得很小，而纳博科夫的则很大（霍达谢维奇在巴黎《复兴》日报主持一个专栏，该报是《最新消息》的对手，双方经常对攻），纳博科夫很生气，他要《最新消息》在他们的宣传方面一视同仁。[41]

朗诵会于2月8日举行，地点仍在拉卡斯路，大厅仍是挤满了人，还有不少加座。听众还在不断地涌入，霍达谢维奇开始了。霍达谢维奇是杰尔查文和普希金时代的诗歌研究专家，他的发言让听众大为震惊。他说，他发现了迄今为止人们尚不知晓的瓦西里·特拉夫尼科夫的作品，后者比普希金大十四岁，早在普希金这位诗歌前辈之前，他已经开始"自觉地反对文学的矫揉造作和陈规陋习，那是十八世纪"给十九世纪的"一笔宝贵遗产"。[42]霍达谢维奇引用了很少的关于特拉夫尼科夫的生平材料和一些作品片断，这令那些关心俄国文学的听众兴奋不已。从那天晚上的表现看，霍达谢维奇与西林真可谓臭味相投，他们都是文学面具的杰出制造者，因为西林知道，特拉夫尼科夫的故事是骗人的把戏，不知情的人谁也没有料到这一点。

西林的嗓子很疼，他在吃着润喉糖，旁边坐的是蒲宁。蒲宁怕冷，大衣、帽子穿戴得好好的，还把鼻子埋在衣领里。下半场西林登台了，他朗读了三篇小说：《俄国佳丽》《未知地区》和《宣布消息》。晚会很成功，一位评论员说，面对那些否定流亡文学成就的说法，这样的晚会足以驳倒它们，他认为，西林是整个侨民文学的捍卫者。[43]

朗诵会结束后，一大帮作家、朋友又去喷泉咖啡馆喝香槟酒，阿尔达诺夫、别尔别罗娃、蒲宁、霍达谢维奇、西林、威德尔坐一桌，丰达明
425 斯基和津济诺夫在旁边。当话题涉及托尔斯泰的《塞瓦斯托波尔故事》时，西林说他从没有读过那部少作（事实上，托尔斯泰写那些故事时已经二十八岁）。蒲宁结结巴巴地表示愤慨。阿尔达诺夫曾效仿过《战争与和平》，他叫道："你这是在鄙视我们大家！"霍达谢维奇只是

笑笑，说他不相信。当晚另一个时候，在另一种情绪下，阿尔达诺夫以俄国人特有的激动口吻欢呼说，西林是最伟大的流亡作家，并要蒲宁将他的图章戒指送给纳博科夫，以表明他更胜一筹。蒲宁迟疑不决。[44]

西林在巴黎期间，霍达谢维奇邀请他去做客，这位身心俱疲的诗人几个月后跟一个朋友说，西林是他一年里唯一邀请过的朋友。西林还拜访过一个叫多斯托基扬的人，他希望后者能对他的一个电影构思《神奇的旅馆》感兴趣（这也许是《塞巴斯蒂安·奈特的真实生活》中《棱镜之棱》的先导，在那个作品中，曾发生过凶杀案的寄宿公寓化作了一间乡村的屋子，后又变了回来）。他被安排（“不是我想要的”）与批评家埃德蒙·雅卢见面，后者“完全是个二流评论家，但影响很大”。他拜访卡明卡夫妇，基扬准采夫一家，赖萨·塔塔里诺娃；他见到了克伦斯基、苔菲和拉金斯基。[45]他去看过露西·莱昂·诺埃尔，她是他的剑桥朋友亚历山大·波尼佐夫斯基的妹妹，纳博科夫1920年起就认识她。她丈夫保罗·莱昂提出来，将纳博科夫介绍给自己的密友乔伊斯，这一安排很对纳博科夫的口味，但又反复叮嘱，该说什么、不该说什么，于是纳博科夫跟保罗说他很忙，这样的见面没有什么意义。他写信给薇拉说：

> 乔伊斯跟普鲁斯特只碰巧见过一次。普鲁斯特和他一起乘出租车，前者刚把窗子关上，后者又把窗子摇下来，两人差点吵起来。而且不管怎么说，他［正在创作的］那些新东西总的说来相当乏味，抽象的双关语、语言的假面舞会、词语的阴影、词语的疾病……最后风趣沉在理性的后面，日落时分的天空虽然让人陶醉，但跟着就是黑夜。[46]

2月15日，一次诗人晚会上，西林跟阿达莫维奇、别尔别罗娃、蒲宁、吉皮乌斯、霍达谢维奇、伊万诺夫、梅列日科夫斯基、奥多耶夫采娃、斯莫连斯基和茨维塔耶娃一起出席。自1923年那些让人欣喜若狂的日子以后，这样整齐的阵容如今在柏林是不可想象的。他承认，他试图粗暴地对待阿达莫维奇，可能是当阿达莫维奇指出《斩首之邀》在模仿卡夫卡的时候。[47]

《O小姐》在布鲁塞尔非常成功，人们请纳博科夫再去给那里的俄国犹太人俱乐部朗诵一次。他没有时间办签证，津济诺夫告诉他，以
426 前社会革命党的恐怖分子经常偷偷地从法国去比利时，他们在沙勒罗瓦下车，从那里的地下车站穿过铁轨，然后乘地铁直接去布鲁塞尔，那里从不查护照。西林2月16日离开巴黎，发现旧的计策仍然管用。[48]他在那里朗读了自己的小说，两天后又回到巴黎。通过加布里埃尔·马塞尔的引荐，2月25日，"著名俄国小说家纳博科夫-西林"在里德尔夫人高雅的沙龙里朗读了《O小姐》。朗诵会特别成功，让·波扬迫切想将这个作品交给新的杂志《测量》。[49]

七

在巴黎度过了特别愉快的一个月后，纳博科夫2月29日回到了柏林。家里有几封来自代理人的信件。尼娜·别尔别罗娃最近又想给他推荐代理人，他谢绝了，说：

> 我的代理人比读者还要多，我生活中的商务活动是由无数无望的备选人组成的，这些人员的分布情况很复杂。如果把所有的男男女女都召集到一起，那就成了一个大型国际医院——因为很

> 奇怪的是，第一阵热情的电报之后，接着就是神秘的沉默，后来你如果问他们，得到的解释往往是“病了”。光是我的那些女译者，就足以在松树林里给她们盖个小医院。[50]

在柏林安顿下来后，纳博科夫又开始写作《天资》。[51]这时他已经完成第四章《车尔尼雪夫斯基传》，可能还有第二章的初稿，是费奥多尔叙述他父亲去中亚旅行的事。小说还有一个部分需要特别处理，即构成费奥多尔第一部著作的那些精致的诗歌，在第一章，我们从他身后瞄过一眼。这些诗歌是这位年轻作家真实意图的反映，他要探索童年的幽邃奥秘，探索那神秘的黑暗，他意识的光亮就是从中浮现出来的。纳博科夫希望通过这些精巧不过有些生脆的诗歌能证明费奥多尔的天资，同时表明他早期的技法还有局限。

4 月，纳博科夫暂时放下《天资》，去写作《菲雅尔塔的春天》。[52]一个流亡者叙述了他在海滨度假胜地菲雅尔塔（亚德里亚海边的阜姆和黑海边的雅尔塔的混合）与一个迷人的女子偶遇的故事，这个女子像耀眼而又让人头晕目眩的彗星一样掠过他的生活。他重温了他跟她超过十五年的那整个异乎寻常的关系。1917 年的一天夜里，尼娜第一次慷慨地吻他，此前他们甚至没有说过一句话，瓦西里（英译本里的维克多）知道，她在情感事务方面非常随便，可他们的见面总是很短 427
暂、偶然，除了一次以外，都无果而终。想起过去无数次的相逢与分别，瓦西里深情难遣，他告诉她，他爱她，可看到她皱眉，他又把话收回。半个小时后，尼娜跟丈夫驱车离开菲雅尔塔，汽车与马戏团的卡车相撞，尼娜丧生了。

在《天资》中，命运一次又一次地撮合一对青年，最后当他们彼此发现后，他们将会相恋，结婚。《菲雅尔塔的春天》则似乎故意唱反调，命运在这里一次又一次安排尼娜和瓦西里相遇，但每次只是要把结果拦截。他们之间若即若离的关系保持了很久，除了短暂的偶然相遇，中间几乎一片空白，但就是这样的关系却有自身的魅力。

瓦西里曾忆起在一个大火车站与尼娜相遇的情景，在那种生机勃勃的气氛中，“每个事物都好像在别的事物边缘颤抖着”。这句话可以用于小说的每个方面：比如菲雅尔塔的天气，铅灰色的天空下的雨差不多像是出的汗；比如当下的力量，它总是迫使瓦西里的思绪迅速回到过去；比如尼娜，虽然近在咫尺，但总远隔天涯，虽非刻骨铭心，但总挥之不去；比如小说独特而丰富的文体风格，尽管瓦西里叙述时想象力如脱缰之马，但小说世界依然十分繁密、厚实、广大；比如那纷繁杂沓的**生活**，最后都随尼娜的死亡瞬间化为乌有。纳博科夫从未像现在这样出色地去表现时间的翻云覆雨，他从未像这样把生动、迷人的人力与时间的安排搭配起来，因此《菲雅尔塔的春天》一直是他最喜爱的一篇小说，也就不奇怪了。

如今德米特里已经两岁，可以东奔西跑、打打闹闹了，家人骂他是个十足的小流氓；薇拉也可以再次自由地去上班了。让人惊奇的是，尽管希特勒已经掌权三年，但薇拉还能找到一份工作，在一家名叫鲁茨-施派歇尔的工程公司处理外方函件。这个工作维持了三个月，其间她还打一些零工，直到那个奥地利的纳粹工程师把那些犹太老板挤走，犹太出身的薇拉也被辞退。[53]

1936 年 5 月，比斯库普斯基将军成功受雇为希特勒移民事务部的负责人，他是一个右翼阴谋家，整个侨民界都对他深恶痛绝。[54] 在选副手时，他恰恰选中了谢尔盖·塔博里茨基，当年刺杀弗·德·纳博
428 科夫的凶手。纳博科夫的反应很迅速，立即给哈佛大学的历史学家卡尔波维奇写信，1932 年他们在布拉格结识。他描述了自己贫困的处

境,说愿意在美国任何一所大学教俄国文学,如果不行就教法国文学,不管地方多么偏僻。[55]但无论是政治还是贫穷都没有使纳博科夫的家庭生活陷于混乱。纳博科夫的传记作家安德鲁·费尔得过于强调他们的贫困生活——纳博科夫夫妇在回忆时却轻视这个问题,他们知道,他们能活下去——纳博科夫不同意他的看法,认为应该这样写:

> 虽然也许没有足够的钱去买汽车、毛皮大衣、钻石以及其他奢侈品,但纳博科夫夫妇始终能负担得起干净、舒适的住所,伙食也不错,还有足够一个宝宝喝的鲜橙汁。[56]

按照《说吧,记忆》的说法,那等于是每天一打鲜橙汁,因为德米特里在两到五岁之间禁止喝任何奶品。纳博科夫说:"威尔斯有一篇小说叫《琼浆玉液》,德米特里可能就是其中一个主人公。"这个孩子实际上长得很快,当父亲在布鲁塞尔展示他二十个月大的儿子的照片时,一个妇女说:"他差不多五岁吧!"[57]

贫困对父母来说意味着要节衣缩食,对儿子却没有什么影响。富裕的朋友也会帮忙,德米特里两岁生日时,他们给他买了一辆四英尺长的银色梅赛德斯脚踏汽车,赛车款式——他未来法拉利和阿尔法·罗密欧的先导——在选帝侯大街的人行道上,他很快就学会了驾驶,而且派头十足。纳博科夫从未学会开车,但始终热爱运动诗学——自行车,火车,想象中的飞行——每当天气晴好的时候,他会在早晨九点到十二点四十五分之间跟德米特里一起出去溜达。他惊奇地发现,德米特里会本能地注意电车站、跨在铁轨上的信号架或停在路边的卡车,所幸的是,这一带到处都是车库、各式各样的机器。[58]

可能是在1936年的暮春和夏天,纳博科夫将他有关早年与英国关系的描述扩展成了一本小书。[59] 他最近已经写过他的英语教育和法语教育，《O 小姐》说明，他对人与事的描绘对他具有重要意义，而不只是对别人很重要。他在布鲁塞尔的堂弟谢尔盖是一个热情高昂的系谱学家，曾向他展示他们的先祖、作曲家格劳恩的一幅镌版肖像，还有其他许多的家族信息。过去几年，纳博科夫一直在《天资》里构思一个作家心灵的全部生活（车尔尼雪夫斯基传），一个很容易让人想起维
429 拉的家庭肖像，一个追踪作家自我与艺术发展道路的虚构性自传。他在创作诗歌、让费奥多尔去捕捉意识诞生的过程时，也在观察着儿子内心的激动。他在《说吧，记忆》中指出，虽然他的大部分自传是在 1947 年至 1950 年间才写成的，但章节的顺序安排 1936 年就已经确定了，那是在安放《O 小姐》这块奠基石的时候。[60] 要理解《说吧，记忆》的外在结构很简单，开头是纳博科夫本人意识的醒觉，结尾是儿子同样的奇迹。

1936 年的自传显然已经有三四章，是他最初艰苦地用英文写作的明证，但可惜什么也没有留下来。1936 年至 1938 年间，纳博科夫的通信中不断出现种种撩人的标题："是我"，"伊丽莎白"，"我的英国太太"，"英国游戏在俄国"，"回忆录"，"一个俄国人的早年英国情愫"。有些标题是章节标题，有些可能是书名，有些也许是同一对象的不同名称，但遗憾的是，除此以外再也发现不了什么了。

纳博科夫的过去给了他一点意外之财。几年前，德国法院开始清理赠与的财产问题，纳博科夫的一个堂兄弟要他留意一份通告，那是寻找他们先祖格劳恩家产权利要求人的通告。1936 年 6 月，纳博科夫继承了他的份额，那笔收入——一千德国马克——是他全年收入的一半，多亏了这笔意外之财，不然那年日子会过得很紧。他想在晚秋时节去比利时乡下度假，夏天的价格太贵了，或者他们可以永远移居那

里，但欲望似乎并不迫切。结果，薇拉和德米特里在10月初去莱比锡过了十天，跟安娜·费金娜的表妹住在一起，而弗拉基米尔仍待在柏林。[61]

八

经过三年半的准备，《天资》大部分难对付的章节都已有了草稿，纳博科夫现在可以从头到尾把小说写出来了。1936年8月23日，他开始写第一章，在极其狂乱的修改稿中插入了费奥多尔干净整齐的诗歌。他怀着巨大的热情创作这部小说，笔耕不辍，手很快就疼了起来。[62]

与此同时，英国那边的事务正慢慢活跃起来。纳博科夫直到4月初才将《绝望》的译稿交给出版商，拖了很久后，哈钦森公司告诉他，它们没有任何出版打算，读者不太热情，“尤其是对你的翻译”。纳博科 430
夫回信说，问题不在于翻译，而是书的原创性，或者换一个说法（他更加机智了），问题在于哈钦森的约翰·隆出版物给人的印象，它只出版廉价的通俗小说，因此像《绝望》这样的作品甚至还没有《暗箱》更合适呢。[63]当哈钦森最后决定出版时，纳博科夫请格列布·司徒卢威找人帮他润色一下英文翻译。司徒卢威推荐了一个学生，摩莉·卡彭特-李。初秋，纳博科夫把译稿给了她，并开玩笑说，她得在书中仔细搜查“寻找分裂不定式”。[64]

一个月后，哈钦森准备把《绝望》列入约翰·隆的书目中，纳博科夫再次抱怨说，在那家公司，他的书就像“鹤立鸡群”。没有用，哈钦森继续照计划执行。因为目标受众搞错了，《绝望》像当初《暗箱》一样很快就湮没无闻了。纳博科夫从这两本书预支的稿费很可怜，每本才四十英镑，但跟书的命运相比，他还算幸运，毕竟还有几个英镑在手呢。[65]

九

1936年9月，比斯库普斯基将军要对德国的所有俄国侨民进行登记。登记容易逃过去，但这个动作可不是好兆头。以后的十二周里，纳博科夫着手寻找多少跟文学有关的工作，不管哪里，只要是英语世界就行。他写信给阿尔达诺夫的朋友，加利福尼亚大学的亚历山大·考恩。他问卡彭特-李，司徒卢威没有获得的剑桥教席究竟是怎么回事。[66]虽然他的信件都是在专制政权下寄出去的，自然会小心翼翼，避而不谈政治问题，但披露了许多其他方面的隐情。在向耶鲁大学考古学家和前立宪民主党人米哈伊尔·罗斯托夫采夫求援时，纳博科夫写道：

> 我现在生计艰难，得找一个工作，不管是什么。我的文学收入微不足道，连自己都养不活，何况妻子、儿子，至于处境糟糕的母亲就更不用说了，实际上全家都需要我……我不能再指望其他额外收入。总之……我境况危急。

他又补充说，他一直想在英国或美国教俄语，又把跟卡尔波维奇
431 的话再说了一遍，说他准备在任何一所偏僻大学任教，如果需要，他甚至可以教法语。[67]在给著名的斯拉夫学者伯纳德·佩尔斯（他过去非常崇拜弗·德·纳博科夫）的信中，纳博科夫写道：

> 我从未料到，我的经济境况会落到这等地步，我总以为，随着

时间的推移,我的小说译本会帮助我维持生计。现在看来错了,我的文学收入菲薄得很,绝对无法支撑最简朴的日子,我写得越好,我的名气在评论家中间越大,我的书翻译起来就越困难。因此,我渴望找到一份跟学术有关的工作,以便养活我的小家庭。任何工作都行——做个教师,或跟出版社相关的活儿(也许,我出色的法语能够派上用场?)——不管做什么,不管在哪里——英国不行就美国,加拿大,印度或南非。我真的觉得,我在英语国家能发挥点用处——不幸的是,我无法指望在这儿找到任何工作。[68]

纳博科夫一直计划再在法国和比利时举行一次朗诵会,并朦胧地将这一趟行程与彻底离开柏林联系在一起。原计划是 12 月下旬,临行前数周巴黎方面又将这次行程推迟了。这时《天资》的第一章已经脱稿,他计划在俄国听众面前朗诵这一部分。这次他还事先为法国听众准备了礼物,那是一篇关于普希金的文章,1937 年 1 月是普希金逝世一百周年的纪念月。这篇文章深入思考了生活的艺术性问题——用纳博科夫的话说就是,“欢庆的思想在普希金的天鹅绒背景上举行的焰火表演”——预示着《天资》了不起的第五章的格调,那一章碰巧是以对普希金的献礼而结束的。[69]戈培尔挖空心思,要把文化纳粹化,但这丝毫无损于纳博科夫的信仰,他相信,生活背后隐藏着深刻的、真正的艺术性,这使他能够永远不受周围那些粗制滥造、花里胡哨的劣作的污染。

1937 年 1 月 18 日,他离开柏林,去布鲁塞尔、巴黎和伦敦,他要用俄语、法语和英语去朗诵,他还想为他的家庭寻找新的未来,只要从俄国带出来的这三种语言能给他一方新的庇护地就行。[70]此后,他将不再涉足德国土地一步。

注释

［1］《坚决的意见》，页 68；日期见手稿，国会图书馆纳博科夫档案。1986 年，尼基塔・司徒卢威荒谬地将小说《可卡因传奇》（*Roman s kokainom*）归在纳博科夫名下，后者有部分章节最初发表于 1934 年年中，实际上是由一个不知名的"M. 阿格耶夫"（马克・莱维）写的。这部小说的背景是莫斯科（纳博科夫从未去过），作者过去是个瘾君子（纳博科夫讨厌毒品），尽管有才能，但与纳博科夫的风格并不相同，而且其时纳博科夫正忙于《车尔尼雪夫斯基传》和《斩首之邀》的创作活动。《数目》刊登《可卡因传奇》第一部分后，纳博科夫给霍达谢维奇写信（1934 年 7 月 24 日，耶鲁大学拜内克图书馆），将整个杂志的风格喻为俄国流亡期刊上庸俗的托卡龙美容霜市场开发活动，制造商宣称，它能去除黑头粉刺（关于两次广告，参见我的信件，《泰晤士报文学增刊》，1987 年 3 月 6 日）。到 1934 年，纳博科夫和霍达谢维奇已经非常熟悉，他们都喜欢跟侨民界的文学对手玩一些恶作剧，包括《数目》的编辑，但彼此都知道内情。即使纳博科夫写过《可卡因传奇》，却又出于某种奇怪的原因不让妻子和霍达谢维奇知道，他的尊严也不会让他去用托卡龙的油彩，不管他多么迫切想掩盖自己的写作身份。

［2］纳博科夫致格列布・司徒卢威，1934 年 7 月 30 日，斯坦福大学胡佛研究所。

［3］发表于《最新消息》，1934 年 8 月 18 日；重印，《眼睛》；西蒙・卡尔林斯基和纳博科夫译，《〈俄国佳丽〉及其他》。

［4］纳博科夫致霍达谢维奇，1934 年 7 月 24 日，耶鲁大学拜内克图书馆。

［5］纳博科夫致瓦季姆・鲁德涅夫，1934 年 6 月 11 日，伊利诺伊大学图书馆，厄巴纳；纳博科夫致叶连娜・纳博科娃，1934 年 8 月 13、24 日，蒙特勒纳博科夫档案；纳博科夫致济娜伊达・沙霍夫斯卡娅，1934 年 9 月 15 日，国会图书馆沙霍夫斯科依档案。

［6］纳博科夫致叶连娜・纳博科娃，9 月 14 日，致鲁德涅夫，1934 年 12 月27 日，蒙特勒纳博科夫档案；纳博科夫致鲁德涅夫，1934 年 11 月 25 日，厄巴纳。

［7］纳博科夫致鲁德涅夫，1934 年 12 月 27 日。

［8］发表于《当代纪事》58—60 期（1935 年 6 月—1936 年 2 月）；书籍形式，巴黎书屋，1938；德米特里·纳博科夫和纳博科夫译，纽约：普特南，1959。

［9］《〈斩首之邀〉：纳博科夫与政治艺术》，《三季》17 期（1970），页 46。关于这部小说的不同理解，参见 D. 巴顿·约翰逊，《后退的世界：纳博科夫的几部小说》，第一部分，第五部分。

［10］《尼古拉·果戈理》，页 68；《纳博科夫—威尔逊通信集》，页 33；《三季》17 期（1970），页 56。

［11］《坚决的意见》，页 184。

［12］《坚决的意见》，页 189。

［13］《斩首之邀》，页 6。

［14］薇拉·纳博科娃致费尔得，1965 年 12 月 11 日，蒙特勒纳博科夫档案。M. 比德·博依基曼试图证明《斩首之邀》受到卡夫卡的影响，但却没有具体证据。她似乎想证明纳博科夫必定非常熟悉卡夫卡的作品，她说，流亡评论家弗·威德尔在 1936 年的一本书中对“卡夫卡进行了深入的批评”——可却没有注意到，《斩首之邀》两年前就已写好（《〈斩首之邀〉与卡夫卡的许多影子》，见于利弗斯和尼科尔编，《纳博科夫的第五弧》，页 105—124）。

［15］纳博科夫致格列布·司徒卢威，1932 年 12 月 2 日，斯坦福大学胡佛研究所。

［16］《天资》，页 215。

［17］纳博科夫致柏林市政厅，1935 年 4 月 10 日，国会图书馆纳博科夫档案。

［18］纳博科夫致德尼·罗什，1935 年 2 月 10 日，致杜西娅·埃尔加兹，1951 年 10 月 30 日，蒙特勒纳博科夫档案。

［19］发表于《最新消息》，1935 年 3 月 3 日；重印，《菲雅尔塔的春天》；德米特里·纳博科夫和纳博科夫译，《三季》27 期（1973），重印，《〈俄国佳丽〉及其他》。

［20］《复兴》,1935 年 4 月 4 日;安纳托利 · 斯泰格致济娜伊达 · 沙霍夫斯卡娅,1935 年 7 月 5 日,见济娜伊达 · 沙霍夫斯卡娅,《反映》(巴黎:YMCA,1975),页 88;赫森,《流亡岁月》,页 94—96,页 104—105。

［21］纳博科夫致叶连娜 · 纳博科娃,1935 年 3 月 9 日,4 月 23 日,致基里尔 · 纳博科夫,1935 年 4 月左右,蒙特勒纳博科夫档案。

［22］纳博科夫致哈钦森公司,1935 年 5 月 22 日;《1940—1977 年书信选》,页 13。

［23］纳博科夫致哈钦森公司,1935 年 6 月 14 日,蒙特勒纳博科夫档案。

［24］费尔得,《纳博科夫:部分生平》,页 206;博伊德采访薇拉 · 纳博科娃,1982 年 6 月;纳博科夫致哈钦森,1935 年 6 月 27 日,蒙特勒纳博科夫档案。

［25］费尔得,《VN:弗 · 纳博科夫的生活与艺术》,页 175;博伊德采访伊丽娜 · 科马罗弗,1983 年 3 月,采访薇拉 · 纳博科娃,1981 年 12 月;纳博科夫致叶连娜 · 纳博科娃,1935 年 7 月 23 日,蒙特勒纳博科夫档案。

［26］发表于《最新消息》,1935 年 8 月 18 日;重印,《菲雅尔塔的春天》;德米特里 · 纳博科夫和纳博科夫译,《〈毁灭的暴君〉及其他》。

［27］纳博科夫致埃伦 · 莱德琉斯,1935 年 11 月 5 日,致薇拉 · 纳博科娃,1936 年 2 月 2 日,C. 哈钦森致纳博科夫,1937 年 3 月 17 日,蒙特勒纳博科夫档案。

［28］纳博科夫致叶连娜 · 纳博科娃,1935 年 9 月 8 日,蒙特勒纳博科夫档案;《纽约时报书评》,1935 年 8 月 18 日;纳博科夫致格列布 · 司徒卢威,1935 年 8 月 13 日,斯坦福大学胡佛研究所。

［29］发表于《最新消息》,1935 年 9 月 22 日;重印,《眼睛》;德米特里 · 纳博科夫和纳博科夫译,《〈黄昏小景〉及其他》。

［30］纳博科夫致叶连娜 · 纳博科娃,1935 年 9 月 8 日,蒙特勒纳博科夫档案;《绝望》,页 7。

［31］弗拉基米尔和薇拉 · 纳博科夫致叶连娜 · 纳博科娃,1935 年 10 月 3 日,蒙特勒纳博科夫档案;纳博科夫致济娜伊达 · 沙霍夫斯卡娅,1935

年10月左右,国会图书馆沙霍夫斯科依档案。

［32］纳博科夫致叶连娜·纳博科娃,1935年12月29日,蒙特勒纳博科夫档案;《绝望》,页7。

［33］纳博科夫致叶连娜·纳博科娃,1935年12月29日,蒙特勒纳博科夫档案;致济娜伊达·沙霍夫斯卡娅,1935年12月29日,1936年3月左右,国会图书馆沙霍夫斯科依档案。

［34］《著名作家与儿童》,《西克诺斯》,10∶1(1993),页47—54,页49。

［35］纳博科夫致济娜伊达·沙霍夫斯卡娅,1936年1月9日,2月2日,国会图书馆沙霍夫斯科依档案;纳博科夫致薇拉·纳博科娃,1936年1月20日,致叶连娜·纳博科娃,1936年3月23日,蒙特勒纳博科夫档案;《坚决的意见》,页174—175。

［36］纳博科夫致济娜伊达·沙霍夫斯卡娅,1935年10月左右,国会图书馆沙霍夫斯科依档案;致薇拉·纳博科娃,1936年1月20、27日,蒙特勒纳博科夫档案。

［37］纳博科夫致薇拉·纳博科娃,1936年1月27、30日,蒙特勒纳博科夫档案。

［38］纳博科夫致薇拉·纳博科娃,1936年1月30日,蒙特勒纳博科夫档案;纳博科夫致济娜伊达·沙霍夫斯卡娅,1936年2月2日,国会图书馆沙霍夫斯科依档案。

［39］《新杂志》155期(1984),页132;《说吧,记忆》,页286;纳博科夫致罗曼·格林伯格,1944年12月16日,哥伦比亚大学巴赫梅捷夫档案馆。

［40］《说吧,记忆》,页286—287。

［41］纳博科夫致薇拉·纳博科娃,1936年2月1日;参见费尔得,《纳博科夫:部分生平》,页193。

［42］约翰·马尔姆斯塔德为霍达谢维奇作序,《杰尔查文》(慕尼黑:威尔海姆·芬克,1975),页v。

［43］费尔得,《纳博科夫:部分生平》,页193;纳博科夫致叶连娜·纳博科娃,1936年3月23日,蒙特勒纳博科夫档案;M.,《复兴》,1936年2月13日。

［44］别尔别罗娃,《新杂志》57 期(1959),页 114—115;别尔别罗娃,《三季》17 期(1970),页 225;费尔得,《纳博科夫:部分生平》,页 193—194。参见亚历山大·巴克拉克,《根据回忆,根据笔记》,页 101。

［45］维什尼亚克,《当代纪事》,页 213;纳博科夫致薇拉·纳博科娃,1936 年 1 月 30 日—2 月 27 日;费尔得,《纳博科夫:部分生平》,页 209。

［46］纳博科夫致薇拉·纳博科娃,1936 年 2 月 24 日,蒙特勒纳博科夫档案。

［47］《复兴》,1936 年 2 月 13 日;纳博科夫致叶连娜·纳博科娃,1936 年 3 月 23 日,薇拉·纳博科娃致费尔得,1965 年 12 月 11 日,蒙特勒纳博科夫档案。

［48］罗伯特·休斯采访纳博科夫,1965 年 9 月,蒙特勒纳博科夫档案打印稿。费尔得在《纳博科夫:部分生平》页 195 试图将沙勒罗瓦的历险看作是从德国去比利时途中发生的。

［49］邀请函,蒙特勒纳博科夫档案;纳博科夫致薇拉·纳博科娃,1936 年 2 月 27 日。

［50］纳博科夫致格列布·司徒卢威,1936 年 3 月 15 日,致尼娜·别尔别罗娃,没有日期,斯坦福大学胡佛研究所;纳博科夫致阿尔塔格拉齐亚·德·扬尼利,1936 年 3 月 2 日,国会图书馆纳博科夫档案。

［51］纳博科夫致格列布·司徒卢威,1936 年 3 月 15 日,斯坦福大学胡佛研究所。

［52］日期见纳博科夫致济娜伊达·沙霍夫斯卡娅,1936 年 4 月 30 日,国会图书馆沙霍夫斯科依档案;最初发表于《当代纪事》61 期(1936 年 7 月);重印,《菲雅尔塔的春天》;翻译成《竖琴师的集市》,1947 年 5 月,重译,《纳博科夫十二篇》。

［53］纳博科夫致叶连娜·纳博科娃,1935 年 2 月 26 日,蒙特勒纳博科夫档案;纳博科夫致济娜伊达·沙霍夫斯卡娅,1935 年 4 月 12 日,国会图书馆沙霍夫斯科依档案;薇拉·纳博科娃致 A. A. 戈登魏泽,1958 年 5 月 22 日,1957 年 6 月 3 日,1967 年 3 月 6 日,哥伦比亚大学巴赫梅捷夫档案馆。

［54］罗伯特·威廉斯,《流亡文化》,页 348。

［55］纳博科夫致卡尔波维奇,1936 年 5 月 24 日,哥伦比亚大学巴赫梅捷夫档案馆。

［56］1973 年 2 月 20 日纳博科夫致费尔得笔记未刊稿。

［57］《说吧,记忆》,页 299;1973 年 2 月 20 日纳博科夫致费尔得笔记未刊稿;纳博科夫致薇拉 · 纳博科娃,1936 年 1 月 20 日,蒙特勒纳博科夫档案。

［58］《说吧,记忆》,页 300;纳博科夫致叶连娜 · 纳博科娃,1936 年 4 月26 日,6 月 17 日,蒙特勒纳博科夫档案;德米特里 · 纳博科夫,《侥幸脱险与梦的实现:私人杂志条目选》,页 300。

［59］1935 年末,他告诉母亲说他计划重写英文回忆录(纳博科夫致叶连娜 · 纳博科娃,1935 年 12 月 29 日,蒙特勒纳博科夫档案),但《O 小姐》、旅行、《天资》以及《菲雅尔塔的春天》似乎使这项工作推迟,直到现在。

［60］《说吧,记忆》,页 10—11。

［61］1973 年 2 月 20 日纳博科夫致费尔得笔记未刊稿;《家事》文件夹,蒙特勒纳博科夫档案;纳博科夫致叶连娜 · 纳博科娃,1936 年 4 月 26 日,蒙特勒纳博科夫档案;费尔得,《纳博科夫:部分生平》,页 200;纳博科夫致济娜伊达 · 沙霍夫斯卡娅,1936 年 7 月 6 日,8 月 7、8 日,国会图书馆沙霍夫斯科依档案;博伊德采访薇拉 · 纳博科娃,1985 年 1 月,1986 年 12 月;《说吧,记忆》手稿,蒙特勒纳博科夫档案。

［62］手稿,国会图书馆纳博科夫档案;纳博科夫致卡尔波维奇,1936 年 10 月 2 日,哥伦比亚大学巴赫梅捷夫档案馆。

［63］纳博科夫致哈钦森公司,1936 年 8 月 28 日,《1940—1977 年书信选》,页 16。

［64］纳博科夫致格列布 · 司徒卢威,1936 年 4 月至 5 月间,斯坦福大学胡佛研究所;格列布 · 司徒卢威,《新俄罗斯语言》,1977 年 7 月 17 日;纳博科夫致摩莉 · 卡彭特-李,1936 年 10 月 7 日,蒙特勒纳博科夫档案;摩莉 · 卡彭特-李笔记,时间未注明,斯坦福大学胡佛研究所。

［65］纳博科夫致哈钦森,1936 年 11 月 28 日,《1940—1977 年书信选》,页 17。代理人奥托 · 克莱蒙特将剩余的每本三十五英镑预付稿费拿走了:纳博科夫致约翰 · 隆,2 月 12 日,约翰 · 隆致纳博科夫,1947 年 3 月

18 日，蒙特勒纳博科夫档案。

[66]《最新消息》，1936 年 9 月 11 日；考恩致纳博科夫，1936 年 11 月 24 日，国会图书馆纳博科夫档案；纳博科夫致摩莉·卡彭特-李，1936 年 11 月 1 日，蒙特勒纳博科夫档案。

[67] 纳博科夫致罗斯托夫采夫，1936 年 12 月 9 日，哥伦比亚大学巴赫梅捷夫档案馆。

[68] 纳博科夫致佩尔斯，1936 年 11 月 16 日，蒙特勒纳博科夫档案。

[69] 纳博科夫致济娜伊达·沙霍夫斯卡娅，1936 年 11 月 17 日，12 月 1 日，国会图书馆沙霍夫斯科依档案；《普希金，或真实与逼真》。

[70] 关于离开的日期，参见纳博科夫致济娜伊达·沙霍夫斯卡娅，1937 年 1 月 16 日，国会图书馆沙霍夫斯科依档案。

第十九章　奔　波（法国，1937）

一

1 月 19 日，纳博科夫抵达比利时。他在那里待了三天，跟朋友济 432
娜伊达·沙霍夫斯卡娅和她丈夫斯维亚托斯拉夫·马列夫斯基-马列维奇住在一起。他见到了弟弟基里尔，还是那副漫不经心的样子，这激起了他的父爱本能，他恳请马列夫斯基-马列维奇夫妇和堂弟谢尔盖照顾他。1 月 21 日晚，纳博科夫在布鲁塞尔美术宫朗读了他关于普希金的文章，第二天动身去巴黎参加另一个朗诵会。[1]

他想为自己和家人在巴黎找个安身之地，或者如果可能，英国或美国也行，这样一旦确定了目的地，薇拉就可以过来，她有能力去处理那些跟离德有关的没完没了的手续。[2]早在 1930 年，他就考虑搬到巴黎去，如今从许多方面看，法国仍是理所当然的目标。那里有四十万俄国流亡者，整个侨民的主要报纸和杂志都在巴黎安营扎寨。纳博科夫与侨民界的关系无可挑剔，像以前一样，他还是住在丰达明斯基家里，那是“巴黎侨民的神经中枢”。[3]

可纳博科夫却无法获得工作许可[4]——甚至办张身份证也花了他一年多的时间——用俄语写作养家糊口的机会等于零。虽然他的法语顶呱呱，但他始终觉得不如英语那样流畅、有把握，除了回忆录《O 小姐》和关于普希金的文章外，纳博科夫没有用法语写过东西，而他已经将《绝望》译成了英语，并用英语写过一系列自传性段落，还有一个活跃在纽约的代理人。他计划 2 月去伦敦举行朗诵会，并在那里找份工作。

1 月 24 日，霍达谢维奇在拉卡斯路举办的西林朗诵会上致辞，这是丰达明斯基组织的系列活动之一。西林的崇拜者很多，他们听他朗诵了还在创作过程中的《天资》的两段节选，其中一段是关于流亡者文
433 学晚会的戏拟。[5]朗诵会持续了一个多小时，用阿尔达诺夫的话说，朗诵“娓娓动听，流畅自如，形式、文体、心理及艺术方面的新发现完全别出心裁”。[6]后来蒲宁请纳博科夫去喝茶，有人说，蒲宁对纳博科夫的声名突然心生嫉妒。当时蒲宁跟纳博科夫说，他认为《大学赋》是他最好的作品，他想这样说也许会让这位晚辈作家生气。[7]

朗诵会不止是一个文学活动，听众中间有个妇女叫薇拉·科科什金，还有她三十一岁的女儿伊丽娜·瓜达尼尼。母亲知道女儿特别迷恋西林，就在 1936 年 2 月的巴黎朗诵会结束后走到西林身边，热情地赞美他，邀请他去喝茶。他答应了，对科科什金为女儿修栈道、度陈仓的做法浑然不知。如今她再次揽过事来，邀请西林以及丰达明斯基、津济诺夫一起吃晚饭。[8]

她的计划得逞了。伊丽娜皮肤白皙，金发碧眼，楚楚动人，像古典雕塑一般匀称端庄。她是一个受过教育的女子，善于观察，喜欢顽皮地冷嘲热讽，在诗歌方面的记忆力很好。她很快就跟纳博科夫一起出

入咖啡馆、电影院,到2月,一场风流韵事开始了。[9]

在彼得堡,伊丽娜家跟纳博科夫家属于同一个阶层。[10]与纳博科夫的父亲一样,她继父的兄弟也是立宪民主党的首领,后来在帕宁娜伯爵夫人彼得堡的寓所里被布尔什维克逮捕,那时弗·德·纳博科夫刚刚被释放,他后来逃到帕宁娜夫人在克里米亚的家中。1918年1月,还在医院治病的费奥多尔·科科什金和安德烈·申加列夫未经审判就被带出去枪毙了,这让俄罗斯的自由派人士不寒而栗。在革命前的俄国,这样的执行闻所未闻,自由派和非布尔什维克的激进分子第一次领教了列宁和托洛茨基的风格。连年轻的弗拉基米尔·纳博科夫都注意到了这个问题,一年后,他创作了一首诗纪念他们去世一周年。

流亡期间,伊丽娜与一个俄国人有过一段短暂的婚姻,他们是在比利时认识的,他在刚果工作,回来休假。出于健康考虑,她母亲不准她跟丈夫回非洲,于是她就留了下来,离婚后又重新用做姑娘时的名字,后随母亲搬居巴黎。虽然二战以后她在自由电台工作,六十年代也曾出版一本薄薄的诗集,但在三十年代她只好随便找个工作糊口。她是一个动物爱好者,给鬈毛狗修剪毛发挣钱。

十年前,纳博科夫曾把他和妻子安插在《王,后,杰克》中,以反衬 434
小说中那种肮脏的通奸故事。在实际生活中,他对一个堂兄的不忠行为坚决反对,对另一个堂兄不断再婚的行为非常鄙夷。面对自己现在的处境,纳博科夫并不轻松,2月,这件事造成的神经紧张让他备受牛皮癣的折磨,“那难以言喻的痛苦”几乎让他走到自杀的边缘。[11]

与此同时,他每天都在跟薇拉写信,恳求她尽快过来,这样他们好到法国南方去。薇拉完全蒙在鼓里,她坚持认为,他们应该一起去布拉格一趟,如今叶连娜·纳博科娃已经老了,欢愉无多,她想再看一眼心爱的儿子，还有从未见过的孙子，他们答应过她。纳博科夫正在巴黎、伦敦忙于各种文学交道，试图打开西逃的路径，他不想再回去，陷身于嗜血成性的德国，至于无法重返自由。他写信给薇拉说，他不想把自己拖入"蛮荒的捷克斯洛伐克，在那里我会再次失去谋生的各种手段和机会（不管从心理上还是地理上说都如此）。当然啦，**我完全可以乘下一趟火车去柏林**，可以去接你，但无疑这既不明智也不划算"。[12]

2 月第二周的一天，纳博科夫刚刚为《新法兰西评论》修改完那篇关于普希金的文章，加布里埃尔·马塞尔就打电话来了。匈牙利女作家约兰·佛尔德斯是最近法国畅销书《钓鱼之猫的路》的作者，她突然生病了，发电报给马塞尔，说无法参加即将举行的演讲活动了。这是马塞尔组织的系列活动，几小时后就要开始，他问纳博科夫能否顶一下缺。他能。

当纳博科夫到达肖邦大厅时（2 月 11 日下午五点），匈牙利领事把他当作女作家的先生了，一边问候，一边迎了上去。纳博科夫登台演讲时，观众中激起了很大的骚动。匈牙利人是买了票来的，现在发现节目变了，他们纷纷退场。大多数法国人也渐渐散去，只有少数匈牙利人抱着优哉游哉的态度坐在那里。纳博科夫的朋友预料到了这一点，他们尽可能地鼓动那些他们知道纳博科夫会喜欢的听众去参加：他的翻译德尼·罗什，他的老朋友赖萨·塔塔里诺娃，还有阿尔达诺夫、蒲宁和克伦斯基。乔伊斯也在场，是他和纳博科夫共同的朋友保罗·莱昂夫妇带来的。纳博科夫后来回忆说："让人难忘的安慰是看到乔伊斯也在场，他坐在一帮匈牙利足球队员的中间，两臂交叉，眼镜闪闪发光。"[13]

二

九天后，纳博科夫去了伦敦，参加由北方公司组织的朗诵会，那是 435
英国一个比较著名的俄国机构。但安排的朗诵会少得很。[14]伦敦的流亡者本来就少，他们之间的联系也不多，尽管当地俄国人的安排让纳博科夫负担得起，甚至还有赚头（他从俄语朗诵中获得一些收益，跟马克和塔季亚娜·采特林夫妇住在肯辛顿公园路），但他实际上是来跟英国学术界、出版界和电影界接触的。他见到了天才演员弗里茨·科特纳，后者从纳粹德国流亡出来，想把《暗箱》拍成电影。他跟格列布·司徒卢威在大英博物馆附近吃中饭，格列布现在东方及斯拉夫研究院讲课，他告诉纳博科夫，学术前景渺茫。[15]

不过，司徒卢威还是尽力帮忙。他的一个学生是凯瑟琳·里德利的女儿，后者是前俄国大使本肯多夫伯爵的女儿。他设法在里德利家安排了一个晚宴，邀请了伦纳德·伍尔夫、彼得·昆内尔（后来曾编过纳博科夫的一本书）以及伦敦文学界的其他一些人。出席的客人中还有 L. P. 哈特利、德斯蒙德·麦卡锡和巴德伯格女男爵。纳博科夫给来宾朗读了尚未成形的自传中的一章，《一个俄国人早年的英国情愫》，尽管后来一些客人跟他索要手稿，但那个晚上没有产生任何结果。[16]

纳博科夫还跟过去捷尼舍夫的一个同学萨维利·格林伯格去过他以前的大学：“我犯了一个可怕的错误，我没有在可爱的春季学期结束时去剑桥，而是在二月的一个阴冷天里去了，这只能让我触景伤怀，再次想起了故乡。我徒劳地想在英国找到一份学术工作。”[17]那时他认识的人现在一个也帮不了他。他跟“内斯比特”一起吃饭，这是他给以前一个同学取的名字,“那是一个小馆子,本该充满回忆,可是变化太大了,根本回忆不了什么”。当内斯比特开始讨论政治时,纳博科夫

> 很清楚他会谈些什么,当然是声讨斯大林主义。二十年代初,内斯比特把自己热情奔放的理想跟恐怖统治混为一谈,认为那既浪漫又富有人性。[如今],在一样恐怖的斯大林时代,他又因为自己知识上的增量而误以为苏联政权变质了。青春时期,他心目中的英雄是那些“老布尔什维克”,可这些人却受到大清洗的冲击,这对他来说无疑是晴天霹雳,他如梦初醒。……索洛维茨
> 436 强制劳动营里发出的呻吟、卢比扬卡地牢中传来的叹息,却让他无动于衷。他惊恐地说出了叶若夫、雅戈达的名字,却完全忘了他们的前辈乌里茨基和捷尔任斯基……
>
> 他看了看手表,我也看了一下,我们便分手了。我在雨中的小镇上走了一圈,又去学校后身转了转,望望光秃秃的榆树枝织成的黑网中的秃鼻乌鸦,或者瞅瞅露珠团团的草地上初生的番红花。[18]

这次剑桥之行也许很失败,但纳博科夫将风景和沮丧储藏在了他内心的创意作坊里,与他的英文自传紧邻。一年半以后,它们在《塞巴斯蒂安·奈特的真实生活》中得到呈现,在那里,V. 将沿着他哥哥过去的足迹造访剑桥。

那天的最后一幅场景值得一提。白日的光华渐渐化作了西天的最后一抹黄,纳博科夫决定去拜访过去的导师欧内斯特·哈里森:

> 像一个梦游者一样,我爬上了熟悉的楼梯,那扇写着他名字

> 的门虚掩着，我随手敲了几下。他让我进去，声音里少了一点生硬，多了些许空洞。我走过阴暗的房间，他坐在舒适的火炉边，我说："不知道你是否还记得我……""等一等，"他说，慢慢把他的那张矮脚椅转过来，"我恐怕……"忽然一声嘎吱，跟着一声噼啪，我一脚踩到了他放在藤椅脚边的茶具。"噢，对，对，对，"他说，"我知道你是谁。"[19]

那个月的最后一天，纳博科夫又朗诵了一次，这次是在俄国人的地盘上，叶夫根尼·萨布林家里，他是伦敦俄国事务前任主管。一份油印的广告强调了西林目前贫困的处境，要求每个客人得付半个基尼。[20]这次出席的人要多一些，随后纳博科夫在 3 月初回到巴黎。他感冒了，又极度疲劳，因此看上去病恹恹的。他带回了几个英镑，还有一些英语小说集的出版计划（不过都没有实现）。[21]

三

纳博科夫希望 4 月份能够再访英国，那时《绝望》已经出版，不过
他又要为他和妻子争取获准住在法国的机会。他们已经决定，薇拉和 437
德米特里去捷克斯洛伐克，5 月份在法国南方与纳博科夫团聚。薇拉这时已经将内斯托大街的房子清退了，把他们有限的物品——文稿、图书还有德米特里的玩具——存起来，然后跟安娜·费金娜搬到一个临时住所，她在等待捷克的签证。[22]

在巴黎，纳博科夫忙得团团转。他今天可能吃的是俄国菜，一道的有马克·阿尔达诺夫、立宪民主党前领袖瓦西里·马克拉科夫、亚历山大·克伦斯基、历史学家格奥尔吉·韦尔纳茨基、丰达明斯基；明

天会是法国菜,同席的有作家让·波扬、朱尔·絮佩维埃尔、夏尔-阿尔贝·辛格里亚、亨利·米肖;后天就会是美国风味,跟亨利·丘奇、西尔维亚·比奇在一起。纳博科夫写信给薇拉说,他已经把《糟糕的一天》卖给了《测量》,第五期会刊登出来。[23]小说始终没有出现,但此事却留下了一个很实在的纪念物,那是4月中旬,纳博科夫在巴黎郊外亨利·丘奇的别墅里吃午饭,后者是个美国作家兼百万富翁,《测量》的资助人。饭后,杂志编辑部就在外面花园的石桌旁开了一个会议,这个场景被摄影师吉塞勒·弗罗因德拍摄了下来。当时有丘奇夫妇、波扬夫妇,还有乔伊斯的朋友阿德里安娜·莫尼耶和西尔维亚·比奇(纳博科夫跟她相处得"极好")等。纳博科夫本人——在这张照片中被误当作雅克·奥迪贝尔蒂了——站着,正看着右手上的那个白色的东西。他穿的是黑羊毛衫,反衬下有些模糊,但那一定是只蝴蝶。[24]

纳博科夫写信给薇拉说:"我长胖了,晒黑了,皮肤也变了,但一直很苦恼,因为我没有地方工作,也没有时间工作。"日光浴当然会缓解牛皮癣的症状,一个好心的俄国女医生伊丽莎白·科冈-伯恩斯坦免费对他进行放射治疗,也让他好了许多。[25]但造成牛皮癣和时间紧张的根源仍在那儿,即伊丽娜·瓜达尼尼。纳博科夫绝不是轻浮之人,目前的处境自然会让他俩的感情不断升温,他们成天待在一起,鸡毛蒜皮的摩擦一次也没有,完全是新欢的激动,不能长相守的担心。

4月下旬,薇拉带德米特里去了布拉格,当火车穿过德国边境时,她不禁长长地舒了一口气。他们现在的计划是,只要捷克当局给纳博科夫签证,他就立即去那里跟他们相聚,因此就没有必要再去伦敦了。

他持有的南森护照已经失效，也无法申请续期，除非他回柏林。* 现在他的牙痛发作了，德尼·罗什翻译的那个风格复杂的《菲雅尔塔的春天》又要修改，还得跟法国当局申请新的南森护照，真让人心烦。[26] 在 438
申领处，一个官员平静地告诉纳博科夫说，他的申请表给弄丢了。他拿起纳博科夫的护照，那张破破烂烂的绿纸，假装要把它扔到窗外去：“你要这种破烂玩意儿做什么？”[27]

最后纳博科夫搞到了新护照，而布拉格当局也给巴黎当局寄去了他的捷克签证，于是巴黎当局又把签证交给了纳博科夫。他立即在5月20日离开巴黎。薇拉要他避开希特勒和塔博里茨基的那个德国，他于是乘火车取道瑞士和奥地利。旅途很累人，但风景优美：阿尔卑斯山啦，高地啦，瀑布啦，还有白雪的气息。[28]

四

5月22日早晨，他再次看到了老布拉格那些坡度很陡的石板屋顶，见到了已经三岁、正茁壮成长的儿子，还有他的妻子，他的母亲。纳博科夫一家在那里过了几天，他们在荒芜的斯特罗莫夫卡公园那些高低起伏的小路上散步，他们要把阔别的时间补回来；后来又去了弗兰岑斯巴德和一些泥浴场，那对治疗常年困扰薇拉的风湿病很有好处。他们住在埃格兰德旅馆，左边是田地，右边是公园，到处是雉鸡和野兔。[29]

---

* 流亡者作为俄国公民离开俄国时持有的是俄国护照，可这个国家在苏联得到承认后已不复存在。作为替代，这些人及其他一些无国籍的人会获得暂时的“南森”护照（得名于探险家弗里德约夫·南森，他是国际联盟难民事务高级专员）。这些薄薄的文件要搞到很难，而边境和移民局接受时又老大不情愿，本来期限是一年，但往往二战前一直在用。

在捷克斯洛伐克,伊丽娜·瓜达尼尼的形象在远处熠熠生辉,而眼前的这幅前景像却有些黯然失色,因为纳博科夫心里有鬼,他需要欺骗掩饰,又感到内疚。他偷偷地给瓜达尼尼写信,说他和薇拉已经有十四年晴空万里的幸福生活——在与情人的全部通信中,他一点批评妻子的意思都没有——他们彼此十分了解,现在一切都毁了。薇拉接到了来自巴黎的一封匿名信,有四页纸,是斯拉夫人的笔迹,但用的是罗马字体,把这件事原原本本描述了一通。他矢口否认,但又十分痛苦,他辩解说,过去他们的幸福生活不是明摆着的吗?他写信给伊丽娜说:“欺骗终归很庸俗。你的良心会突然变得很坚定,你发现自己
439 是个恶棍。”但他又无法止步,他要她把信寄到布拉格,存局候领,收信人是“V. 考夫”,他母亲在那里给他安排了一个朗诵会。[30]

火车开出弗兰岑斯巴德后,途中出了故障,他到达布拉格时已经很晚,朗诵会差不多成了自娱自乐。他住在母亲两居室的房子里,整夜跟她打牌聊天。在布拉格待了五天后,他于 6 月 23 日离开,那是跟母亲的永别。他去马里昂巴德跟薇拉碰头,她是去那里看望安娜·费金娜的,后者终于仓促之间成功逃出了德国。[31]

下一周他们还在马里昂巴德,住在布斯赫别墅,纳博科夫写了短篇小说《云,城堡,湖》。小说像一个寓言故事,时间、地点都很特别,是 1936 年或 1937 年的德国,这样做理由很充分。[32] 小说的主人公是一个敏感的俄国流亡者,他赢得了一次去外地游览的奖励,仅仅因为有些与众不同,结果就冒犯了周围那些健壮的德国人,回程途中,他们揍他、折磨他。

这篇小说可以做多种理解:它是德国人之所以会选择希特勒的那种精神之确凿罪证,是针对纳粹的“力量来自欢欣”项目的批评,是对普遍庸俗的研究,是个人化的幸福愿望与将一己幸福观残忍地加于别

人的鲜明对比,是向一个为幸福而预设的世界的献礼,又是对受历史谴责、有太多不幸的世界的哀悼。《云,城堡,湖》介于《斩首之邀》——小说主人公甚至把这个短语用于描述他的那趟旅行——和后来的《庶出的标志》之间。在《庶出的标志》中,克鲁格面对儿子遭受的折磨无法释怀,最后在疯狂中发现自己不过是小说主人公后,才如释重负。在《云,城堡,湖》中,一个出人意料的作者声音说中心人物是“我们的一个代表”,在结尾:

> 回到柏林后,他来看我,他的变化很大,他安静地坐着,手放在膝盖上,讲着他的经历。他不停地说,他必须辞职,求我让他走,说再也坚持不下去了,他无力属于人类。当然,我放他走了。[33]

照推断,那意味着死亡,那是故事主人公的结局。但就像在《庶出的标志》中一样,纳博科夫通过支配性作者形象暗示,生活以外有某种创造性力量,它对遭到历史侮辱的主人公饱含同情。这个短篇一直受到纳博科夫的喜爱,到美国后,他最先将它译成了英文。

五

6 月 29 日,还在马里昂巴德的时候,纳博科夫夫妇买了一张巴黎 440
世博会的门票,他们由此可以买半价火车票去巴黎,不过要穿过德国。第二天,他们抵达东方车站。纳博科夫去了丰达明斯基家,薇拉则带德米特里去她堂兄弟布罗姆伯格家。他们参观世博会时必须经过一个入口,一侧是高大的德国展馆,另一侧是高大的苏联展馆,对此他们只有一句评价:“庸俗无聊。”[34]

纳博科夫去了伽利玛出版社,将《绝望》法文版的版权卖给了他们。这是他的作品第一次从英文而不是俄文译成法文,后来他的俄语小说翻译都遵循了这种方式。跟伽利玛出版社的谈判还是一种掩护,他可以去见伊丽娜·瓜达尼尼。他们有过四天片刻的相会,最后在地铁站前分别。纳博科夫说,他们很快会再见的,但她觉得不会。她对了。[35]

六

7 月 7 日,纳博科夫一家去了戛纳,与现在相比,当时这个城市真是既经济又宽松。他们在老镇边上的一家两星级旅馆阿尔卑斯旅馆住下,那是圣迪齐耶路与乔治·克莱蒙梭路的交汇处,一边是铁路桥,另一边走一段路就是南部浴场。[36]

到戛纳几天后,纳博科夫向薇拉坦白,他爱伊丽娜·瓜达尼尼,并把一切和盘托出。薇拉回答说,如果他觉得那个女子很好,就该立即去巴黎找她。他支吾着说:“现在不行。”除了父亲去世的那个夜晚,这一夜是他一生中最糟糕的日子。[37]

私情公开后引起的震惊一旦过去,纳博科夫夫妇之间就出现了一种新的关系,他们相互很客气,又都为对方担心。可是尽管表面上看,一切又晴空万里了,薇拉也一声不吭,但伊丽娜的形象并没有在纳博科夫的心里淡去。他偷偷给她写信,说戛纳到处都是她的身影。[38]他在海滩上晒太阳,跟一个熟人打网球来分散注意力,他在烈日下沿着埃斯特雷尔山上的红岩攀登,与其说是在捉蝴蝶,不如说是重温它们,因为他对当地品种了如指掌,1923 年他独自在索列斯蓬逗留期间,曾

在这个地区采集过。有一次,傍晚时分,他“心情糟糕地坐了一辆卡 441
车”回家,司机问他:“先生,你平时养蝴蝶吗?”[39]但大多时候,尤其是晚上,他都在紧张兴奋地写作。

4 月,他在《当代纪事》上发表了《天资》的第一章,年初这一章就已经写好。现在还有四大章需要定稿,每一章差不多都有一部小说那样的篇幅。给《当代纪事》下一期的稿子也已经好了,但纳博科夫发现,需要花时间对第二章开头进行实质性的加工。他把这一章放下了,而去准备篇幅很长的第四章,那是费奥多尔创作的《车尔尼雪夫斯基传》,这个部分两年前就差不多定稿了。他觉得“滑稽的是他很喜欢”这一章。[40]既然这一章可以跟全书分开,他希望《当代纪事》能够采用,而不要考虑章节顺序。

7 月下旬,纳博科夫搬到了旅馆对面一个两居室的单元房里,乔治·克莱蒙梭路 81 号。酷热的时候,他们过着两栖生活,沿着水泥和黏土筑成的隧道从屋里挪到海滩上。[41]

8 月初,纳博科夫把完成后的第四章寄了出去。《当代纪事》编辑部的瓦季姆·鲁德涅夫面对这样的替代非常生气,他怎么能刊登了第一章后却给读者第四章?这么晚了,他如何另找小说填缺?纳博科夫赶紧着手修改第二章的开头。[42]

他还给伊丽娜写信,告诉她,薇拉已经发现他们仍在通信,他说这场风暴恐怕最终会让他进疯人院。[43]伊丽娜回信说,她可以来戛纳,跟他一起到别的地方去。纳博科夫回信叫她不要来,她只好忧心忡忡地跟母亲出去度假了。[44]

另一枚炸弹从巴黎扔了过来。鲁德涅夫读完了车尔尼雪夫斯基那一章,坚决不答应在《当代纪事》上发表。[45]

在《天资》的第三章,纳博科夫描绘了他的主人公出版《车尔尼雪夫斯基传》时遇到的困难，这是一部富有争议的修正主义作品。但是，费奥多尔只是一个无名小卒，而西林在侨民界却被称颂为一代名家，差不多十年来，他的每一部长篇都是在《当代纪事》上整篇整篇地连载的。虽然杂志名称本身是对十九世纪激进知识分子的两大阵地《现代
442 人》和《祖国纪事》的礼敬，虽然它的主办人是一群社会革命党，在他们的教义问答中，车尔尼雪夫斯基是一个神，但差不多二十年来，《当代纪事》仍因其无党派色彩、堪称楷模的宽容和对绝对思想自由原则的忠诚而备受赞誉。纳博科夫从未想到他们竟会拒绝发表。

绝望之中，他回信给鲁德涅夫说：

> 你因为担心查禁而拒绝发表《天资》第四章，这样我在你那里发表这部小说也就不可能了。别生气，你自己想一想。既然我知道《天资》将不是一个全篇，而是一个少了第四章的残篇，那我怎么能给你第二章、第三章（其中已经开始涉及被你拒绝的那些形象和评价，第四章是它们的发展），接着是最后一章（其中包括《车尔尼雪夫斯基传》的四段完整的评论，它们纷纷指责作者伤害了人们心目中的“六十年代的伟人”，并说他在人们的记忆中仍然很神圣）呢？……坦率地说吧，任何折中方案或协商解决我都不能接受，我也无意删改哪怕一行。你拒绝这部小说造成的伤害很大，因为我对《当代纪事》一直怀有特别的感情。该杂志不时会发表一些编辑也不敢苟同的创新性作品和文章，这是我们期刊历史上的独特现象，是思想自由的宣言……这是对当今俄国出版现状的最有说服力的控诉。你为什么要谈我作品的“社会反应”呢？我要说，亲爱的瓦季姆·维克多罗维奇，一部文学作品的社会反应只能是其艺术功效的结果，而不是凭空的判断。我不想为我的

> 《车尔尼雪夫斯基》辩护，我坚持认为，事情明摆着，无须辩护。我只是想跟你的同事们强调一点，作为自由的斗士，车尔尼雪夫斯基绝对不应该受到轻视——不是因为我有意强调了这一点（你知道，我对世上任何政党都无动于衷），而恰恰是因为，一个阵营里有太多正义，另一个阵营却有太多邪恶。如果[编辑马克·]维什尼亚克和[尼古拉·]阿夫克先季耶夫尊敬车尔尼雪夫斯基，认为他不仅是一个革命家，还是一个思想家和批评家（那是我的主题），那么我的研究就能够让他们信服。最后，我想请你注意我现在很滑稽的处境，我既不能让一个苏联出版社来出版《车尔尼雪夫斯基》，也不能找右翼出版社或《最新消息》……你又不行。你要我为《当代纪事》想想出路，我是否可以说，我自己却是走投无路。[46]

由于鲁德涅夫的决定，《天资》——在许多人眼里，它是本世纪最 443
伟大的俄国小说——最终没有完整发表，直到十五年以后。但鲁德涅夫仍要发表其余章节。纳博科夫需要稿费，他别无选择，只好答应，于是一直忙着修改第二章。9 月 2 日是星期四，鲁德涅夫写信说，稿件必须在下周一早晨八点以前寄到，否则印刷商——这一期的其他稿件都已排版——将不承担任何责任。星期天夜里，鲁德涅夫躺在床上辗转难眠，他生怕信箱是空的。早晨起来后，他急忙打开信箱，发现打印稿正躺在那里呢。他写信感谢纳博科夫，不禁长舒了一口气。[47]

七

一天后，伊丽娜·瓜达尼尼到戛纳来了。尽管纳博科夫叫她不要来,但她母亲却劝她试一试。

她是乘夜班火车来的,找到他的住处后,她朝海滩走去。从米斯特拉尔广场,她能看到他的房子,三件泳衣晾在外边,一个女人的手正在收一条男裤和一条童裤。伊丽娜等待着,心怦怦直跳。早晨,纳博科夫带德米特里去海滩游泳,她赶紧冲过去,高跟鞋急促地叩击着地面,他吃惊得倒退了几步。他告诉她,虽然他仍爱她,但他对妻子更不舍,他请她离开,她不答应。他和德米特里走上沙滩后,她就在不远的地方坐着。一个小时后,薇拉来到丈夫、儿子中间。一家人回去吃午饭了,伊丽娜仍坐在那里。后来,纳博科夫告诉薇拉,说伊丽娜就守在他们旁边。那是他跟伊丽娜的最后一次见面。[48]

在《叶甫盖尼·奥涅金》中,达吉雅娜几年前曾爱过奥涅金,但后者无动于衷,到小说的结尾,达吉雅娜结婚了。这时奥涅金忽然给她写信,说他爱她。达吉雅娜心里爱着他,她读着他的信件。他进来了,跪在她的脚下,但她拒绝了他:

> 我爱您(何必对您说谎?),
> 但现在我已经嫁给了别人:
> 我将要一辈子对他忠贞。

纳博科夫对最后这幅场景中的达吉雅娜曾做过评论,这是他在性格与行为问题上唯一一次打破沉默:

> 要说有什么区别,那就是,如今达吉雅娜比浪漫的青春时期更优秀了,那时她(在第三章)渴望爱情,情不自禁,偷偷地给只见
> 444 过一面的青年写情书……如今她变得优美而素朴,成熟而宁静,

矜持而执着,从道德角度说,她失去了许多天真,却获得丰厚的补偿……[49]

当奥涅金爬起来,像遭雷击一样站在那里时,普希金把他的主人公丢在那儿,诗歌就戛然而止了。在纳博科夫看来,这一场景是文学中最伟大的瞬间。在《天资》的结尾,费奥多尔与济娜准备走到一起,纳博科夫的结束段在形式上与《叶甫盖尼·奥涅金》的诗节一致:“别了,我的书!像凡人的眼睛,想象之眼终有合上的那一天。奥涅金会起身——可他的创造者已走远……”在《天资》英译本的序言中——朱利安·莫伊纳汉把这部小说称为“伟大的婚礼歌”[50]——纳博科夫写道:“我不知道,这对年轻的恋人被打发走了以后,读者的想象力还会追踪他们多久。”从他后来的评论,我们可以推知他希望我们想象到的东西,他说,费奥多尔“有幸拥有忠贞的爱情”。[51]

1937 年 9 月,纳博科夫已经安排好了《天资》的第三章、第五章,但还需要最后定稿。也许可以大胆设想,像达吉雅娜拒绝奥涅金一样,纳博科夫将伊丽娜·瓜达尼尼从他的生活中赶走了,就在这时他完成了对忠诚的礼赞,它是对普希金笔下的达吉雅娜形象的内在回应。

但这里有一个重大区别。当奥涅金去找达吉雅娜时,她正泪流满面,上百次地读着他给她的信。诗歌暗示,尽管她感到她要把他赶走,但她的爱仍将存留。纳博科夫则相反,他很果断,他把伊丽娜的信全部退回,并要她把他的信还给他,说那些信太假,没有保留价值。她呢,所有的旧信都收藏起来,而新来的则都撕掉。甚至当一封挂号信寄来时,她都不愿意签收。[52]

纳博科夫坚决将过去抛在身后,他和薇拉很快和好如初,前面将有四十年宁静、幸福的婚姻生活等待着他们。在他们身边的那些人看来,即使到了六七十岁的时候,弗拉基米尔和薇拉仍像一对年轻的恋人。

八

纳博科夫发现,蓝岸区的热天很宜人,他继续写作,这种情形前所未有。完成《天资》第二章后,他又马不停蹄地开始了第三章。

445 9 月的一天,他正跟德米特里坐在海滩上,薇拉奔了过来,手挥着一份电报:"我们有钱了,我们有钱了!"一家美国出版社鲍勃斯-梅里尔愿意预付六百美元,购买《暗箱》的美国版权。9 月底,纳博科夫签订了合同,答应明年 1 月 1 日交稿,同时还跟纽约代理人阿尔塔格拉齐亚·德·扬尼利签约,让她成为他的全权代理。以后的三个月里,他会收到鲍勃斯-梅里尔预付稿酬的一半,剩余部分交稿后再给。[53]因为他迫切需要钱,在《当代纪事》索要《天资》剩余章节之前又有空闲,他立即动手重新修改那部作品,以便让自己满意,让美国和好莱坞满意。

他抛开了威尼弗雷德·罗伊 1935 年的译本,准备另起炉灶。他反复推敲一个更明晰些的标题:"盲人的皮肤"?"彩色幽灵"?"魔灯"?他脑子里想着飞蛾、蜡烛,于是又写下了"笨拙的飞蛾","瞎飞蛾",最后灵机一动,选定"黑暗中的笑声"。[54]他把人物的名字换了,使他们更少德国色彩。他改写了开头,突出了小说那种陈腐的电影业特征,似乎是想引诱某个想象力平平的制片人。在引入反面人物和主人公时,他没有从反面人物那静态的连环漫画入手,而是让主人公产生一个念头,要使过去那些大师的油画活动起来,像动画片那样。他这样做,似乎是想一开始就引入小说的电影主题,以激起某个富有想象力的导演的兴趣。他改进了主人公与反面人物会面的机制,重新设计了主人公发觉反面人物和女主人公恶劣行径的方式。修订本有些损失,比如丢掉了俄语本里的“奇皮”(Cheepy)的漫画形象,少掉了对普鲁斯特的巧妙戏拟,但收获更多。

九

10 月中旬,秋意渐浓,纳博科夫一家去了芒通。芒通的北边矗立着许多悬崖,树木丛生,形成一道天然屏障,在它们的掩蔽下,仿佛又多了一个夏天。他们住在帕尔托诺路 11 号,埃斯佩里德(现在叫尚特梅勒)公寓,靠近圣罗克广场,现在是市中心,与老城在十八世纪、十九世纪初扩建的那些建筑物交错在一起。对纳博科夫一家来说,芒通的生活比起戛纳来好多了,这里天空蔚蓝,棕榈成荫,橙子飘香。他们在萨布莱特海滩游泳、戏水、晒太阳,或者看德米特里沿着其他海滩搜罗碎瓷片、粉红色的鹅卵石,还有被海水冲刷得光溜溜的瓶玻璃。不时有朋友光顾,比如丰达明斯基啦,尼古拉和娜塔莉·纳博科夫夫妇带着儿子伊万啦,马列夫斯基-马列维奇夫妇啦,安娜·费金娜啦,还有
尼基塔·罗曼诺夫夫妇。他们一家去爬戈比奥山,去探博里戈谷,去 446
圣米歇尔高原和加拉旺。一头卷发的德米特里像只石山羊一样爬着,他哀求父母跨过意大利边境。他们真就跨过去了,当然是非法的——他们跟南森护照开了一次愉快的玩笑。[55]

纳博科夫一直坚持不懈,早晨从七点工作到十点,然后在海滩上待两个小时,直到中午的炮声响起,下午三点又坐到写字台旁,一直到夜里十一点半,上床后又跟嗡嗡的冬蚊开始夜战。[56]《天资》是他最了

不起的俄语作品，是俄国文学传统的一次隆重庆典，但同时他又翻译了《绝望》和《黑暗中的笑声》，写过英文自传。写完《天资》最后几章后，他觉得，以后他也许不得不彻底放弃俄语，而成为一个英语作家，这样的转换对纳博科夫来说一定别是一番滋味在心头。但他无所惧怕，他也不愿意跟新的俄语念头说再见。

11 月初，在寄出第三章后，他立即投身另一个方向。1936 年至 1937 年冬，丰达明斯基赞助了巴黎一个新的项目，俄罗斯戏剧社。随着戏剧社第二季的临近，丰达明斯基鼓动作家们为舞台写剧本，敦促之下，纳博科夫几个月来一直在酝酿构思。11 月中旬，他开始创作十多年来的第一个剧本《事件》（见第二十一章）。四周后，他完成了全部的三幕，彩排活动安排在巴黎，准备 2 月份首演。[57]

《事件》一完成，纳博科夫就转向《天资》的最后一章也是最精彩的一章，全书各种极不相干的主题在这里发生了奇妙的融合。经过五年的研究和写作——中间还完成了又一部长篇，两本翻译，一个剧本，十一个短篇和一本小篇幅的自传——他在 1938 年 1 月完成了《天资》。

注释

［1］纳博科夫致济娜伊达·沙霍夫斯卡娅，1937 年 1 月 16 日，国会图书馆沙霍夫斯科依档案；博伊德采访谢尔盖·纳博科夫，1982 年 9 月；《最新消息》，1937 年 1 月 21 日。

［2］薇拉·纳博科娃笔记，1986。

［3］赫森，《流亡岁月》，页 256。

［4］薇拉·纳博科娃致费尔得，1973 年 3 月 10 日，蒙特勒纳博科夫档案。

［5］《复兴》，1937 年 1 月 30 日，2 月 13 日。

［6］《最新消息》，1937 年 1 月 28 日。

［7］格林编,《蒲宁著作》,卷三,页 23;别尔别罗娃,《我的着重号》,页 262;纳博科夫致伊丽娜·瓜达尼尼,1937 年 6 月 21 日,私人收藏。

［8］纳博科夫致薇拉·科科什金和瓜达尼尼,1936 年 8 月 28 日,私人收藏;博伊德采访薇拉·纳博科娃,1986 年 12 月;薇拉·科科什金日记,私人收藏。

［9］博伊德采访塔季亚娜·莫罗佐夫,1983 年 3 月;科科什金日记。

［10］参见瓜达尼尼继父的回忆录,弗·科科什金,《F. F. 科科什金》,薇拉·科科什金和伊丽娜·瓜达尼尼编,《新杂志》74 期(1963),页 207—208。

［11］纳博科夫致薇拉·纳博科娃,1937 年 5 月 15 日,《1940—1977 年书信选》,页 26。

［12］博伊德采访薇拉·纳博科娃,1986 年 12 月;纳博科夫致薇拉·纳博科娃,1937 年 2 月 20 日,《1940—1977 年书信选》,页 12。

［13］《坚决的意见》,页 86;《最后的证据》未发表的章节,国会图书馆纳博科夫档案;纳博科夫与克洛德·雅努的访谈,《费加罗文学》,1973 年 1 月 13 日。

［14］《俄国人与英国人》,1937 年 1 月 31 日,3 月 3 日。

［15］《坚决的意见》,页 162,阿佩尔,《纳博科夫的〈暗箱〉》,页 137;纳博科夫致约翰·隆,1937 年 2 月 25 日,蒙特勒纳博科夫档案;博伊德采访格列布·司徒卢威,1983 年 5 月。

［16］凯瑟琳·里德利致格列布·司徒卢威,1937 年 2 月 16 日,司徒卢威收藏,斯坦福大学胡佛研究所;格列布·司徒卢威致纳博科夫,1973 年 11 月16 日,C. 亨廷顿致纳博科夫,1937 年 3 月 17 日,蒙特勒纳博科夫档案。

［17］《说吧,记忆》,页 271;纳博科夫致罗索夫,1937 年 9 月 4 日,蒙特勒纳博科夫档案。

［18］《说吧,记忆》,页 271—272。有关纳博科夫将内斯比特与 R. A. 巴特勒等同的说法参见上文第八章(似乎很少吻合)。

［19］《说吧,记忆》,页 273。

［20］萨布林收藏，哥伦比亚大学巴赫梅捷夫档案馆。

［21］纳博科夫致格列布·司徒卢威（1937年3月初），斯坦福大学胡佛研究所；纳博科夫致薇拉·纳博科娃，1937年3月30日，《1940—1977年书信选》，页21。

［22］纳博科夫致格列布·司徒卢威，1937年3月中旬左右，斯坦福大学胡佛研究所；俄国流亡事务中心致纳博科夫，1937年3月15日，国会图书馆纳博科夫档案；纳博科夫致薇拉·纳博科娃，1937年2月20日（《1940—1977年书信选》，页18—19），1937年4月16日，蒙特勒纳博科夫档案；薇拉·纳博科娃致A. A.戈登魏泽，1957年7月4日，哥伦比亚大学巴赫梅捷夫档案馆；博伊德采访薇拉·纳博科娃，1987年2月。

［23］纳博科夫致薇拉·纳博科娃，1937年4月15日，2月20日，《1940—1977年书信选》，页22—23，页19；纳博科夫致济娜伊达·沙霍夫斯卡娅，1937年4月10日，国会图书馆沙霍夫斯科依档案。

［24］吉塞勒·弗罗因德和V. B.卡里顿，《乔伊斯在巴黎：最后的岁月》（伦敦：卡塞尔，1966），页44—45。还可参见诺尔·里利·费奇，《西尔维亚·比奇与迷惘的一代》（纽约：诺顿，1983），页217，里面一张照片摄于同一天。

［25］纳博科夫致薇拉·纳博科娃，1937年4月15日，5月15日，《1940—1977年书信选》，页23、26。

［26］纳博科夫致薇拉·纳博科娃，1937年5月15日，《1940—1977年书信选》，页25。

［27］1973年2月20日纳博科夫致费尔得笔记未刊稿；费尔得，《纳博科夫：部分生平》，页226。

［28］纳博科夫致薇拉·纳博科娃，1937年5月15日，《1940—1977年书信选》，页25；瓜达尼尼日记，私人收藏；博伊德采访薇拉·纳博科娃，1981年12月；纳博科夫致薇拉·科科什金和伊丽娜·瓜达尼尼，1937年6月1日，私人收藏。

［29］《说吧，记忆》，页306；纳博科夫致科科什金和瓜达尼尼，1937年6月1日；博伊德采访薇拉·纳博科娃，1982年9月。

[30] 纳博科夫致瓜达尼尼,1937 年 6 月 14、21、22 日,私人收藏。

[31] 纳博科夫致瓜达尼尼,1937 年 6 月 22、23 日,私人收藏;薇拉·纳博科娃笔记,1986。

[32] 地点时间见手稿,国会图书馆纳博科夫档案;发表于《俄罗斯纪事》2 期(1937 年 11 月);重印,《菲雅尔塔的春天》;纳博科夫和彼得·佩德佐夫译,《大西洋月刊》,1941 年 6 月;重印,《纳博科夫十二篇》。

[33]《纳博科夫十二篇》,页 123。

[34] 世博会卡片,国会图书馆纳博科夫档案;薇拉·纳博科娃致博伊德,1987 年 6 月 5 日;纳博科夫致济娜伊达·沙霍夫斯卡娅,1937 年 8 月 22 日,国会图书馆沙霍夫斯科依档案。

[35] 伽利玛出版社合同,1937 年 7 月 5 日,蒙特勒纳博科夫档案;纳博科夫致瓜达尼尼,1937 年 6 月 19 日,私人收藏;瓜达尼尼日记。

[36] 纳博科夫致瓜达尼尼,1937 年 7 月 21 日,私人收藏。

[37] 纳博科夫致瓜达尼尼,1937 年 7 月 15 日,私人收藏;博伊德采访薇拉·纳博科娃,1986 年 12 月。

[38] 纳博科夫致瓜达尼尼,1937 年 7 月 15 日。

[39] 纳博科夫致瓜达尼尼,1937 年 7 月 21、28 日,8 月 2 日,私人收藏。

[40] 纳博科夫致瓜达尼尼,1937 年 8 月 2 日。

[41] 纳博科大致瓜达尼尼,1937 年 7 月 28 日;纳博科夫致济娜伊达·沙霍夫斯卡娅,1937 年 8 月 22 日,国会图书馆沙霍夫斯科依档案。

[42] 鲁德涅夫致纳博科夫,1937 年 8 月 4 日,国会图书馆纳博科夫档案;纳博科夫致鲁德涅夫,1937 年 8 月 6 日,蒙特勒纳博科夫档案。

[43] 纳博科夫致瓜达尼尼,1937 年 8 月 7 日,私人收藏。

[44] 科科什金与瓜达尼尼日记。

[45] 鲁德涅夫致纳博科夫,1937 年 8 月 10—13 日,国会图书馆纳博科夫档案。

[46] 纳博科夫致鲁德涅夫,1937 年 8 月 16 日,国会图书馆纳博科夫档案。

［47］鲁德涅夫致纳博科夫，1937年9月27日，国会图书馆纳博科夫档案，1937年9月6日，蒙特勒纳博科夫档案。

［48］薇拉·纳博科娃笔记，1986；博伊德采访塔季亚娜·莫罗佐夫，1983年3月；阿列特鲁斯（瓜达尼尼），《隧道》，《现代人》3期（1961），页7—8。

［49］《叶甫盖尼·奥涅金》，卷三，页235—236。

［50］《三季》17期（1970），页251。

［51］《坚决的意见》，页119。

［52］科科什金日记；博伊德采访莫罗佐夫，1983年3月。

［53］1973年2月20日纳博科夫致费尔得笔记未刊稿，1973年8月31日纳博科夫致费尔得笔记未刊稿；鲍勃斯-梅里尔出版社合同，1937年9月27日，蒙特勒纳博科夫档案；纳博科夫致弗里茨·科纳，1937年11月5日，国会图书馆纳博科夫档案。

［54］《暗箱》扉页，蒙特勒纳博科夫档案。

［55］纳博科夫致赖萨·塔塔里诺娃，1937年11月12日，国会图书馆纳博科夫档案；薇拉·纳博科娃致玛格达·纳奇曼-阿恰里亚，1937年12月16日，蒙特勒纳博科夫档案；博伊德采访薇拉·纳博科娃，1981年、1984年12月；薇拉·纳博科娃致博伊德，1982年4月16日。

［56］纳博科夫致赖萨·塔塔里诺娃，1937年11月12日；《说吧，记忆》，页257插图。

［57］纳博科夫致赖萨·塔塔里诺娃，1937年11月12日；赫森，《流亡岁月》，页256；薇拉·纳博科娃致玛格达·纳奇曼-阿恰里亚，1937年12月16日。

第二十章 《天资》

一

在《尤利西斯》中，乔伊斯将密集的都柏林生活压缩成了一本书。447
仿佛是为了回应，纳博科夫在《天资》中也为我们提供了一个首都、一块大陆，即柏林和欧亚。小说像城市街道那样拥挤繁忙、瞬息万变，又像最大的陆块那样广阔多姿。[1]它是一则温柔的爱情故事，一幅青年艺术家的肖像，一本关于社会环境的精确记录，一趟想象生动的旅行，一次命运的探险，一份献给整个文学传统的厚礼，一篇关于艺术与生活之关系的原创性研究，半书架的传记，乡愁，颂文，悲剧，辩论——《天资》是所有这一切，又不止是这一切。

《天资》的主要故事时间跨度为三年（1926—1929）[2]，叙述的是流亡青年费奥多尔·戈杜诺夫-切尔登采夫在柏林的生活，即他文学天赋的迅速扩展。最初他写过一卷精致的回忆性诗歌，但没有引起注意；接着是一本关于备受尊敬的历史人物的传记，绚丽而直言不讳；最后，他产生了写作《天资》本身的念头。随着小说不断展开，我们发现，从第一页开始，它原来还是费奥多尔对命运的温柔致谢，感谢天赐济娜·梅茨，他将娶她为妻。

很少有小说如此专注于主人公的意识活动，而在费奥多尔周围，还活动着另外一些人，他们是自己的实实在在的故事中的主人公，还有来自别的时代、别的地域的人（西伯利亚的流放犯，西藏的喇嘛，洛布-诺尔海滨的俄国旧礼仪派教徒），以及许多彼得堡人、流亡者、德国人，有的是历史人物，有的是真实但伪装的人，有的是纯粹虚构或双重虚构，次要的，附带的，彻底边缘性的，只在一两句里出现的，或活了一百多页的。在这一章，费奥多尔会讲述他父亲的故事，一个著名的博物学家，似乎十年前死于最后一次的中亚探险。在另一章，他会不作删减地呈现他对十九世纪俄国作家尼古拉·车尔尼雪夫斯基大不敬的描画。在自己的故事中，费奥多尔又织入雅沙·车尔尼雪夫斯基的
448 故事（跟那个作家无关），也是一个流亡青年，但费奥多尔从未见过，他的自杀使父亲亚历山大·车尔尼雪夫斯基精神失常，后者是费奥多尔的朋友。

二

《天资》的内容丰富多样，但小说一开始似乎显得漫无目的，就像《尤利西斯》给初读者留下的印象一样。纳博科夫有意要强化这样的效果，小说这样开头：

> 192—年4月1日，一个多云而明媚的日子，下午将近四点的光景（一位外国评论家曾说，许多小说都以日期开头，比如大多数

> 德国小说,但唯有俄国作家始终保持我国文学特有的诚实,把年份的最后一个数字略去),一辆又长又黄的家具搬运车挂在拖拉机后面,拖拉机也是黄的,后轮硕大无比,前面坐着一个家伙,无遮无挡,停在柏林西部坦嫩贝格大街 7 号门前。搬运车的前部有个星形通风口,侧面是搬运公司的名字,蓝色字母有一码高,每个字母(包括一个方点儿)都镶着黑边,两种颜色渐次融合,不老实地试图爬到另一边去。

第一句迂回曲折,它是对全书风格的预示。日期和时间的标示应该是要发布某个重要事件,可在我们接触到对象或行动之前,一个超载的括号挡住了去路。纳博科夫的这句离题话有离题的价值。费奥多尔的内心层次繁复,它们清澈而迷离,一直很顽皮又注定很认真,敏锐地观察着世界,丰富着世界。他宣称是“现实主义”灵丹妙药的街头小贩,又富有讽刺地颠覆了自己的花言巧语。在这种讽刺的背后,他宣布他忠诚于俄国文学的真实标准,那是**真**的真实,不是现实主义的假药。这样,他就能把刷标语的人那种俗套的对颜色的明暗处理看作是“不老实地试图爬到另一边去”,从而暗中构成对照,反衬自己**老实**地爬到另一边的努力。第一段接下去写道:

> 人行道上,房子(我也要住那里)前面,站着两个人,显然是出来接收家具的(**我**的手提箱里手稿多于衬衫)。男的穿着棕色泛绿的粗呢大衣,风给了它一点生气。他又高又老,浓黑的眉毛下垂着,灰色的胡须到嘴角变成了黄褐色,嘴边麻木地叼着根烟屁
> 股,已经熄了,还有半截烟灰。女的体格粗壮,已不年轻,膝盖往 449
> 内翻,脸有些像中国人,倒有几分姿色,穿着俄国羔皮夹克;风从

她身上吹过，带着一股品质不错、只是有点儿过时的香水味。他们站在那里，一动不动，眼睛牢牢地盯着，就好像生怕被克扣了似的，三个系着蓝色裙兜、脖子通红的壮小伙子正吃力地搬着他们的家具。

总有一天，他想，我一定要用这个场景来开始一部优秀的、厚厚的老派小说。

当然了，如果这**就是**一部优秀的、厚厚的老派小说，书中的角色就不会像现在这样置身其外。第一页里搬进同一座建筑物中的两班人，必定会发现他们生活在同一个故事里。如此仔细地描写这对守望家具的夫妇，说明他们在情节中的作用无疑会十分突出。实际上，费奥多尔从未真正见过他们，甚至他自己搬家的情景一句也没有写。小说开头是跟读者开的愚人节的玩笑。

这明显不相干的开头是对整部小说写作手法的预示。尽管费奥多尔观察敏锐，想象灵活，尽管每个方面都令人拍案叫绝——文字、画面、心理、哲理——但小说表面上的没有方向最初还是让读者摸不着头脑。

比如吧，虽然整个作品是一个爱情故事，但直到两百页以后，小说已经过去了整整一半，济娜才走进费奥多尔的世界，结束了他凄苦的单身生活。

那又怎么能说**整个**作品是一个爱情故事呢？费奥多尔对此做了解释，小说结束前三页，他告诉济娜，他计划写一部新的自传体小说，他将在小说中展示命运是如何努力把他们结合在一起的。第一章的开头是命运的第一招，它把费奥多尔跟玛格丽塔·洛伦茨，那个脸有些像中国人的妇女，安排住在同一栋建筑物里，她是济娜以前的绘画老师,济娜还跟她往来。但洛伦茨夫妇的一个好友让费奥多尔很讨厌,因此他总是回避他们,“于是整个笨重的建构都完了蛋,命运手里只留下一辆家具搬运车,花销也没有收回”。第一章结束于一个文学晚会,一个兼职律师恰尔斯基请费奥多尔帮一个俄国姑娘把一些文件译成德文。尽管缺钱,费奥多尔还是拒绝了这份工作,因为他发现恰尔斯基很可恶,很久以后他才发现,那姑娘就是济娜。“这次失败之后,命运最后决定不再冒险了,它把我直接安置在你住的地方”,这是小说的分水岭:头两章在坦嫩贝格大街 7 号,后三章在阿伽门农街 15 号。(甚至这样的安排也差点儿失败,因为当济娜那讨厌的继父领 450
着费奥多尔看房子时,她出去了,只有那件蓝色的舞蹈服——结果竟不是她的——保证了命运能吸引费奥多尔住进这里。)最后,在小说的中间部分,济娜与费奥多尔相遇了,她对他诗歌的热情和兴趣解决了其余的问题。小说结尾部分,他们的爱情将会变成现实。在深情的回忆中,费奥多尔发现,这种爱情呈现的花样似乎说明,命运一直在坚持努力着。*

于是,小说开头那似乎毫无意义的一切突然充满了意义,小说和读者的精神也顿时为之一振。又是一次愚人节的玩笑,却有着令人战栗的快感,那毫不相干的洛伦茨夫妇成了一把钥匙,那看似没有目的的一切揭示了一个温柔、隐秘的意图,而且是双重的意图:命运的计划,费奥多尔对爱情的礼赞。小说似乎表明,在乱七八糟的痛苦生活之下,潜藏着某种难以理喻的恩慈。

---

* 这样的主题当然来自纳博科夫个人的生活,参见前文页 212—213;有关纳博科夫与费奥多尔的关系,参见后文页 462—465。

三

沮丧突然被生活慷慨赠与的快乐取代，这就是《天资》的花样。费奥多尔每遭遇一次挫折，生活就让他尽情向前迈进一次，只要他知道启程的时机。小说的开头，他从新搬进去的寓所出来买香烟。他走进一家小店，但没有他要的牌子，“他差不多就要空手而归了，却意外发现烟店老板那斑斑点点的背心上的珍珠母纽扣，还有那南瓜色的秃顶。是啊，我一生中总是受骗挨宰，买了许多高价商品，但又获得小小的额外回报做补偿”。

像《天资》中其他人物一样，费奥多尔强烈地感到“他居住其中的世界极度不完美”，但在小说最后一章，他考虑创作《天资》这部小说本身的时候，他思忖说，他将写作“一本实用手册:《如何获得幸福》”。从某种意义上说，《天资》就是这样一本书。

纳博科夫冒险让他的小说显得松松垮垮、面目狰狞，这种情形差不多一直维持到最后，因为生活本身常常是畸形的、皱皱巴巴的，简直无法收拾。但尽管费奥多尔的生活让人厌倦——流亡，贫困，被迫从
451 一家搬到冷淡的另一家，还有每天碰到的烦恼，买不到想要的香烟——但他有幸福的天性。如果我们看待世界时，能信赖一切的给予——而不是像洛伦茨夫妇那样生怕被克扣——生活就会充满各种被忽视的宝藏。

在《天资》中，延宕与快乐独特地混杂在一起，它甚至决定着瞬间的组织，句子的结构。早在这部小说之前，纳博科夫已经掌握了流畅明快的风格，并且驾驭自如，比如优雅经济的《防守》，素朴简约的《暗箱》，还有《绝望》中赫尔曼那疯狂的热情。他能迅速地讲述一个故

事,但他也知道,虽然从外表看,他人的生活仿佛随着电影片盘在有节奏地展开,但我们当下的自我意识却在向四面八方延伸,这里密布着各种物事,挪不开,搬不动,根本不像那些在卷盘里慢慢展开的长长的、薄薄的胶片。在《天资》中,纳博科夫创造了自我的当下感,表现了绵密、静态的瞬间,这比他以前的作品更直接。费奥多尔花了满满一页才从烟店跑到街角的药店,一个长句子让给另一个更长的句子,而且不断被打断:

> 他穿过街道,朝街角的药店走去,忽然不由自主地转过头来,因为一束光在他的太阳穴边掠过,他看了看,不禁莞尔一笑,就像我们看到一道彩虹或一朵玫瑰一样,那边一块白得耀眼的、平行四边形的天空正从车上搬下去——一张镶有镜面的梳妆台,树枝清晰无瑕的倒影在镜子上滑过,就像在银幕上滑过一样,这些树枝晃悠着,不是树在动,而是人在抖,是那些搬运工的作品,他们正搬着这片天空,这些树枝,这张滑动的镜面。
>
> 他继续朝药店走去,但刚刚看到的情形——不管是因为它让他觉得亲切愉快,还是大为惊讶(就像孩子们从干草棚上落到富有弹性的黑暗中一样)——让他的某种喜悦释放了出来,几天来,那种喜悦一直藏在他各种思想的幽暗底部,牵一发而动全身:我的诗集出版了;每当他像现在这样心潮起伏时,也就是说,每当他想起已经发表的那五十几首诗时,他总会迅速地把整本书回顾一遍,在音乐疯狂加速的迷离惝恍中,那一闪而过的诗行根本无法辨认——那些熟悉的字词会匆匆过去,在喧腾的泡沫中打旋(如果你的眼睛盯着它,那种翻腾就会变成巨人的水流,就像我们很久以前常做的那样,从一座摇晃不停的磨坊桥上看着那些奔腾不

> 息的水流，直到桥身变成船艄：别了！）——这种泡沫，这种闪烁，
> 452 还有独自闪过的一首诗，在远处狂热地叫着，也许是喊他回家，所
> 有这一切，还有那乳白色的封面，都融合在异常纯洁的狂喜之
> 中……

在《天资》中，纳博科夫为费奥多尔创造了一种独特的文体，几乎每个蜿蜒的句子都会鼓出一些括号，仿佛一条蛇吞噬了过多胖乎乎、难以抗拒的老鼠后变得慵懒一样。句子伸展着去容纳它们那丰富的猎物，那是无穷世界的脱缰之马和零星之美。像通常一样，费奥多尔在这里提取的是周围的光辉与新奇——白色的、平行四边形的天空，意想不到的抖动双手下树枝的倒影——或记忆中的快乐源泉，对文学天资的自鸣得意。但在哪怕是光辉的反思性的一句接一句以后，他的文体也开始显得淤塞，举步维艰，就像小说本身一样。我们变得焦躁不安，因为我们无路可走，费奥多尔经常有这种感觉。但正像小说的花样所展示的那样，即使是更残忍的挫折也会变成最出乎意料的回报。

当费奥多尔从商店回去后，电话铃响了。他的朋友亚历山大·车尔尼雪夫斯基读了一段报纸评论，那是对他的处女作《诗集》热情洋溢的赞美，但他拒绝透露评论的出处，除非费奥多尔晚上出席他们的文学晚会。下午，费奥多尔把那本献给他早年的薄薄的诗集又读了一遍：他重温了诗歌背后的记忆，他回味着童年和彼得堡的那些迷人的景象，他批评自己没有充分表达内心的意象，他想象着那位敏感的评论家的赞扬。这些诗篇本身开始于沮丧（一只球滚到家具下面，够它时，它又从地板上滚到一张动弹不得的沙发下面去了），结束于小小的胜利（他童年结束时，家具重新摆放，那只球躺着的地方暴露了出来，

它依旧鼓鼓的，十分亲切）。当费奥多尔回味了自己的诗集之后，一首新诗的头几行在他的脑子里激动着，他对作品获得了知音充满感激——可韵律却跟不上来。后来，他去了朋友的家，车尔尼雪夫斯基给他看了当天报纸的日期：愚人节！那令人着迷的评论原来是骗人的把戏。

这一章继续蜿蜒前进。费奥多尔对那种讨厌的恶作剧备感失望，但作为想象性同情的训练，他又试图从车尔尼雪夫斯基那失衡的内心去打量世界，想象他的朋友看到死去的儿子坐在房间里的情景。费奥多尔讲述了那导致雅沙死亡的自杀契约，那是践约失败的案例研究。
在好友之间形成的三角关系中（两男一女），每个人都爱着另一个人， 453
却被第三个爱着，正如雅沙的日记所说，在这个朋友圈内，形成了十分令人绝望的三角关系。逐渐地，自杀契约订立了。他们将消失，“三个人一起，这样，在一个不同的世界里，完美无缺的圈子将恢复”。雅沙自杀了，但另外两个没有照样去做。显然，无论彼岸有着什么样的幸福，却不能用手枪威逼强攻。

纳博科夫迅速把雅沙那令人气促的悲剧讲完，全部场景在数页内就结束了。但这个简洁的故事突出的是费奥多尔生活进程的缓慢：在内容密集的五十页之后，我们才在平凡的一天里度过了几个小时。

费奥多尔从晚会上回来，他很失落，因为那个评论原来是残忍的欺骗；他备受困扰，因为他想不起一个尚未完成的念头；他对即将来临的长夜感到担心，因为新地方会让他失眠。后来他发现自己被锁在房子外面了，于是顿时更迫切地想进去。他踯躅在街头，不知如何是好，直到闪烁的路灯“将某种一直逗留在他心灵边缘的东西推开，现在，不再是先前遥远的召唤，而是近处回荡着的洪亮的声音：‘谢谢你，我的祖国，为了你最遥远……’接着是一股回头浪：‘最残酷的雾霭，我当感谢……'然后又飞翔着寻找答案:'被你忽视……'"当这些诗句在他脑海里连贯起来时,房子的门开了,一个客人要出去,他急忙冲了进去。第一夜,他在房间里兴奋地完成了那首诗歌。

费奥多尔在得意的潮头浪尖捕捉不住那首诗,等到意兴阑珊时,却发现它就躺在海滩上,熠熠生辉,这是莫大的补偿。我们现在终于明白,这一天虽然没有什么进展,但在一章不到的篇幅中,作者向我们展示的与其说是一幅完成了的艺术家的肖像,不如说是一个作者的形象:费奥多尔的内心在活动,在将观察到的世界进行变形处理;他在职业方面的得意,他在职业方面的失意;他第一部诗集的大量样品,他对这些诗歌来源的回忆,它们的缺陷;一首新作的构思,迟疑的开头,最后的倏然成篇。

四

《天资》这部小说非常绵密,它记录了一个作家生活与创作的方方
454 面面:传统与个人才能;成年作品里的童年;作家心灵与艺术的缓慢成长;在日常生活中活跃着的成熟的想象力;创作、发表的整个过程,从一首新作朦胧的闪光到作品完成后受到的评价,甚至作者开始酝酿新作时尖锐的自我批评。

纳博科夫没有把费奥多尔当作自身形象的写照——不过我们马上就会发现,费奥多尔的创作揭示出了他本人的某些秘密——他也不相信可以想当然地认为,虚构的作者一定就是天才,您得提供几分样品让人瞧瞧。费奥多尔帮忙给了四份翔实的样品,支撑起小说洋洋洒洒的五章。第一章是他的《诗集》,是关于童年的十二行体短诗,仿佛纤弱灵巧的女体操运动员,但缺少力量,难以承受费奥多尔希望承受

的沉甸甸的过去。纳博科夫记录了这些诗歌给费奥多尔带来的感受，他本想用它们去**表达**更进一步的意图，这样就有了一石二鸟的表达效果：既是点点滴滴的圆润的琥珀，又是它们出生的往日那广袤的北方森林。

第二章，费奥多尔住在坦嫩贝格大街 7 号，但仍像过去一样苦恼，不得不跟一个他很讨厌的德国人住在一起，还要去教外语，而不是全身心地投入到写作活动中去。他被迫过着局促、单调的生活，他迫切希望逃离，于是狂热地准备着父亲的传记，似乎要冲破那束缚他的斗室，去父亲可能去的一切地方——蛮荒的中亚，甚至天国。这里，小说不断升华翱翔。费奥多尔本人是兴趣浓厚的鳞翅目昆虫学家，1916 年，他曾恳请父亲带他一起去西藏探险，但因为战争被拒绝。如今他乘着想象的翅膀追随着父亲（他再也没有从最后那次旅行中回来），走过那些神奇的地区，他对那些地区的风景描写胜过了先前所有的文学作品，绝对新颖漂亮，但又是通过训练有素的博物学家的眼睛来观察的。* 费奥多尔描写父亲的笔调充满了阳刚英武之气，同时又惊心动魄，迥然不同于《诗集》中的那种纤巧。但沮丧接踵而至：尽管他迫切想知道父亲后来的情况——他是否真的在最后一次探险中去世，是否有一天真的会回来，而不只是费奥多尔梦想的那样，是否在那最后的、 455
孤独的死亡山脊以外的某个地方以某种方式活着——但费奥多尔发现自己在构思中迷失了方向，他弄不清楚老人是否赞成这样的书，他琢磨着想放弃计划。这时房东太太要他搬走，于是事情落实了，他把

* 当然，费奥多尔虽是一个优秀的博物学家，但本人却从未去过中亚，像纳博科夫一样，只是依赖俄国探险家、博物学家的著作，还有自己生动的想象。纳博科夫让费奥多尔强调父亲的男性气概——这种品质纳博科夫的父亲也有，他十分敬重——却不知道，探险家老戈杜诺夫的主要原型，著名的尼古拉·普尔热瓦尔斯基，是一个同性恋者（参见唐纳德·雷菲尔德，《拉萨梦：中亚探险家尼古拉·普尔热瓦尔斯基（1839—1888）传》）。

手稿卷了起来，再也不打开。

第三章开始，费奥多尔住进了阿伽门农街 15 号。早晨的嘈杂声透过床边的单墙传来（冲厕所的声音*，房东清嗓子的声音，看门人的妻子使用吸尘器的声音），费奥多尔想写一首诗献给一个我们不知名姓的女子，她似乎跟他一样超尘脱俗，追求高妙的精神事物。诗歌记录了他们在夏夜路灯下定期的会面，但赴约前，费奥多尔必须面对一个乏味的下午，他要给人家上语言课。他等着那个女子，诗歌快完成时，她从黑暗中出现了。通过他俩关系的简要交代我们发现，那女子就是他房东的继女，那个当天吃中饭时生气的姑娘，当时冷漠的她似乎存心要使气氛变得紧张。

小说描写费奥多尔第一次搬家时，表面上似乎没有任何目的，也没有对济娜做任何暗示。同样，尽管这一章是直接介绍济娜的，但她的名字直到本章进行了一半，小说进行了一半后才透露出来。作为故事的叙述人，费奥多尔希望强化挫败感和补偿性的解放带来的美妙的震惊效果——对当时的他，对现在的我们，因为我们发现，新的公寓将济娜引进了他的生活，因为我们看到，他为她写诗时非常激动，那是对他们在夜晚自由的气氛中散步之情景的赞美，是对他们都十分珍视的高贵的想象价值的礼敬。

这一天的内外，另一回合的短欠与延期补偿在编织着自己的花样。费奥多尔去一家俄国书店，他在一本苏联象棋杂志上发现了一篇关于尼古拉·车尔尼雪夫斯基的文章。他认为，亚历山大·车尔尼雪夫斯基一定会对这篇谈论与他同姓的人的文章感兴趣，于是准备买下

---

* 休·肯纳曾说，乔伊斯前所未有地从主人公头发上的**虱子**来描写他（斯蒂芬·迪达勒斯），而纳博科夫在真正浪漫的小说中介绍女主人公济娜时，却是从她冲厕所的声音入手的。

它，但书店女营业员不了解杂志价格，而且知道他已经欠书店的账，就免费让他拿走了。费奥多尔琢磨着一则精巧的棋题，两个经典主题的重新组合或全新的走法。当他把杂志翻完，发现那些棋题根本不值得花钱买，因为

> 那些年轻的苏联棋题编写者苦心设计的入门习题与其说是 456
> “难题”不如说是“作业”，他们笨拙地处理着种种单调的主题（比如“牵制”与“反牵制”），一点诗意也没有。这是些象棋连环画，如此而已，推推搡搡的棋子们怀着无产阶级的严肃与认真做着笨拙的工作，安于平面变体上那些双重解决的存在和成群的宪兵……
>
> 突然他感到一阵剧痛——为什么俄罗斯的一切变得如此粗劣、潦草、黯淡呢？她怎能被如此愚弄、糊弄呢？

那天晚上，济娜告诉费奥多尔，她觉得他不把关于父亲的那本书写出来真可惜：“我有一种强烈的感觉，终有一天你会冲出来的，会写出一本巨著，让人人都倒吸一口冷气的。”费奥多尔·康斯坦丁诺维奇开玩笑地说：“我要写一本车尔尼雪夫斯基传。”费奥多尔不知道，他以为的玩笑其实已经找到了肥沃的土壤，正准备生根发芽呢。过了几天，他在那本象棋杂志上浏览车尔尼雪夫斯基的日记选段时，他看到了他在棋题中看到的让他吃惊的粗劣的思想。车尔尼雪夫斯基内心那种自我泄气的品质——这种品质也存在于他思想的所有苏联后裔身上，从棋题设计者到作家、政治理论家——让费奥多尔十分着迷，费奥多尔决定**应该**写一本关于他的东西。在一本如此令人失望、根本不值一买的杂志上——虽然不管怎么说，他是免费获得的——费奥多尔

发现了他下一本书的思想。*

五

尽管费奥多尔在处理车尔尼雪夫斯基时有些鲁莽顽皮，但他知道问题的严肃性。从十九世纪六十年代起，车尔尼雪夫斯基和其他“六十年代的人们”对俄国文学就产生了巨大影响。他们的第一条戒律是，艺术的最高天职是服务于社会改革事业，这成了左派书报审查的标准，其威严丝毫不亚于沙皇政府的书报审查制度。这样的审查标准
457 革命后仍然存在，连本可享有非常自由的侨民界也接受了这个标准。费奥多尔的著作是对审查制度的激烈挑战，它以一种嘲讽的方式表明艺术是自由的——甚至可以自由地正话反说——它欣然对车尔尼雪夫斯基表示不恭。他的挑战被接受了，因为他惯常的出版商瓦西里耶夫拒绝碰这本书——就像在实际生活中，社会革命党人在《当代纪事》上急切地发表纳博科夫的所有作品，却把《天资》中的那一章略去一样。纳博科夫说：“这是生活发现它不得不模仿它所谴责的艺术的绝好事例。”[3]

在费奥多尔笔下，车尔尼雪夫斯基是小丑一样的知识分子，他的思想不值得理论对手加以赞美。他大量引用车尔尼雪夫斯基自己的话，让他粗俗的唯物主义认识论自毁家门；他认为，车尔尼雪夫斯基的美学背后存在着混乱的思想和感情，使得人们根本无法认真对待。但

---

* 那本象棋杂志叫《8×8》，明显暗示苏联象棋杂志《64》。在《天资》这一章完成差不多半个多世纪后，《64》在1986年8月第一次正式发表纳博科夫的作品（俄语版的《说吧，记忆》中有关棋题的评论）。具有讽刺意味的是，该杂志删掉了一句，那正是纳博科夫让费奥多尔发表的对苏联粗劣棋题的议论。

是费奥多尔的注意力没有放在争辩上，而是放在车尔尼雪夫斯基的生活方式上，它不断破坏着自身的哲学，仿佛命运因为他的信仰而报复他。车尔尼雪夫斯基是一个唯物主义者，但他对物质世界差不多是既瞎又聋：他近视，总是生活在抽象观念和书本中，分不清啤酒和马德拉葡萄酒、西伯利亚的植被和欧洲的植被、马蝇和黄蜂。他喜欢有大批的听众，结果却过着近乎孤独的流亡生活，身边有限的几个人又对他毫不在意。他信仰常识，却被疯子包围着，妻子神经质，儿子神经病。他是至少一定程度上的自由的捍卫者，但自己赢得的只是监禁，留在身后的是书报审查的遗产。也许最阴郁的讽刺还在于，他渴望发明永动机，作为用物质手段解决生活问题的第一步，但在生命的暮年，他自己竟成了这样一部机器，为了养家糊口，他“像机器一样一卷接一卷地翻译着韦伯的《世界史》”，从而把自己的脑子变成了“强制性的劳动工厂”，这是对“人类思想的莫大讽刺”。[4]

在《天资》的语境中，车尔尼雪夫斯基是一个不断遭到生活无情打击的突出典型。从另一方面说，费奥多尔对车尔尼雪夫斯基生活中的徒劳与失败主题的把握，乃是他在艺术方面取得第一场重大胜利的标志。但是，在描绘生活将车尔尼雪夫斯基的信仰搞得一团糟的时候，他并不只是要嘲弄他所讨厌的一种精神气质，他认为，车尔尼雪夫斯基注定要在他的世界里跌跌爬爬、一错再错，因为他面对生活的哲学本身就是错误的。

在学位论文《艺术对现实的审美关系》中，车尔尼雪夫斯基主张 458
说，现实是居先的，是物质的、明确的和寻常的，艺术只是对现实的低级模仿。费奥多尔认为应该颠倒过来，认为生活模仿艺术。他相信，不能仅仅从物质的角度去理解事物，那些真正留心生活的人会发现，理解世界时必须开展的意识游戏似乎以某种神秘方式对应于故意藏在生活背后的游戏的力量。

车尔尼雪夫斯基喜欢堆积百科全书所传播的那些看似牢固的事实，他看重那些看得见、摸得着的东西，因为它们是机械的，服从普遍规律，能够有把握去预见。费奥多尔也喜欢堆积，但他更喜欢零星的、被人忽视的细节，而不是人所共知的老生常谈。他认为生活充满了各种无形的美，数不胜数，比我们所知道的更复杂，完全无法预测。

在费奥多尔看来，历史始终让我们感到惊奇。但**在回忆时**，我们能够追踪它的主题——它们不是共享的一般，而是独特的个性花样。生活珍视特殊，允许事物千姿百态地发展，同时又通过事物之间的差异捕捉其花样，听任个体想象以自身的方式去看待这些差异与花样。费奥多尔也是这样看待车尔尼雪夫斯基的生活的。作为一个传记作家，他决不自我轻视，他大胆标举他认为属于车尔尼雪夫斯基生活的那些主题（近视、永动机、命运的复仇等四十多个主题），他既像魔术师又像巫师，口中念念有词，自由地把它们召唤出来或打发回去。

费奥多尔在车尔尼雪夫斯基身上发现的所有这些主题总体上构成了一个非常个性化的人。因为他认为传主很新颖，是独特的人，而不是进步分子眼里的神圣偶像，他就能在车尔尼雪夫斯基的命运中看到处处存在的致命缺点，正是这些缺点使他的希望彻底幻灭。车尔尼雪夫斯基尊重坚固的常识世界，他由此无视许多东西（人类生活的陌生性，事物的独特和不可预测性，碰巧只是让**他**的想象力注意到了的古怪现象），这样，这个笨拙的、糊里糊涂的唯物主义者就会不由自主地在他的世界里跌跌绊绊。那些起初像是命运或费奥多尔的嘲讽与敌意的东西原来是对这个独特人物无情关注的结果，因此它们无可替代，敏感而脆弱。早在结束之前，传记就流露出一种同情，如果不是如此仔细地关注车尔尼雪夫斯基生活的主题和他每个希望的落空，这样的同情是无法产生的。

六

费奥多尔放弃了他关于父亲的回忆录，因为他感到，想象性地进 459
入他并不了解的亚洲，这只是一种沉迷，会用自己纯粹的幻想玷污父亲纯洁的科学与勇气。他想表示对父亲的崇敬，这造成许多麻烦，而车尔尼雪夫斯基传则是一种纠偏。现在，他的艺术不是轻松地逃向想象的天堂，而是回归真实的世界，尽管他在那里发现了生活的可恶之处——在那里，一个人试图建立唯物主义的天堂，最后却造成个人和现代俄国的地狱——但他仍然能从中发现和谐。在父亲的传记写作中，费奥多尔去过西伯利亚，发现那里美得让人窒息；现在他追随车尔尼雪夫斯基到了同样的地区，可周围却没有任何东西对凄凉的流放加以补偿。除了勇敢以外，车尔尼雪夫斯基跟康斯坦丁·戈杜诺夫-切尔登采夫天悬地隔，他们处处形成对立。车尔尼雪夫斯基认为，艺术和科学应该更加坚定地信奉一般的善，而戈杜诺夫却坚持不懈地追求那令他感兴趣的东西；戈杜诺夫重视迄今为止尚未发现的东西，他深切地感受到生活的新奇，而车尔尼雪夫斯基却致力于"众所周知的事物"。

少年的费奥多尔想跟随父亲一起开始那最后的探险之旅，现在他放弃了他关于父亲的回忆录，他觉得哪怕是在想象中伴随父亲也没有什么价值。但他本人已经是一个探险家，是关于过去的探险家。他在《诗集》中探索自己的童年，他意识到，这些诗篇薄弱的魅力根本不足以暗示父亲的高尚行为。他为那本流产的传记研究着父亲的生平，但他拒绝那些足不出户、安然无虞的神游画面。现在在《车尔尼雪夫斯基传》中，他敢于像父亲在空间中探险一样，成为一个时间的探险者，他走进车尔尼雪夫斯基那冷漠的思想区域，他从容地把自己暴露在批评的伏击圈内。

尽管不那么明显，费奥多尔还是彼岸世界的探险者。在《诗集》中，他探索自己的童年，蹑手蹑脚地想在意识黎明前的黑暗中发现某些东西，那也许能告诉他，当生活的夜幕降临时，他可以期待些什么。费奥多尔着迷地想，父亲也许会回来，甚至从死亡中回来，在下一部著作中，他要探索那位老探险家活着时一直怀着的超验秘密。

460 在纳博科夫那里，因果关系从来不是严格的机械事件，标志为“因”的齿轮绝非必然转动那标志为“果”的齿轮——当涉及艺术作品的起源时，情况尤其如此。费奥多尔告诉我们，他最初想写父亲生平的动机跟他重温普希金完美的散文风格有关，他以一种个人化的、难以理喻的方式将这种风格跟他想象中父亲向未知领域挺进的完美氛围联系在一起。意味深长的是，费奥多尔将他自己从坦嫩贝格街（以及有关父亲生平的作品）转到阿伽门农街（以及关于车尔尼雪夫斯基的作品）的行为看作是从普希金转向果戈理。在纳博科夫看来，果戈理的作品是有意将生活中不那么人性的一切进行扁平化的处理，以期能在瞬间诉诸某种超人性的东西，“人类灵魂的隐秘深处，彼岸世界的影子仿佛无名又无声的航船的影子一样从那里驶过”。[5]当费奥多尔将普希金那明亮的探照灯留在身后，转而借助果戈理那噼里啪啦的焰火去照亮车尔尼雪夫斯基的生活时，纳博科夫就在费奥多尔的艺术中安排了向另一个维度转变的机会。“普希金的散文是三维的，果戈理的散文则起码是四维的。”[6]

费奥多尔告诉济娜，他用一首商籁体诗歌包裹着车尔尼雪夫斯基的生活，希望传记因此能够摆脱平展四方的书本的约束，因为“书总有尽头，不同于一切循环往复的存在物”，这样他的传记就能获得自由，

纳博科夫在剑桥，1920。

纳博科夫与剑桥室友米哈伊尔·卡拉什尼科夫在剑河的平底船上，1920或1921。

纳博科夫与剑桥朋友罗伯特·德·卡尔利去瑞士登山旅行，1921年12月。夹克里面的卡迪根式开襟毛线衣到腰部的纽扣未系上，这是纳博科夫典型的衣着。身后的瑞士场景在《光荣》里有所描写。

纳博科夫与未婚妻斯薇特兰娜·西韦特及其姐姐塔季亚娜，柏林，1921或1922。

纳博科夫在未婚妻斯薇特兰娜·西韦特家，利希特费尔德，靠近柏林，1922年夏，父亲去世后不久。

纳博科夫在索列斯蓬的博略地区做农场工人，靠近土伦，1923年春或夏。

弗·德·纳博科夫在《舵》报编辑部写字台旁，去世前不久。

薇拉·纳博科娃，二十年代中期。

弗拉基米尔·纳博科夫，1926。

弗拉基米尔和薇拉·纳博科夫与布朗伯格家的孩子们，还有来自柏林网球俱乐部的朋友，波美拉尼亚湾的吕根岛，1927。这个地点启发纳博科夫设计了《王，后，杰克》的结尾。

纳博科夫与他最为固定的学生亚历山大·萨克在扮演小丑，徒步旅行度假途中，康斯坦茨，1925。

尤里·艾亨瓦尔德，流亡评论家，朋友。

纳博科夫在创作他的第一部杰作《防守》，东比利牛斯地区，勒布卢，1929年2月。

伊利亚·丰达明斯基，巴黎俄国侨民重要文学杂志《当代纪事》编辑、主要资助人。（哥伦比亚大学巴赫梅捷夫档案馆）

手拿捕虫网的纳博科夫，勒布卢，1929。这是纳博科夫第一次与妻子出去捉蝴蝶，以后他们经常从事这类活动。

纳博科夫的母亲，叶连娜·纳博科娃，布拉格，1931。

守门员纳博科夫，身后是俄国体育俱乐部足球队队员，柏林，1932。

В. СИРИНЪ
КАМЕРА
ОБСКУРА
В. СИРИНЪ
КАМЕРА
ОБСКУРА
В. СИРИНЪ
КАМЕРА
ОБСКУРА
В. СИРИНЪ
КАМЕРА
ОБСКУРА

《暗箱》，1933，纳博科夫唯一一部按脚本构思的小说。

《暗箱》，1936，纳博科夫第一部译成英语的小说。威尼弗雷德·罗伊糟糕的翻译促使纳博科夫亲自动手翻译他的下一部小说《绝望》，这是他决定成为英语作家的重要一步。

JOHN LONG'S
NEW 7/6 NOVELS

III

HER name was Magda Peters and she was, in fact, only eighteen years of age. Her father was a porter, a disabled soldier, whose hair was already turning grey; his head jerked unceasingly, and he fell into a violent passion on the slightest provocation. Her mother was still quite young, but in weak health—a coarse, cold-hearted woman, whose hand was constantly raised to strike. Her head was always tied up in a handkerchief to keep the dust from her hair while she was working, but after her great Saturday clean-up—which was mainly effected with a vacuum-cleaner ingeniously connected to the lift—she dressed herself up and sallied forth to pay visits. She was unpopular with the tenants on account of her arrogance and her brusque way of asking any one who came in to wipe his or her feet on the mat.

Otto, Magda's brother, was three years older than she. He worked in a bicycle factory, despised his father's republicanism, held forth on politics in the neighbouring tavern and

20

威尼弗雷德·罗伊译本的两页，表明纳博科夫手稿的变化，小说修改后更名为《黑暗中的笑声》，1938，纳博科夫在美国出版的第一个作品。

declared, as he banged his fist on the table: "The first thing a man's got to do is to fill his belly!" This was his guiding principle.

As a child Magda went to school, and there she had an easier time than at home, where she was beaten frequently, often for no reason, so that she had formed the habit of raising her elbow to protect herself. In spite of all, she grew up into a cheerful, high-spirited girl. When she was eight years old, she joined enthusiastically in the noisy and excited games of football which the boys of the neighbourhood played in the road. At ten years of age she learned to ride her brother's bicycle. With bare arms and flying black pigtails she scorched up and down the street and then suddenly halted, with one foot resting on the kerb-stone, brooding over something. At twelve she became rather more sedate. At this time she liked nothing better than to stand at the door, and whisper to the coal-heaver's daughter about the women who visited one of the lodgers or to criticize the clothes and hats of the passers-by. Once she found on the staircase a shabby handbag containing a piece of soap and a few indecent post cards. On another occasion a schoolboy kissed her on her bare neck. Then one night, she had a fit of hysterics, for which she got a dowsing of cold water followed by a thrashing.

Приглашение на казнь

《斩首之邀》首页反复修改后的草稿。与其他作品相比，纳博科夫写作这部小说的速度很快，很轻松，1934年6月开始写作这一页，9月完成修改。后来他把钢笔换成了带橡皮的铅笔，把没有格子的大张稿纸换成了划线卡片。（国会图书馆）

Два поколѣнія русской литературы.

Чествованіе И. А. Бунина въ Берлинѣ.

1933年柏林为刚刚获得诺贝尔文学奖的伊万·蒲宁举行的庆祝会，会上蒲宁被誉为老一辈流亡作家的杰出代表，“西林”被称为年轻流亡作家的代表。自左向右，西林在鼓掌，约瑟夫·赫森与蒲宁握手祝贺。（*Rubezh*，哈尔滨）

纳博科夫，柏林，1934年夏。

纳博科夫、薇拉与儿子德米特里，柏林，1935年夏。

左：纳博科夫与德米特里，柏林的沙坑，1936。

右上：纳博科夫在写字台旁，柏林内斯托街22号，1936。

右下：弗拉季斯拉夫·霍达谢维奇，优秀流亡诗人，纳博科夫三十年代的文学盟友。隆歇尼，靠近巴黎，1939年3月。（Nina Berberova收藏）

纳博科夫与《新法兰西评论》子刊《测量》编辑部成员，地点是杂志资助人亨利·丘奇的阿夫雷别墅。自左向右，乔伊斯的朋友西尔维亚·比奇，纳博科夫（手拈蝴蝶？），巴巴拉·丘奇，阿德里安娜·莫尼耶，热尔梅娜·波扬，亨利·丘奇，亨利·米肖，让·波扬（后面），米歇尔·莱里斯。1937年初，纳博科夫与法国文学界的交往频繁，那时他刚离开德国。但几个月后，《黑暗中的笑声》被美国出版商接受，他的目光也就转向那里。（Gisèle Freund）

伊丽娜·瓜达尼尼。（私人收藏）

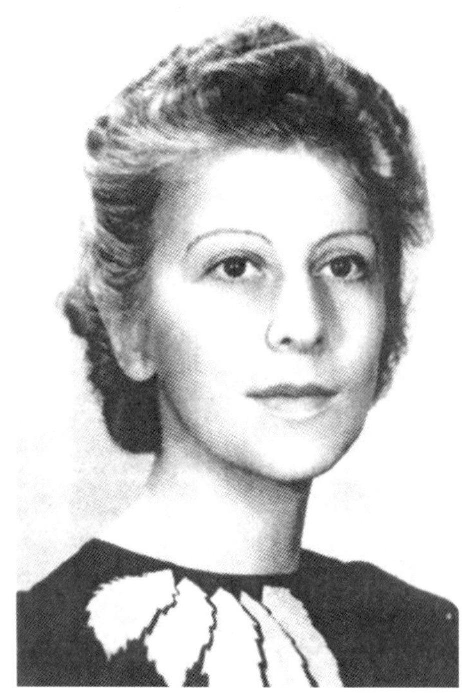

上左：纳博科夫与家人在戛纳海滩，1937年夏末。

上右：纳博科夫与德米特里，芒通的埃斯佩里德公寓，1938。

下左：纳博科夫，1938。

下右：薇拉·纳博科娃，1939。

成为“一个不断蜿蜒向前、无穷无尽的句子”。正如我们料想的那样，车尔尼雪夫斯基在传记的最后一页去世了，但直到那时，他的出生才被提及，接着是那首十四行诗的前半部分，“我们完整抄录如下”——这样就又把我们引到传记的首页。《车尔尼雪夫斯基传》以六行诗句开头，接着是下面一段话：

> 一首十四行诗，表面上挡住去路，但也许倒是提供了隐秘的联系，能够把一切都解释清楚呢——只要人们的思想能够忍受那种解释。灵魂沉入片刻的梦境——这时，像通常戏剧中那些形象死后又活灵活现地爬了起来一样，他们迎我们走来：加夫里尔神父手持一根长长的牧杖，身披暗红色的丝绸十字褡，大肚子上系着刺绣腰带，身旁是一个已经沐浴在阳光中的十分迷人的小男孩，红润，清秀，局促不安。他们走近了。摘了你的帽子，尼古拉。

在整个《车尔尼雪夫斯基传》中，费奥多尔都在暗示，某种命运在根据自身的和谐设计安排着人们的生活。在这本古怪的开头—结
束—再开头的传记中，他也在暗示，生命的锁钥也许在于，我们能够在 461
死亡中重返过去，去领略那安排一切时的精心，去体会那有待激起的怜悯，最终将发现，它们就像今生今世的幸福一样丰饶。他预示了纳博科夫后来在《眼睛》前言中表达的那种意思：“想象的力量终归是善的力量，这些力量依然稳稳地驻留在斯穆罗夫一边，而事实证明备受煎熬的爱的苦涩，就像它最销魂的回报一样，令人陶醉，催人奋起。”[7]当费奥多尔在传记开头提供了六行诗句，并把它们称作十四行诗，或在结尾提供了八行诗句，说商籁体诗歌已经完整抄录的时候，他通过一个玩笑和一阵片刻的失望之痛宣告了一种生活观。按照这种生活

观，艺术与现实的美学关系是完全颠倒的；按照这种生活观，即使那个差不多是否定艺术的生命也为隐秘的艺术性包围。

七

在《天资》第五章也是最后一章中，费奥多尔的生活打开了，他的肺扩张了，他的沮丧消失了。《车尔尼雪夫斯基传》激起了大量的评论，许多人表示愤慨，大多数人则这样那样地误解费奥多尔，但有一个人欣然接受并十分推崇（孔切耶夫，费奥多尔唯一敬重的同辈诗人）。在第一章，他只得到一个愚人节的评论，现在可谓大大的补偿。在整个作品中，费奥多尔都局限在租来的房子里焦躁恼怒，如今，在1929年温暖的夏季，他日复一日地在格鲁内瓦尔德森林里晒太阳，尽情享受着自由的空间。他跟济娜的关系一度陷入僵局，她坚决不允许他在住所里对她有任何爱的表示，因为她的继父曾在那里试图对她非礼。现在问题一下子解决了，她母亲和继父要搬到哥本哈根去，阿伽门农街的房子将留给她和费奥多尔。

最重要的，创作《天资》的念头悄悄爬上了费奥多尔的心头。当他意识到他要构思这部作品时，他对生活之神秘艺术性的直觉开始照亮他全部的天空。他沿着车水马龙的街道往前走，皱着眉头，嘴里咕哝着，但马上他就想到“所有这些凌乱的思想，像其他的所有东西一样——春日的那些接缝和稀松……嘈杂的声音里的那些针头线脑——只不过是一幅精美织物的反面罢了”。注意这里的“稀松”一词，看似可憎的东西有自己的用场。就像他在创作中懂得，要放弃简
462 单的理想化笔法，学会在可恶的生活中发现艺术的花样与怜悯一样，
现在他将同样的原则用于自身的存在，他在铁路的路堑中发现诗，在

废物遍地的格鲁内瓦尔德公园中发现天堂,在他不得不生活其中的冷漠寓所里发现了命运之慷慨大度的秘密标记。

最后,他要以此来结构他下一部的伟大作品,那是命运努力将他和济娜安排在一起的故事。这个结构顿时弥补了所有的挫折,小说开头的所有支离破碎顿时变得井井有条。它还解释了何以《天资》本身要完整无缺地包含《车尔尼雪夫斯基传》,那是费奥多尔艺术才能最令人困惑不解的样本。只有将费奥多尔写作车尔尼雪夫斯基传的策略看作是他对父亲传记的纠偏,我们才能充分地欣赏这个作品。进而言之,车尔尼雪夫斯基传能够解释《天资》自身的写作目的,因为前者是"实弹演习""实习、试验",是要让费奥多尔学会驾驭命运的主题。当然,《车尔尼雪夫斯基传》和《天资》是以完全不同的方式展开的。在车尔尼雪夫斯基这一离题的故事中,命运主题是以浓缩的形式发生的,处心积虑又横行霸道。费奥多尔很少要费心去描写生命感,只是从一个主题牵线拖到另一个主题牵线,使得木偶般的车尔尼雪夫斯基颠过来荡过去。相比之下,《天资》的艺术就更为巧妙,他保留了那些瞬间的肌理组织,保留了糊涂状态,似乎摸不着头脑,不过他是要证明,即使在这种状况下,命运依然在发挥作用,这里的漫无目的可以用于揭示一个更大的构思。

以后,小说到了最后一段,那是以散文形式排列的一段,但其实是极其工整的诗歌,是对普希金那部伟大诗体小说《叶甫盖尼·奥涅金》之精湛诗节的模仿。费奥多尔跟他的书告别——模仿普希金跟奥涅金及读者告别——他吁请我们能够眺望书页外的地方。如果我们留意观望,我们会看到,费奥多尔和济娜有了他们自己的住房,可当他们第一晚到那里时,他们会发现,他们将被锁在门外。但到费奥多尔着手写作这一光彩夺目的小说结尾时,他已经跟济娜度过了几年幸福的时光,那种沮丧也早已忘却。那形式完美的奥涅金诗节是一种礼赞,也是一次邀请,它邀请我们重新回到开头,去认识每个事物的完美形式和温柔设计,可当初它们是那么杂乱无章,甚至居心叵测呢。

八

与费奥多尔一样,纳博科夫也迷恋命运,因为在他跟未来的妻子
463 最终相识之前,命运也有几次差点儿把他们撮合到一起去(参见上文第十章)。费奥多尔向命运的献礼也是纳博科夫要表达的谢忱,他感谢上苍赐给他薇拉·斯洛尼姆。

实际上,纳博科夫在《天资》中对自己过去经历的利用远远超过他的其他任何一部小说。正如《说吧,记忆》所示,他将记忆试图探索意识的黎明等同于记忆试图探索意识日落后的景象,因此,费奥多尔通过诗歌去检验幼年的记忆,这也是纳博科夫的写照。对纳博科夫来说,维拉胜过一切地方,到了费奥多尔那里,它变成了列希诺,处处惟妙惟肖。纳博科夫崇拜父亲,于是费奥多尔也崇拜父亲,而纳博科夫对鳞翅目昆虫的热情则通过费奥多尔和老戈杜诺夫宣泄出来。

《天资》最关注的还是费奥多尔文学才能的成长。纳博科夫再次透过自己的过去这面镜子去描画费奥多尔的肖像。他把自己当初在诗歌方面的挣扎——有节制的形容词,别雷韵律图式的魔力——极其忠实地传给了费奥多尔,以至于他在将自己的回忆录译回俄语时,他把关于早年诗歌写作的那一章省略了,他不要重复他已经以费奥多尔的名义向俄语读者呈现过的那些东西。像西林一样,费奥多尔从诗歌进步到散文,同时又在成熟的散文风格中保持了非凡的诗性。纳博科

夫将他所有的基本情感——对他的祖国，他的家庭，他的家乡，他的语言，他的文学，他的鳞翅目昆虫，他的象棋，他的爱情的爱——都赋予了笔下的主人公，甚至还有相同的偶然、流亡生活、语言教学、对柏林的厌恶、在格鲁内瓦尔德的日光浴等。[8]

不过，纳博科夫并无意向我们奉献一组他本人年轻时候的生活快照。为了保护他的隐私，他将他的第一批读者都熟悉的有关弗拉基米尔·西林的一切都从费奥多尔身上改换掉了。在流亡同胞眼里，西林身上富有英国气息，他在剑桥读书，德语所知甚少。而费奥多尔的德语则很好，是在柏林读的大学。* 纳博科夫的父亲在俄国很出名，他那骑士般的勇敢名闻遐迩，但他是一个政治家；费奥多尔的父亲尽管也出奇地勇敢无畏，但他是一个博物学家和探险家，回避一切政治话题。最主要的，纳博科夫尽可能地将费奥多尔的艺术活动跟自己区别开来。在过去的十五年里，西林在诗歌、戏剧、短篇小说、长篇小说方面
都显示出无穷的叙事创新才能；至于费奥多尔，尽管纳博科夫认为，应 464
该认真对待其文学天赋，但他缺少虚构才能，只能依靠真实的生活：他的童年，他父亲的旅行，车尔尼雪夫斯基的伤悲，他的幸福，济娜的幸福。

让费奥多尔选择真实生活而不是虚构，纳博科夫不仅将笔下的人物跟自己区别开来，同时还能表达自己最为个人化的关切。在他的一生中，他所尊敬的父亲的无谓之死是最令他震惊的事，但他永远无法直接去处理。让老戈杜诺夫成为一个博物学家和探险家，他可以实现

* 为了进一步区别他和费奥多尔，纳博科夫还引进了一个次要作家弗拉基米罗夫，一个年轻小说家，姓名、年龄、长相、衣着、英式教育、文学及社会风格方面都与他的创造者相似："弗拉基米罗夫很健谈，但十分讨厌。有人说他好嘲弄人，目空一切，冷漠，无法融入友好的讨论——但这也可以针对孔切耶夫和费奥多尔，只要那些思想待在自己的私室而不是营房或酒店里的人，都会受到这种指责。"

自己去中亚探险的那个夭折的梦想，通过神奇的景象为费奥多尔那局促、单调的日常生活增加一些反衬，同时还可以在费奥多尔父亲周围披上他父亲那英雄般的光环；让老戈杜诺夫在遥远中亚的天堂中失踪或许死去，他可以让费奥多尔既能在想象中探索父亲的死亡之谜，又可抱着一线希望等他回来。

在费奥多尔的所有作品中，最意想不到、最没有纳博科夫特征的是他的《车尔尼雪夫斯基传》。但费奥多尔的这个样本与他的创造者曾经写过的其他所有作品之间的殊异本身应该引起我们的警惕，因为当纳博科夫要隐藏某种特别珍贵的东西时，他总是一贯借助于伪装。当费奥多尔抛弃轻松的田园诗、罗曼司、刺激和父亲生平写作方面的成果，转向跟他有霄壤之别的车尔尼雪夫斯基那丢人的磨难生活时，他的艺术突飞猛进。出人意料的是，费奥多尔从天堂向地狱的转换恰恰是纳博科夫写作进程转换的反映，在二十年代早期，他往往从正面去表现他的价值观和生活，但从二十年代后期开始，他采取了颠倒的反面形式，他想通过那些比他不幸的人的生活来检验自己的思想。与他的创造者一样，费奥多尔在重申他在生活及彼岸世界发现的丰富精神之前，敢于去探索精神贫困的状态，这标志着他整个艺术的最大胆的跨越。费奥多尔的变化发生在他爱上济娜以后，这无疑绝非偶然，要知道，纳博科夫正是在与薇拉结婚之后从正面抒情风格转向了反面的戏剧风格，他直接受到她客观、冷静又不屈不挠的批判性态度的影响。

在《天资》中，纳博科夫不仅对个人生活和自身的艺术发展加以利用，他也利用了身边的公共世界。他的作品从未像《天资》这样穷形尽相地去描写一个城市的公园与广场、办公室与商店、公交车与电车、日常生活与风习的。当然，费奥多尔的柏林是侨民眼里的那个古怪的柏

林,尤其是流亡者的文学的柏林,那里充斥着聚会、朗诵会、争斗、评
论,还有流亡作家联盟内部的钩心斗角。乔伊斯喜欢这样想,哪一天
都柏林毁掉的话,人们可以根据《尤利西斯》把它重建起来。希特勒**确** 465
实把柏林的俄国文学侨民区毁掉了,《天资》却能让我们重访那失去的
世界。

可是,不仅于此。对费奥多尔来说,流亡生活有着无穷无尽的烦恼,这些逼仄的寓所取代了广阔的过去,那里他本可指望跟父亲一起去蛮荒的亚洲探险。回到俄国后,他的父亲可以自由地从事他的科学研究,可如今,流亡中的费奥多尔发现他的艺术每天都是障碍重重,因为流亡读者群规模很小,使他无法靠写作谋生,只好把时间和精力浪费在单调乏味的外语教学上。这当然正是纳博科夫在费奥多尔这般年纪时的处境,但对这两位作家来说,眼前这个被仔细观察的世界里的烦恼将会成为最终的丰饶与胜利,在他们迄今最优秀的作品《天资》中,我们到处看到这种丰饶与胜利。在他们周围那表面看来是否定的世界里,他们对自身的价值观进行最彻底的检验,他们发现了它们实大声洪的基础。

九

无论纳博科夫怎样将他个人的过去和柏林的今朝编织到《天资》之中,他决无意仅仅转录生活,如果说转录是可能的话。从第一页到最后一页,《天资》还在对其他一些文学作品表示敬意、进行争辩或加以超越。

在文学中,很少有像果戈理《死魂灵》的开头这样让纳博科夫激动的场景了。在那部小说的第一段,两个农民对着一辆马车的轱辘发

呆，他们不知道它是否能把车拉到莫斯科或喀山去，但这两个农民后来再也没有出现。纳博科夫在他那本关于果戈理的书中说道：

> 这两个农民并不关心那辆四轮马车将要开始的准确行程，他们感兴趣的只是那个不切实际的问题，即从假想的距离去考虑车轱辘那假想的不结实问题。由于他们不知道从 N 市（一个假想的点）到莫斯科、喀山或廷巴克图的准确距离，他们也不甚关心，这个问题就被提高到了崇高抽象的层面。[9]

在第一段的结尾，马车又路过一个年轻人，作者对他做了一些描写，然后这位年轻人同样再也没有出现。纳博科夫认为，这是神来之笔：

> 另一独特笔调体现在那个偶然经过的路人身上，对那个年轻
> 466 人的描写突如其来又全不相干，却非常仔细：他来到这里，似乎准备待在故事里（就像果戈理笔下的许多小人儿想的那样——可是不行）。如果是他那个时代的其他一个作家，下一段应该这样开始："伊万，那就是这个年轻人的名字。"……可是不：一阵风打断了他的注目，他走了，再也没有提及。[10]

《天资》的第一页——那辆拖着装有洛伦茨家家具的搬运车的拖拉机其硕大无比的后轮，对洛伦茨夫妇的细致刻画——就是纳博科夫对俄国文学这一伟大场景的献礼，就像小说最后一页的那首奥涅金诗节是对另一个场景的礼赞一样。但纳博科夫比果戈理更进了一步。洛伦茨夫妇固然最后表明与费奥多尔的生命进程不相干，但费奥多尔

却能将这种不相干看作是命运笨手笨脚想把他介绍给济娜的“证明”。不相干成了关键的证据，不合适的事件成了高明设计的标志。

《天资》是纳博科夫对整个俄国文学传统的献礼，在他看来，俄国文学一直徘徊在苦难与胜利之间。[11]它的中心是那些天才作家如普希金、果戈理、托尔斯泰和契诃夫，随时准备讲述他们看到的真理；他们的右边是政府，根本不希望真理讲出来；他们的左边是那些坚持正义、反对专制政府的人，但他们又迫使作家的自由想象加入到纪律严明的解放军中。纳博科夫要处理车尔尼雪夫斯基与那些卑劣的对手即沙皇秘密警察之间的关系，还要处理车尔尼雪夫斯基与普希金之间的关系，后者天资颖悟、天马行空，远非笨拙的他所能把握。

对纳博科夫来说，费奥多尔像任何伟大的俄国作家一样，其环境不仅包括俄国文学，还包括西欧文学。在《天资》中，他怀着崇敬和挑战的精神直接面对普鲁斯特和乔伊斯的作品。像《追忆逝水年华》一样，整部小说就是一位作家的进步成长，他最终可以创作一部摆在我们面前的作品，整个结构就是在浪费的时光中寻找过去花样的蛛丝马迹，整个风格就是一个悠闲自在的人让意象在沉思中绽放，只是费奥多尔的格调比起马塞尔来多了几分轻松，少了一些奢华。像《尤利西斯》一样，《天资》描写了一个城市绵密的生活，循着一个漫游街头的年轻作家玩着心灵的杂技，以钥匙的主题开篇和收尾，追踪一个儿子特殊的寻父之旅，其实是将父子关系变成了形而上学之谜。甚至可能正是乔伊斯将都柏林街头的喧闹与尤利西斯壮阔的漂泊暗相对照，才给了纳博科夫启发，进而将拥挤局促的柏林跟费奥多尔父亲壮游时那广阔的空间形成对比。但无论如何，纳博科夫决不复制。费奥多尔文 467
学天赋的进步是确切的又是奇妙的，他早期只是在诗歌方面零打碎敲，后来竟能让他的父亲穿越令人敬畏的奇境；他原先只是对车尔尼雪夫斯基的生活充满嘲讽与同情，后来决定创作《天资》时才发现，他的背后竟隐藏着那么多的苍翠锦绣。哪部文学作品能预示这样的小说呢？

十

纳博科夫作品的一个中心主题始终是，如果我们能够不断回身，那么时间就会显示出它丰富的证据与设计，只是纷繁杂沓、匆匆流逝的尘世时间模糊了这种设计而已。他也是这样来构思《天资》的，他吁请我们不断回身去发现越来越多始料未及的设计，哪怕我们以为，我们已经发现了不止一组难以把握的事件。

小说开始的第一天，费奥多尔发现他被锁在门外——就在这时，特别残忍的一天变成了一份特别的礼物，因为一首新诗在他的内心激动着。小说的中间部分，费奥多尔描绘了两年后第二个漫长、劳累的一天，最后却差不多以狂喜结束，因为他站在夏夜的街头，琢磨着一首更出色的诗，一首献给济娜的诗，而济娜这时恰好出现，风姿绰约，一如从诗歌走进小说。小说的最后一天，费奥多尔和济娜将会一起被锁在门外，这时最后那首光辉夺目的诗歌调皮地指出了他们即将面对的命运，并悄然回到小说的开头。

费奥多尔的《诗集》以失踪的球开篇，以《找到的球》结束。在那部更为喧闹的《车尔尼雪夫斯基传》中，他用一首十四行诗的八句结尾，进而引向传记开头那后六句，“这样，结果就不是一本书的形式……而是一个不断蜿蜒向前、无穷无尽的句子”。现在，到了《天资》的结尾，费奥多尔的艺术更进一步，这是一首更精妙的诗，它活泼顽皮，也邀请我们回头，但比以前的作品更巧妙，其声调婉转悠扬，不绝如缕：

别了，我的书！像凡人
的眼睛，想象之眼终有合上的那一天。
奥涅金会起身
——可他的创造者已走远。
不过耳朵暂不能
作别音乐，去听凭
故事消逝；命运之弦
将继续震颤； 468
没有什么可以妨碍圣者存在，
尽管我已收尾：
我世界的影子会
越过书页之外，
如明晨的雾霭一般蔚蓝
——这也不是收篇。

在他诗歌的结尾，有某种东西在震颤，仿佛超越了死亡，仿佛将我们送回了当初的那阵喜悦，那看似没有意义，甚至令人生厌的一切顿时变成了慷慨壮丽的设计。

当我们回到小说的开头，我们看到，命运终究不是在搞恶作剧，他对费奥多尔真是慷慨大度，听任他将生活中的一切需要和不断进步的艺术变成《天资》的明证。在书中第一天里，他不仅被安置在坦嫩贝格街，这似乎是想通过洛伦茨夫人来让他结识济娜，亚历山大·车尔尼雪夫斯基还告知了他那个骗人的评论，这既让他想起了自己的《诗集》——他文学艺术的第一个样本——也让他重新检视了自己的幼年。同时,亚历山大·车尔尼雪夫斯基的电话还让费奥多尔将雅沙、他父亲跟自己失去父亲的事联系起来,仿佛是“他本人充满希望的悲伤之主题的滑稽变体”。结果表明,那十分沮丧的一天是命运献给费奥多尔的礼物。他后来认识到,那是命运赐给他的那部小说的完美开头,他获得了双重天资——他的文学才能,他的济娜——他会怀着礼敬去写作这部小说。

十一

整个《天资》都在为费奥多尔写作《天资》做准备,而他写这本书的念头是如何产生的呢?

1929 年夏,费奥多尔每天都去格鲁内瓦尔德公园晒太阳,分娩了车尔尼雪夫斯基之后,他该好好休息一下。雅沙就是在这个公园自杀的,他每天都要去那里看看。6 月 28 日,下午三点左右,他又去了那个山谷。雅沙的父亲已经去世,母亲去了里加,

> 她的面庞,关于她儿子的故事,她家的文学晚会,还有亚历山
> 大·雅科夫列维奇的精神病——所有这些刑满释放的一切——
> 现在都主动收场,就像一束生活被捆扎起来,一直收着,我们懒
> 469 惰、迟疑、不知感恩的双手再也不会去把它打开。他一阵恐慌,他
> 不想让它就那样包着,遗忘在他灵魂的杂物间旮旯里,他想将这
> 一切用于他自己,他的永恒,他的真理,这样它就会以崭新的方式
> 生根发芽。有一种办法——唯一的办法。

费奥多尔没有说那种办法是什么,照推断,那是艺术的办法。他登上另一个山坡,看到一个穿黑西装的年轻人:孔切耶夫。两人之间进行了一次热烈的交谈,充满哲学的火花,直到后来我们发现,那个穿西装的是个德国人,他只是有点像孔切耶夫而已。就像在第一章结尾曾经发生的那样,费奥多尔不仅想象了他与孔切耶夫的对话,而且诱使读者相信,一场出色的思想交流确实发生过,最后他承认是虚构,这存心要惹恼我们,为什么?

费奥多尔以前对雅沙很少同情,而后者强烈渴望跟鲁道夫·鲍曼获得精神的契合,鲍曼是三人自杀契约中的另一个男子,最后只有雅沙践约。费奥多尔突然强烈地想跟一个他当时以为是孔切耶夫的人分享内心的思想,于是他一下子理解了雅沙的冲动。

不仅如此,这还给了他小说写作最初的灵感。他本人一直想跟孔切耶夫进行一场思想热烈的交流,可在实际生活中始终没有实现,如果他将这种渴望具体化,去杜撰一段与孔切耶夫的激烈交谈,最后再揭示其彻底的虚构特征,那会怎样?那样,雅沙渴望与鲁道夫·鲍曼交心的例子就既可以对应于费奥多尔无法满足的与他人进行完美的思想交流的欲望,也跟费奥多尔与济娜之间形成的真正交流构成对照。

那天晚上,从格鲁内瓦尔德公园回来后(他的衣服被偷了,只好穿着游泳裤走过愤怒的城市——一个妙趣横生的场面),费奥多尔写信给他的母亲:

> 知道么,格鲁内瓦尔德的阳光把我晒黑了,像个吉卜赛人。某种东西开始成形了,我想我会写一部古典小说,有"典型",爱情,命运,谈话。

小说开头详细交代日期和时间、让人想起屠格涅夫风格的那个下午的场景（“192—年4月1日，一个多云而明媚的日子，下午将近四点的光景”），明显是戏拟古典小说的那个与孔切耶夫相遇的场景（“噢，这可不怎么有趣。”费奥多尔说，**在这个长篇大论中**［像屠格涅夫、冈察罗夫、萨利阿斯伯爵、格里戈罗维奇、博博雷金常用的笔法那样］），对“谈话”（《天资》的其他地方很少见到）和“典型”（费奥多尔先前不喜
470 欢雅沙的故事，认为它太“典型”了）的提及——所有这些都准确地表明，格鲁内瓦尔德的这个下午就是《天资》的念头第一次在费奥多尔的头脑里产生的时机。就像《车尔尼雪夫斯基传》的例子一样，纳博科夫强调指出，一部艺术作品的起源可能是非常荒诞、拐弯抹角、难以置信的。而很可能的是，情形越如此，作品越丰富。

那天晚上，写完给母亲的信后，费奥多尔听到济娜在接电话。她告诉他，他必须立即去坦嫩贝格街他过去的房东太太那里。他去了，“某种难以置信、仿佛喜从天降的预感在他的心头激荡，幸福与恐惧像雪花一般混杂着簌簌地落在他的心坎上”。他终于到了过去住过的房间，他曾在那里写过父亲的故事。他知道马上要进来的是**谁**。门开了，他的父亲站在那里，费奥多尔从他发出的声音知道，“这是真正的复活，肯定是的，而且他很满意，满意他捕获的东西，满意他的归来，满意儿子写他的那本书”。当他被搂在父亲怀里时，费奥多尔醒了，那整个是一场梦，却真实得无法承受。

费奥多尔给母亲写信，在告诉她他准备写一部小说之前，他提到了有一天突然忘记妹妹在巴黎所住街道号码的情景：

> 那个地址你随手写了若干遍，丝毫不爽，可突然你有些犹豫，你仔细注视它，你发现无法肯定，它似乎不那么熟悉——真奇

怪……你知道，就像看一个简单的单词，比如“天花板”，看着看着就像“千花板”或“天化板”，直到最后变得彻底陌生、野蛮，比如“大花阪”“天笔返”。我想，**总有一天**整个生活也会这样的。

在那夜的梦里，他去了以前住过的施托博伊夫人家：

> 房间的格局就像他一直住着的样子：壁纸上是同样的天鹅和百合，天花板上装饰着同样漂亮的西藏蝴蝶（比如，那是一只贝蒂灰蝶〔*Thecla bieti*〕）。

实际上，在清醒的生活中，当费奥多尔大约三年前第一次进入那个房间时，他只是想着“把壁纸（淡黄色，印着蓝色的郁金香）变成遥远的大草原”是多么难，在这里写父亲的生平多么难。如今在梦里，天花板上画的正是他父亲采集到的蝴蝶。正如费奥多尔知道的，博物学家通常会将一种普通的属名比如“Thecla”（灰蝶）缩写为首字母，这样那个蝴蝶就叫 T. bieti，其实是“西藏”（Tibet）的离合字。* 为什么这个离合字如此紧密地跟他给母亲信中的那个离合字“天花板”联系在一起呢？因为，施托博伊夫人家天花板上面就住着洛伦茨一家，在费奥 471
多尔与济娜命运的开局让棋走法中，他们是两个不明就里的兵。

虽然小说什么也没有明说，但当费奥多尔从梦中醒来时，他已经

---

* 贝蒂灰蝶不是戈杜诺夫伯爵想象中要在西藏发现的蝴蝶，而是法国昆虫学家夏尔・奥贝蒂尔 1886 年已经描述过的一个真品种。迪特尔・齐默尔指出，“贝蒂”一名是为了纪念费利克斯・贝特，西藏的一个喇嘛，他给了奥贝蒂尔许多未曾描述过的品种。齐默尔认为，既然费奥多尔听说，最后一位见过活着的父亲的欧洲人是个法国传教士，他的梦的逻辑就可能是“由‘西藏的法国传教士’的暗示引起的”。（《纳博科夫的鳞翅目昆虫：注释版多语言名册》，见于米歇尔・萨托里编辑，《纳博科夫的蝴蝶》，洛桑：动物学博物馆，1993，页 141）

拥有了他的新书所需要的一切,那天晚上,他对济娜描述了整个轮廓。他的梦——他在坦嫩贝格街房间里的那个异常重要的天花板,济娜,电话铃,施托博伊夫人——让他注意到了他个人生活中的命运游戏。他的内心复活了那天刚到坦嫩贝格街的情景,还有他对无法在那里写作父亲故事的担心、来自亚历山大·车尔尼雪夫斯基的电话。现在他掌握了将他所需的一切组织到新书中去的钥匙:亚历山大·车尔尼雪夫斯基和雅沙;济娜和他;他的全部艺术作品,从他的《诗集》到子虚乌有的评论,甚至包括他在坦嫩贝格街写的有关父亲生活的残稿,经历了这个惊怪的梦境以后,他觉得现在获得了发表的许可。

十二

在《天资》的倒数第二天,费奥多尔在格鲁内瓦尔德想起了雅沙和孔切耶夫,想起了新小说的最初念头。到了小说的最后一天,在做了那个挥之不去的梦以后,费奥多尔找到了开始他的新作的绝好地方,即在命运的帮助下搬到坦嫩贝格街以后。因为那个开头将会轻松自然地引向亚历山大·车尔尼雪夫斯基的来电,这样在他已经想到的他和雅沙之间的对应外,他还可以在布局中建立一个更重要的对应。亚历山大·车尔尼雪夫斯基疯疯癫癫地认为,他跟死去的儿子有联系,这可以跟他本人凭借艺术探索去接近死去的父亲形成对应。

儿子死后,亚历山大·车尔尼雪夫斯基有一阵似乎到处都能看到雅沙的鬼魂。情绪低落时,他担心各种鬼怪会渗透到这个世界中来,并自封为“与彼岸世界斗争协会主席”。临终时他的神智清醒了,他彻底否弃了近来的种种妄念:“[死后]什么也没有。这就像外面正在下雨一样明明白白。”这个临终者所处的房间窗帘低垂,虽然外面其实是阳光灿烂,但楼上的房客正在阳台上浇花,水哗哗地往下流。

与亚历山大·车尔尼雪夫斯基不同,费奥多尔神智一直很清醒,但在艺术中,他试图探索死后的情形,尤其是他故世的父亲。他梦见 472
了父亲,这似乎为他理解命运在他个人生活中的作用提供了锁钥,也为《天资》的创作做好了准备。虽然没有说太多的话,但他直觉地感到,父亲跟他生活中特别慷慨的命运花样具有某种联系,并在他的梦里留下了讯息。

那至少就是费奥多尔释梦的方式,因为在整个《天资》中,他似乎有意在暗示,死去的父亲仍在影响他的生活。*

梦醒后的那天晚上,费奥多尔跟济娜说,他计划在他的书中纪念他们的命运,他们向寓所走去,小说以很明显的奥涅金诗节结束。这个不同寻常的结尾当然是对俄国最伟大诗人的敬礼,但费奥多尔还想表达更为个人化的纪念。

早些时候,费奥多尔在普希金和他有关父亲的创作活动之间建立了非常持久的关系,而父亲"对诗歌兴趣很低,但普希金除外"。他原先想以普希金优美的文笔为榜样,开始叙述父亲的旅行。在浸淫于普希金的散文很久以后,费奥多尔"转向他的生活,这样开始时普希金时代的节奏跟他父亲生活的节奏融合在一起",以至于到了这种程度,他写道:"在普希金的声音里融合了我父亲的声音。"费奥多尔从第一天

---

* 纳博科夫也愿意相信,他会再次见到死去的父亲,甚至在剑桥的考场上父亲也曾帮过他。在早期的诗歌如《复活节》中,他会直接正面地描写他对父亲继续存在的信念;到《防守》里,他用可怕的反面形式来表现这个主题,一位慈祥的父亲试图从彼岸世界来影响儿子。(参见上文页 193、239,页 333—339)如今在《天资》中,纳博科夫就像处理其他主题一样,他把反面形式——沮丧的主题,车尔尼雪夫斯基的主题——跟更大的戈杜诺夫父子的正面形式结合在一起。纳博科夫私下曾表示,他相信父亲隐秘的存在,而费奥多尔则公开感谢**他**死去的父亲在他生活中发挥的作用。这说明,纳博科夫也要通过《天资》来纪念父亲,他相信弗·德·纳博科夫继续在他的生活中帮助他,甚至包括《天资》。

到最后一天都将坦嫩贝格街跟他关于父亲的写作活动联系在一起，他开始于那里，结束于那里。当他准备搬到下一个住处时，他发现，“从旧地方到新地方的距离，差不多等于俄国某个地方从普希金大街到果戈理大街的距离”。

那结束《天资》的普希金式诗句开头说：“别了，我的书！”——但它们又暗示，事物将在告别以后继续存在：“没有什么可以妨碍圣者存
473 在，尽管我已收尾。”这些结束句明显是对费奥多尔在第二章结尾所做告别的回应与反驳，当时他心灰意懒，似乎要跟坦嫩贝格街的卧室永别：

> 这个已经闲置的存货以后将不会在人们的记忆中复活：床铺不会自己扛着自己跟随我们，穿衣镜里的映像不会从棺材里起身，只有窗外的景象会稍稍驻留，仿佛那张嵌在墓地十字架上的褪色的相片，里面是一个容光焕发、神情专注的先生，衣领浆得笔挺。我想跟你说再见，可你甚至听不到我的问候。尽管如此，再见吧。我已经在这里住了整整两年，我在这里想过许多事情，我那车队的影子从这张壁纸上经过，百合花从地毯上的烟灰里长出来——可现在旅行已经结束。

当费奥多尔在这里跟他的卧室告别时，他以为，他将再也不会回到他父亲生平的草稿上来了——他担心父亲不赞成这个草稿——或再也不会回到这个卧室来了，因为没有什么会复活。但他最后那个梦把他带回了坦嫩贝格街，带到了父亲面前，父亲的话让他感到，“这是真正的复活，肯定是的”。

在第二章的结尾，费奥多尔怀疑幽灵在投反对票，于是放弃了关

于父亲的作品。那个老人的影子也许给过他提示,也许没有,但老戈杜诺夫可能真希望把这个作品推迟。在第二章,费奥多尔也迫切希望陪父亲去他不了解的地区,尽管他孝顺勇敢的练习很漂亮,但这种练习本身还不足以成功地支撑起一本书。如今,他已经懂得把握命运的主题,甚至在车尔尼雪夫斯基这样一个异己的生命里他都能成功地做到,他也就能在自己过去的生活中去辨析慷慨命运的花样。如今,他准备向父亲献礼,父亲将他带到济娜身边,又让他将这看作是命运的手艺,又因此鼓励他萌生了写作《天资》的念头;同样,他在第二章无法找到某种来自父亲的迹象,这本身也成了《天资》花样的一部分,那是在无法想象的慷慨帮助到来之前的必要障碍,是父亲与他保持某种联系的证据之一。

如今,在《天资》的结尾,他确信他已经获得父亲的同意,他注意到,他关于父亲的梦已经交给他整部小说的钥匙,于是费奥多尔奉上自己的献礼。他曾经宣布说,普希金的声音跟父亲的声音融合在一起,现在他用普希金式的诗句结尾,那是吁请我们回到开头。当费奥多尔再现《叶甫盖尼·奥涅金》的结尾时,他把我们送回他到坦嫩贝格街的那一天,那时命运第一次将他推向济娜,而他对那个场景的描
绘又让我们想起了《死魂灵》的开头。任何一个俄国文学爱好者都知 474
道,正是普希金给了果戈理写作《死魂灵》的念头——一如费奥多尔那奇异的普希金式父亲似乎既推动费奥多尔跨出了迈向济娜的第一步,又推动他迈向这部小说,它现在纪念的就是善良命运的第一推动。

十三

费奥多尔结束了小说："没有什么可以妨碍圣者存在，尽管我已收尾：我世界的影子会越过书页之外，如明晨的雾霭一般蔚蓝——这也不是收篇。"在最初的俄语本中，他是用比喻来描述影子的，那是多好的比喻啊："延长存在的鬼魂。"当我们真的回到作品的开头几句时，我们发现，搬运车侧面的"蓝色字母有一码高，每个字母……都镶着黑边，两种颜色渐次融合，不老实地试图爬到另一边去"。可是费奥多尔就爬到另一边去了，他凭借的是影子意象，这些意象暗示，他父亲在他生命的关键时刻是在场的。

这时我们应该想到，费奥多尔完成了《车尔尼雪夫斯基传》以后，他开始阅读法国圣者皮埃尔·德拉朗德——纳博科夫的杜撰——的著作。德拉朗德在他的杰作《关于影子的演讲》中对死亡终结理论做了出色而反复的批驳："我知道，死亡本身跟来世的地形毫无联系，因为门只是房子的出口，而不是其环境的一部分，比如一棵树或一座山。人们总得出去，'但我认为，门就是一个洞，一件木匠活儿'。"当费奥多尔告诉济娜，他计划写作《天资》时，他又说，他首先要翻译德拉朗德的著作，这是最后的训练，是《天资》写作的最后准备。当他真正开始写作《天资》时，他表明，他没有忘记德拉朗德《演讲》中的那些影子。

只要举一个例子就足够了。命运最终将费奥多尔安排跟济娜住同一个单元，过了两个星期，济娜拿来他的一本已经被翻得破破烂烂的诗集，请他签名。两天后，他为诗歌质量向她致歉："别当真，这些诗写得很糟糕，我是说它们并非都很差，但总的说来是这样。我近两年在《日报》上发表的那些诗要好些。"济娜提起了他最优秀的诗，记得

那是一次公开朗诵会上的作品，她又从房间里拿来一沓子剪报，都是
他和孔切耶夫的诗。面对这个意想不到的额外酬谢，那个骗人的评论
造成的沮丧顿时烟消云散，他终于被引荐给了他的理想读者，而且不 475
仅于此。

又过了几晚，在房间里的费奥多尔无意间听到，有人要济娜拿钥匙下楼，客人们要走。他找了个借口下去了，发现她站在玻璃门旁边，钥匙在手指上绕来绕去。灯熄掉了，欧洲门厅里的灯都是这样，直等你激活它。跟后是一段突出钥匙的描写，这个意象是费奥多尔命运中的重要构成，然后接着下面一段，那是费奥多尔和济娜首次浪漫的相会，大街上照过来的灯光、阴影、他们身上的斑斑点点都赋予了非凡的力量。

> 街头苍白的灯光透过玻璃落在他俩身上，门上铁饰的影子起伏着掠过她，又继续从他身上斜过去，像一根肩带，同时一道耀眼的彩虹映在墙上。于是，像他身上经常发生的那样——不过这次比以往更深切——费奥多尔突然感到——在这种光亮的黑暗中——生活的陌生，它的魔法的陌生，仿佛它有一角暂时被掀了起来，他觑见了不寻常的衬里。紧挨着他脸庞的是她那柔软、灰色的面颊，被一个影子遮断了，而当济娜眼里闪烁着神秘、迷蒙而又活泼的光辉向他转过头来时，那影子又从她的唇边掠了过去，奇怪地改变了她，他利用这个影子世界的绝对自由，抓住她那幽灵一般的双肘，可她却溜出了这个花样，手指轻轻一戳，灯又亮了起来。

费奥多尔在这里特别提到了两个文字方面的细节：彩虹印象（献

给父亲的那一章就是以彩虹开始的，费奥多尔对那个意象终生难忘：“有一次在奥多斯，父亲在一场暴风雨过后爬上一座小山，一不留神进入了彩虹的基部——真是千载难逢！——他发现自己置身色彩斑斓的大气中，仿佛天堂中的一幕光的戏剧”），还有“生活的陌生”感，他从未像现在这般强烈地感受过（虽然康斯坦丁·戈杜诺夫作为父亲曾神秘地将他本人对“人类生活固有的陌生性”的喜爱传给了费奥多尔）。毫无疑问，费奥多尔在这里暗示，有人在旁边盘桓。

当第二天晚上他们出去约会时，济娜对她昨晚为何要摆脱他的第一次爱抚做了解释。她刚刚退婚（那男子她一点也不爱），而且无论如何，她也不允许费奥多尔和她在他们住的那个楼里有任何亲昵之举。
476 她无法说出个中缘由，那是因为她的继父想勾引她，想占她的便宜，在同样的空间里，这会玷污她和费奥多尔的亲密感情。

费奥多尔对昨晚玻璃门旁那个场景的叙述似乎在暗示他父亲的存在，似乎他父亲希望那一刻能够把他们领到一起，大功告成。但事情并不那么简单，命运没有考虑到济娜对她家人的厌恶。就像费奥多尔因为罗曼诺夫而躲避着洛伦茨夫妇一样，现在又一个任性的自由意志要将命运筹划的目标拖延。尽管纳博科夫对命运在费奥多尔生活中的干预行为做了大胆而详细的描绘，但他也保证了费奥多尔和济娜的行动自由，甚至命运对此也无法预料。济娜宣布，他们不应作为恋人在那个单元楼里见面，但命运后来将这个意想不到的禁令织入它的花样之中，那是诗性的中心，小说就围绕这个中心展开。

尽管济娜是费奥多尔新房东的继女，沉默，没有名姓，对自负、庸俗的继父非常鄙夷，但直到中间章节的中点，她的姓名、她作为费奥多尔爱人的身份才披露出来。正是在费奥多尔完成那首讴歌他们在外面夜色中——这是她同意见面的唯一地方——守望的诗歌时，她从阴影中走了出来。费奥多尔整天都在推敲那首献给她的诗，其意象和振奋豪迈的音调令人想起了他舍弃了的描写父亲旅行的那个作品：

为了纪念你的柔唇，它们亲过我
总有一个时候我要设喻：
青藏高原上的白雪，晶莹闪烁，
披着白霜的花朵旁，热泉汩汩。
……
那不是云朵——是高耸入云的山峰；
不是灯光下的窗帘——是映在帐篷上的营火！
哦，请对我起誓，只要热血沸腾，
你不会辜负我们创造的成果。

费奥多尔在早晨拟就了这些句子，当时他还没有兴奋地起身。晚上，他在等候济娜，于是那最后的时刻来了：

椴树花丛中，街灯闪烁。
幽暗、甜美的静谧将我们围包。
行人的影子在路缘跨踔：
紫貂也这般沿树桩摆摇。
告密去的夜空消失在那扇门外。
那里波光粼粼，威尼斯若隐若现。
看那条街——它通到中国地带，
伏尔加河上的那颗星多么耀眼！ 477
哦，请对我起誓，将信任带进梦里头，

仅仅相信幻想，
决不要让你的灵魂在牢房生锈，
也不要伸开手臂说：一堵石墙。

这些诗句也是悄然献给费奥多尔的父亲的：伏尔加河啦，通往中国的街道啦，甚至包括威尼斯，因为费奥多尔记得，他父亲书房里有一幅画，就是马可波罗离开威尼斯的情景。* 在讴歌他和济娜夜色中的散步和谈话时，费奥多尔还让我们想起了第一章他被锁在门外后在“幽灵般的一圈”灯光下开始写诗的场景，那是一首悲悼孤独、只能独自徘徊街头、自言自语的诗歌，小调于是变成了大调。此外，这首在小说中以散文形式排列的、献给济娜的诗还是对小说结尾的预示，那也是一首以散文形式排列的诗，它期待着费奥多尔和济娜将一起被留在街头。

当费奥多尔完成给济娜诗歌的最后一句时，那一段结束了。下一段开始时，她终于直接走进了小说，她“来自黑暗，像一个影子离开它的同类”。这一段的结尾写道：

她身上究竟有什么令他如此迷恋？难道是她对他热爱的一切总是能够心领神会？跟她交谈真叫爽快利落，他还没来得及注意到夜色中某个有趣的地方，她已经指出来了。不仅是因为煞费苦心的命运把济娜打造得如此高雅伶俐，与他天造地设，而且他们一起合成一个影子，与那一直围绕着他们的东西珠联璧合，它虽然不太好理解，但是很美妙，很仁慈。

---

* 在纳博科夫纪念他与薇拉第一次晚间散步的无题诗中，同样有街灯、影子构成的神奇世界，他们也在柏林的运河里看见了威尼斯。参见上文页 216—217。

虽然所有表面的迹象都表明，生活要奚落他、打击他，但费奥多尔相信命运始终是善良的。几位车尔尼雪夫斯基，那个著名的作家、那个卑微的学生和他疯疯癫癫的父亲的生活，似乎比他个人的经历更有说服力地表明，人类事务背后的设计只能是某个没有心肠的家伙的恶作剧。但费奥多尔懂得更多，他知道，在明显沮丧失意的背后藏着慷慨与大度，他能在那里找到他个人世界的真正钥匙。

生活就是这副样子，它把沮丧强加在我们头上，比如灵魂的孤独， 478
比如时间的流逝。但费奥多尔懂得，这只是生活索要的高昂价格，否则我们又怎能获得这样的天资呢，比如精神的独立，比如每个瞬间的独特与生脆。但通过对济娜的爱，他克服了孤独；通过艺术，他胜过了沮丧的时间。也许，在死亡以外——there，tam，là-bas，那里，他父亲某种意义上该为他私人命运的遭际负起责任——生活特供品索要过的高价也能获得补偿，那将是最后的伟大的天资，如果过去被保存，如果自我能超越。

注释

[1] 创作于 1933—1938 年初，除第四章外，其余部分发表于《当代纪事》63—67 期（1937 年 4 月—1938 年 10 月）；完整的书籍形式，纽约：契诃夫出版社，1952；迈克尔·斯卡梅尔、德米特里·纳博科夫和纳博科夫译，纽约：普特南，1963。纳博科夫本人为英译本和法译本（雷蒙·吉拉尔译，巴黎：伽利玛出版社，1967）翻译了全部诗歌和文字游戏。

[2] 罗哈德·E. 彼得森，《〈天资〉中的时间》，《纳博科夫研究通讯》9 期（1982 年秋），页 36—40，把本书事件的时间定在 1925 年至 1928 年间。他的年表自身是连贯的，但有一年的讹错。

[3]《天资》，页 9。

[4] 戴维·拉姆普顿（《弗·纳博科夫》，剑桥：剑桥大学出版社，1984）

试图证明纳博科夫歪曲了车尔尼雪夫斯基,但他的论述有所选择和侧重,因此与其说是想理解纳博科夫的真正动机,不如说是一个成功的迫害者。亚历山大·多利宁(纳博科夫,《选本》,莫斯科:虹,1990)总结性地证明,纳博科夫是忠实于文献事实的。

[5]《尼古拉·果戈理》,页149。

[6]《尼古拉·果戈理》,页145。

[7]《眼睛》,前言。

[8] 有关纳博科夫将最近的生活用于《天资》的情况,参见第十二至十九章。

[9]《尼古拉·果戈理》,页76。

[10]《尼古拉·果戈理》,页76—77。纳博科夫最初是在1927年一个未发表的讲稿中将《死魂灵》开头的这些特征拈出来加以赞美的,讲稿是为塔塔里诺夫—艾亨瓦尔德文学团体活动而准备的。

[11] 参见《纳博科夫传:美国时期》,第一至十章。

第二十一章　穷　困（法国，1938－1939）

巴黎正成为流亡文化和贫困的中心。

——《瞧，这些小丑！》

一

从纳博科夫开始酝酿《车尔尼雪夫斯基传》起，他就知道，那既会赢得赞美也会激起愤怒，如今鲁德涅夫完全拒绝发表那一章，焰火表演只好取消。但即使没有车尔尼雪夫斯基，西林在1938年的头几个月还是激起了一个又一个强烈的反应。

1938年1月，他在芒通过冬，《天资》的又一章出现在《当代纪事》上。他的朋友格奥尔吉·赫森从巴黎写信给他：

> 你是一个天才。你这个老流氓，如果你的象棋、网球或足球万一像你的写作一样好的话，你会让阿廖辛一个兵，让巴奇十五分，让海登在任何一支职业队中成为替补守门员的。[1]

在小说新的连载中，纳博科夫让费奥多尔阅读了"克里斯托弗·

莫特乌斯”针对孔切耶夫的新作写的一篇评论。[2] 每个流亡者一眼便认出，莫特乌斯就是格奥尔吉·阿达莫维奇：

> “记不清是谁说过——也许是罗扎诺夫在某个地方说过。”莫特乌斯鬼鬼祟祟地开了头。他先引了这一段不足为凭的引文，然后又引了某人于某人演讲后在巴黎一家咖啡馆里说过的某个观点，接着开始收缩这些拿腔拿调兜圈子的话，转到孔切耶夫的《交流》上来……
>
> 这是一顿傲慢而恶毒的“训斥”，却没有一句说到点子上，也没有一个实例——那本书莫特乌斯本可以津津有味地读下去，可现在，与其说是这位批评家的文字不如说是他的架势使那个作品成了一个可怜又可疑的幽灵；他避免引用作品，生怕自毁家门，那
> 480 会造成他写的东西跟他所评论的东西之间发生抵牾……“欣赏孔切耶夫才能的人兴许会认为这些诗很迷人。我们不想争辩——也许真的如此。可是，在我们这个艰难的时代，在需要承担新的责任的时代，当空气中弥漫着道德**焦虑**的气息时（意识到这一点，是一个当代诗人之‘真诚’的绝对可靠的标志），那些谈虚说有、抽象精巧的小玩意儿就无法打动任何人。的确，人们会把它们丢到脑后，而愿意轻松愉快地关注种种‘人类文献’，关注某些苏联作家（就算才智平平也无所谓）作品的‘字里行间’，关注天真、伤感的忏悔录，关注冲动、绝望支配下的私信。”[3]

阿尔达诺夫愤愤不平地给纳博科夫写信，说《最新消息》编辑部的任何人都会从莫特乌斯的面具背后认出阿达莫维奇，甚至包括打字员。阿尔达诺夫没有将这一点看作是对纳博科夫准确讽刺才能的赞

美,他只是觉得这完全不得体。(相反,霍达谢维奇写信给纳博科夫说,莫特乌斯发怒了,“——不过那很好。”)[4]纳博科夫给阿尔达诺夫回信说,《天资》描绘的是一个作家全方位的复杂生活,而且就像他必须要把跟自身相似的某些文学特征赋予费奥多尔一样,他也必须去处理整个的环境:

> 我并非急于要嘲笑张三李四(虽然那样做也不是什么罪过——我们既不是在班级里,也不是在教堂里),而只是想展示某种文学观念,它在特定时期很有代表性,整个小说关心的正是这类问题(它的主要女主人公是文学)。在这种情况下,如果我描绘的某种批评风格对应于某些大人先生的风格,那自然不可避免。我的朋友们无须感到不快,笑起来吧,马克·亚历山德罗维奇!你说《天资》有望长寿,如果真是这样,那就更有必要免费捎上我的一些同辈去兜兜风了,不然他们会始终足不出户的。

纳博科夫是在床上写那封信的,冬泳后他感冒了。他祈求巴黎上演的《事件》能有一些收益:“我的经济状况极度窘迫,我居然还活着,这真是一个谜!”[5]多亏《最新消息》对剧本尖锐批评引起的骚动,《事件》完整地上演了四次,用流亡者的话说,那是疯狂的成功。

二
《事件》

《事件》的故事发生在二十世纪的一个外省小城,以一种忧虑的调子开始,直至剧终。画家阿列克谢·特罗谢金听到一个可怕的消息, 481

巴尔巴申回到城里来了。* 六年前,特罗谢金的妻子柳波芙准备嫁给巴尔巴申,但因为他火暴的脾气改变了主意。当她选择了特罗谢金后,巴尔巴申试图枪杀他俩。被制服缴械后,他叫嚷说,他会回来了断此事的。现在,他比人们预想更早地从牢狱释放了,整个剧本始终悬着这样一个问题:他的威胁会得逞吗?[6]

自从巴尔巴申向她开枪的那天起,柳波芙的生活就痛苦失望不断。她不得不忍受这样一个事实,她的丈夫是一个只关注自己的懦夫。婚后儿子成了她唯一的安慰,可两岁时又夭折了,那是剧本开始前三年的事。此后她找了一个情人,叫廖夫申,倒不是因为对他有情意,而是由于厌恶了那个让她嗓门变大、自尊扫地的婚姻。

第一幕,柳波芙早晨和丈夫吵了一通,接着传来了巴尔巴申回来的消息。特罗谢金一贫如洗又债台高筑,他无法逃出城去,最后只好寄希望于两幅委托的画像。他非常恐慌,这种情绪弥漫整个剧本,也让其他人心烦意乱。柳波芙面对这个消息却是完全不同的反应,她不得不再次看到丈夫那丑恶的样子,不禁深情地回忆起了她对巴尔巴申的爱。这天碰巧是她母亲——一个感情苍白、矫揉造作的象征主义散文"作家"——五十岁生日,柳波芙决意不让丈夫的狂躁破坏计划好的庆祝会。

整个第二幕,那天下午,每一次门铃声似乎都在通报巴尔巴申和突然的死亡。可是接二连三进来的要么是安东尼娜·帕夫洛芙娜的客人,要么是急着想通报巴尔巴申回来了的长舌妇们。这一场表面很

---

* 虽然人物有着俄国人的名字,但情节的地点却没有说明。有些读者认为背景是革命前的俄国,有些认为是流亡地,估计是在像里加这样的地方,那里俄语很普及。纳博科夫曾跟一个律师朋友询问有关巴尔巴申释放的细节,要他注意欧洲法典的共同之处,顺便顾及俄国的情况。

混乱，但其实是喜剧性结构的杰作，它的冲突就在生日和可怕的忌日之间。舞台上的人越来越多，越来越不真实，安东尼娜·帕夫洛芙娜把客人变成了她热情洋溢的新作的听众，而柳波芙和特罗谢金则走到前台，一块纱幕落在他们身后，其他人物似乎在后面凝固了，成了特罗
谢金油画中的形象。柳波芙和特罗谢金彼此温柔地交谈着，这是整个 482
剧本中唯一的一次，他们不但焦急地想逃离巴尔巴申，还想逃离他们生活中这些毫无意义的唠叨。幕后一阵惊慌，似乎预感到巴尔巴申要进来。然而，又不是——不是巴尔巴申，而是他的同伙刚刚购买了枪支的消息。

第三幕，那天晚上，柳波芙发现，下午母亲朗读时，她以为跟特罗谢金有过一段交流，那其实是幻觉。他仍然只是想着逃跑，甚至要她跟情人廖夫申在乡下住上两周，只要廖夫申能为他们买票逃走。柳波芙痛斥了他一通，并幻想如果巴尔巴申出现，她就跟巴尔巴申逃走。特罗谢金雇了一个滑稽的侦探在楼下街头巡逻，他带侦探到后楼梯，只留下柳波芙一人，这时门铃响了，走进的——不是巴尔巴申，而是一个客人，实际上完全陌生，他把生日聚会的时间搞错了。戏剧结束时，他纯粹偶然地提到，他在火车站站台上碰到一个熟人，一个叫巴尔巴申的人，他准备永远离开这个国家。“他要我跟我们都认识的朋友道别，但我想，你肯定不认识他……”

于是幕落。尽管《事件》完全缺少它许诺过的事件，但剧本充满了情节发展，就像一部契诃夫的剧本以每分钟七十八转的速度上演一样，所有的动作都变得更急促，声音要么尖细好笑，要么刺耳难听。

对纳博科夫来说，为舞台写作就等于下棋时少了后。在小说中，他的文句可以尽情捕捉各种意想不到的瞬间（偶然的视觉印象，个人的奇思妙想），并且又通过纯粹的文体力量超越那些瞬间，可在戏剧中

这些效果就无法实现了。因此,乍看上去,在舞台这个棋盘上,他的步子比起他拿手的那个游戏来总是要乏力许多,这不奇怪。但纳博科夫喜欢冒险,喜欢寻找别的进攻模式,比如让你头晕目眩的速度,比如直奔目标的作风,这完全不同于他的小说。

他会迅速勾勒一个貌似真实的人生困境——特罗谢金夫妇吵吵闹闹的现在,他们危险的过去,他们凶多吉少的未来——并让它创造一种紧张的期待,巴尔巴申的登场将导致戏剧迅速走向高潮。可是,事件却没有发生。纳博科夫非常欣赏契诃夫,因为他颠覆了戏剧所隐含的决定论,但纳博科夫又为他惋惜,认为他还不够大胆。1941 年他曾在斯坦福大学讲过戏剧,他明确表示讨厌决定论,认为那是戏剧为了把提示部分处理得更加经济的副产品,是一种老掉牙的俗套,比如:"'顺便说一句,昨天我遇到你澳大利亚的表哥了。他说这几天要来看
483 你。'一阵惊恐。过了一会儿,澳大利亚的表哥来了。"[7]《事件》戏拟的就是纳博科夫迎头痛击的决定论模式:精心准备的因没有导向它们所谓的果,第一幕挂在墙上的枪没有在第三幕开火。相反,另一个完全意想不到的悲剧在剧终后若隐若现:没有戏剧化的手法来解决特罗谢金的命运,像契诃夫最优秀的作品所展示的那样,糟糕的生活还得继续。尽管特罗谢金的懦弱暴露无遗,尽管柳波芙的轻蔑穷形尽相,他们还得继续凑合着过。

甚至不仅是契诃夫,《事件》还让我们想起了果戈理。像在《钦差大臣》中一样,外省小城一个新的事实会让人物惊慌失措,贯穿整个剧本,直到最后真相揭露。在果戈理的剧本中,结尾宣布真钦差**到达**,这是对小城官僚在赫列斯达科夫面前瞒骗奉承之荒谬的揭露;在纳博科夫的作品中,宣布巴尔巴申**离开**,是对特罗谢金歇斯底里之彻底龌龊的暴露。

在晚年异常虔诚的阶段，果戈理把他的钦差大臣重新解释为死亡，是最后的审判，这里没有任何起作用的虚假抚慰。反之，在《事件》中，死亡的威胁在结尾突然撤销了，不会有最后的审判，不会有“伸冤在我，我必报应”。不过，我们死后也许会被迫置身尘世自我意识之外去检讨我们的生活。特罗谢金经常为当地小富即安的市民画两幅肖像，一幅是为了满足他们的自我形象，另一幅则画出他们本来的怪诞样子。但在剧本开头，他告诉柳波芙他的另一个绘画计划：“试想一下，这堵墙消失了，取而代之的是黑魆魆的深渊，就像昏暗的剧场中的观众席，成排成排的面孔，坐在那里看着我。所有这些面孔都是我认识的或曾经认识过的人，他们现在注视着我的生活。”戏剧结束时，特罗谢金自我满足的那幅自画像似乎解体了，他发现他必须要坐到观众席上，他们看到了另一幅肖像，那个怪诞的特罗谢金，卑劣、怯懦，是柳波芙所骂的那种“冷酷、无情、猥琐、庸俗”的东西。

不过，尽管纳博科夫对俄国戏剧的那些伟大先驱充满感激，但理解《事件》的关键还是他自己的作品。剧本的第一个场景是，一个孩子的球滚过了空荡荡的舞台，从这一刻开始，纳博科夫就表明，他能够设计出精彩的戏剧效果来，但他是在颠倒了他在小说中创造的特殊情境 484
后发现了创造动力的。在《天资》中，他比以前任何一部作品都更成功地实现了自己的目的。费奥多尔无疑是一个天才艺术家，他通过深思熟虑的回忆来控制自己的生平故事，这样时间可以从容地展开，又在他的掌握之中。他的艺术体现了对时间、自我和害怕空虚的超越。特罗谢金也具有一个真正艺术家的想象力和智慧，但他处在这样一个世界，那里大漩涡时刻威胁着，要吞噬他那不堪一击的艺术之筏。

在《天资》中，费奥多尔的第一部诗集一开始就描写了一个皮球，它滚到一张动弹不得的沙发下面去了，但就像整部作品所表明的那样，他知道如何从一切生活的沮丧中造就艺术。而在《事件》的开头，特罗谢金怒斥妻子，因为他画画所需要的球散落到房间各处去了。原来，生活在以最自然不过的方式破坏他的艺术，他正给一个小男孩画像，那家伙坐完最后一次后把那些球全踢跑了。与费奥多尔不同，面对生活对艺术的小小不言的侵扰，特罗谢金像孩子一样大叫大嚷起来。

六年前，生活也曾闯入特罗谢金的工作室，当时巴尔巴申要枪杀他和他的妻子。如今，威胁再次降临，不但可能毁了他的艺术，而且可能毁了他的性命，这下他只有吓得屁滚尿流。而费奥多尔始终向我们展示了不折不扣的艺术勇气，他还执着于试图进入别人的想象，可特罗谢金除了自己的观念外一概不予承认。费奥多尔为他的父亲树立起了一座文学纪念碑，可特罗谢金只是要忘记儿子的死。费奥多尔赞美他对济娜的爱情，特罗谢金却总是幼稚地只顾自身，毁了他与柳波芙的幸福。费奥多尔懂得把握调皮迂回的命运，特罗谢金面对他误以为一目了然的命运却百般躲藏。他卑鄙，他自私，他被时间和死亡吓破了胆，他处处都跟纳博科夫在艺术中所珍视的一切构成对立。

第二幕的结尾变得有些虚幻，“真实生活”堕落成了一帮装腔作势的人物之间的唧唧喳喳，安东尼娜・帕夫洛芙娜的伪“艺术”让人暂时舒服得咿咿呀呀。柳波芙和特罗谢金从这些二级世界中走到前台，更接近我们这个真实世界，后面的场景则凝固成了特罗谢金的一幅画。仿佛艺术是现实的真正指引，这个高度艺术性的时刻似乎要揭示特罗谢金生活中的隐秘真理，让这对夫妻体会深情厚意，在日常生活的吵吵闹闹中，他们没有时间感受。可结果这个时刻只属于柳波芙，而不属于特罗谢金，她的交流只是一厢情愿。纳博科夫曾重复果戈理的观
485 点说：“创作一部杰作需要相当的精神深度。”[8] 特罗谢金缺乏那种深

度。整个剧本表明,他一直在暴露他那讨厌的自我,以至于最后他也得看到自己精神的平庸。另一方面,虽然柳波芙不是艺术家,对特罗谢金的职业所知甚少,但她能在想象中走出时间,走出自我,走出劣质的生活。在那个怪异的时刻,她向我们这些“成排成排的面孔”走来,她也在暴露自己,却表明她属于一个更丰饶的世界。也许她会继续那场滑稽可笑的婚姻,精神枯萎,也许她变得更像一个泼妇,让人厌倦,但从某种意义上说,她却跟她以外的某个世界相连,面对那些人的注视,她无须畏惧。

1938 年 3 月 4 日,星期五,《事件》在国家图书馆新闻大厅首演,那是俄罗斯戏剧社经常开展活动的地方。剧本的导演兼舞台设计是画家、作家尤里·安年科夫,他热情而别出心裁地鼓励剧组成员。但在第一个晚上,观众的调子是由前排那些妄自尊大的先生和惺惺作态的太太们定的。演了第一幕,热情;演了第二幕,冷淡茫然;演了第三幕,冰冷的拒绝。第二天,垂头丧气的剧团决定,星期天的第二场演出该是最后一场了。星期天早晨,仿佛是确认似的,《最新消息》发表了一篇敌意的评论。但那天晚上的观众大不相同,前排坐的是约瑟夫·赫森和格奥尔吉·赫森父子,还有笑得前仰后合的霍达谢维奇。前两幕演完时,每一幕演员都要登台谢幕六次,许多观众都对《最新消息》的评论大惑不解。星期一,《最新消息》编辑部内部已经吵得不可开交,许多夫妻围绕剧本打嘴仗的消息又接踵而至。在流亡戏剧史上,从未出现这样针锋相对的情况,从未出现如此挑战戏剧程式的事情,随着报纸连篇累牍的评论,《事件》本身成了那个季节的**事件**。[9]

三

早春的芒通，金合欢树上点缀着一团一团金黄色的绒球，仿佛鸡雏一般，可纳博科夫还在寻找去英国或美国的路。他跟耶鲁大学的格奥尔吉·韦尔纳茨基咨询有关在那里长期开设俄国文学课程的事。得到否定的答复后，他又在下个月回信说，他现在希望举家能在秋天搬到英国去。[10]完成《天资》后他余兴不减，又编写了一个又一个棋题。[11]他仍然没有获得法国的身份证，只有《黑暗中的笑声》有望带来点收入。

486 4月22日，《黑暗中的笑声》出版了，这是他在美国出版的第一部作品。有些评论很不错（“他对男人好什么了如指掌，此外文笔又优美简洁……这颗新星值得关注！”“任何时代都有这样一些作家，他们专注于那些激动人性的力量……纳博科夫就是其中之一”）[12]，有些人则在阅读了小说第一段那挖苦式的概括后嘿嘿笑了几声、掉头他顾了。但没有人买书，纳博科夫抱有希望的电影公司则认为小说太没有地方特色，太容易遭查禁。[13]

当《黑暗中的笑声》预付稿费的剩余部分汇来时，它已经大大缩水，扣除了各种税费、佣金后，三百美元变成了一百八十二点二五美元。[14]纳博科夫写信给新闻记者洛利·利沃夫，说到他“可怕的穷困”。他的呼救声被谢尔盖·拉赫马尼诺夫听到了，尽管后者从未见过纳博科夫，但一直是个西林迷，当即给他汇寄了两千五百法郎。[15]

实际上我们应该知道，纳博科夫一家在法国的那几年始终有足够的食物和干净不错的住处——只是1938年7月在穆利耐的那一阵子除外。纳博科夫后来解释说，可怕的穷困“与其说是一种现实处境不如说是来日的威胁”。[16]没有存款缓冲，没有固定收入，只有刚到的一点预付稿费或借贷支撑一两周的房租，他们当然有理由过得提心吊胆。只是在回忆时，知道灾难永远不会临头了，纳博科夫夫妇才发现，除了心理上不太平静外，他们那些日复一日的生活跟“贫困”一词所说的状况差得远呢。这时，那种经历倒显得有点浪漫了（“骄傲的流亡者的穷困”[17]），而根本没有什么羞耻、沮丧、落泊、忧虑之感，一度时期，这些感受可强烈呢。

四

4 月份，《事件》在《俄罗斯纪事》上发表，这是《当代纪事》的姐妹刊，现在成了月刊，由米留可夫主办。同时，布拉格也在彩排这个剧本。这期间，纳博科夫在芒通和罗克布吕纳之间的山坡上四处捉蝴蝶[18]；在那些紫藤中间，他又在构思一个新的、篇幅很长的短篇。5 月的下半个月和整个 6 月他都在写作《毁灭的暴君》。[19]

有一个国家，统治者的肖像在大街上四处张挂，他嗡嗡的声音从各个角落的喇叭里传来。一个人年轻时就认识这位统治者，他记录着 487
这个暴君势力扩张的过程，同时还有自己想暗杀他的顽固冲动。他没有幻想，对政治不感兴趣，没有办法突破统治者周围的保卫，无法避免暗杀后被肃清，对暗杀可以让他的国家在未来免于无法形容的折磨没有信心。他知道，这个统治者阴郁而又平庸，可政府却把他塑造成了一方神圣，他揭示出了这种矛盾，但发现，他笔下的这个统治者并不可怕，而只是滑稽可笑。这时他忽然意识到，答案有了：笑声是唯一的解脱办法，它既可以毁灭庄严统治者的力量，也可以拯救自己陷于困境的神智。正如纳博科夫后来所说，喜剧那暗中的胳肢能够瓦解一切：

“文字，日常生活的俗套，体系，人——……我想，笑声是某个在世界上迷路了的、机会很少的真理老哥。”[20]

大家都同意纳博科夫的看法，自由心灵的自由能够打败禁锢的思想。他在这个作品中出色地展示了心灵的自由，他让主人公尽情思考着政治和其他问题，每一段都很精彩。尽管是他最长的短篇，这个作品还是让人失望。它那膨胀的结构努力想分娩出一个弱不禁风的结论，而且尽管纳博科夫准确犀利地揭露了英雄崇拜和极权计划的浅薄无聊，他对那个统治者年轻时候的刻画（只有阴郁、迟钝）还是完全不能让人信服。后来，《毁灭的暴君》扩展成了《庶出的标志》的一部分，但那个暴君帕杜克，主人公的同学，其性格还是小说中最薄弱的部分。

五

这一年的早些时候，纳博科夫将他三十年代的短篇小说交给了《俄罗斯纪事》的图书出版部，后者建议这些故事分两卷而不是一卷出[21]，但实际上在战争爆发前只出了一卷。由于这些作品预付的稿费很少，新的收入又遥遥无期，纳博科夫一家决定离开芒通，去一个不太有名的地方。他们去了滨海阿尔卑斯地区的一个小村子穆利耐，在米其林指南上，这里没有标星。7 月初，他们准备动身的前一天晚上，蒲宁来看他们。他们上次见面是在戛纳，纳博科夫当时让他的客人很窘，他给蒲宁看了一篇文章，那里引用了一段蒲宁论西林的话。“你把我称作魔鬼！”他取笑地说。现在，蒲宁又在一大堆包裹中出现了。不知怎么搞的，他们的见面似乎注定要分裂。[22]

488 7 月的第二周，纳博科夫一家乘公共汽车去穆利耐。那是一段向内陆进发的三十五千米路程，公路蜿蜒在陡峭而树木丛生的悬崖间，仿佛中国的山水画。他们住在邮局旅馆,那是穆利耐的第二家旅馆,小一些,也次一些,是村广场上的一个低矮的三层带百叶窗的小楼。这个迷人的小村子海拔有两千五百英尺高,四周的动植物出人意料地具有北方地区的特点。纳博科夫十分喜爱这些神奇的山坡和无数不熟悉的花卉。7 月 20 日、22 日,在村子上方一座海拔四千英尺的陡峭的山上,他发现并捉到了一种蝴蝶的两个样本,它们跟周围其他的"浅蓝色蝴蝶"区别很大。在他美国时期写的第一篇蝴蝶论文中,他会给这一品种取名为"茎灰蝶"(Plebejus[Lysandra]cormion)。他后来承认:"也许它并不太值得取个名字,但无论如何——那是一个正在成形的新品,一个新奇的变种,一个偶然的串种——它是神奇、美妙的稀罕品。"[23] 他一生都梦想发现一个新的品种,这次差点儿就成功。

由于欧洲正在备战,穆利耐周围的田地里密布着军队的营帐,广场上的歌声和村外演习的枪声淹没了牛颈上的铃声。纳博科夫一家在穆利耐"最好"的宾馆里用餐,直到有一次弗拉基米尔误闯厨房,误把一盘叮满苍蝇的肉当作了鱼子酱。那以后,他们自己旅馆的老板娘给他们做饭,但军营中开始流行痢疾,当他们在火腿中发现蛆以后,就什么也不敢吃了,只能吃些刚开封的罐头。他们后来发现,昂蒂布角的一家俄国膳宿公寓在打广告,他们立即写信预订房间,然后坐上一辆红色旅游汽车,汽车一路奔驰,每到一处看不见来路的拐角就嘟嘟地鸣起喇叭,最后回到海滨。[24]

他们在 8 月的最后一周搬进了这家"俄国化,非常俄国化"的柏树别墅公寓,位于幽静路 18 号,是这个狭长半岛中央的一所大房子,过去是莱克滕伯格公爵(尽管名字有些奇怪,却是俄国人)的房产,现在则是红十字会伤残军人疗养院。伞状的松树和环抱海角的蓝色港湾很有些田园意味,但纳博科夫高兴不起来,因为巴黎一些"爱嫉妒的白痴”传言说，他家正在蓝岸区过着奢华的生活，不知道“我们只是没有地方去”。他们的处境很糟糕，他们从没有像这样穷过，差不多就是在慢慢死去，不知道下一步怎么办。[25]纳博科夫给美国的俄国文学基金会写信请求经济援助：“如果每个月有一点小小的资助，这对我帮助会
489 很大。我的物质状况从没有像现在这样糟糕，这样危急。我的文学收入甚至一个小小的钱包也装不了一半。”基金会只能给他二十美元。[26]

在那个考沃德①成为世界上最赚钱的作家的时代，纳博科夫又开始写作另一个剧本，他不指望富得惊人，只希望除了剧本发表能有一笔小小的稿费外，俄罗斯戏剧社也能在下一季采用，再付他一点钱。9 月，他写作《华尔兹创意》；10 月 3 日，他把手稿寄了出去。[27]

六
《华尔兹创意》

格列布·司徒卢威是一个流亡文学史家，他曾经指出，尽管纳博科夫声言对政治不感兴趣，但他比其他流亡作家更能反映三十年代那个高度政治化的时代的磨难。[28]虽然费奥多尔在其《车尔尼雪夫斯基传》中否认纯艺术以外的其他任何目的，但纳博科夫没有。他写作车尔尼雪夫斯基传是为了反对苏联强行将社会主义现实主义当作官方美学标准，他明确宣布他对车尔尼雪夫斯基的批判标志着那种主义的失败。[29]但尽管在过去的十年里，斯大林的政策导致许多人死去，而

---

① 考沃德（Noel Coward，1899—1973），英国剧作家、演员和作曲家，擅长写风俗喜剧，作品有《漩涡》《欢乐的心灵》等。

希特勒似乎更是摆在眼前的恶魔。1937 年至 1938 年,当他和家人先后从纳粹德国安全脱身之后,纳博科夫立即开始冷眼回视这个他过去待了十五年的国家。他的第一次攻击很直接,那是《云,城堡,湖》。接着在《天资》的第二、三、五章里,他让费奥多尔对德国的排斥染上了自己对其庸俗的憎恶之情,以至于能从这些章节中抽出一大段,发表在《最新消息》上。这些段落惹恼了柏林的亲纳粹杂志《新言论》,1938 年 3 月,该杂志发表了一篇狂怒的攻击文章。[30] 后来则是《毁灭的暴君》,而《华尔兹创意》是这个系列中的最后一篇,这次,他的艺术武器对准的是丧心病狂、企图离析欧洲的幻想。

《华尔兹创意》是一个轻量级的噩梦,一份精神错乱的研究,一连串令人捧腹的插科打诨,一则关于政治或其他梦想幼稚病的寓言。剧本围绕萨尔瓦多·华尔兹展开,他希望用他创意* 的一种设计来拯救世界,那玩意儿能在任意距离里造成巨大的爆炸(正如纳博科夫后来提醒读者说,这个剧本写在第一颗原子弹造出来之前好几年)。第一 490
幕,战争部长接待了他,但立即把他当疯子赶走了,谁知当正午那从窗户里可以看得见的山顶被彻底炸掉后,他又把华尔兹召回。第二幕,华尔兹通过了部长和他的将军们对他的测试,将他们指定的那些遥远的地方都变成一片废墟。他们准备为他的机器付数百万元,但他只想做世界上仁慈的独裁者,他的第一个法令就是解除全部武装,他们除了接受外别无选择。第三幕:作为国家领导人的华尔兹发现自己面对着权力带来的许多烦恼:惰性、民怨、文牍、痛苦的决定(为了让其他国家服从他的意志,他消灭了一个六十万人的城市)。他现在最希望的

---

* 在俄语中,小说标题是一个故意误导人的双关语。观众在明白剧中人叫华尔兹以前,自然会把标题理解为“华尔兹创意曲”。

是能从繁重的责任中脱身，再有一个神话般的宫殿，他可以带着神话般的后妃退隐其中。那些在他面前列队而过的姑娘还不够，他要**一个**特别的姑娘，但姑娘的父亲预料到了此事，把她藏了起来，他要不惜一切代价去保护她不受华尔兹的骚扰，哪怕是他的性命，他的国家，他的世界。

这时，华尔兹的幻想破灭了，他的梦悄悄告诉他，他终究没**有**那样的机器，场景顿时转到开头华尔兹与战争部长的约会。这一次约会是认乎其真的，而非华尔兹的想象，他宣称他有武器，并威胁要炸毁远处的那座山，但部长不相信他，最后他气呼呼地走了。

正如纳博科夫所说：

> 如果说，剧情从一开始就很荒诞，那是因为疯狂的华尔兹**在**戏剧开始**前**就想象，事情应该是那样，当时他正在外面等候，坐的是海盗式的扶手椅。他想象着从冈普那儿骗到的接见，想象着那神话般的结果；而实际上，他获得的接见只是发生在最后一幕的最后一场。当他在等候室里的梦不断展开时，他的幻想场景之间会不时出现一些漏洞，不时地，梦的组织肌理会变得稀松，鲜艳的织物上会不时出现一个破绽，使得下面的生活透露出些微光来。

举个质地稀松的例子吧，华尔兹在想入非非的时候，忽然看到一个小孩的玩具汽车，立即歇斯底里地担忧起来。他是否知道了他就是一个孩子，他那头脑简单的梦暴露了他的幼稚？或者，那个含混的形象特兰西(俄语中的“梦”)总与幻想格格不入。他名义上是个记者，但自告奋勇做华尔兹的经理，是他的总管、知己、靡菲斯特式的推动者
491 和他梦境的舞台经理，直到最后，他彻底把华尔兹从妄想中唤醒。从

某种意义上说，特兰西似乎代表着心灵的狡猾与怀疑，他差不多认识到这完全是一个梦，但某种程度上又准备为了幻想的缘故而压制这种意识。

纳博科夫在语言、动作方面的喜剧性创造空前的好。大幕升起时，战争部长和他忠实的助手正摆着令人费解的姿势，接着我们明白，上校正试图帮上司把眯在眼里的灰尘弄出来（“哦，能否让我用舌头试试?”过了一阵他问道）。在华尔兹的这个摇摇晃晃的世界里，对话有时一本正经，有时敷衍了事，这次纳博科夫在遣词造句方面的想象力可以说是发挥得淋漓尽致，尽管他要受到戏剧形式的约束。特别是华尔兹，他说起话来像个诗人或书本。

不幸的是，没有可信环境支撑的机智与想象很快就变得腻味。在第一幕，人们至少还可以愉快地等待华尔兹的权力获得批准。第二幕，战争部的闹剧（夯普、朗普、冈普、帮普将军等）会让那些只知道笑的观众开心，但这些玩笑很快就让人觉得只是在拖时间。第三幕，华尔兹被他那不尽人意的梦搞得心烦意乱，但可惜各种次要场面接二连三，却又茫然无绪，越来越虚幻。那些梦幻形象让我们眼花缭乱，故事却没有进展。我们需要获得某些补偿。当然，纳博科夫避免了斯特林堡《梦的戏剧》那种生硬的象征主义，更接近于乔伊斯夜城那光辉的幻影集会（事实上，华尔兹的梦部分就源于布卢姆一度曾扮演世界改革者的情节）。如果说乔伊斯那女巫孕育的词汇和花样百出的变形轻松就弥补了它所缺少的那些戏剧性优势，那么纳博科夫仍要受舞台上真实演员存在的限制，无法阻止梦的魅力的流失。

不过当我们终于跌跌撞撞走出梦境，回到华尔兹最初谒见战争部长的场景时，我们还是吃了一惊。接下去的几段台词中，华尔兹彻底丧失了语言的魔力。他在梦里是个天才，如今只是个可怜的疯子。

从某种意义上说，华尔兹是我们每一个人，我们在梦里都会驰情骋欲，可一到现实就懂得循规蹈矩。他代表着放浪不羁的想象，在这样的想象里，我们以抛开笨手笨脚的自我始，以让整个世界匍匐在我们的脚下终。

纳博科夫珍视我们每个人的想象力，珍视每个心灵在重新创造自
492 己的世界时的权力，但他也懂得一般梦想家与艺术家和疯子的区别。艺术家能够在艺术作品中创造特殊的世界，他差不多能够摆脱常人的生活状态，而后者要受他无法主宰的环境的制约。华尔兹想重新创造他的世界，但他的幻想却堕落为令人生厌的对万能和奢华的梦想。他离独裁者只有一步之遥，后者总是想改造外部世界以逞一己之私。纳博科夫创作《华尔兹创意》时，希特勒已经吞并了奥地利，并正垂涎捷克斯洛伐克。在这个剧本中，纳博科夫不仅令我们想到了我们每个人身上都有的那个可悲的梦想家，也让我们想起了历史常常听任其胡作非为的幼稚狂人。与《毁灭的暴君》相比，他的这个作品更容易让我们想起希特勒等，他告诉我们，疯子、暴君、诗人，一言以蔽之，都跟想象有关。

七

当纳博科夫正在创作《华尔兹创意》时，希特勒对捷克斯洛伐克的虎视眈眈在巴黎激起了一阵疯狂的抢购。《慕尼黑协定》后，事态又恢复平静，纳博科夫也终于获得了身份证，他决定定居巴黎。[31] 10 月中旬，他们离开了昂蒂布角，路上在朋友卡明卡夫妇的农庄住了几天。米哈伊尔和伊丽莎白·卡明卡住在靠近蒙托邦的奥诺德卡斯，纳博科夫一家就跟他们、他们的牛群和一条狗住在一起。[32] 巴黎住房很紧

张，纳博科夫一家只好将就。一位朋友替他们在第十六区找到一套房子，位于西贡路8号，在明星和布洛涅森林之间。这个坐落在时尚城区的奢侈小屋对他们之前住这里的舞蹈演员来说很不错，但对一个三口之家就太小了。纳博科夫回忆说，它只是

> 一个又大又漂亮的房间（当客厅、卧室和儿童室），左边是个小厨房，右边是个大阳台。晚上只好在厨房里招待客人，以免扰了我那未来译者的好梦。[33]

在这些餐桌边的客人中有霍达谢维奇：

> 他的体质看上去病恹恹的，鼻孔总是那副轻蔑的样子，眉毛
> 悬垂着。每当我在脑子里想起他的模样时，他总是坐在那张硬椅 493
> 子上，两条瘦腿交叉着，眼睛恶毒又机智地闪烁，细长的手指把半截“绿伍长”牌香烟转动着塞进烟嘴里去。[34]

其他在巴黎能经常见到的人包括格奥尔吉·赫森，长一辈的两个形影不离的朋友丰达明斯基和津济诺夫（纳博科夫称他们是“我的老兄”），阿尔达诺夫，纳博科夫的一个熟人、诗人阿纳托利·斯泰格的妹妹阿拉·戈洛温娜，也是一个诗人，还有蒲宁过去的同居女友加丽娜·库兹涅佐娃。[35]

10月或者更早，纳博科夫创作了短篇小说《参观博物馆》。[36]年初还在芒通的时候，纳博科曾访问当地的博物馆，他觉得很有趣：“从费迪南·巴克的绘画到胡乱采集的破败蝴蝶，应有尽有。你知道矗立在入口的两尊雕塑是什么吗？普希金和彼得大帝（这是以绝对野蛮的

方式来拯救两个溺水的人——原作在彼得堡堤岸的一个小广场上)。”[37]这种俄法混杂的做法激起了纳博科夫的想象力。

在《参观博物馆》中,一个流亡者应另一个流亡者——在前者眼里,后者差不多是个疯子——之邀访问一法国小城,想在当地博物馆核实一幅他俄国祖父的肖像画。他发现了那幅画,但由于一个展厅引向另一个展厅,这个小小的博物馆不知不觉间变得了无尽头,且让人有不祥之感。经过许多心慌意乱的拐弯抹角,叙述人终于发现自己走到马路上来了。外面下着雪,他看到一家商店的招牌,才知道到了俄国。流亡者回到旧俄国的梦想如今变成了一场噩梦,他现在置身苏维埃俄国。更糟糕的,这个噩梦继续真实地向前发展。他拒绝描写后来的被捕与折磨,结尾说:“只要说一点就够了,我费了无限耐心和努力才回到国外,从此以后,我再也不接受某个疯子交托的事情。”这个故事讨论的是独处与结群、疯狂与清醒、时间与空间,它幽默又令人仓皇失措,写得很成功,博物馆走廊上的每一步都非常生动、合理,我们根本无法知道,他是何时将我们领出真实之外的。甚至结尾我们发现身在列宁格勒、知道某些东西突然出了岔时,纳博科夫还是平静地宣称说,是的,不可能**已经**发生了,它就是我们这个世界的一部分。

11月,纳博科夫完成了他在里维埃拉就开始酝酿的小说《利克》。[38]演员利克是一个有些神经质的流亡者,他心脏不好,正在里维
494 埃拉一个小城巡演。他觉得他被生活避开了,希望死亡能让他进入更真实的现实。他想,也许他会死在舞台上,那就可以从死亡中进入戏剧世界,尽情享受女主人公的拥抱,享受其他剧中人的陪伴,而那些扮演这些角色的演员一出戏总是把他晾在一边。为了最后一场演出,他要去买双白鞋子,于是碰到来自俄国的老同学,一个恶少,过去总是把过错赖到利克身上。他把利克拖到邋遢的家里,硬灌他酒,以为利克

现在过得一定很舒适,而自己却很潦倒,这都是利克造成的,于是对他痛加指责。最后利克好不容易脱身,脑子里迷迷糊糊,心脏快要崩溃了。就在死亡已无可避免的时候,他想起了自己的鞋子,于是叫了辆出租车去科尔杜诺夫家。他发现,科尔杜诺夫躺在地上,刚刚饮弹自尽,脸都被炸模糊了,双脚叉着,穿着利克的新鞋子。利克感到,自己似乎扮演了一个准备自杀的主人公的角色,甚至死亡也把他晾在了一边。[39]小说看似必然的结尾突然翻新出奇,这样的结局比其他任何安排都更能反映科尔杜诺夫和利克的生活。命运是无法事先察觉的,不管它曾留下多少标志,可回过去看,它似乎又具有某种内在的艺术魅力,它的那些强迫性事件似乎要让每个个体的生命都呈现出独特、仿佛前定的和谐。

12 月,《华尔兹创意》准备首演,导演是安年科夫,但他对俄罗斯戏剧社在一些小事方面的处理感到不快,就撂担子不干了。[40]最后无法找到替代,作为弥补,纳博科夫亲自登台,12 月 2 日在拉卡斯路 5 号的一个文学朗诵会上,他朗读了《利克》的前半部分和《参观博物馆》的后半部分。[41]

12 月份,他还在收集印象准备另一个作品。十多年前在柏林时,他写过一首赞美娜杰日达·普列维茨卡娅的诗歌,后者是非常走红的卡巴莱歌手,擅长俄罗斯民歌。如今她在巴黎受审,因为 1937 年 12 月,她协同丈夫斯科布林将军绑架巴黎全俄军事联盟首领叶夫根尼·米勒将军(该组织的前任首领库捷波夫将军 1930 年也被谋杀)。普列维茨卡娅被判有罪,服二十年劳役。五年后,纳博科夫会把她那不可思议的生活写成《助理制片人》,那将是他用英语写作的第一个短篇小说。

1938 年 12 月,纳博科夫开始创作他的第一部英语长篇——《塞巴

斯蒂安·奈特的真实生活》。决定成为一个英语作家，尽管并不意味
495 着停止用俄语写作，这对他来说是最艰难的抉择。是的，她母亲给他阅读的第一个故事就是英国童话，他最早疙里疙瘩阅读的书籍也是英国作品。他们一家都是热情的亲英分子，他在剑桥读过书，作为作家西林，他被准确地描述为所有俄国作家中最为西化的作家。但另一方面，他又曾努力克服各种困难，立志成为一位伟大的**俄国**作家。二十年来，他坚定不移地砥砺着自己的文学才能，尽管他远离故土，没有足够的支持他写作事业的读者大众，他的作品尽管在侨民界备受赞誉，但要进入俄罗斯民族文学宝库或国际文学市场似乎很渺茫。他逐页逐页地研读过达利辞典，他逐句逐句地分析过俄国诗歌的韵律。他把自己封闭在他不喜欢的德国十五年，他拒绝掌握德语，因为他不想让自己的母语被稀释。这期间他完善了散文风格，其流畅遒劲俄语中前所未见，他发现了许多小说形式，即使普希金、果戈理、契诃夫、托尔斯泰的伟大传统也闻所未闻，这让他得以表达新的文学真理。面对漂泊的凄风苦雨，面对流亡的穷山恶水，他坚忍不拔，卓尔不群，终于有所成就。

二十年代末、三十年代初，西林的作品受到赞誉，人们以此证明，尽管流亡生活贫穷凋敝，而那个世界上最大的国家会给作家发羊毛衫、发烟斗，但自由的侨民创作了更多更好的作品。如今，德国的征服梦警醒他们，不久，要写这样的侨民生活都不可能。纳博科夫有一个儿子要养，他必须换地方。如果他能在英国或美国找个学术岗位，从事俄国文学研究，那会身心受益。但周围都在说英语，他要做到让他的俄语毫发无损，就会很困难，即使还有一个侨民圈存在。他能成为一个英语作家吗？

他已经发现，在翻译自己的作品方面，他比英国人要好。他甚至

已经用英语重写过自己的一部小说，收到的预付稿酬远远超过他在流亡的欧洲所希望的数额。如今，在西方舆论界，苏联被捧得很高，被吹嘘为反法西斯的堡垒，流亡小说家再抱成一团，已经没有可能。但他又怎能为英国读者写作呢？他对他们环境的了解显然不如他们自己。他写过一个自传片断，那是关于一个俄国人早年的英国情愫的，如果 496
再把最近有关英国文坛的印象跟那玩意儿结合起来，那会是一部英语小说的基础吗？

《塞巴斯蒂安·奈特的真实生活》表明，会！不过，尽管小说具有英国特征，它还纯粹是俄国因素的产物：比如纳博科夫为费奥多尔写作《车尔尼雪夫斯基传》所做的真实研究，费奥多尔没有完成父亲的故事而造成的虚构的沮丧，纳博科夫决定不在自传中提及的他和瓜达尼尼的婚外情。最重要的，纳博科夫在《天资》中努力详尽地去描写一个作家的生活，这也是现在这部小说的基础。现在他重新处理类似的主题，但没有必要像《天资》那么简明扼要，倒可以像《事件》和《华尔兹创意》那样戏谑轻松。这部小说笔调轻盈，小小的篇幅却容纳了复杂的结构，纳博科夫以前还没有这样做过呢。看来春季在芒通时，他就已经做好精心准备，不然小说的进展不会这么快，何况那时他也没有别的作品可忙。

纳博科夫在巴黎一直想找一个两居室的房子，但没有结果。他们只有一间卧室，德米特里要玩耍、睡觉，纳博科夫只好钻到淋浴间去写作，在浴缸上担一只手提箱当桌子。日落西山后，屋子立即变得很冷，因为天寒，因为长时间的写作，他的手指都麻木了。[42]在整个写作过程中他的心理都很压抑，因为他听说母亲病得很厉害，而希特勒对捷克斯洛伐克的钳制又让他无法去探望。[43]而且，他不得不使用他觉得是二流的英语而非他独特的俄语创作。尽管如此，他还是百折不挠地坚持着。他想参加英国的文学征文比赛，但小说手稿必须在 1939 年 1 月底前寄到伦敦。1 月 29 日，他跟一个朋友说，他已经完成那部作品，并且寄了出去。[44]

八

《塞巴斯蒂安·奈特的真实生活》

《塞巴斯蒂安·奈特的真实生活》声称是作家塞巴斯蒂安·奈特（1899 年出生在彼得堡，母亲是英国人，父亲是俄国人；1936 年去世）的传记，是他同父异母弟弟 V.（生于 1906 年，是父亲第二任俄国太太的孩子）1936 年调查、草就的结果。[45] V. 1919 年开始流亡，跟母亲一起住在巴黎的俄国人社区，而塞巴斯蒂安则在剑桥读书，彻底告别了
497 他的母语和过去。即使过去在彼得堡时，塞巴斯蒂安也是跟母亲姓，用英语写诗，并喜欢在稿纸上画一匹象棋中的“马”（Knight）做标志。1924 年他从剑桥移居伦敦，把克莱尔·毕晓普当作理想的情人与缪斯，一夜之间成了著名的小说家。V. 成年后只是在 1924 年、1929 年短暂地见过哥哥几次；1936 年 1 月，他接到塞巴斯蒂安的来信，让他惊讶的是，信是用俄语写的；不久又接到医生的电报。塞巴斯蒂安的最后一部小说描绘的是一个垂死的人似乎要泄露某种神奇秘密，V. 读过这个作品，他匆匆赶往巴黎，希望也能了解到类似秘密，结果发现塞巴斯蒂安已经去世。他追踪着哥哥的过去，发现要理解塞巴斯蒂安最后几年里内心的那些痛苦，就必须找到塞巴斯蒂安 1929 年遇到过的那个不知名的俄国恋人。

与纳博科夫的其他小说不同，《塞巴斯蒂安·奈特的真实生活》把它的构思活动完全暴露出来，就像一个龇牙咧嘴的魔术师在使用 X 光

一样。小说的趣味在于其滑稽受挫的传记。开始 V. 回忆了他和塞巴斯蒂安一起在俄国待过的家(就是在那里,这两个孩子的生活也互不相干),接着是对一个剑桥密友的尽情回忆,慢慢地,塞巴斯蒂安不见了,只有一些一闪而过的瞥视,直到最后,故事仿佛噩梦中一般慢慢奔向垂死的塞巴斯蒂安,却怎么也无法接近死者。一度担任塞巴斯蒂安秘书的古德曼是文学市场上的一个厚颜无耻的投机商,他草率完成了塞巴斯蒂安的传记,却没有碰到这些麻烦,因为他只是将塞巴斯蒂安的生活归于一般的社会现象,浅薄地将他的死说成是一颗敏感的心无法忍受时代的痛苦。“什么时代呢?”V. 问道。V. 知道,过去是由许多个别与特殊构成的,塞巴斯蒂安首先是一个独特的个体。古德曼之流认为,有一种打开别人历史的开门咒,V. 嘲笑这样的想法,他向我们展示的是上了闩的大门、障眼法画中的拱道,这些都让他无法成功。不过,他又努力去表现塞巴斯蒂安的思想色调、他对陈腐观念的冷嘲热讽、他思想的马步走法、他魅力神奇的小说。作为一个传记作家,V. 的著作具有示范意义:被排斥在塞巴斯蒂安的生活之外并不重要,因为艺术和心灵是完整无缺的。V. 对传记的局限性做了自觉的戏拟,他的作品是对个人之神圣不可侵犯和过去之神秘性的饶有趣味的沉思。

尽管时间一次又一次地碎裂、流逝,尽管通向塞巴斯蒂安个人生活的道路障碍重重,我们最终还是到达了,虽然路似乎还是不通。小说中令人愉快的内容是塞巴斯蒂安的爱人克莱尔·毕晓普那充满温馨和想象的同情,她不是作家,却是理想的伴侣、编辑和读者,她的命运 498
本身也令人心动。塞巴斯蒂安发现他遗传了母亲那致命的心绞痛,心神不宁,他不知道他与克莱尔的幸福交往绝不是他之必死的诱因。他离开了克莱尔,去追求另一个女子,后者对他的精神产生了灾难性的影响。虽然他很快发现,她只会给他带来悲哀,但他还是无法放弃追求。

我们随着V.去探索塞巴斯蒂安那最后一次致命的爱情时,我们也就在向塞巴斯蒂安的死亡靠拢。我们越来越强烈地感到,塞巴斯蒂安的小说在某种程度上预示了V.的调查,或者说调查某种程度上在重演那些小说内容。我们似乎准备要解决这渐强的回声,因为小说充满允诺,临终的塞巴斯蒂安将揭开一切关键信息——而这也是对塞巴斯蒂安最后一部小说的模仿。V.坐在睡着了的病人身旁,听着他的呼吸,体验到一种深切的精神契合,贯穿他的整个生命,结果却是一个可怕的错误。因为当他激动不安地拼出"奈特"并说"这是一个英国名字"时,法国疗养院的护士把他领到了某个叫"基根"的人床边,那里没有开灯。当发现搞错了时,窘迫的护士叫道:"哎哟!那位俄国先生昨天已经去世了。"小说结尾V.宣布说,"我坐在那儿听着我误以为是他的呼吸的那几分钟时间"已经彻底改变了他的人生,因为他懂得

> 灵魂只是一种存在方式,而不是永恒状态,任何灵魂都可能是你的,只要你发现并跟随它的起伏波动。在来世,你完全可能有意识地生活在一个任意选中的灵魂中,生活在无数的灵魂中,它们对它们那些可以互换的负担全然不知。因此——我就是塞巴斯蒂安·奈特……我是塞巴斯蒂安,或者塞巴斯蒂安是我,或者我俩也许是我们都不认识的某个人。

我们如何看待这个让人晕头转向的结局呢?难道V.一生对他隔山哥哥的迷恋竟僵化成了某种神智清醒的疯狂?也许吧,但塞巴斯蒂安的最后那个作品是一本虚构的传记,而现在这部名叫《塞巴斯蒂安·奈特的真实生活》的戏拟性传记无论语气还是创新策略都与塞巴斯蒂安自己的作品形成对应。它们都是用英语写的,但最终塞巴斯蒂

安表明,他无可逃避地就是俄国人,像 V. 始终如此的那样。俄语的“塞巴斯蒂安”(Sevastian)与英语的“塞巴斯蒂安”(Sebastian)区别只在一个字母“v”。

或者,莫非是塞巴斯蒂安的魂灵在帮助 V. 调查,他在他的来世“有意识地生活在”V. 的灵魂中? V. 模糊地感到,他得到了这样的帮助。在调查塞巴斯蒂安的情人时,他似乎走进了死胡同,他想只能谨 499
慎地描绘一幅不完整的塞巴斯蒂安的肖像了,但却遇到一个叫西尔伯曼的人,后者愿意给他做侦探。不到一周,这个奇怪的陌生人从一本旅馆登记簿上找到了四个俄国女子的名字,她们 1929 年曾在塞巴斯蒂安的旅馆住过。西尔伯曼的名单甚至把塞巴斯蒂安的俄国初恋情人娜塔莎·罗萨诺夫也顺带牵扯出来,V. 对此浑然不知,而她与塞巴斯蒂安的罗曼史则可部分解释何以尼娜·列奇诺伊对他那么有魅力。似乎是当 V. 发现肖像只能不完整,只能是对刻意追求传记完整之行为的戏拟时,塞巴斯蒂安的影子才答应再坐上一阵,让他画得更好些。

在生活的最后一年,塞巴斯蒂安开始相信,他毫无必要地忽视了许多普通寻常的事物,就像他一直忽视那个黯然失色的弟弟一样。这促使他构思了一部虚构的传记,传主是极其寻常普通的“H 先生”,并且促使他临死之前给 V. 写了信。这封神秘的绝笔信让 V. 做了一个不祥的梦,是关于塞巴斯蒂安的。那周晚些时候,当他在黑暗中向塞巴斯蒂安的床头奔去时,他仿佛进入了黑暗的梦的世界,进入了塞巴斯蒂安最后那部作品中描绘的迷茫冥界,他的惊慌似乎要把他带到彼岸,那是塞巴斯蒂安逗留的地方。与死亡擦肩而过之后,V. 回头开始研究塞巴斯蒂安的生活。他带着一种戏谑的口气讲述他的研究,他追踪着塞巴斯蒂安心灵的节奏,仿佛他“有意识地生活在”塞巴斯蒂安的灵魂里。这样的戏拟笔法表明，他将自身跟塞巴斯蒂安的精神起伏波动谐调得很好，不过，正因为无法在尘世中探求另一个人的自我，才有了这样成功的戏拟。V. 的挫折表明，灵魂的彻底独立是尘世存在的真正基础——但小说还暗示，哪怕是一个普通人，在经受死亡后也能成为一个艺术家，比那些最有才智、最有想象力的凡人更出色，懂得如何去把握真实而不只是虚构的灵魂的模样。

西尔伯曼的出现给了我们最生动的暗示，似乎塞巴斯蒂安在引导着 V. 。但如果我们仔细琢磨西尔伯曼便会发现，他并不是给某个幽灵推到 V. 的道路上去的真实的人，而是一个纯粹的魔物，差不多就是塞巴斯蒂安小说中的一个逃兵。我们不应该说“我是塞巴斯蒂安”，而应该说“塞巴斯蒂安是我”，塞巴斯蒂安似乎虚构了 V. 和他关于塞巴斯蒂安·奈特的全部调查活动。如果我们接受这样的结论，那么整个《塞巴斯蒂安·奈特的真实生活》就是塞巴斯蒂安第一部作品的反映，在那部作品中，人们在调查一起凶杀案时，尸体却失踪了，一个嫌疑犯最后脱下面具，说他就是那个人们以为已经死掉的人。

500 一方面是塞巴斯蒂安的小说，另一方面是寻找尼娜或关于寻找尼娜的描述，一旦我们发现了它们之间的平行关系，它们就开始繁殖衍生，直到最后我们发现，塞巴斯蒂安的那些小说从一开始就是要反映他生活的收缩消融的。不仅关于塞巴斯蒂安的调查是虚构，连他的现世生活——甚至那些似乎触手可及的作品——都在融化。我们越是急切地想寻找塞巴斯蒂安，我们对他了解得就越少。到这时，当我们认识到小说中的那个作者当着我们的面虚构了塞巴斯蒂安的一切时，我们似乎也得承认，这个作者就是弗拉基米尔·纳博科夫。

我们拿起作品时当然知道纳博科夫就是作者，但当我们试图在小说的层面逗留时，我们却从一个活板门落进另一个活板门：作为疯子的V.，作为塞巴斯蒂安的V.，V.借助塞巴斯蒂安的影子变成塞巴斯蒂安，塞巴斯蒂安虚构了V.，塞巴斯蒂安自己是被虚构的。从一个层次向另一个层次的坠落从一开始就设计好了，纳博科夫让我们感受到我们在不断坠落时胸口的下沉。他故意玩弄我们，知道我们不愿意把书合上，不愿意离开那些事物存在着的层面。他告诉我们，存在之谜是我们生存时必须要回答的，但如果说有什么答案，那么只有当生命之门关上时才会出现。

这是这部小说的一种读法，可以将它看作是纳博科夫非个人化的计划中要处理的一个哲学问题。但还可以从相反的方面来看待V.化为塞巴斯蒂安或塞巴斯蒂安化为纳博科夫的情节，这样，人性的或个人性的问题就再次突现出来。

尼娜的故事是小说的核心。为什么塞巴斯蒂安要离开优秀的克莱尔·毕晓普，而无望地去爱一个很快就厌倦了他，使他走向不幸的女人？正是当V.发现一个女人表面上在说别人，其实是在说自己的时候，这个神秘的情人最后才露出真面目——就像V.正是那个在说着自己的塞巴斯蒂安，或那个“我们都不认识的某个人”就是那个在说着他自己的作者一样，其目的就是不要暴露自己。

《塞巴斯蒂安·奈特的真实生活》是一部关于过去无法企及的小说。但对V.来说，塞巴斯蒂安的过去之所以无法企及，是因为他尊重哥哥的隐私。塞巴斯蒂安去世后，V.到过他的住所，发现了两札信件。犹豫一阵后，他遵照塞巴斯蒂安的吩咐，没有阅读就把它们毁掉了。从字迹看，第一札可能是克莱尔的来信，另一札从尚未变成灰烬的字迹看，
应该是来自一个写俄语的女子。接下去的几个月里，V.发现，要理解塞 501
巴斯蒂安最后几年的生活，他必须要弄清楚那个俄国女子的身份。

在纳博科夫的个人生活中，他也曾要瓜达尼尼将**他**给她的信毁掉，这样，他的私生活就会让未来的研究者彻底沮丧，就像塞巴斯蒂安的私生活让 V. 沮丧一样，假如没有西尔伯曼神奇的干预的话。纳博科夫的过去似乎在渐渐淡薄，《塞巴斯蒂安·奈特的真实生活》那自足自省的结构似乎要排除任何外在指涉，抵制穿凿附会。纳博科夫这样做是要处理眼前个人生活的主题，因为他换了语言，因为他要埋葬他与瓜达尼尼的过去。

列谢夫太太假装不是俄国人，最后欲盖弥彰，反而暴露了真实身份。塞巴斯蒂安在剑桥及以后也试图伪装不是俄国人，但最终却无法逃脱自己的身份，在他死去的那个疗养院，人们说他是一个"俄国先生"。为了叙述一个表面是英国作家，但最终却割不断俄国心弦的人的故事，V. 必须违反自己的意愿去当一个英国作家。纳博科夫知道他要将俄语小说放到一边去，于是便在他的第一部英语小说中将为艺术而牺牲的痛苦进行间离——但又让我们窥见，放弃他的语言和传统，他需要付出多么大的代价。

塞巴斯蒂安轻率地离开他的英国情妇，去追求俄国妇女尼娜·列奇诺伊，部分原因在于，她令塞巴斯蒂安想起了初恋情人娜塔莎·罗萨诺夫。塞巴斯蒂安第一次与娜塔莎的浪漫插曲发生在一条安静的俄罗斯小河边*，这无疑会让我们想起纳博科夫本人与舒利金娜的初恋，他 1915 年期间写的诗歌都是献给她的。纳博科夫闪烁其词地告诉人们，当他思想上知道他将要成为一个英语作家的时候，他的内心却敦促他回到他那充满魅力的俄国缪斯那里去，尽管那样做极不审慎。

---

* 尼娜·列奇诺伊与娜塔莎·罗萨诺夫的联系基于下面一点，"列奇诺伊"在俄语中是从"河"派生的形容词。

虽然尼娜让人想起俄国，但她毕竟是她自己，一个有着奇怪魅力的女人，为了她，塞巴斯蒂安冲动之下竟离开了他热爱的光辉女子。纳博科夫将他本人过去刚发生的经历投射到了塞巴斯蒂安身上，但那是另一种老派的故事续篇：一个作家离开了明显是他理想中的女人，去追求一个对他产生致命诱惑的人，最后发现他的生活以毁灭而结束。

塞巴斯蒂安利用他的私生活时特别闪烁其词，V. 感到很奇怪，他说：

> 在一个假想性格的光辉中，很难分辨出真人的光彩来。而更
> 难理解的是这样一个奇怪的现实，一个在描写他在写作过程中确 502
> 实感触很深的那些事的人，也许同时有权利创造——同样取材于
> 那些让他伤脑筋的事——一个虚构的、略显荒诞的人。

而更难理解的是，纳博科夫怎么能从那些让**他**伤脑筋的事中写出这样一个作品，强烈的个人感情竟然跟如此超脱、智性十足的愉悦混在一起。

注释

本章引语：《瞧，这些小丑！》，页 51。

［1］格奥尔吉·赫森致纳博科夫，1938 年 1 月 13 日，国会图书馆纳博科夫档案。

［2］纳博科夫在诗歌《来自维维安·卡姆布鲁德的〈夜行〉》中曾通过“亚当的头颅”（Adamova golova）讽刺过阿达莫维奇（参见上文页 370。约翰·马尔姆斯塔德指出，骷髅天蛾的斑纹像骷髅，在俄语中也叫“Adamova golova”，达利辞典解释为“斯芬克斯头颅”［mortuum］。《从前》3 期〔1987〕，

页286),因此现在叫“莫特乌斯”(Mortus)。

[3]《天资》,页179—180。

[4] 阿尔达诺夫致纳博科夫,1938年1月29日,霍达谢维奇致纳博科夫,1938年1月25日,国会图书馆纳博科夫档案。

[5] 纳博科夫致阿尔达诺夫,1938年2月3日,蒙特勒纳博科夫档案。

[6] 发表于《俄罗斯纪事》,1938年4月;德米特里·纳博科夫译,《〈苏联来客〉及其他剧本》。

[7] 讲稿笔记,蒙特勒纳博科夫档案;参见《〈苏联来客〉及其他剧本》,页335。

[8]《尼古拉·果戈理》。

[9]《最新消息》,1938年3月4—19日;《复兴》,1938年3月11日;格奥尔吉·赫森致纳博科夫,1938年3月7日,津济诺夫致纳博科夫,1938年3月7日,约瑟夫·赫森致纳博科夫,1938年3月8日,国会图书馆纳博科夫档案。

[10] 纳博科夫致韦尔纳茨基,1938年2月1日,3月21日,哥伦比亚大学巴赫梅捷夫档案馆。

[11] 象棋手稿,蒙特勒纳博科夫档案。

[12]《召唤》,旧金山,1938年5月14日;《哈特福德(康涅狄格州)时代》,1938年5月7日。

[13] F.迪尔斯蒂涅致阿尔塔格拉齐亚·德·扬尼利,1938年7月7日,国会图书馆纳博科夫档案。

[14] 安古斯·卡梅伦致阿尔塔格拉齐亚·德·扬尼利,1938年4月23日,国会图书馆纳博科夫档案。

[15] 拉赫马尼诺夫致纳博科夫,1938年5月28日,国会图书馆纳博科夫档案。

[16] 1973年2月20日纳博科夫致费尔得笔记未刊稿。

[17]《说吧,记忆》,页234。

[18]《欧洲的蝴蝶》手稿,蒙特勒纳博科夫档案。

[19] 有关创作日期,参见纳博科夫致马克·维什尼亚克,1938年5月

13、27日,6月13日,斯坦福大学胡佛研究所;发表于《俄罗斯纪事》,1938年8—9月;重印,《菲雅尔塔的春天》;德米特里·纳博科夫和纳博科夫译,《〈毁灭的暴君〉及其他》。

[20]《〈俄国佳丽〉及其他》,页154。

[21] 米哈伊尔·帕夫洛夫斯基致纳博科夫,1938年5月3日,国会图书馆纳博科夫档案。

[22] 纳博科夫致济娜伊达·沙霍夫斯卡娅,1938年7月左右,1937年9月12日,国会图书馆沙霍夫斯科依档案;博伊德采访薇拉·纳博科娃,1982年3月。

[23]《纽约昆虫学会杂志》,1941年9月,页266;《说吧,记忆》,页288插图;薇拉·纳博科娃致济娜伊达·沙霍夫斯卡娅,1938年7月左右。

[24] 薇拉·纳博科娃致济娜伊达·沙霍夫斯卡娅,1938年7月左右;博伊德采访薇拉·纳博科娃,1981年12月,1982年4月,1989年6月,采访薇拉·纳博科娃和德米特里·纳博科夫,1984年12月。

[25] 纳博科夫致济娜伊达·沙霍夫斯卡娅,1938年9月,国会图书馆沙霍夫斯科依档案;博伊德采访薇拉·纳博科娃,1982年4月。

[26] 纳博科夫致韦尔纳茨基,1938年9月左右,马克·维什尼亚克致韦尔纳茨基,1938年10月5日,哥伦比亚大学巴赫梅捷夫档案馆。

[27] 日期见《华尔兹创意》前言(纽约:淮得拉,1966),纳博科夫致马克·维什尼亚克,1938年10月3日,斯坦福大学胡佛研究所;发表于《俄罗斯纪事》,1938年11月;德米特里·纳博科夫和纳博科夫译,《华尔兹创意》。

[28]《俄国流亡文学》,页243。

[29] 纳博科夫致扬尼利,1939年7月14日,蒙特勒纳博科夫档案。

[30]《新言论》,1938年3月20日。

[31] 内务部致马克拉科夫,1938年8月5日,国会图书馆纳博科夫档案。

[32] 纳博科夫致济娜伊达·沙霍夫斯卡娅,1938年10月15日,国会图书馆沙霍夫斯科依档案;博伊德采访薇拉·纳博科娃,1981年12月,1982年9月。

[33]《坚决的意见》,页 89;1973 年 2 月 20 日纳博科夫致费尔得笔记未刊稿;博伊德采访薇拉·纳博科娃,1981 年 12 月。

[34]《说吧,记忆》,页 285。

[35] 博伊德采访薇拉·纳博科娃,1983 年 1 月。

[36] 发表于《当代纪事》68 期(1939 年 3 月);重印,《菲雅尔塔的春天》;德米特里·纳博科夫和纳博科夫译,《绅士》,1963 年 3 月;重印,《纳博科夫十二篇》,《〈俄国佳丽〉及其他》。

[37] 纳博科夫致阿尔达诺夫,1938 年 2 月 3 日,蒙特勒纳博科夫档案。

[38] 第一次发表日期,《俄罗斯纪事》14 期(1939 年 2 月);重印,《菲雅尔塔的春天》;德米特里·纳博科夫和纳博科夫译,《纽约客》,1964 年 10 月10 日;重印,《〈毁灭的暴君〉及其他》。

[39] 利克的名字有着同样的双重含义,在俄语中,"利克"指"外貌"或"圣像的脸",说明利克是关注的对象。但这个词不可能成为俄国姓氏,一定是从欧洲其他语言音译过来的("Leek"? "Licque"?),他的名字表明他不是俄国出身,就像作为流亡者,他是外人一样。

[40]《最新消息》,1938 年 11 月 8 日;薇拉·纳博科娃致济娜伊达·沙霍夫斯卡娅,1938 年 11 月 29 日,国会图书馆沙霍夫斯科依档案。

[41]《最新消息》,1938 年 11 月 24 日;薇拉·纳博科娃致济娜伊达·沙霍夫斯卡娅,1938 年 12 月 2 日,国会图书馆沙霍夫斯科依档案。

[42] 纳博科夫致尼娜·别尔别罗娃,1939 年 1 月 29 日,斯坦福大学胡佛研究所;纳博科夫致济娜伊达·沙霍夫斯卡娅,1938 年 12 月,国会图书馆沙霍夫斯科依档案;纳博科夫致阿尔达诺夫,1941 年 10 月 20 日,哥伦比亚大学巴赫梅捷夫档案馆。

[43] 博伊德采访薇拉·纳博科娃,1981 年 12 月。

[44] 纳博科夫致扬尼利,1939 年 1 月 25 日,蒙特勒纳博科夫档案;纳博科夫致济娜伊达·沙霍夫斯卡娅,[1939 年 1 月 29 日],国会图书馆沙霍夫斯科依档案。

[45] 出版于诺福克,康涅狄格:新方向,1941。

第二十二章　寻找出口（法国，1939－1940）

约翰·雷博士的声音：他们现在文件齐全。他们已经整装待发。再见，老巴黎！

亨伯特：再见，老巴黎。哦，亲爱的，不要丢了你的护照。

——《洛丽塔：剧本》

一

纳博科夫对自己在《塞巴斯蒂安·奈特的真实生活》中的英文没把握，1939年1月，他请朋友露西·莱昂·诺埃尔帮忙检查手稿的文法错误。露西回忆说：

> 沃洛佳一周来几个下午，三点钟左右，他总是很准时。他特别着急，他希望他的第一部英文小说不能听上去像“外国”作品，或读起来像是译成英文的。我们俩坐在红木桌子旁，每次都要推敲几个小时。

就是在那张红木桌边，保罗·莱昂跟乔伊斯一起推敲了《芬尼根的守灵夜》十二年。那是我们这个时代使徒一般的薪火相继！

> 我会读出一句，看看感觉如何。大多数时候都非常流畅，偶尔有个词要换一下，或找一个更合适的同义词，有时一个词比两个词要好。我们会进行争辩，有时我放弃主张，有时他投降。然后他用浑厚的男中音再读上一遍，我在旁边听。有些段落比较棘手，但作者很清楚他希望要表达的思想。大多数段落一点障碍也没有。
>
> 我被那神奇的故事迷住了，迫不及待要看到最后的结局。每天晚上我都会跟丈夫说起它。[1]

504 2月初的一天，那些检查文法的活动还在继续，莱昂夫妇邀请纳博科夫夫妇跟他们的朋友乔伊斯一起吃饭，另外还有欧仁及玛利亚·若拉斯，他们是先锋杂志《转变》的发行人。莱昂夫妇有些失望，因为那天晚上纳博科夫在乔伊斯面前没有大放光彩，莱昂太太怀疑，他也许感到了威胁。三十年后，纳博科夫读她的回忆录时觉得很好笑，因为他居然曾被说成是局促而不是傲慢：

> ……不过，她的印象正确吗？她把我描述成一个胆怯的青年艺术家，可事实上我已经四十岁了，我十分清楚我已经为俄语做了些什么，这使我面对任何一个健在的作家都无所畏惧。（如果莱昂太太经常在聚会时碰到我，她会发现，我总是一个扫兴的客人，因为我既不想也不能在社交场合放光芒。）[2]

在纳博科夫本人的印象中，那个晚上只是“一次时间很长的友好交谈。我什么也记不得了，但我妻子记得，乔伊斯问俄国蜂蜜酒‘myod’的具体成分是什么，每个人都给了他一个不同的答案”。乔伊斯送给纳博科夫一份《到处生子》，那是《芬尼根的守灵夜》的部分预印件（1930）。可惜，纳博科夫当时还没有英语作品出版，无法投桃报李。[3]

2 月的第二个星期，纳博科夫患上支气管炎，在床上躺了几天，但西贡路 8 号那狭窄的房子并不能让他好好休息。后来他们搬到圣克卢地区，那是较为贫困的俄罗斯的巴黎之心脏，他们住在名字很响亮其实又小又破的凡尔赛皇家旅馆里，位于马卢瓦街 31 号，卡明卡夫妇也住那里。不管他们搬到哪里，纳博科夫总是觉得巴黎很压抑，巴黎在他后来的回忆中始终是那个蹲在塞纳河上的灰暗、阴郁的城市。跟格奥尔吉·赫森和他的法文译者坐在双叟咖啡馆里，纳博科夫会以俄国人的那种腔调诋毁着巴黎。他说：“巴黎么，就是笆篱。”[4]

就在纳博科夫 1 月份忙于完成《塞巴斯蒂安·奈特的真实生活》时，他又萌生了一部新作的念头：“像一座山峰一样在我的车窗前闪烁，一会儿左，一会儿右，不久我会下车去攀登它，我已经能听到脚下碎石子的嘎吱声。”[5]不管这个念头是什么，它应该是一个俄语作品。他还没有准备放弃俄语，他仍然是流亡群体中的一员，他目前仍然没有进入英国或美国的希望，他的声誉使他的作品在最优秀的流亡杂志上占有一席之地。《当代纪事》或《俄罗斯纪事》的稿费也许没有英国杂志高，当然更没有美国出版商高，但如果隔海跨洋的那些出版商不
买他的书怎么办？没有人要他的自传片断，《塞巴斯蒂安·奈特的真 505
实生活》在未来的两年里一次又一次遭到出版社的拒绝。

除了现实的压力外，还有创作方面的问题。整个 1939 年，《天资》

带来的创作势头一直不减。纳博科夫很高兴，去年 10 月，柏林彼得罗波利斯出版社的负责人亚伯拉姆·卡冈已经答应出版《天资》，包括未发表的第四章，卡冈一直经营着这家出版社，直到希特勒将他挤走。12 月，纳博科夫希望小说已经付梓。这项出版计划中间究竟出了什么问题，并不清楚，但纳博科夫的想象力还不想跟《天资》分手。某个时候，似乎是 1939 年，他答应阿尔达诺夫一个新的长篇，《天资》的续篇，尽管前者迄今为止已经是他最长的俄语小说。[6] 实际上到下半年，那个续篇已经变成一个崭新的小说《孤王》。但在裂变过程彻底完成之前，纳博科夫似乎还是喜欢两卷本《天资》的想法。1 月份在他脑子里若隐若现的也许是第二卷的内容，或者是他一度计划随《循环》一起加在第一卷后面的附录，《循环》现在反倒成了附属物。

纳博科夫最可能是在 1939 年春写作了至今尚未出版的"《天资》附录二"。[7] 在《天资》中，费奥多尔 1927 年着手写他父亲的传记，但后来放弃。可当他开始写作《天资》本身时，他终于在第二章讲到了他写作传记的意图，特别是他努力在想象中陪父亲进行那最后一次危险而神秘的历险的事。"附录二"包含了费奥多尔为那部曾放弃的传记所准备的材料，描绘了他对童年时阅读的那些不够充分的蝴蝶指南的失望之情，它们总是不愿意加重业余爱好者的负担，把那些亚种和地方品种包括进去——这些恰恰是如饥似渴的业余爱好者需要的！——对俄国的蝶群介绍得尤其少。相反，康斯坦丁·戈杜诺夫的《俄罗斯帝国的蝴蝶与飞蛾》（计划六卷，1912 年至 1916 年间已出版四卷）则让小费奥多尔（或小弗拉基米尔）大为餍足。费奥多尔从父亲的著作中引用了一些"内容充实、文笔流畅"的段落，他认为这些能够代表父亲的风格，最后又对父亲在分类学、品种概念、演化与拟态等方面的革命性观念做了总结，这些都是康斯坦丁·戈杜诺夫在

他那次致命的旅行前夜写的，那份梗概洋洋洒洒有三十页之多。这
份“附录二”尽管抽象，非常专业，但它的开头几页包含了纳博科夫创
作中最优秀、最激动人心的文字。在纳博科夫的作品中，像这样将对 506
蝴蝶的热情、准确的记忆和对玄思的偏爱表现得炉火纯青的情况应
该说是绝无仅有的。

二

尽管无法抵御他的俄国缪斯，哪怕是在写作了《塞巴斯蒂安·奈特的真实生活》以后，纳博科夫还是越来越决意闯进英语世界。耶鲁大学著名考古学家和古代史学家米哈伊尔·罗斯托夫采夫给他写了一封很有影响力的推荐信，支持他争取英国的一个职位。他计划4月份去那里举行一次文学朗诵会，并寻找工作机会。[8]他还起草了一些推荐信，想请蒲宁和哲学家尼古拉·别尔嘉耶夫签名（他是通过双方都熟悉的丰达明斯基认识别尔嘉耶夫的）。[9]他问格列布·司徒卢威，“鉴于我目前穷困潦倒”，是否可以帮忙安排一次英语作品朗诵会。[10]既然司徒卢威的英文没问题，纳博科夫就没有替他起草一份完整的推荐信，只是提了一些建议：

> 一个……作家（渲染一下）
>
> 有着广泛的……但由于流亡作家的特殊处境
>
> 贫穷!!!
>
> 才智!! 流亡界的骄傲!!
>
> 新的风格!!
>
> 给予教席

~~找份工作,直到~~
他在寻找一份工作,他应有可能
得到这份工作,为此他要
在这个国家待上几个月。

(那行删掉的文字“找份工作,直到”是意味深长的笔误。)三天后,纳博科夫再次给司徒卢威写信:“想说的是,在英国成名的希望激动着我,这对我是一个生死攸关的问题。我也恳求你尽你所能安排一个朗诵会,我知道对你来说并不容易,但请想想,这对我是多么重要——我差不多是在凋谢。”[11]

这话用在他母亲身上很合适。4 月 1 日,纳博科夫动身去伦敦,他接到了母亲住院的消息,因为经济拮据,她住的是三等病房。而在伦敦,纳博科夫本人的情况却一下子好转了。他住在萨布林家,后者曾
507 是俄国事务主管,康斯坦丁 · 纳博科夫的继任者。那里有一个仆人,“一个出色的吉夫斯①”,每天把早饭送到床头,还要找地方去打理客人那不太得体的帽子。纳博科夫在大英博物馆巨大的收藏品中寻找他在穆利耐高处捉到的那种特别的蝴蝶样本,但没有发现类似品种。4 月 5 日,他在萨布林家的接待室朗读了新的俄国作品。一周后,他在安杰莉卡 · 哈里斯(出生于俄国)和阿兰 · 哈里斯(以出版为生)夫妇家的晚宴上朗读了《塞巴斯蒂安 · 奈特的真实生活》的一章,这是司徒卢威安排的,那对夫妇是他的朋友。宴会不只是要展示纳博科夫那逃遁的过去,还要筹集捐款,寻找机会,谋划他朦胧的未来。利兹大学俄语系一度机会闪现,可很快就熄灭了。[12]

---

① 吉夫斯,美国作家伍德豪斯(1881—1975)所著系列小说中的人物,是理想中的男仆。

4 月的最后一周，纳博科夫回到了巴黎。他和薇拉、德米特里搬到了布瓦洛路 59 号一个阴暗的单元房里，那里至少有两个房间，还有淋浴间、厨房。他们让人把存放柏林的书籍文件托运了过来。[13]

5 月 2 日，叶连娜 · 纳博科娃在布拉格去世。纳博科夫走进一间屋子，那里他的朋友格奥尔吉 · 赫森和卡明卡正兴高采烈地准备给他搞一个恶作剧。"'我妈妈今天早上死了。'他语调平缓地说，接着指尖在前额上揉了一阵子。"[14] 自从父亲过早地去世后，他在欧洲生活的最大悲剧就是无力赡养母亲，无法经常陪在她身边，他内心其实很希望呢。在过去的七年里，他只是在 1937 年夏天有几个星期跟母亲住在一起，她生病后他没有去陪她，如今他又得安命，无法参加她的葬礼。他还牵挂着他那八岁的外甥，妹妹奥莉嘉的儿子罗斯季斯拉夫，后者一直是他母亲带的。尽管他非常喜欢这个孩子，但却爱莫能助。战争爆发后，当捷克斯洛伐克被包围时，他会努力资助罗斯季斯拉夫去美国跟他们团聚，但太迟了。

4 月，弗 · 德 · 纳博科夫立宪民主党一个同事的哥哥叶夫根尼 · 维纳韦尔写信邀请纳博科夫去演讲，他现在是曼彻斯特大学的法语教授。鉴于纳博科夫曾用法语写过论述普希金的文章，维纳韦尔请他谈谈十九世纪法俄文学关系方面的问题，他们会支付各项开支，并且有报酬。[15] 这可能就是纳博科夫一直在等待的机会。

5 月 31 日他再次去了伦敦，这次是跟薇拉 · 哈斯克尔（跟阿尔达诺夫有姻亲关系）及其家人住在一起。弗朗西斯 · 哈斯克尔记得纳博科夫，后者知道那小男孩喜欢蝴蝶，晚上常到儿童室跟他聊天。[16] 照
推断，曼彻斯特的演讲是在到伦敦去之前，那差不多就是纳博科夫在 508
英国曾经获得过的所谓教席了。

后来美国一份工作似乎一度触手可及，那正是纳博科夫所希望的

呢。他在布拉格和柏林结识并喜欢上的哈佛历史学家米哈伊尔·卡尔波维奇写信给他，说自己过去的学生菲利普·莫斯利现在康奈尔大学任教，莫斯利是热情的西林迷，可以给他一个临时职位，但有机会续聘。纳博科夫立即打电报表示愿意接受安排，但这条生命线一样被撤销了，直到他成了一个美国公民、年近知命时，纳博科夫才开始在康奈尔任教。[17]

三

6 月 14 日，纳博科夫从伦敦回到巴黎时，他的朋友霍达谢维奇去世了。在纳博科夫眼里，霍达谢维奇是“我们这个时代最伟大的俄国诗人”。一个月前，纳博科夫曾见过他。可当他 5 月 21 日再次去拜访时，霍达谢维奇的癌症已经到了晚期，无法接待朋友了。纳博科夫参加了他的葬礼，并在《当代纪事》上撰写了一篇措辞庄重的祭文。[18]

1939 年夏，纳博科夫本不想出游，但他的译者帮他卖掉了某些东西（可能是《侏儒》，那年稍晚时候发表在《绅士》上），于是一下子又有了旅游的机会。他们保留了巴黎的住房，于 6 月底前往萨瓦阿尔卑斯地区。他们事先曾给塞西内村的布里昂东膳宿公寓写信，但实地察看后却不想住那儿，于是女业主便在朋友家给他们找了几间幽静、可意的房间。德米特里差不多像他父亲一样喜欢那里多变的气候和动物群，却不喜欢当地的食物。当孩子第二次闹肚子时，父母决定从山上撤下去。他们买好了去戛纳的票，但脑子里却没有明确的目标。在火车上，法国游客提醒他们，这种季节，戛纳也许不会有住的地方，为什么不在弗雷瑞斯下车呢？

他们下了。纳博科夫带德米特里去海滩，薇拉则在圣埃居夫找住处。当她回来时，纳博科夫已经找到一个很不错的俄国公寓——罗德诺依公寓。在那里，他们可以拥有两间卧室，直到 8 月初；以后换到另一处楼房的底楼，是那位愉快的波兰裔俄国女房东在附近找的。两个地方都靠近宽广的沙滩，那个夏天，纳博科夫一家几乎每天都在那里度过。[19]

像在塞西内一样，纳博科夫在这里重新打磨《华尔兹创意》，准备 509
用于年底计划中的俄罗斯戏剧社演出。[20] 7 月底，他还接到最新一期的《当代纪事》，上面刊登了他那篇语气庄重的纪念霍达谢维奇的文章，还有他写的其他一篇东西，如果霍达谢维奇能够读到，他一定更为欣赏的。

整个三十年代，霍达谢维奇和纳博科夫彼此都相信，对方始终受到巴黎评论家们的诋毁，尤其是那个最有影响的阿达莫维奇，这其中除了嫉妒外，没有别的理由。过去五年里，纳博科夫写过一些诗歌，但一首也没有发表。它们好像根本不值一提，虽然阿达莫维奇不得不承认，西林的散文很漂亮，但对他的诗歌还是一笔抹杀，其他评论家也跟着一鼻孔出气。现在霍达谢维奇死了，纳博科夫又为他写了一首诗《诗人》。为了欺骗阿达莫维奇，他采用的是他在诗歌成熟时期从未用过的音步，并署上“瓦西里・希什科夫”的名字，寄给了《当代纪事》。[21]

他的这一招甚至比霍达谢维奇 1936 年杜撰的“瓦西里・特拉夫尼科夫”更成功。阿达莫维奇没有看到藏在笔名内部的提示——那既是对“瓦西里・特拉夫尼科夫”的回应，也是对他的敬意，声义兼备，甚至包括了两层意义。* 8 月 17 日，阿达莫维奇关于最新一期《当代纪

* 简单地看，“希什科夫”来源于“希什卡”，即“松果”，因此对应于“特拉夫尼科夫”中的植物词根“特拉瓦”，即“草”。但“特拉维奇”还指诱惑、逗弄，霍达谢维奇当初为那个虚构的诗人取这个名字，用意更可能在此。纳博科夫似乎也赞成这种挑衅的意味，因为“希什”是一种手势，大拇指夹在两指之间，表示侮辱。希什科夫还是纳博科夫的曾祖母尼娜・冯・考夫的娘家姓。

事》的评论发表在《最新消息》上，他问道："瓦西里·希什科夫是谁？……真是字字珠玑。"阿达莫维奇尽其所能地引用了诗作，并叹息说，他没有篇幅"把这首精彩的诗歌全部引用出来，但我必须再问一次，瓦西里·希什科夫是谁？他从哪里来？很可能不要一两年，每个关心俄国诗歌的人都会知道他的名字"。[22]8 月下旬，希特勒和斯大林签署了互不侵犯条约，战争的威胁更加迫近了。纳博科夫读了阿达莫维奇的文章，不禁想调侃地回答一下那个不断重复的问题"瓦西里·希什科夫是谁？"，于是立即坐下来动笔写了短篇小说《瓦西里·希什科夫》，这次用的是他惯常的笔名西林。[23]

在这个短小有趣的故事中，年轻诗人瓦西里·希什科夫在一个文学晚会上抓住西林不放，要他读读他写的诗歌。他想测试西林的坦诚，便将他早晨写的一卷很差的诗拿给西林看。西林直截了当地表示
510 了自己的不满，希什科夫很满意，然后又拿出薄薄的一叠，纸张都有些破旧了，那是他真正的诗歌，西林读得津津有味。希什科夫请西林帮忙，希望这些诗歌能够在一本非常喜怒无常的流亡杂志上发表。结果没有成功，他请西林在他万一不在的时候好好照应这些诗。后来再也没有他的消息，他消失得无影无踪。

这个故事具有神秘色彩，它既反映了希什科夫《诗人》里的那种情调（我们这些诗人，无法提供更多，唯有消逝于死亡，消逝于沉默），又反映了霍达谢维奇先是消失于诗的沉默，如今又消失于死亡的悲惨境遇。除了整件事有些嬉皮笑脸外，这个故事的主要魅力是对半天真、半狡黠的希什科夫的描绘，仿佛一个流亡的兰波，还有就是纳博科夫对待各种批评的意见："至于所谓读者的审判，我觉得，在那样的审判活动中，我不是一个辩护人，充其量是一个微不足道的证人的远亲而已。"

这篇小说发表后，阿达莫维奇被迫承认他被愚弄了。他试图为自己的热情辩护："在戏拟和伪造时，灵感有时会彻底获得解放，甚至忘了它当初的游戏。"许多年后，当阿达莫维奇给了纳博科夫迟到的公允评价以后，后者带着胜利者的老练与胸襟说："我衷心希望，所有评论家都像他一样宽宏大量。"[24]

四

9月初，纳博科夫一家回到了布瓦洛路。[25]与去年夏天的恐慌相比，战争前夕的巴黎显得出奇地安静。如今人们平静地接受了这样一个事实，历史已经变了，该是备战的时候了。宣战前两天，开始实施灯火管制。电力部门的工人将长长的梯子架在装饰华丽的路灯杆上，把灯泡蒙起来。居民们买来蓝色的纸条糊在窗户上，他们很快就适应了白天室内的阴暗。学生们被用火车从巴黎疏散出去。1914年，成群的人们曾拥上街头大声叫喊："打倒德国皇帝！"二十五年后，1939年9月3日的早晨，巴黎暴雨如注，那水珠四溅的大街上安安静静、空空荡荡。宣战后，街头的一些店主和工人手里抓着防毒面具，故意晃悠着。

许多父母都担心巴黎会遭到轰炸，纳博科夫夫妇也如此，他们把孩子送出了城，让他跟安娜·费金娜一起住在多维尔。纳博科夫看着身边变了模样的巴黎，用英文写了一篇战争中的巴黎速写，可惜现在见不到了。当时他将速写投给英美著名杂志如《旁观者》《大西洋月 511
刊》等。《绅士》认为它"从容镇定，妙语连珠——可惜是一首散文诗"，于是像其他杂志一样拒绝发表。[26]

在《最新消息》工作的阿尔达诺夫尚不知道有这篇作品，但他在看到纳博科夫给他们的《瓦西里·希什科夫》打印稿后说："现在是战争！战争！你怎么能把时间浪费在这些琐碎的东西上面?”正如纳博科夫后来评论说:“阿尔达诺夫认为,文学是一个巨大的笔会或共济会,它把有才无才的作家都约束在一份沾沾自喜的契约上,顾及的是双方的善意、关心、帮助和恭维。”[27]

阿尔达诺夫的文学外交也许对纳博科夫没有任何价值,但他的个人帮助却是一种天赐。夏末,斯坦福大学的亨利·兰兹教授问阿尔达诺夫,是否愿意在1940年或1941年夏季学期去斯坦福教俄国文学。那时阿尔达诺夫没有计划去美国,于是他建议兰兹找纳博科夫。[28]他的朋友很高兴,虽然只是一个短期职位,但这一下子扫清了获得美国签证的许多障碍。历经七年之后,他的梦终于可以实现了。

无论是美国还是英国,谁也不愿意出版《塞巴斯蒂安·奈特的真实生活》,纳博科夫又没有其他新的作品好卖,因此就没有任何收入。在巴黎,他和阿尔达诺夫是仅有的两个只靠文学活动谋生的人。但阿尔达诺夫在《最新消息》还有一个职务,而纳博科夫却没有类似稳定的支撑,因此,自弗雷瑞斯回来后,他的朋友基扬准采夫不得不每个月支持他一千法郎,后者如今拥有一个电影院。[29]资助当然欢迎了,但还不够。纳博科夫在《最新消息》上刊登广告,招收英语学生。来了三个人:一个俄裔犹太名流的女儿;罗曼·格林伯格,一个对文学特别感兴趣的商人;玛利亚·马里内尔,一个音乐家。[30]格林伯格、玛利亚·马里内尔和她的姐妹们都成了纳博科夫夫妇的朋友,不止是在他们逗留巴黎的那短暂的时间里,后来在美国的几十年里也始终保持着这种友谊,格林伯格在美国还创办了一份杂志,发表纳博科夫后来写作的少量俄语作品。

玛利亚、伊娜和伊丽莎白三姐妹组建了一个很成功的竖琴三人组合(因此,她们的艺名马里内尔是由三个人的名字组成的,她们本姓古

特曼）。玛利亚体质比较弱，因此巴黎灯火管制期间，伊丽莎白会陪她
来，上课期间就温顺地在楼下等着。两三次课以后，纳博科夫发现了： 512
“你怎么能这样做呢？赶紧叫她上来！”从那时起，伊丽莎白上课时就一直坐在房间里。有次当她姐姐还在“上课”、说英语时，伊丽莎白注意到，纳博科夫看了一下钟，立即改说俄语。时间到了，像费奥多尔一样，纳博科夫在合同约定的时间以外一分钟也不教。[31]

9 月末，感冒引发了肋间神经痛，纳博科夫又在床上躺了一个星期。一个新作的念头产生了：

> 依照我所能记起来的，最初灵感的触动在某种程度上是由报纸的一条新闻引起的。植物园的一只猴子，经过一名科学家几个月的调教，创作了第一幅动物的画作：画中涂抹着囚禁这个可怜东西的笼子的铁条。[32]

可能纳博科夫记错了，那年报纸上刊登的照片是这样的：伦敦动物园的一只黑猩猩手上抓了一支画笔。[33] 无论如何，这个灵感跟另一个想法融合在一起。在《天资》中，济娜那讨厌的继父跟费奥多尔说，如果有时间，他会匆忙赶出一篇小说，一个男人跟一个妇女结婚，是为了接近她的女儿，结果发现女儿很冷淡。显然，他是在讲自己的故事，在说济娜对继父的敌意，她不让费奥多尔在他们所住的房子里有任何亲昵举动，因为几年前继父曾试图占她的便宜。现在纳博科夫再次回到这个情景，但挑选的是更加一意孤行的性变态者，他发现，婚姻本该让他获得接近继女的非法自由，结果却成了他的牢笼，死亡是唯一的出口。

纳博科夫 10 月、11 月都在写作《魔法师》，这是他最长的短篇小说，或者说最短的中篇小说。[34]

五

《魔法师》

一个四十岁的男人，对小女孩的欲望始终没有实现，于是为了一个十二岁的姑娘娶了她那患重病的母亲。母亲死后，他带着女儿去度假，希望某个时候能骗她像玩童话里的游戏一样接受性的活动。但第一夜，他无法抵制诱惑，要去抚摸她熟睡的身子。他陶醉在狂喜之中，
513 忽然看到她睁大眼睛恐惧地盯着他。她开始控制不住地尖叫，他冲了出去，想逃避她，逃避注视着他的旅客，逃避生活本身，最后被隆隆驶过的卡车撞死。

我们是孤立地来看待这个长篇故事的价值呢，还是把它仅仅看作《洛丽塔》的蓝本？像亨伯特一样，这里的主人公也是将他隐秘的幻想看作是比一般成人欲念更精妙、更优雅、更出色的东西，同时又是某种局限在纯粹渴望状态的东西，直到一个具体的女孩和通过她母亲接近她的前景把他引向更远的地方，超过了他本来的期望。但在这个故事里，求婚与母亲之死的情节不如《洛丽塔》，后者独特地将貌似真实的郊区与童话愿望的实现结合在一起，从而使得身体很好的夏洛特·黑兹向亨伯特求婚的情节和她突然的死亡更具艺术的满足感。

《魔法师》还有其他一些问题。它当然没有奎尔蒂，但也没有安娜贝尔·李，没有童年时的先例，没有时间魔岛给故事增添形而上学的光辉。另外，这个故事很抽象。巴黎和里维埃拉只是静态的背景，不像亨伯特的美国那样是赏心悦目的游乐场。在洛丽塔、夏洛特和亨伯特绚丽多姿的光与影的映衬下，这个故事里的三个主人公只是一些抽象的轮廓。

因为是亨伯特自己在讲述自己的故事，所以《洛丽塔》的每一页都充满了张力：他的自我意识和执着的迷恋之间的张力，他的罪行和他自信超越任何一个凡人之间的张力。而《魔法师》是第三人称叙事，既缺少活力也缺少魅力。这个故事既抽象又缺少生动的叙述人，为了弥补，纳博科夫在文体上用足了功夫。他迫切想揭示出主人公的内心，但又生怕受其思维能力的制约或其偏爱的约束，于是开头便是一段没有个性、缺乏说服力的冗长沉思，主人公在为自己辩解：

> 由于我，理性地，知道幼发拉底河流域的杏子只有在装成罐头之后才有害；知道罪恶与市民的习俗密不可分；知道一说到卫生习惯就会联想起鬣狗的令人生畏；而且还知道这同情的理性并不反对把本来无法触及的东西庸俗化……

即使从未有过《洛丽塔》，《魔法师》仍然应该看作是败笔。不管小说文体多么有智慧，但它本身无法使没有实现的世界生动起来。不过，我们应该感谢这次失败的实验。它让我们想到，即使纳博科夫已经大胆选中了《洛丽塔》的主题，他还得寻找合适的性格、心理、情节、背景、叙述声音和语调。《魔法师》表明，他在《洛丽塔》中面临的任务是异常艰难的，不管他的第二次尝试看上去多么轻松、和谐、完美。 514

"在战时糊着蓝纸的夜晚"，纳博科夫把这个故事朗读给他的一帮朋友听：阿尔达诺夫，丰达明斯基，津济诺夫，还有他的医生科冈-伯恩斯坦太太。但《当代纪事》没有刊用，纳博科夫于是给了彼得罗波利斯出版社的亚伯拉姆·卡冈，说这是有着薄伽丘和阿雷蒂诺[1]风格的作

① 阿雷蒂诺(Pietro Aretino，1492—1556)，意大利诗人、散文家和剧作家，以善于写作讽刺性作品著称。

品。但战争阻止了彼得罗波利斯的出版计划，纳博科夫本人也逐渐对自己的作品表示不满。直到他去世后差不多十年，这个作品才出版。[35]

六

1939年10月下旬，纳博科夫已经跟兰兹商定斯坦福的各项事务。他现在准备申请签证，想请美国一些知名的俄国人提供宣誓担保书，比如艺术家姆斯季斯拉夫·多布任斯基，社会学家皮季里姆·索罗金，还有他的朋友、历史学家卡尔波维奇，后者看来让纳博科夫联系上了托尔斯泰的女儿亚历山德拉·托尔斯泰。亚历山德拉是刚刚成立的托尔斯泰基金会的负责人，该基金会旨在照顾美国的俄国流亡者的利益，她替纳博科夫从谢尔盖·库谢维茨基那里搞到一份担保，后者是波士顿交响乐团的长期指挥。[36]

几个月里，纳博科夫在忙于繁琐的证件材料的同时，还在做一件很合他口味的事，他在编一则"崭新"的棋题。他希望设计这样一个棋题，普通棋手不费吹灰之力就能解决，但专业棋手却误以为需要更复杂的办法，直等"愉快而痛苦"地追寻这个幻景很久以后，

> 这位超一流的棋手最终才找到那个简单的关键一着（象进c2），但已经像一个追逐野鹅的人那样，从阿尔巴尼绕道温哥华、欧亚和亚速尔群岛以后才到了纽约。这种兜大圈子的愉快体验（陌生的风景，铜锣，老虎，外国风俗，新婚夫妇围绕陶盆里的圣火不断转圈子）是对他遭遇神秘欺骗的丰厚报偿，当回到那个简单的步骤后，他体验到了一种强烈的、综合的艺术快感。

在《说吧，记忆》中，纳博科夫将那个棋题的观念跟流亡问题的轻松解决（到美国去！）等同起来，他把棋题的设计时间误写在 1940 年的 5 月中旬，他动身前夕。实际上是在 1939 年 11 月 19 日，他决定要表 515
达这个前所未有的象棋主题，在认识到其观念的新颖后，他立即将对这个棋题的解释记录了下来。[37]他后来之所以把日期搞混，理由很充分：在连续几个星期设计棋题期间，他发现，自从获得担保书，实际生活中的美国签证问题就算解决了。

但要获得美国签证，首先必须获得法国的出境许可。德米特里还在多维尔，因此薇拉有时间在一个办公室接一个办公室、一个窗口接一个窗口之间奔波。办理出境事务的官员告诉薇拉，说他们的护照给弄丢了。薇拉不得不生平第一次求助于贿赂，她告诉那个官员，她无论如何也要拿到护照。于是她被领进一个小房间，那里没有人能够偷听得到。那官员去找护照，薇拉放了两百法郎在桌上。“这是什么？”官员回来后问道。“给你的，”薇拉说，“我需要那些护照。”那官员又出去了，她待在那儿，害怕也许马上有人来逮捕她。没有的事。那位官员告诉她，他们的护照在内务部。由于战争，大多数地铁站都关闭了，她只好步行很久，才到了内务部。虽然护照不在那里，但这次官员很热情，四处打电话，最后发现护照在外交部。这一折腾拖了两个月，最后纳博科夫被叫去办理护照和出境签证，而他的妻子却在家里担心，想这也许是个陷阱，要为行贿的事逮捕他呢。[38]

12 月中旬，他们的文件还远没有办好，德米特里从多维尔回来了，“假战争”下的平静让巴黎相信它是安全的。[39]德米特里是一个爱喧闹的孩子，他很少受到约束。他的父母在狭小的家里举行晚会，他会在同一个房间里玩他的玩具飞机，嘴里跟着飞机的嗡嗡声呜呜地叫个不停。闹声震耳欲聋，但纳博科夫夫妇听之任之。伊丽莎白·马里内尔跟德米特里说："他们不懂，走，我们到你房间去。"她带着德米特里坐在他的房间里，这样晚会才能进行下去。每过十分钟，他父母就要来看上一次，对这位新朋友是既感激又尴尬，她为了晚会竟牺牲了自己的时间。[40]

尼娜·别尔别罗娃记得另外一件事。一次她来看他们，惊讶地发现，房子里几乎空荡荡的，差不多什么家具也没有。纳博科夫感冒了，躺在床上，脸色苍白，身子很瘦。他们谈心时，他突然起身，把客人带到了五岁的德米特里的房间：

> 地上到处都是玩具，一个非常漂亮优雅的小孩子趴在它们中
> 间。纳博科夫拿来一只很大的拳击手套交给那个男孩，叫他给我
> 516 露一手，米佳戴上手套，开始使出浑身的力气冲着纳博科夫的脸
> 打去。我看到，纳博科夫很疼，但他面带微笑忍着。这是训练，既
> 是训练他，也是训练儿子。这一幕结束后，我才舒了口气离
> 开了。[41]

纳博科夫要儿子准备无怨无畏地去面对世界，但又十分溺爱他，担心战争会夺去儿子，这种念头几乎让他惊慌失措。这样的担心始终萦绕在脑际，以至于失去儿子的情景在他以后二十年的小说创作中反复出现。《庶出的标志》《征兆与象征》是直接表现这个主题的，《洛丽塔》采取了奇怪的颠倒方式，《微暗的火》中的海丝尔·谢德则是相反的镜像。

有时纳博科夫通宵都在写作，于是薇拉第二天会请朋友把德米特里接过去，好让纳博科夫安静地休息。[42]现在纳博科夫手头忙着的是他的最后一部俄语小说，但永远也没有完成。

七

从《天资》到《孤王》

这份手稿给了我们难得的机会，得以一睹纳博科夫的创作过程，看到那全部的连贯、中断、调整和插入，这在浑然天成、一字不易的定稿中是绝对看不到的。在标志为“天资，卷二”的文件夹中，纳博科夫勾勒了《天资》第二卷的一部分。[43]其中一章写到费奥多尔和济娜1937年逃离德国，到巴黎定居。一天，费奥多尔回到他们那单间的屋子里，迫切想写作，却发现济娜没有把她继父的侄子、一个狂热的纳粹赶走，于是拂袖而去。

“最后一章”的梗概是，济娜在一个滑稽的事件中丧生。纳博科夫似乎想安排丧妻的费奥多尔和一个叫福尔特的人（在《孤王》中，当另一个艺术家失去亲人后，他会再次出现）见面（想象中的？）。无论是在里维埃拉还是回到战争中的巴黎，费奥多尔都在为济娜伤心，后来他遇到孔切耶夫。小说结束时，费奥多尔给孔切耶夫朗读他写作的普希金未完成的戏剧《水妖》的续篇。像《天资》一样，这个计划中的第二卷也是以普希金结束，但前景黯淡。

在《天资》中，那最后一个奥涅金式的段落以装饰性乐句结束了整部小说，同时又暗示着某种未完成性，既是指自身的故事（费奥多尔准备回到那个锁着的公寓），也是暗示《叶甫盖尼·奥涅金》那突然的、明显没有解决的结尾。在续篇中，纳博科夫计划完成普希金的一个未 517
完成的作品，作为第二个不是结尾的结尾。既然整个小说将围绕济娜的死展开，那么纳博科夫在《水妖》的结尾让王子通过水中死亡去见那个为他殉情的女子的不朽魂灵，就并不偶然了。几年后在美国时，纳博科夫最终放弃了完成这部小说的希望,于是将普希金的这首诗的结尾稍作修改后单独发表,署的是他自己的名字,也没有提到它最初的写作动机。[44]

他内心还有另外一个情节线。济娜死后,费奥多尔只能从内心生活中获得快乐,跟外部世界的交道很少,后者在现在的他看来已经没有什么意义。纳博科夫让费奥多尔与妓女约会,并从他们乏味的幽会与他包裹在这些幽会周围的个人精神的光辉之间的反差中获得阴暗的满足。纳博科夫的优秀读者读到这些场面后会大吃一惊,因为纳博科夫不仅在这里反复泄露了他内心的秘密,即十年后他会在描写亨伯特与一个年轻法国妓女的约会时继续采用这种方式(比如,那个女孩说:“我要给自己买双长统袜。”然后是他对她兴致勃勃地强调“b”的发音方式的点评),而且还泄露了波特金的名字,二十年后他会在《微暗的火》中捡起它。

也许在1939年春夏那创造力相对安静的时候,纳博科夫构思了计划中的《天资》续篇的一些内容,但有关弗雷瑞斯及战争的资料显示,他最早是1939年9月才开始在笔记本上写下那些内容的。也许他中间搁下了,要去满足更急迫的写作《魔法师》的冲动,然后到11月底又发现,一个丈夫在妻子之死* 的打击下变得晕头转向的情节完全可以独立成篇,无须再放到《天资》的续篇中。而现在,它已经充分发展成一部崭新的小说——《孤王》。

那计划成为这部新小说第二章的内容发表在1940年4月《当代纪事》的最后一期上,因此想必完成于2月底以前。既然我们知道,纳博科夫不会在一切尚未停当前就让部分作品发表,那么1940年初他

---

* 也许它反映了纳博科夫的后怕心理?他与瓜达尼尼的私情也许会让他失去薇拉?

想必已经完成了整个小说的构思，刚好是他完成《魔法师》后一个月，他在一种新的心境下重新回到丧亲的主题上来。

照推断，《极北地区》写于 1940 年 3 月、4 月份，准备作为《孤王》的第一章。[45]当小说最终放弃后，这一章作为短篇小说单独发表，采用的是书信体形式，是艺术家西涅乌索夫给刚刚去世的妻子的一封信。书信文笔清澈，但满纸悲伤，他嘲讽给心爱的亡妻写信这种荒诞 518
的行为，他猜想如果她读到这些内容会有什么反应。

西涅乌索夫想跟妻子谈谈亚当·福尔特，他过去在彼得堡时的家庭教师，最近他们又在里维埃拉见面了。福尔特一次在回答宇宙之谜问题时偶然犯错（他是在跟一个精神病学家解释时犯错的，后者随即死于心脏骤停），后来似乎就疯了。西涅乌索夫一直迷恋形而上学，现在迫切想看到妻子仍以某种方式活着的渺茫希望，于是试图引诱福尔特将他的秘密泄露出来。显然，福尔特既过于像人又不太像人*，他很容易就在跟对手的谈话中占了上风，并宣布说：“刚才东拉西扯的时候，我已经不经意地泄露了秘密——只有两三个词，但其中闪烁着绝对洞见的身影——所幸的是，你没有注意。”这个绝妙的作品是纳博科夫的优秀小说之一，它在许多方面都很成功：西涅乌索夫的丧妻之痛，尽管他面对死亡强颜欢笑，故作镇静，但其悲痛还是一目了然；他内心展开的出色的沉思；面对“真理的炸弹……在他内部爆炸”的福尔特；经历此事以后的福尔特，在小说的后半部分试图劝我们放弃怀疑，如果你既不能与世界保持正常的联系——他甚至不能开灯——又拥有烛照一切的洞察力；福尔特和西涅乌索夫之间抓到什么是什么的玄思。

---

* “福尔特”在德语中指“蝴蝶”，像蝴蝶一样，他也经历了彻底的变形。“亚当·福尔特”还是指吃了知识树的果子后的“亚当的堕落”。

在《极北地区》中，暗示小说跟《孤王》中的极北地区内容有关联的地方并不太多。某个北欧诗人似乎让西涅乌索夫为他的一首长诗做插图，题目叫《极北地区》。尽管这个诗人消失了，似乎不可能再回来，西涅乌索夫还是继续工作着，以排遣丧妻之痛。正如他在给她的信中所说："在我时时为你心痛的那凄凉、灰暗的大海上，《极北地区》是刚诞生的一个岛屿，它像家一样吸引着我，我那无以言喻的心思都在那里。"纳博科夫评论说：

> 在生成一个想象性国度的过程中（最初只是让他从悲伤中转移出来，但渐渐变成了自足的艺术迷恋），这位鳏夫开始对极北全神贯注，后者慢慢有了自身的真实性。西涅乌索夫在第一章提
> 519 到，他正从里维埃拉搬到以前在巴黎的房子里；实际上，他搬进了荒凉的北方岛屿上的一个荒凉的宫殿。* 他的艺术帮助他以贝琳达皇后的身份将妻子复活，这是一种病态之举，即使是在自由想象的世界里，他也没有战胜死亡。在第三章，她再次死去，是被一枚本来针对她丈夫的炸弹炸死的，那是在伊格尔河的桥上，他们刚从里维埃拉回来后几分钟。[46]

《孤王》的第二章也是单独发表的，题目就叫《孤王》，描述的是妻子将去世的那一天的国王。[47] 他回忆了整整五年前他登基的情景，那是在他发现不明智地陷身一桩暗杀阴谋之后，那个阴谋针对的是他的堂兄、极北王位继承人阿杜尔夫王子。

---

* "西涅乌索夫"已经将罗斯和斯堪的纳维亚联系起来，因为目前已知的基辅罗斯最早的统治者是三个斯堪的纳维亚王子留里克、西涅乌斯和特鲁渥。

《极北地区》的大部分内容和整个《孤王》是对赞巴拉和《微暗的火》的预示：直接的、对死亡的形而上的探索；想象的北方国度和想象的北方语言；宫廷阴谋，在里维埃拉的王后，弄错了的暗杀对象，“孤王”一词以及相应的孤独的国王形象；浓郁的同性恋气氛以及普通道德的镜中倒影。尽管如此，赞巴拉和极北还是迥然有别。在赞巴拉，一切都晶莹剔透，沐浴在金波特那自我满足的宁静光辉中，他觉得他的国家以及那些颠倒的风尚和谐而灿烂。相反，极北似乎可以恰当地概括为无处不在的蜘蛛网或遍地丛生的欧石楠，它们如传说描述的那样，“纠缠着”叛军的“马镫和胫骨”。一切都是盘根错节、危机四伏，政治、历史、社会学和心理学都是错综复杂、支离破碎，使得那个天真、不安、自责的国王不断尴尬地陷身荆棘一般的世界，动弹不得。

小说中最精彩的地方是犹豫、孤僻的王和奔放、堕落、同性恋的堂兄阿杜尔夫王子之间的对比，前者虽是一国之君，但似乎无法通过宪政驾驭治理国家的各种规则制度；后者本能地注意到任何环境中的规则，随时准备尽情地玩弄或破坏它们。阿杜尔夫既想承认这些规则，又乐于挑战它们，这使得他跟福尔特（变形之前，变形之后）有了某种神秘的联系。

可《孤王》已经发表的这两个部分之间究竟存在什么联系呢？毫无疑问，他们那两个令人不安、各不相同的世界存在着许多奇怪的共鸣，就像《微暗的火》中谢德的诗歌和金波特的评注之间存在许多奇怪的共鸣一样，但其间的巨大差别既诱惑着我们的好奇心，又提醒我们， 520
不能从残存的这些部分去猜想整体。纳博科夫对这部小说有一个结论性的看法：“如果说这部小说没能完成、令人遗憾的话，那是因为，它本会跟我曾写过的其他所有俄语作品都不同，它的色泽，它丰富的文体风格，它难以言喻的强大潜流都是非常独特的。”[48]

这里有必要提一下《天资》在纳博科夫作品中的独特地位。在写作这部小说之前的五年里，纳博科夫完成了六部自足的长篇。后来《天资》本身横跨了下一个五年，并在他的脑海里引起强烈的回响，延续数十年：1934 年 1 月的短篇小说《循环》，依然属于费奥多尔的世界，就像 1939 年那未发表的关于鳞翅目昆虫的"《天资》附录二"；《斩首之邀》对死刑的抗议，这是对车尔尼雪夫斯基之抗议的回应，但颠倒了他的社会主义现实主义方法；纳博科夫本人的自传，在费奥多尔虚构的自传之后；《事件》，源于费奥多尔的艺术家主人公，描绘了一个胆小鬼艺术家；《塞巴斯蒂安·奈特的真实生活》是对一个作家的戏拟性传记；《魔法师》，将鲍里斯·晓戈列夫的一部小说念头变成了一个中篇，说的是一个男人为了能稳妥接近未来的继女而结婚的故事；计划中的《天资》第二卷，后来变成《孤王》，又一部在大背景上构思的小说。《魔法师》和《孤王》反过来一则成了《洛丽塔》的雏形，一则成为《庶出的标志》和《微暗的火》的缘起。纳博科夫三十年里几乎所有主要的艺术活动都可以溯源到《天资》。

还有一个奇怪的现象。在《塞巴斯蒂安·奈特的真实生活》之后，纳博科夫着手建造的两大俄语舰船——《魔法师》和《孤王》都沉没了，幸亏那些宝物最后被抢救转移到能够抗击风浪的英语战舰——《洛丽塔》和《微暗的火》上来。似乎每写一部英语小说，就将纳博科夫个人命运的某些东西发动了起来，或在他的心中倾泻了某种东西，使得他的下一部俄语作品没法完成，直到最后转变成英语。

八

1940 年 4 月，德国进攻挪威。法国报纸的标题问道："下一个目标是谁？瑞典？荷兰？罗马尼亚？南斯拉夫？”没有人想到要加上比利时和法国。但在德国发动新一轮攻势、向巴黎推进之前，纳博科夫一家已经准备离开了。4 月 20 日，弗拉基米尔为他本人和家人办好了护照，有望在一周内获得美国签证。[49] 521

既然法国拒绝给他工作许可，让他一家濒临贫困；既然法国官员设置重重障碍，阻挠他们去美国，纳博科夫内心对这个国家也就没有什么忠诚。无论如何，他都不想加入法国军队，而把妻儿丢在后方，因为他们既是外国人又是犹太人，在这样一个极容易被德军打垮的国家，他们的处境相当危险。可在珍珠港事件后，生活在一个不可能受到入侵的国度，纳博科夫自觉是忠诚的美国人，他的反应就截然不同了，他愿意参加志愿兵。但现在，他觉得唯一的职责是带家人离开。[50]

纽约的一个犹太救助组织 HIAS（犹太移民援助协会）为难民穿越大西洋包了一条船。该组织负责人是雅科夫・弗鲁姆金，纳博科夫父亲的一个老朋友，像许多俄国犹太人一样，他对老纳博科夫大胆抗议基什尼奥夫的屠犹行径和审判贝利斯的活动充满感激，始终知恩图报，这次终于找到了机会，他让老纳博科夫的儿子以半价票登船。[51]

美国已经出现在地平线上了，纳博科夫开始在几本薄薄的练习簿上准备未来讲座的笔记，可惜只有关于屠格涅夫和《安娜・卡列尼娜》的一些草稿保存了下来。他跟卡尔波维奇说，他准备了一整年的俄国文学课程，并在家里试讲过。后来他回忆说，他可能编写了差不多两千页的文学笔记。[52]

德米特里・纳博科夫记得，随着动身之日的临近，他们全家都担心，《孤王》的灵感是否吃得消行程的折腾。[53]它吃不消，纳博科夫不得不把它打包放进皮箱,那里不仅有发表不了的《魔法师》,完成不了的《孤王》,还有他在俄国侨民界的全部声誉,他会将它们丢在身后许多年。二十年后,当《魔法师》变成了《洛丽塔》,《孤王》正在脑中酝酿羽化为《微暗的火》时,他穿越大西洋回来了——乘坐的是一艘游轮,船上图书室里骄傲地陈列着一本《洛丽塔》,还有那些有待翻译的西林小说中的第一本——这一次他是著名的美国作家,凯旋返欧,那里正有一系列盛大的晚会在等着他,他那最著名小说的法文本、英文本和意大利文本也在期待着他去举行首发仪式。

而在 1940 年形势危急的春日,所有这一切都不可能预料得到。首当其冲的是,他们还得筹措另外一半的船费即五百六十美元,因为他们自己根本掏不出这笔钱。一个艺术赞助人马尔沙克太太组织了一个收费的朗诵会,纳博科夫朗读了一些作品,其中他恰当地选择了
522 《云,城堡,湖》。阿尔达诺夫和弗鲁姆金带他去一个又一个富裕的犹太家庭,请求更多的赞助。纳博科夫的许多老朋友也纷纷解囊,钱款终于凑齐了。[54]

5 月的第二周,德军入侵荷兰、比利时和卢森堡,并开始对法国实施第一轮轰炸,伤亡上千人。5 月 15 日,他们已经在许多地方突破了法国边境,法国总指挥官警告政府说,巴黎一天的安全他都无法保证。该是纳博科夫说再见的时候了。他去拜访克伦斯基,发现蒲宁和梅列日科夫斯基夫妇也在那里。如今,他对梅列日科夫斯基的妻子济娜伊达·吉皮乌斯已经言辞很温和,而她也已经准备承认他的才情了。但她的这些问题惹恼了他:“你要去美国?你为什么去?你为什么去?”她开始固执地劝纳博科夫一家坐汽车去加来,因为谣传法国军队已经下令所有的火车都将用于运兵。纳博科夫跟克伦斯基道别,又敷衍地与蒲宁说再见,然后跟仿佛圣哲一般的、黑胡子的梅列日科夫斯基和

浓妆艳抹的吉皮乌斯一起下了楼。[55] 他所熟悉的俄国流亡文化还有不到一个月的寿命。

纳博科夫将一些图书资料装进一只柳条箱里，连同他采集的欧洲蝴蝶标本一起寄存在丰达明斯基家宽敞又通风的地下室。德军 6 月进驻巴黎后，丰达明斯基家的财物被洗劫一空，蝴蝶标本七零八落，文件资料满街都是。丰达明斯基的侄子费力把大多数资料捡了回来，存放在煤炭窖里多年，它们最终在 1950 年回到纳博科夫家。[56] 可丰达明斯基却被抓进了集中营，后来死在那里。纳博科夫的弟弟谢尔盖过去经常去他们在布瓦洛路的寓所，当纳博科夫一家准备离开时，他也出了城，但最后也死在德国的一个集中营。

1919 年当纳博科夫和家人离开俄罗斯时，最后一刻却出了故障，他们受到了耽搁，直到布尔什维克的机枪开始对着港口猛烈扫射的时候。如今，在纳博科夫准备离开法国的前夜，5 月 19 日左右，德米特里忽然发起 40℃的高烧来。科冈-伯恩斯坦医生跟孩子的父母说，如果还有其他船只，她建议他们等一等，可惜没有，他们别无选择，只有走。纳博科夫担心，万一儿子高烧人们不让他们上船怎么办。[57] 他们交出了布瓦洛路 59 号的钥匙——三周后，那所房子被德军炸毁——然后前往车站。[58]

德军的推进异常迅速，纳博科夫家要乘坐的船“尚普兰号”原本计
划从勒阿弗尔启程，后改到瑟堡，最后又换到圣纳泽尔，整整绕着布列 523
塔尼的尖嘴兜了一圈。因为德米特里还在生病，他们选了一等卧铺舱，每四个小时就让儿子吃上几粒磺胺片。他们从车站出来，走向码头，一个健康的小男孩在中间蹦跳着，左手牵着父亲，右手牵着母亲。[59] 他们的担心过去了。

注释

本章引语:《洛丽塔:剧本》(纽约:麦格劳-希尔,1976),页10—11。

[1]《三季》17期(1970年冬),页215。

[2]《三季》17期(1970年冬),页219;《坚决的意见》,页292。

[3]《坚决的意见》,页86;阿佩尔,《〈洛丽塔〉注释本》,页404。

[4] 纳博科夫致维什尼亚克,1939年2月10日,斯坦福大学胡佛研究所;博伊德采访薇拉·纳博科娃,1981年12月;博伊德采访伊丽娜·科马罗弗,1983年3月;格奥尔吉·赫森致纳博科夫,1951年11月30日,蒙特勒纳博科夫档案。

[5] 纳博科夫致济娜伊达·沙霍夫斯卡娅,[1939年1月29日],国会图书馆沙霍夫斯科依档案。

[6] 纳博科夫致卡冈,1938年10月6日,12月19日,阿尔达诺夫致纳博科夫,1941年4月14日,哥伦比亚大学巴赫梅捷夫档案馆。

[7] 手稿,国会图书馆纳博科夫档案。

[8] 罗斯托夫采夫,1939年3月14日,国会图书馆纳博科夫档案。

[9] 纳博科夫以别尔嘉耶夫的名义起草的书信,1939年4月2日,以蒲宁的名义起草的书信,1939年4月1日,《1940—1977年书信选》,页30;蒲宁致纳博科夫,1939年4月3日,蒙特勒纳博科夫档案。

[10] 纳博科夫致格列布·司徒卢威,1939年3月14日,斯坦福大学胡佛研究所。

[11] 纳博科夫致格列布·司徒卢威,1939年3月17日,斯坦福大学胡佛研究所。

[12] E.霍费尔德致纳博科夫,1939年3月31日,4月12日,纳博科夫致薇拉·纳博科娃,1939年4月3日,蒙特勒纳博科夫档案;《纽约昆虫学会杂志》,1941年9月,页266;《最新消息》,1939年3月26日;格列布·司徒卢威致纳博科夫,1946年4月2日,1947年6月20日,蒙特勒纳博科夫档案;L. P.哈特利致格列布·司徒卢威,1939年4月20日,斯坦福大学胡佛研究所;B.莫阿特·琼斯致纳博科夫,1939年5月1日,国会图书馆纳博科夫档案。

［13］《说吧，记忆》，页258；博伊德采访薇拉·纳博科娃，1981年12月。

［14］《说吧，记忆》，页66；费尔得，《纳博科夫：部分生平》，页86。

［15］维纳韦尔致纳博科夫，1939年4月22日，蒙特勒纳博科夫档案。

［16］纳博科夫致格列布·司徒卢威，1939年5月30日，斯坦福大学胡佛研究所；博伊德采访弗朗西斯·哈斯克尔，1983年3月。

［17］卡尔波维奇致纳博科夫，1939年6月3日，蒙特勒纳博科夫档案；纳博科夫致卡尔波维奇，1939年6月15日，哥伦比亚大学巴赫梅捷夫档案馆。

［18］《论霍达谢维奇》，《当代纪事》69期（1939）；纳博科夫译，西蒙·卡尔林斯基和阿佩尔编，《三季》27期（1973年春），重印标题改为《流亡的凄风苦雨》（伊文斯顿，伊利诺伊：西北大学出版社，1973），并见于《坚决的意见》；约翰·马尔姆斯塔德，《来自V. F. 霍达谢维奇的书信》，《从前》3期（1987），页279。费尔得在描述霍达谢维奇的葬礼时，说纳博科夫突然向他和霍达谢维奇的仇人尼古拉·奥楚普扑过去，后被惊呆的吊唁者拉开。（《VN：弗·纳博科夫的生活与艺术》，页186）可根据《最新消息》，奥楚普根本没有出席葬礼，尽管名单上列了许多不太知名的人。

［19］《说吧，记忆》，页306；纳博科夫致别尔别罗娃，1939年6月，耶鲁大学拜内克图书馆；博伊德采访薇拉·纳博科娃，1981年12月，1982年4月。

［20］利亚尔斯卡娅，《我所爱的俄国》，前言。

［21］杰拉德·史密斯指出了音韵方面的伪装，见《纳博科夫与俄语诗歌形式》，《俄国文学三季刊》24期（1990）。

［22］阿达莫维奇，《最新消息》，1939年8月17日。有关纳博科夫对背景的描述，参见《〈毁灭的暴君〉及其他》，页204—206；《诗与棋题》，页95；《最后的证据》未发表的章节，国会图书馆纳博科夫档案。

［23］发表于《最新消息》，1939年9月12日；重印，《菲雅尔塔的春天》；德米特里·纳博科夫和纳博科夫译，《〈毁灭的暴君〉及其他》。

［24］《最新消息》，1939年9月22日；《〈毁灭的暴君〉及其他》，

页 206。

［25］博伊德采访薇拉·纳博科娃，1981 年 12 月，1985 年 1 月。

［26］博伊德采访薇拉·纳博科娃，1981 年 12 月；《大西洋月刊》和《绅士》来信，1939 年 10 月、11 月，国会图书馆纳博科夫档案；H. 威尔逊·哈里斯，《旁观者》，致赫塞尔·提尔特曼太太，1939 年 10 月 12 日，蒙特勒纳博科夫档案。

［27］1973 年 2 月 20 日纳博科夫致费尔得笔记未刊稿；参见费尔得，《纳博科夫：部分生平》，页 218；《纳博科夫—威尔逊通信集》，页 126。

［28］阿尔达诺夫致 A. A. 戈登魏泽，1940 年 8 月 1 日，哥伦比亚大学巴赫梅捷夫档案馆；《坚决的意见》，页 127。

［29］伊丽莎白·基扬准采夫致伊丽娜·科马罗弗，1939 年 12 月 18 日，国会图书馆沙霍夫斯科依档案。

［30］博伊德采访伊丽莎白·马里内尔-阿兰，1983 年 3 月。

［31］马里内尔-阿兰的访谈。

［32］纳博科夫致马克·维什尼亚克，1939 年 9 月 30 日，斯坦福大学胡佛研究所；《坚决的意见》，页 15；纳博科夫日记，1969 年 12 月 3 日；《洛丽塔》，页 313。

［33］《解放》，1986 年 8 月 31 日，页 27。

［34］手稿，蒙特勒纳博科夫档案。发表时是法文，吉勒·巴伯代特译自德米特里·纳博科夫的英译本，巴黎：岸，1986，后以英文形式发表，德米特里·纳博科夫译，纽约：普特南，1986。

［35］《洛丽塔》，页 314；俄文《洛丽塔》，页 290；马里内尔-阿兰的访谈；亚伯拉姆·卡冈致纳博科夫，日期未注明，国会图书馆纳博科夫档案。

［36］纳博科夫致多布任斯基，1939 年 10 月 31 日，哥伦比亚大学巴赫梅捷夫档案馆；致亚历山德拉·托尔斯泰，致库谢维茨基，1939 年 11 月 10 日，库谢维茨基收藏，音乐部，国会图书馆；致卡尔波维奇，1939 年 10 月 10 日，哥伦比亚大学巴赫梅捷夫档案馆；索罗金推荐信，1939 年 11 月 16 日，国会图书馆纳博科夫档案。

［37］象棋手稿，蒙特勒纳博科夫档案；《说吧，记忆》，页 291—292。

［38］博伊德采访薇拉·纳博科娃,1982 年 6 月,1985 年 1 月;1973 年 2 月20 日纳博科夫致费尔得笔记未刊稿。

［39］伊丽莎白·基扬准采夫致伊丽娜·科马罗弗,1938 年 12 月 16 日;博伊德采访薇拉·纳博科娃,1985 年 1 月。

［40］马里内尔-阿兰的访谈。

［41］别尔别罗娃,《我的着重号》,页 324。

［42］马里内尔-阿兰的访谈。

［43］手稿,国会图书馆纳博科夫档案。

［44］《水妖》,《新杂志》2 期(1942)。

［45］发表于《新杂志》1 期(1942);重印,《菲雅尔塔的春天》;德米特里·纳博科夫和纳博科夫译,《纽约客》,1973 年 4 月 7 日;重印,《〈俄国佳丽〉及其他》。

［46］《〈俄国佳丽〉及其他》,页 147。

［47］发表于《当代纪事》70 期(1940 年 4 月);德米特里·纳博科夫和纳博科夫译,《三季》27 期(1973 年春);重印,《〈俄国佳丽〉及其他》。

［48］《〈俄国佳丽〉及其他》,页 148。

［49］纳博科夫致卡尔波维奇,1940 年 4 月 20 日,哥伦比亚大学巴赫梅捷夫档案馆。

［50］参见费尔得,《VN:弗·纳博科夫的生活与艺术》,页 197;纳博科夫致马里内尔姐妹,1942 年 4 月 26 日,私人收藏。

［51］1973 年 2 月 20 日纳博科夫致费尔得笔记未刊稿;薇拉·纳博科娃致 A. A. 戈登魏泽,1957 年 7 月 4 日,哥伦比亚大学巴赫梅捷夫档案馆。

［52］《坚决的意见》,页 5;罗伯特·休斯采访纳博科夫,1965 年 9 月,蒙特勒纳博科夫档案打印稿;讲稿笔记,蒙特勒纳博科夫档案;纳博科夫致卡尔波维奇,1940 年 4 月 20 日。

［53］博伊德采访德米特里·纳博科夫,1981 年 12 月。

［54］国家流亡事务部致库谢维茨基,1940 年 4 月 24 日,库谢维茨基收藏,音乐部,国会图书馆;1973 年 2 月 20 日纳博科夫致费尔得笔记未刊稿;马里内尔-阿兰的访谈;费尔得,《VN:弗·纳博科夫的生活与艺术》,

页 195;博伊德采访薇拉·纳博科娃,1986 年 12 月。

[55] 尼古拉·阿尔采访纳博科夫,《新俄罗斯语言》,1940 年 6 月 23 日;费尔得,《纳博科夫:部分生平》,页 227—228;1973 年 2 月 20 日纳博科夫致费尔得笔记未刊稿。

[56] 纳博科夫致娜塔莉·西蒙,1946 年 9 月 25 日,蒙特勒纳博科夫档案;博伊德采访薇拉·纳博科娃,1982 年 2 月。

[57] 博伊德采访伊丽莎白·马里内尔-阿兰,1983 年 3 月;采访薇拉·纳博科娃,1985 年 1 月。

[58] 尼古拉·阿尔采访纳博科夫,《新俄罗斯语言》,1940 年 6 月 23 日;德米特里·纳博科夫译,《魔法师》,页 103。

[59]《说吧,记忆》,页 309—310;博伊德采访薇拉·纳博科娃,1981 年 12 月,1985 年 1 月;薇拉·纳博科娃致 A. A. 戈登魏泽,1957 年 12 月 28 日,哥伦比亚大学巴赫梅捷夫档案馆。

致 谢

这部传记既非官方认可，也非私人委托，但如果没有薇拉·纳博科娃的宽宏大度，我的调查研究工作将无法展开，写作活动也就无法进行。她允许我阅览蒙特勒及国会图书馆收藏的有关她丈夫的各种文献，不厌其烦地接受我无数次的采访，并信任我独立自主地开展工作。作为回报，我把所写的一切内容都让她过目，她对我著作的每个部分和写作的几个阶段有关文体风格、事实及阐释等问题都发表了认真细致的看法，这些我都有详细记录。我们有时会有一些不同的看法，有时争执会非常激烈，但这丝毫没有影响我的写作自由，我能够立足于材料自身来铺陈自己的观点。 525

德米特里·纳博科夫不断努力地协调我对信息的需要和他在捍卫父母本能地保护隐私方面的强烈欲望。虽然他对出于浅薄无知而否定他父亲的任何行为公开表示敌意，但他尊重我的独立性，捍卫我的权利，允许我对纳博科夫的作品做出独立的判断，尽管有时这些评判很苛刻。

纳博科夫的妹妹叶连娜·西科尔斯卡娅如今住在日内瓦，她总是热心地将她和她哥哥知道的有关过去的情况告诉我，并将她从广泛的苏联人际网络中获得的信息告诉我。纳博科夫在布鲁塞尔的堂弟谢尔盖·纳博科夫将他所知道的纳博科夫族谱的所有情况都告诉了我。谢尔盖·纳博科夫、叶连娜·西科尔斯卡娅和德米特里·纳博科夫也在细节问题上对我著作中的许多部分发表了看法，他们对家庭背景、1910—1920 年代以及四十年代以后的情况非常熟悉。

我还要感谢下列人员，他们让我分享他们对纳博科夫的回忆，一直与我保持联系，提供种种文献，其中许多都异常珍贵。

美国方面：Meyer H. and Ruth Abrams, Ithaca, N. Y. ; Robert M. Adams, Santa Fe; Vladimir Alexandrov, New Haven; the late Elizaveta Marinel-Allan, New York; Robert Alter, Berkeley; Samuel Anderson, Lawrence, Kans. ; Svetlana Andrault de Langeron, St. Petersburg, Fla. ; Alfred and Nina Appel, Evanston, Ill. ; Marina Astman, New York; Gennady Barabtarlo, Columbia, Mo. ; Natalia Barosin, New York; Nina Berberova, Princeton; Sylvia Berkman, Cambridge, Mass. ; Alison Bishop, Ithaca, N. Y. ; Max Black, Ithaca, N. Y. ; Alexander Brailow, Keuka Park, N. Y. ; Clarence Brown, Princeton; F. Martin Brown, Colorado Springs; Matthew J. Bruccoli, Columbia, S. C. ; Richard M. Buxbaum,
526 Berkeley; Frank Carpenter, Cambridge, Mass. ; Phyllis and Kenneth Christiansen, Grinnell, Ia. ; Milton Cowan, Ithaca, N. Y. ; Lucia Davidova, New York; Jean-Jacques Demorest, Tucson; Jason Epstein, New York; Ephim Fogel, Ithaca, N. Y. ; J. Vail Foy, Moscow, Ida. ; John G. Franclemont, Ithaca, N. Y. ; Hannah French, Rye, N. H. ; Orval and Helen French, Ithaca, N. Y. ; Herbert J. Gold, San Francisco; Hannah

Green, New York; Albert J. Guerard, Palo Alto; Claudio Guillén, Cambridge, Mass. ; Lillian Habinowski, Cambridge, Mass. ; John Hagopian, Binghamton, N. Y. ; Joel Hedgpeth, Santa Rosa, Calif. ; T. C. Heine, Jr. , Waverley, Ia. ; Frederic W. Hills, New York; Glenn Horowitz, New York; Marjorie Horowitz, Montclair, N. J. ; the late Archbishop Ioann, Santa Barbara; the late George Ivask, Amherst, Mass. ; Augusta Jaryc, Ithaca, N. Y. ; D. Barton Johnson, Santa Barbara; Alison Jolly, New York; Michael Juliar, Highland Park, N. J. ; H. Peter Kahn, Ithaca, N. Y. ; Simon Karlinsky, Berkeley; Sergey Karpovich, Washington, D. C. ; Edward Kasinec, Berkeley; Wilma Kerby-Miller, Palo Alto; Alexander B. Klots, Putnam, Conn. ; James Laughlin, Norfolk, Conn. ; Irving Lazar, Beverly Hills; Harry and Elena Levin, Cambridge, Mass. ; Beverly Jane Loo, New York; Peter Lubin, Cambridge, Mass. ; James McConkey, Ithaca, N. Y. ; Robert McGuire, New York; William and Paula McGuire, Princeton; Beatrice McLeod, Ithaca, N. Y. ; John Malmstad, Cambridge, Mass. ; Sidney Smith Marshall, West Chester, Pa. ; William Maxwell, New York; Arthur and Rosemary Mizener, Ithaca, N. Y. ; the late Nathalie Nabokov, New York; Stephen Jan and Marie-Luce Parker, Lawrence, Kan. ; Katherine Reese Peebles, Boston; Ellendea and the late Carl R. Proffer, Ann Arbor, Mich. ; Mark Raeff, New York; Charles Remington, New Haven; Roger Sale, Seattle; May Sarton, York, Me. ; Michael Scammell, Ithaca, N. Y. ; Arthur M. Schlesinger, Jr. , New York; R. Lauriston and Ruth Sharp, Ithaca, N. Y. ; Don Stallings, Caldwell, Kan. ; Isabel Stephens, Woodstock, Vt. ; Leon Stilman, St. Petersburg, Fla. ; Mary and the late Gleb Struve, Berkeley; Ronald Sukenick,

Boulder, Colo. ; Susan Summer, New York; the late Marc Szeftel, Seattle; Frank Taylor, New York; Elizabeth Trahan, Monterey, Calif. ; Aileen Ward, New York; Edward Weeks, Boston; Ross Wetzsteon, New York; the late E. B. White, North Brooklyn, Me. ; Ella Keats Whiting, Bedford, Mass. ; Ronald S. Wilkinson, Washington, D. C. ; Bart Winer, New York; Sandra Wittow, Englewood, Colorado.

法国方面:the late Alexandre Bacherac, Paris; Evgenia and René Cannac, Paris; Philippe Delamare, Saints; Vera Kliatchkine, Paris; Irina Komaroff, Paris; E. A. Lijine, Paris; the late Mary McCarthy, Paris; Tatiana Morozoff, Paris; Ivan and Claude Nabokoff, Paris; Mme Jean Paulhan, Paris; Frederic Raphael, St. Laurent-La-Vallée; Alain Robbe-Grillet, Paris; Louba Schirman, Paris; Zinaida Shakhovskaya, Paris; Maria Vereshchagina, Paris; Edmund White, Paris.

527 瑞士方面:Carlo Barozzi, Montreux; Jacqueline Callier, La Tour-de-Peilz; the late Louise Fürrer, Territet; Pierre Goeldlin de Tiefenau, Lausanne; the late Martin and Margaret Newstead, Fontanivent; Heinrich-Maria and Jane Ledig-Rowohlt, Vaud; Peter Ustinov, Vaud.

英国方面: Julian Barnes, London; Sir Isaiah Berlin, Oxford; Michele Field, London; Francis Haskell, Oxford; Jarmila Hickman, Oldham; Michael Ignatieff, London ; W. F. Madelung, Oxford; Tamara Talbot-Rice, Fossebridge; George, Lord Weidenfeld, London.

俄罗斯方面: Anatoly Alexeev, Evgeny Belodubrovsky, Alexander Dolinin, St. Petersburg; Tatiana Gagen, Moscow; Galya Lapina, St. Petersburg; Evgeny Shikhovtsev, Kostroma; Natalia Styopin and Sergey Task, Moscow; Natalia Tolstoy, Leningrad; Oleg Volkov, Moscow.

加拿大方面：Patricia Brückmann，Toronto；John Melby，Guelph；and Elizabeth Lonsdale Webster，Toronto；西班牙方面：Hélène Jakovlev，Tarragona；德国方面：Dieter E. Zimmer，Hamburg；Sergey Kaplan，überlingen；芬兰方面：Pekka Tammi，Helsinki；爱尔兰方面：Jack Sweeney，Corofin；新西兰方面：Michael Gifkins.

下列档案馆、图书馆和博物馆的收藏部及工作人员对我的帮助难以言表：

Auckland Public Library；Bayerische Staatsbibliothek，Munich；Bibliothè-que de documentation internationale contemporaine，Paris-Nanterre；Bibliothè-que d'études orientales et slaves，Paris；Bibliothèque municipale，Antibes；Bibliothèque municipale，Menton；Bibliothèque nationale，Paris；British Library；Bryn Mawr College Library；Cambridge University Library；Central Historical Archive of Leningrad Province，Leningrad；Central State Archive of Literature and Art，Moscow；Central State Historical Archive，Leningrad；Columbia University Library；Cornell University Library；Deutsche Staatsbibliothek，East Berlin；Dom Plekhanova，Leningrad；Harvard University Libraries（Houghton，Lamont，Widener）；Helsinki University Library；Hoover Institute；Humanities Research Center，University of Texas at Austin；Institute of Russian Literature（Pushkinskiy Dom），Leningrad；Lenin Library，Moscow；Library of Congress；Musée Cantonal de Zoologie，Lausanne；Museum of Comparative Zoology，Harvard；Preussischer Kulturbesitzunginstitut，Berlin；Princeton University Library；Rozhdestveno Local History Museum；Saltykov-Shchedrin State Public Library，Leningrad；Stanford University Library；Trinity College

Library, Cambridge; Universitni knihovna(Klementinum), Prague; University of Auckland Library; University of California Library, Berkeley; University of Illinois Library, Urbana; University of Lund Library; University of Toronto Library; University of Uppsala Library; Vilis Lãcis State Library, Riga; Washington University Library; Wellesley College Library; Yale University Library; Yalta Local History Museum.

528 我要特别感谢剑桥大学档案馆的 E. S. Leedham-Green 博士,没有他的悉心建议,我将无所适从;我要感谢赫尔辛基大学图书馆的 Eila Tervakko 和斯拉夫部的工作人员,他们随时为我提供帮助,并允许我自由查阅他们出色的收藏;我要感谢哥伦比亚大学图书馆特藏部和手稿部的工作人员,尤其是 Stephen Corrsin, Susan Summer 和 Ellen Scaruffi,他们让我在不断丰富的巴赫梅捷夫档案馆能无所遗漏地查阅文献;我还要感谢列宁格勒省中央历史档案馆的 Natalia Buynyakova,她迅速准确地为我提供了大量文献线索。

新西兰大学研究基金委员会给了我一个克劳德·麦卡锡研究项目,使我得以开始这项研究活动,为此我深表谢忱。奥克兰大学又继续给我资助和时间,使我得以顺利完成,我要表示感谢。我还要特别感谢奥克兰大学英语系,尤其是 Don Smith 和 Terry Sturm 教授,感谢他们一贯的支持和耐心。

许多同仁曾就我手稿中的一些事实及文体风格发表过意见,我要感谢:加州大学伯克利分校的 Simon Karlinsky 教授和密苏里大学的 Gennady Barabtarlo 教授,他们都曾仔细读过我的手稿,并就文学及历史问题慷慨贡献了他们许多原创性的想法。我要感谢巴黎的 Gilles

Barbedette 教授,加州大学圣巴巴拉分校的 D. Barton Johnson 教授,堪萨斯大学的 Stephen Jan Parker 教授,赫尔辛基大学的 Pekka Tammi 博士和汉堡的 Dieter Zimmer,他们通读了全部手稿并作了敏锐的评析。我要感谢奥塔戈大学的 Chris Ackerley 博士,哈佛大学的 John Malmstad 教授,多伦多大学的 Michael Millgate 教授,奥克兰大学的 Michael Neill 副教授和耶鲁大学的 Charles Remington 教授,他们阅读了部分手稿并发表了许多建设性意见。我还要感谢纽约的 Frederic W. Hills,普林斯顿大学出版社的编辑 Robert Brown,Beth Gianfagna,Lois Nesbitt 和 Donald Yelton。我首先要感谢我的第一个读者 Bronwen Nicholson。在计算机方面,我要感谢 David Joel 的慷慨帮助;在打字方面,我要感谢 Bronwyn Joel 和 Bronwen Nicholson。

除了另有说明外,本书所有图片都来自蒙特勒纳博科夫档案。

文献目录

为了撰写这部传记,我把相当多的时间花在了研究纳博科夫已经出版的作品或蒙特勒档案馆收藏的他尚未出版的作品方面。不过,事实证明其他文献也多有关联,需要具体说明。

因此,本目录包括了我在准备《纳博科夫传:俄罗斯时期》和《纳博科夫传:美国时期》时为了解纳博科夫生平或他的先祖生平曾查阅过的所有书面文献,还包括两卷中征引过的所有关于纳博科夫的批评文献。第一部分列出的是我曾查阅过的档案馆、图书馆及博物馆收藏部;第二部分是详尽的期刊;第三部分是跟纳博科夫家族有关的书籍文章,尤其是关于他父亲弗·德·纳博科夫和祖父德米特里·尼古拉耶维奇·纳博科夫的文献;第四部分是纳博科夫的作品目录;第五部分的书籍文章或者与纳博科夫的生平有关,或者涉及他的作品研究引文。

有关纳博科夫著作的标准书目是迈克尔·朱利亚的《弗拉基米尔·纳博科夫:系统书目》(纽约:格兰特,1986),《纳博科夫爱好者》对此每年都有增补。《纳博科夫爱好者》杂志还补充了塞缪尔·舒曼关于纳博科夫研究的书目《弗拉基米尔·纳博科夫:参考书指南》(波士顿:G. K. 哈尔,1979),后者不够全面。由斯蒂芬·扬·帕克编写的新的注释版纳博科夫研究书目即将由格兰特出版社出版,读者亦可参见弗拉基米尔·亚历山大罗夫编辑的《纳博科夫研究指南》(纽约:格兰特,1995)。

缩略语:

Ada	*Ada or Ardor: A Family Chronicle*
Appel and Newman	Alfred Appel, Jr. , and Charles Newman, eds. , *Triquarterly* 17(Winter 1970), Nabokov special issue; repr. as *Nabokov: Criticisms, Reminiscences, Translations and Tributes*.
ColB	Bakhmeteff Archive, Columbia University
DN	Dmitri Vladimirovich Nabokov(son)
EIN	Elena Ivanovna Nabokov(mother)
Gibian and Parker	George Gibian and Stephen Jan Parker, eds. *The Achievement of Vladimir Nabokov.*
KDN	Konstantin Dmitrievich Nabokov
MUSSR	*The Man from the USSR and Other Plays*
LCNA	Nabokov Archives, LC
NRS	*Novoe russkoe slovo*
NWL	*The Nabokov-Wilson Letters*
NYRB	*New York Review of Books*
NYTBR	*New York Times Book Review*
NZ	*Novyy zhurnal*
Quennell	Peter Quennell, ed. *Vladimir Nabokov: A Tribute.*
Rivers and Nicol	Rivers, J. E. , and Charles Nicol, eds. *Nabokov's Fifth Arc: Nabokov and Others on His Life's Work.*

SL	*Selected Letters, 1940-1977,* ed. DN and Matthew J. Bruccoli.
SO	*Strong Opinions*
SZ	*Sovremennye zapiski*
TLS	*Times Liberary Supplement*
VDN	Vladimir Dmitrievich Nabokov(father)
VéN	Véra Nabokov(wife)
VN	Vladimir Nabokov
VNA	Vladimir Nabokov Archives, Montreux

Ⅰ. *ARCHIVAL, LIBRARY, AND MUSEUM COLLECTIONS*

ACADEMY OF SCIENCES LIBRARY, LENINGRAD

Yunaya mysl' (Tenishev school magazine).

AMERICAN MUSEUM OF NATURAL HISTORY

Cyril Dos Passos Collection. VN letters.

BRYN MAWR COLLEGE LIBRARY

Katharine A. White Collection. VN letters; TS of unpublished chapter of *Conclusive Evidence.*

CAMBRIDGE UNIVERSITY

Cambridge University Archives
Council, examination, lodging-house, matriculation, and tutorial records.

Trinity College Archives
Admissions records; Magpie and Stump Debating Society records.

CENTRAL STATE ARCHIVE OF LITERATURE AND ART, MOSCOW

Aykhenvald Collection. VN letter to Yuli Aykhenvald.
Dioneo Collection. VDN letters to Dioneo.
Makeev Collection. VN letters to Makeev.
L. F. Panteleev Collection. VDN letters.
Rech' Collection. Galleys and proofs of VN's *Stikhi* (1916).

CENTRAL STATE ARCHIVE OF THE OCTOBER REVOLUTION, LENINGRAD

Tenishev School Collection. Fund 2811. Class list.

Central State Historical Archive, Leningrad

Mikhail Chubinsky Collection. VDN letters.

Central State Historical Archive of the City of Leningrad

Imperial School of Jurisprudence Collection. Fund 355. Materials relating to V. D. Nabokov's employment.

Office of the City Governor of St. Petersburg Collection. Fund 569.

Office of the Governor-General of St. Petersburg Province Collection. Fund 253.

Petrograd Ecclesiastical Consistory Collection. Fund 19. Records of VN's birth and christening.

St. Petersburg Land Tenure Commission Collection. Fund 297.

St. Petersburg City Council Collection. Fund 513.

St. Petersburg Nobility Collection. Fund 536.

Tenishev School Collection. Fund 176. Marks and comments on pupils, timetables, etc.

Columbia University Library

Bakhmeteff Archive

Mark Aldanov Collection. Klaus Mann, Nicolas Nabokov, VN, VéN, and Edmund Wilson letters.

Avgusta Damanskaya Collection. VDN letters.

Mstislav Dobuzhinsky Collection. Dobuzhinsky and VN letters.

Alexis Goldenweiser Collection. Goldenweiser, VN, and VéN letters.

Roman Grynberg Collection. Grynberg, VN, and Edmund Wilson letters.

Abram Kagan Collection. VN letters.

Mikhail Karpovich Collection. VN and VéN letters.

Manfred Kridl Collection. VN letter.

Herbert Machiz Collection. VéN letter.

Paul Milyukov Collection. VDN letters.

Dmitri Dmitrievich Nabokov Collection. Family documents.

Vladimir Nabokov Collection. Manuscript of"Pamyati Amalii Osipovny Fondaminskoy."

Sofia Panina Collection. Nikolay Astrov memoir of VDN; VDN letters to Ivan Petrunkevich.

Sergey Potresov Collection. VN letter.

Fyodor Rodichev Collection. EIN letters.

Russian National Committee Collection. KDN letters.

Evgeny Sablin Collection. VN letters.

Ariadna Tyrkova-Williams Collection. KDN and VDN letters.

Union of Russian Journalists and Writers in Paris Collection. VN receipts.

George Vernadsky Collection. VN letters to Mikhail Rostovtzeff and Vernadsky.

Avrahm Yarmolinsky Collection. VN letters.
Vladimir Zenzinov. VéN letters, VN letters, and lecture TS.

Other
Random House Collection. VN letters; reader's report on early version of *Bend Sinister.*
Lionel Trilling Collection. VN letters.

CORNELL UNIVERSITY

Comstock Hall
VN lepidoptera collection.

Olin Library
Morris Bishop Collection. VN limerick.
William Forbes Collection. VN letters.
Proceedings of Board of Trustees.
E. B. White Collection. VN letters.

Romance Studies Department
Archives.

HARVARD UNIVERSITY

Houghton Library
Vladimir Nabokov Collection. VN letter to William James; VN note on *Madame Bovary;* TS of"Lines Written in Oregon."

Lamont Library
Poetry Room. VN tapes.

Museum of Comparative Zoology
Cambridge Entomological Club Minutes.
VN lepidoptera collection.

Slavic Department
Letters and other materials relating to VN's course at Harvard, 1951-1952.

INSTITUTE OF RUSSIAN LITERATURE AND ART (PUSHKINSKIY DOM), LENINGRAD

K. K. Arsen'ev Collection. VDN letters.
E. P. Karpov Collection. VDN letter.
A. F. Koni Collection. VDN letters.
Russkaya mysl' Collection. VDN letter.

M. V. Vatson Collection. VDN letter.

LIBRARY OF CONGRESS

Manuscript Division

Bollingen Collection. Materials relating to VN's *Eugene Onegin.*

Vladimir Nabokov Collection. Substantial collection of VN MSS and letters. Restricted.

Vladimir Nabokov Correspondence File. VN's correspondence with library over deposit of his papers.

Vozdushnye puti Collection. VéN MS notes.

Zinaida Shakhovskoy Collection. VN letters.

Music Division

Sergey Koussevitzky Collection. VN letters.

Sergey Rachmaninoff Collection. VN letters and TS.

NATIONAL LIBRARY OF IRELAND

James Joyce-Paul Léon Papers. VN letters.

NEW YORK PUBLIC LIBRARY

Berg Collection.

Andrew Field Archive.

Vladimir Nabokov Archive. VN's early (1915-28) and late (mid-1960s on) MSS; principal collection of his correspondence, diairies, etc. (1919 on); VDN documents (1890-1922). Partially restricted.

PRINCETON UNIVERSITY

Firestone Library

Allen Tate Collection. VN letters.

ROZHDESTVENO KRAEVEDCHESKIY MUZEY

Photographs of the Nabokov family and estates.

SALTYKOV-SHCHEDRIN STATE PUBLIC LIBRARY, LENINGRAD

Tenishev school handbooks.

Yunaya mysl' (Tenishev school magazine).

Manuscript Division

N. S. Tagantsev Collection. VDN letters.

P. L. Vaksel Collection. VDN letters.

Fund 1000. V. A. Ratkov-Rozhnov memoirs. On Dmitri Nikolaevich Nabokov.

Plekhanov House
P. B. Struve Collection. VDN letters.

STANFORD UNIVERSITY

Hoover Institution
Constitutional Democratic Party Collection. Records of émigré activity.
Crimean Regional Government Collection. Minutes and memoir.
Boris Nicolaevsky Collection. VDN letters; VN letters to Nina Berberova.
Russian Review Collection. Dmitri Mohrenschildt letter to VN.
Gleb Struve Collection. VéN letters and VN letters and MSS.
Mark Vishnyak Collection. VéN and VN letters.

UNIVERSITY OF CONNECTICUT LIBRARY

Alexander B. Klots Papers. VN letters.

UNIVERSITY OF ILLINOIS LIBRARY, URBANA

Philip Mosely Collection. VN letters.
Sophia Pregel-Brynner Collection. VéN letter.
Vadim Rudnev Collection. VN letters.

UNIVERSITÉ DE LAUSANNE

Musée cantonal zoologique. VN lepidoptera collection.

UNIVERSITY OF TEXAS, AUSTIN

Harry Ransom Humanities Research Center
Jason Epstein Collection. VéN and VN letters.
Harper's Collection. VN letters.
Edward Weeks Collection. VéN and VN letters.

WELLESLEY COLLEGE ARCHIVES

Administrative reports, VN biographical file, oral history interviews with VN associates.

YALE UNIVERSITY

Beinecke Rare Book and Manuscript Library
Nina Berberova Collection. VN letters to Khodasevich.
Vladimir Nabokov Collection. *Ada* TS.
Edmund Wilson Collection. Nabokov letters to Wilson.

Ⅱ. PERIODICALS

Arkhiv russkoy revolyutsii. Berlin. Emigré journal.
Atlantic Monthly. Boston. Monthly.
Berliner Adressbuch. Berlin. Annual.
Beseda. Berlin. Emigré journal.
Blagonamerennyy. Brussels. Emigré journal.
Cambridge Review. Cambridge, England. Weekly.
Cambridge University Reporter. Cambridge, England. Irregular.
Chisla. Paris. Emigré journal.
Cornell Alumni News. Ithaca, N. Y. Monthly.
Cornell Daily Sun. Ithaca, N. Y. Daily.
The Cornellian. Ithaca, N. Y. Annual.
Cornell Reports. Ithaca, N. Y. Quarterly.
Dni. Berlin, then Paris. Emigré daily, then weekly.
Encounter. London. Monthly.
Esquire. Chicago. Monthly.
Ezhegodnik gazety Rech'. St. Petersburg. Annual.
Golos emigranta. Berlin. Emigré journal.
Golos minuvshego na chuzhoy storone. Paris. Emigré journal.
Golos Rossii. Berlin. Emigré daily.
Grani. Berlin. Emigré journal.
Grani. Frankfurt. Postwar émigré quarterly.
The Granta. Cambridge, England. Weekly.
Gryadushchaya Rossiya. Paris. Emigré journal.
The Harvard Crimson. Cambridge, Mass. Daily.
Illyustrirovannaya Rossiya. Paris. Emigré weekly.
Illyustrirovannaya zhizn'. Paris. Emigré weekly.
Istorik i sovremennik. Berlin. Emigré journal.
Izvestia S. -Peterburgskoy gorodskoy dumy. St. Petersburg.
Knizhnyy ukazatel'. Prague. Emigré monthly.
Kontinent. Paris. Emigré quarterly, 1974-
The Last Word. Wellesley, Mass. Monthly.
Legenda. Wellesley, Mass. Annual.
Lepidoperists' Society News. New Haven, Conn. Irregular.
Mech'. Warsaw. Emigré weekly.
Minuvshee. Paris. Journal.
Mosty. Munich. Postwar émigré journal.
Museum of Comparative Zoology. Annual Report. Cambridge, Mass. Annual.
Nabokovian. Lawrence, Kans. Semi-annually.
Na chuzhoy storone. Berlin, then Prague. Emigré journal.
Nakanune. Berlin. Pro-Soviet émigré daily, then weekly.

Nash mir. Berlin. Emigré weekly.
Nash vek. Berlin. Emigré weekly.
New Republic. New York. Weekly.
New Russia. London. Weekly.
New Yorker. New York. Weekly.
New York Review of Books. New York. Semi-monthly.
New York Sun. New York. Daily.
New York Times. New York. Daily.
Nov'. Tallinn. Emigré journal.
Novaya gazeta. Paris. Emigré weekly.
Novaya russkaya kniga. Berlin. Emigré monthly.
Novoe russkoe slovo. New York. Emigré daily.
Novoe slovo. Berlin. Pro-Nazi émigré weekly.
Novoe vremya. St. Petersburg. Daily.
Novyy grad. Paris. Emigré journal.
Novyy korabl'. Paris. Emigré journal.
Novyy zhurnal. New York. Postwar émigré journal.
Obshchee delo. Paris. Emigré daily.
Opyty. New York. Postwar émigré journal.
Partisan Review. New York. Monthly.
Perezvony. Riga. Emigré journal.
Playboy. Chicago. Monthly.
Poslednie novosti. Paris. Emigré daily.
Pravo. St. Petersburg. Weekly.
The Problemist. London. Bi-monthly.
Psyche. Boston. Lepidopterological quarterly.
Rech'. St. Petersburg. Daily.
Rossia. Paris. Emigré weekly.
Rossiya i slavyanstvo. Paris. Emigré weekly.
Rul'. Berlin. Emigré daily.
The Russian. London. Weekly.
Russkaya kniga. Berlin. Emigré monthly.
Russkaya mysl'. Moscow. Prerevolutionary monthly.
Russkaya mysl'. Sofia, then Prague, then Paris. Emigré monthly.
Russkaya mysl'. Paris. Postwar émigré weekly.
Russkaya zarubezhnaya kniga. Prague. Emigré journal.
Russkie vedomosti. Moscow. Prerevolutionary daily.
Russkie zapiski. Paris. Emigré journal.
Russkiy v Anglii. London. Emigré semi-monthly.
Russkoe ekho. Berlin. Emigré weekly.
Sankt-peterburgskie vedomosti. St. Petersburg. Daily.
Segodnya. Riga. Emigré daily.
Sem' dney v illyustratsiyakh. Paris. Emigré weekly.
Sovremennye zapiski. Paris. Emigré journal.

Spalding's Cambridge Directory. Cambridge, England. Annual.
Spolokhi. Berlin. Emigré monthly.
Stanford University Bulletin. Stanford. Quarterly.
Stolitsa i usad'ba. St. Petersburg. Semi-monthly.
Students' Hand Book. Wellesley, Mass. Annual.
Students' Handbook. Cambridge, England. Annual.
Teatr i zhizn'. Berlin. Emigré semi-monthly.
Time. New York. Weekly.
Vereteno. Berlin. Emigré journal.
Veretyonysh. Berlin. Emigré journal.
Versty. Paris. Emigré journal.
Ves' Peterburg. St. Petersburg. Annual.
Vestnik Evropy. St. Petersburg. Monthly.
Vestnik partii narodnoy svobody. St. Petersburg. Weekly.
Vestnik prava. St. Petersburg. Monthly.
Vladimir Nabokov Research Newsletter. See *Nabokovian.*
Volya Rossii. Prague. Emigré weekly, then journal.
Vozdushnye puti. New York. Postwar émigré journal.
Vozrozhdenie. Paris. Emigré daily.
Vozrozhdenie. Paris. Postwar émigré monthly.
Vremennik obshchestva druzey russkoy knigi. Paris. Emigré journal.
Vremya. Berlin. Emigré weekly.
We. Wellesley, Mass. Monthly.
Wellesley Alumnae Magazine. Wellesley, Mass. Quarterly.
Wellesley College Bulletin. Wellesley, Mass. Quarterly.
Wellesley College News. Wellesley, Mass. Weekly.
Yaltinskiy golos. Yalta. 1918. Daily.
Yunaya mysl'. St. Petersburg. Irregular.
Zhar-ptitsa. Berlin, then Paris. Emigré journal.
Zhurnal ugolovnogo prava i protsessa. St. Petersburg. Quarterly.
Zveno. Paris. Emigré weekly, then monthly.

III. THE NABOKOV FAMILY

Adresnaya kniga goroda S. Peterburga na 1895 *g.* St. Petersburg, 1895.
Al'manakh sovremennykh russkikh gosudarstvennykh deyateley. St. Petersburg: Goldberg, 1897.
Armstrong, Terence. Letter to Editor. "Nabokov." *TLS,* October 21, 1977, 1239.
Aronson, Grigory. *Rossiya nakanune revolyutsii.* New York, 1962.
Arseniev, K. K. *Za chetvert' veka, 1871-1894.* Petrograd, 1915.
Astrov, Nikolay. "V. D. Nabokov." Unpublished lecture, March 28, 1932. Panina Collection, ColB.
Baddeley, John F. *Russia in the "Eighties": Sport and Politics.* London: Long-

mans, Green, 1921.

Barabtarlo, Gennady. "Vladimir Nabokov and Capital Punishment." *The Nabokovian*, 25 (1990), 50-62.

Baedeker, Karl. *La Russie: Manuel du voyageur*. Leipzig: Karl Baedeker, 1897.

——. *Russland: Handbuch für Reisende*. Leipzig: Karl Baedeker, 1901.

Belchikov, N. F. *Dostoevsky v protsesse Petrashevtsev*. Moscow: Nauka, 1971.

Bensman, Stephen J. "The Constitutional Ideas of the Russian Liberation Movement: The Struggle for Human Rights during the Revolution of 1905." Ph. D. diss., University of Wisconsin, Madison, 1977.

Bogdanov, Nikolay. "Krymskoe kraevoe pravitel'stvo." Unpublished memoir. Hoover.

Brinkley, George. *The Volunteer Army and Allied Intervention in South Russia,* 1917-1921. Notre Dame: University of Notre Dame Press, 1966.

Broitman, L. I., E. Krasnova and A. L. Petrov. *Dom Nabokovykh*. St. Petersburg: Fond Nabokova, 1994.

Browden, Robert Paul, and Alexander Kerensky, eds. *The Russian Provisional Government, 1917: Documents*. Stanford: Stanford University Press, 1961.

Davydov, Aleksandr. *Vospominaniya*. Paris, 1982.

Demidov, I. "Blagorodnoe sertse." *Poslednie novosti,* March 30, 1922, 2.

Deutsch [Deich], Leo. *Sixteen Years in Siberia: Some Experiences of a Russian Revolutionist*. Trans. Helen Chisholm. 1903; repr. Westport, Conn.: Hyperion, 1977.

Dolgorukov, K. Paul. "K kharakteristike V. D. Nabokova." *Russkaya mysl'* 6-7 (1922): 268-72.

Dostoevsky, Fyodor. *Pis'ma*. Ed. A. S. Dolinin. 4 vols. Moscow and Leningrad, 1928.

Dvoryanstvo i krepostnoy stroy v Rossii. Moscow: Nauka, 1975.

Feoktistov, Evgeny. *Vospominania E. M. Feoktistova: Za kulisami politiki i literatury,* 1848-1896. Ed. Y. Oksman. Leningrad: Priboy, 1929.

Ferrand, Jacques, and Sergey S. Nabokov. *Les Nabokov: Essai généalogique*. Paris, 1982.

"Fond imeni V. D. Nabokova." *Russkaya mysl'* 8-12 (1922): 271-72.

Frank, Joseph. *Dostoevsky: The Years of Ordeal,* 1850-1859. Princeton: Princeton University Press, 1983.

Fuks, Viktor. *Sud i politsiya*. 2 vols. Moscow: Universitetskaya tipografiya, 1889.

Ganfman, M. L. "V. D. Nabokov." *Rul',* March 30, 1922, 1.

Gertsen, A. I. *Sobranie sochineniy v 30 tomakh*. Moscow: Akademiya Nauk, 1959.

Gronsky, P. P. "Borets za pravo." *Poslednie novosti,* March 30, 1922, 2.

Gruzenberg, O. O. "Moya pamyatka o V. D. Nabokove." *Rul',* April 2, 1922, 1.

——. *Vchera: Vospominaniya*. Paris: Dom knigi, 1938.

Healy, Ann Erickson. *The Russian Aristocracy in Crisis, 1905-1907*. Hamden, Conn.: Archon, 1976.

Hessen, Iosif. "Let sorok nazad." *Zarya* 2 (1942).

——. "Pamyati druga." *Rul',* March 30, 1922, 1.

——. *Sudebnaya reforma.* St. Petersburg: Gershunin, 1905.

——. "V dvukh vekakh. "*Arkhiv russkoy revolyutsii* 22 (1937).

Hessen, Vladimir. *V borbe za zhizn' (zapiski emigranta).* New York: Rausen, 1974.

Hickman, Jarmila. "D. N. Nabokov, Minister of Justice, 1878-1885, in the Context of the Reform of 1864. "Unpublished Master's thesis, Manchester, 1982.

Ikonnikov, Nikolay. *Noblesse de Russie: Les Nabokov.* Paris: 1960.

K. "Sobranie pamyati V. D. Nabokova. "*Nash vek,* April 3, 1932, 7.

Kerensky, Alexander. *The Kerensky Memoirs: Russia and History's Turning Point.* London: Cassell, 1966.

Kharlamov, V. "Na slavnom postu. "*Poslednie novosti,* March 30, 1922, 2.

Kislinsky, N. A. *Nasha zheleznodorozhnaya politika.* 4 vols. St. Petersburg, 1902.

Koni, A. F. *Sobranie sochineniy.* 8 vols. Moscow: Yuridicheskaya literatura, 1966-1969.

Krishevsky, N. "V Krymu (1916-1918 g.)." *Arkhiv russkoy revolyutsii,* 13 (1924).

Kucherov, Samuel. *Courts, Lawyers, and Trials under the Last Three Tsars.* New York: Praeger, 1953.

Kulisher, Evgeny. "Pamyati V. D. Nabokova. "*Poslednie novosti,* April 19, 1932, 4.

Kuropatkin, A. N. "Dnevnik A. N. Kuropatkina. "*Krasnyy arkhiv* 2 (1922).

L., B. "Sobesedovanie o russkoy intelligentsii. "*Rul',* February 9, 1922, 2.

Leikin, V. *Petrashevtsy.* Moscow, 1924.

Maklakov, Vasily. *The First State Duma.* 1939; trans. Mary Belkin, Bloomington: Indiana University Press, 1964.

Makletsov, A. "V. D. Nabokov, kak uchyonyy kriminalist. "*Rossiya i slavyanstvo,* April 23, 1932, 2.

——. "V. D. Nabokov—uchyonyy. "*Rul',* April 8, 1922, 1-2.

Meshchersky, Kn. V. P. *Moi vospominaniya.* 2 vols. St. Petersburg, 1897-1898.

Milyukov, Paul. "Pamyati starogo druga. "*Poslednie novosti,* April 1, 1922, 2.

——. "Pamyati V. D. Nabokova. "*Poslednie novosti,* March 28, 1925, 1.

——. *Political Memoirs, 1905-1917.* Ed. Arthur Mendel. Ann Arbor: University of Michigan Press, 1967.

——. "V. D. Nabokov (k godovshchine smerti). "*Poslednie novosti,* March 28, 1923, 2-3.

——. *Vospominaniya (1859-1917).* 2 vols. New York: Chekhov Publishing House, 1955.

Milyutin, D. A. *Dnevnik D. A. Milyutina.* Ed. P. A. Zaionchkovsky. 4 vols. Moscow, 1947-1950.

Ministerstvo yustitsii za sto let, 1802-1902. St. Petersburg: Senatskaya tipografiya, 1902.

Mogilyansky, N. "V. D. Nabokov (iz vospominaniy). "*Poslednie novosti,* April 1, 1922, 2.

Nabokov, Dmitri Vladimirovich. Letter to Editor. "Nabokov. " *TLS,* January 6,

1978.

——. Letter to Editor. "Nabokov." *TLS,* March 17, 1978.

Nabokov, Konstantin Dmitrievich. *Ispytaniya diplomata.* Stockholm, 1921.

—— [as "C. Nabokoff"]. *The Ordeal of a Diplomat.* London: Duckworth, 1921.

Nabokov, Sergey Sergeevich. "Iz perepiski K. D. Nabokova s S. Vitte i dr." In Shakhovskoy et al., *Russkiy al'manakh,* 414-19.

Nabokov, Vladimir Dmitrievich. "Deyatelnost' partii narodnoy svobody v gosudarstvennoy dume." *Vestnik partii narodnoy svobody,* October 1, 1906, 1603.

——. "Duel' i ugolovnyy zakon." *Pravo,* December 13-20, 1909, 2729-44, 2833-47.

——. *Elementarnyy uchebnik osobennoy chasti russkogo ugolovnogo prava.* St. Petersburg: Senatskaya tipografiya, 1903.

——. "Iz vospominaniy o teatre: Napravnik." *Teatr i zhizn'* 9 (April 1922).

——. "Iz vospominaniy o teatre (za 35 let)." *Teatr i zhizn'* 1-2 (September 1921).

——. *Iz voyuyushchey Anglii.* Petrograd: Union, 1916.

——. "Kishinyovskaya krovavaya banya." *Pravo,* April 27, 1903, 1283-85.

——. "Mery sotsial'noy zashchity protiv retsidivistov." *Zhurnal ugolovnogo prava i protsessa* 1 (1913): 1-29.

——. "Moskovskie khudozhniki." *Teatr i zhizn'* 5-6 (December 1921).

——. "Nishchenstvo i brodyazhestvo, kak nakazuemye prostupki." *Zhurnal Sankt-Peterburgskogo yuridicheskogo obshchestva* 3 (1895): 9-73.

——. "Peterburgskaya gimnaziya sorok let tomu nazad (stranichka vospominaniy)." *Novaya rossiya* 1 (April 1922).

——[as translator]. *Pis'ma Imperatritsy Aleksandry Fyodorovny k Imperatoru Nikolayu II.* 2 vols. Berlin: Slovo, 1922.

——. "Pis'ma V. D. Nabokova iz Krestov k zhene: 1908 g." Ed. VN, *Vozdushnye puti* 4 (1965).

——. "Plotskie prestupleniya." *Vestnik prava* 32 (1902): 129-89.

——. "Po povodu 'Krymskykh ocherkov.'" *Golos Rossii,* September 30, 1920.

——. "Proekt ugolovnogo ulozheniya i smertnaya kazn'." *Pravo,* January 30, 1900, 257-63.

——. "Raboty po sostavleniyu sudebnykh ustavov: Obshchaya kharakteristika sudebnoy reformy." In N. V. Davydov and N. N. Polyansky, eds., *Sudebnaya reforma,* Moscow: Ob'edinenie, 1915.

——. *Sbornik statey po ugolovnomu pravu.* St. Petersburg: Obshchestvennaya pol'za, 1904.

——. *Sistematicheskiy katalog biblioteki Vladimira Dmitrievicha Nabokova.* St. Petersburg: Tovarishchestvo khudozhestvennoy pechati, 1904; supplement, 1911.

——. *Soderzhanie i metod nauki ugolovnogo prava: Zadachi akademicheskogo prepodavaniya.* St. Petersburg, 1896.

——. "Sovremennoe polozhenie i takticheskoe zadachi k. d. -skoy partii." *Pravo,* October 25, 1905, 3404.

——. "Teatral'nyy Peterburg." *Teatr i zhizn'* 7 (January 1922), 8 (March 1922).

——. *Tyuremnye dosugi*. St. Petersburg, 1908.

——. "Vremennoe pravitel'stvo. "*Arkhiv russkoy revolyutsii,* 1 (1922); trans. and ed. Virgil D. Medlin and Steven L. Parsons in *V. D. Nabokov and the Russian Provisional Government*. New Haven: Yale University Press, 1976.

—— and A. I. Kaminka. *Vtoraya gosudarstvennaya duma*. St. Petersburg: Obshchestvennaya pol'za, 1907.

—— and I. I. Petrunkevich. *Rechi I. Petrunkevicha i V. Nabokova: Iz dumskikh otchetov*. St. Petersburg: Tipografiya Busselya, 1907.

—— et al. *Svoboda pechati pri obnovlennom stroe*. St. Petersburg, 1912.

Nemanov, L. "V. D. Nabokov. "*Poslednie novosti,* March 30, 1922, 2.

Nemirovich-Danchenko, Vasily. "U soyuznikov. (Poezdka russkikh pisateley v 1916 godu v Angliyu, Frantsiyu, i Italiyu.)"*Istorik i sovremennik* 4 (1923): 98-133.

Nol'de, Baron B. E., "V. D. Nabokov v 1917 g. " In Nol'de, *Dalekoe i blizkoe* (Paris, 1930); trans, in Medlin and Parsons, *V. D. Nabokov and the Russian Provisional Government.*

Novgorodtsev, P. "Pamyati Vladimira Dmitrievicha Nabokova. "*Russkaya mysl',* 4 (1922).

Obolensky, V. "Neschastnaya Rossiya. "*Poslednie novosti,* March 30, 1922, 2.

Obshchiy morskoy spisok. Vol. 7. St. Petersburg, 1893.

Oldenburg, S. S. *The Last Tsar.* Ed. Patrick J. Rollins, trans. Leonid I. Mihalap and Patrick J. Rollins. 4 vols. Gulf Breeze, Fla.: Academic International Press, 1975-1978.

Pares, Bernard. *My Russian Memoirs.* 1931; repr. New York: AMS, 1969.

——. *Russia and Reform.* London, 1907.

Pasmanik, Daniil. *Revolyutsionnye gody v Krymu.* Paris: privately printed, 1926.

Pearson, Raymond. *The Russian Moderates and the Crisis of Tsarism, 1914-1917.* London: Macmillan, 1977.

Pearson, Thomas S. *Russian Officialdom in Crisis: Autocracy and Local Self-Government, 1861-1900.* Cambridge: Cambridge University Press, 1989.

Petrunkevich, I. I. "Iz zapisok obshchestvennogo deyatelya. " *Arkhiv russkoy revolyutsii* 21 (1934).

Pihatcheff. *See* Pykhachev.

Pipes, Richard, ed. *Revolutionary Russia.* Cambridge: Harvard University Press, 1968.

——. *Struve: Liberal on the Left, 1870-1905.* Cambridge: Harvard University Press, 1970.

Pobedonostsev, Konstantin. *K. P. Pobedonostsev i ego korrespondenty: Pis'ma i zapiski.* Moscow: Gosudarstvennoe Izdatelstvo, 1923.

Polovtsov, A. A. *Dnevnik gosudarstvennogo sekretarya A. Polovtsova.* 2 vols. Moscow: Nauka, 1966.

"Protsess 169 deputatov pervoy gosudarstvennoy dumy: Rech' V. D. Nabokova. " *Vestnik partii narodnoy svobody,* December 18, 1907, 2118.

Pykhachev, Véra [née Nabokov]. *Sem' let vo vlasti tyomnoy sily.* Belgrade: Novoe

Vremya, 1929. Trans, by Janet Crawford under the title Véra Pihatcheff, *Memoirs. Rowsley: The Bibliophilia Library*, 1935.

Riha, Thomas. *"Riech': A Portrait of a Russian Newspaper."* *Slavic Review* 22 (1963): 663-82.

——. *A Russian European: Paul Milyukov in Russian Politics.* Notre Dame: University of Notre Dame Press, 1969.

Rosenberg, William G. *Liberals in the Russian Revolution: The Constitutional Democratic Party, 1917-1921.* Princeton: Princeton University Press, 1974.

Russkiy biograficheskiy slovar'. St. Petersburg: Imperatorskoe russkoe istoricheskoe obshchestvo, 1914.

Samuel, Maurice. *Blood Accusation.* New York: Knopf, 1966.

Savelov, L. M. *Biograficheskiy ukazatel' po istorii, geraldike i rodoslovoyu rossiyskogo dvoryanstvo.* 2d ed. Ostrogozhsk: Azarovoy, 1897.

Shaposhnikov, N. V. *Heraldica.* St. Petersburg: Pozharov, 1900.

Shchegolev, P. E., ed. *Petrashevtsy v vospominaniyakh sovremennikov.* Moscow: Gosudarstvennoe izdatels'tvo, 1926.

"Sobranie pamyati V. D. Nabokova." *Nash vek,* April 3, 1932, 7.

Struve, Peter. "Geroicheskoe nachalo lichnogo podviga." *Obshchee delo,* April 7, 1922, 1.

——. "Pamyati Vladimira Dmitrievicha Nabokova." *Russkaya mysl',* 1922, 4.

Sudebnye ustavy 20 noyabrya 1864 g.: Za pyat'desyat let. 2 vols. Petrograd: Senatskaya tipografiya, 1914.

Tatarinov, V. "V. D. Nabokov i russkaya emigratsiya." *Golos emigranta* 12 (April 1922): 8.

——. "Sobranie natsional'nogo soyuza v Berline." *Rul',* July 12, 1921, 5.

Timberlake, Charles, ed. *Essays on Russian Liberalism.* Columbia: University of Missouri Press, 1972.

Troitsky, N. A. *Tsarism pod sudom progressivnoy obshchestvennosti, 1866-1895 gg.* Moscow: mysl', 1979.

Trotsky, Leon. *The History of the Russian Revolution.* Trans. Max Eastman. 3 vols. London: Victor Gollancz, 1932.

Tseretelli, I. V. *Vospominanie o fevralskoy revolyutsii.* Paris: Mouton, 1963.

Tyrkova-Williams, Ariadna. *From Liberty to Brest-Litovsk.* London: Macmillan, 1919.

——. *Na putyakh k svobode.* New York: Chekhov Publishing House, 1952.

——. "V. D. Nabokov i pervaya duma." *Russkaya mysl'* 6-7 (1922): 272-83.

Valuev, P. A. *Dnevnik P. A. Valueva, ministra vnutrennykh del* 1861-1876. Moscow, 1901.

——. *Dnevnik, 1877-1884.* Petrograd, 1919.

Vinaver, Maxim. "Pamyati Vladimira Dmitrievicha Nabokova." *Poslednie novosti,* March 30, 1922, 2.

Vinogradoff, Igor. "The Circumstantial Evidence." *TLS,* October 7, 1977.

——. Letter to Editor. "Nabokov." *TLS,* February 17, 1978.

Vitte, Sergey. *Vospominaniya.* 3 vols. Moscow: Izdatel'stvo sotsial'no-ekonomi-

cheskoy literatury, 1960.
Wonlar-Larsky, Nadine [née Nadezhda Nabokov]. *The Russia that I Loved.* London, n. d.
Yablonovsky, Aleksandr. "V. D. Nabokov." *Vozrozhdenie,* April 2, 1931, 3.
Zaionchkovksy, P. A. *The Russian Autocracy in Crisis,* 1878-1882. 1964; trans. Gary M. Hamburg,
Gulf Breeze, Fla.: Academic International Press, 1979.
——. *The Russian Autocracy under Alexander III.* 1970; trans. David A. Jones, Gulf Breeze, Fla.: Academic International Press, 1976.
Zhurnal zasedaniya gorodskoy dumy. St. Petersburg, 1905, 9.
"Zhurnal zasedaniya soveta ministrov Krymskogo kraevogo pravitel'stva." *Arkhiv russkoy revolyutsii* 2 (1921): 135-41.

Ⅳ. *VLADIMIR NABOKOV: WORKS*

Ada or Ardor: A Family Chronicle. New York: McGraw-Hill, 1969.
Anya v strane chudes. [Trans. of *Alice in Wonderland* by Lewis Carroll.] Berlin: Gamayun, 1923.
"Authors' Authors." *NYTBR,* December 5, 1976, 4.
Bend Sinister. 1947; repr. with VN introduction, New York: Time, 1964.
"Butterfly Collecting in Wyoming, 1952." *Lepidopterists' News* 7 (1953): 49-52. Repr. *SO.*
Camera Obscura. Trans. Winifred Roy. London: John Long, 1936.
Conclusive Evidence. New York: Harper & Bros., 1951.
The Defense. Trans. Michael Scammell with VN. New York: Putnam's, 1964.
Despair. Trans. VN. New York: Putnam's, 1966.
Details of a Sunset and Other Stories. Trans. DN with VN. New York: McGraw-Hill, 1976.
Drugie berega. New York: Chekhov Publishing House, 1954.
The Enchanter. Trans. DN. New York: Putnam's, 1986.
Eugene Onegin. Trans. with commentary by VN. 4 vols. New York: Bollingen, 1964. Rev. ed. Princeton: Princeton University Press, 1975.
The Eye. Trans. DN with VN. New York: Phaedra, 1965.
"The Female of *Lycaeides Argyrognomon Sublivens.*" *Lepidopterists' News* 6 (1952): 35. Repr. *SO.*
"A Few Notes on Crimean Lepidoptera." *Entomologist* 53 (February 1920): 29-33.
"Five Letters to Wilson." In Gennady Barabtarlo, *Aerial View: Essays on Nabokov's Art and Metaphysics* (New York: Peter Lang, 1993), 269-73.
The Gift. Trans. Michael Scammell and DN with VN. New York: Putnam's, 1963.
Glory. Trans. DN with VN. New York: McGraw-Hill, 1971.
Gorniy put'. Berlin: Grani, 1923.
Grozd'. Berlin: Gamayun, 1922.

Invitation to a Beheading. Trans. DN with VN. New York: Putnam's, 1959.
King, Queen, Knave. Trans. DN with VN. New York: McGraw-Hill, 1968.
La Vénitienne et autres nouvelles. trans. Gilles Barbedette and Bernard Kreise, ed. Barbedette. Paris: Gallimard, 1990.
Laughter in the Dark. Trans, and rev. VN. Indianapolis: Bobbs-Merrill, 1938.
Lectures on Don Quixote. Ed. Fredson Bowers. New York: Harcourt Brace Jovanovich/Bruccoli Clark, 1983.
Lectures on Literature. Ed. Fredson Bowers. New York: Harcourt Brace Jovanovich/Bruccoli Clark, 1980.
Lectures on Russian Literature. Ed. Fredson Bowers. New York: Harcourt Brace Jovanovich/Bruccoli Clark, 1981.
Lectures on Ulysses. Bloomfield Hills, Mich. : Bruccoli Clark, 1980.
Letter to Editor. *Cornell Daily Sun,* October 3, 1958.
Letter to Editor. "Nabokov's Onegin. "*Encounter,* May 1966, 91-92.
Letter to Editor. "Nabokov v. Deutsch. "*New Statesman,* January 22, 1965, 112.
Letter to Editor. "Pushkin v. Deutsch. "*New Statesman,* April 23, 1965.
Letter to Editor. "Pushkin's English. "*New Statesman,* January 19, 1968.
Letter to Editor. "Translation. "*NYRB,* January 20, 1966.
Letter to Editor. *Observer,* May 26, 1974.
Letter to Editor. "Olympic Game. "*Playboy,* July 1961. Repr. *SO*.
Letter to Editor. *Saturday Evening Post,* March 25, 1967, 6.
Lolita. 1955; New York: Putnam's, 1958.
Lolita [Russian]. New York: Phaedra, 1967.
Lolita: A Screenplay. New York: McGraw-Hill, 1974.
"*Lolita* and Mr. Girodias. "*Evergreen Review,* February 1967, 37-41. Repr. *SO*.
Look at the Harlequins! New York: McGraw-Hill, 1974.
"*Lysandra Cormion,* A New European Butterfly. "*Journal of the New York Entomological Society,* September 1941, 265-67.
The Man from the USSR and Other Plays. Trans. DN. New York: Harcourt Brace Jovanovich/Bruccoli Clark, 1984.
Mary. Trans. Michael Glenny with VN. New York: McGraw-Hill, 1970.
"Migratory Species Observed in Wyoming, 1952. "*Lepidopterists' News* 7(1953): 51-52.
Nabokov's Butterflies. Ed. Brian Boyd and Robert Pyle. Boston: Beacon, 1997.
Nabokov's Dozen. New York: Doubleday, 1958.
"Nabokov's Reply. "*Encounter,* February 1966, 80-89. Repr. *SO*.
"The Nearctic Forms of *Lycaeides Hüb*[ner] (Lycaenidae, Lepidoptera). "*Psyche,* September-December 1943, 87-99.
"The Nearctic Members of the Genus *Lycaeides* Hübner. "*Bulletin of the Museum of Comparative Zoology* 101 (1949): 479-541.
"Neizvestnye pis'ma Nabokova." Ed. Marina Edel'man. *Nashe nasledie*, 31 (1994), 93-96.
"A New Species of *Cyclargus* Nabokov (Lycaenidae, Lepidoptera). "*The Entomologist* 81(December 1948): 273-80.

Nikolay Gogol. Norfolk, Conn. : New Directions, 1944.
Nikolka Persik. [Trans. of Romain Rolland, *Colas Breugnon.*] Berlin: Slovo, 1922.
Nine Stories. New York: New Directions, 1947.
"Notes on the Lepidoptera of the Pyrénées Orientales and the Ariège. "*Entomologist* 64 (1931):255.
"Notes on the Morphology of the Genus *Lycaeides. "Psyche,* September-December 1944, 104-38.
"Notes on Neotropical *Plebejinae* (Lycaenidae, Lepidoptera). " *Psyche,* March-June 1945, 1-61.
"Notes to *Ada* by Vivian Darkbloom. "In *Ada,* Harmondsworth: Penguin, 1970.
"O Khodaseviche. "*SZ* 69 (1939):262-64.
"On Adaptation. "*NYRB,* December 4, 1969. Repr. in *SO.*
"On a Book Entitled *Lolita. "Anchor Review* 2 (June 1957). Repr. in *Lolita,* New York: Putnam's, 1958.
"On Inspiration. "*Saturday Review of the Arts,* January 6, 1973, 30, 32. Repr. *SO.*
"On Learning Russian. "*Wellesley Magazine,* April 1945, 191-92.
"On Some Inaccuracies in Klots' *Field Guide. "Lepidopterists' News* 6 (1952): 41. Repr. *SO.*
"On Translating Pushkin: Pounding the Clavichord. "*NYRB,* April 30, 1964, 14-16. Repr. *SO.*
"Opredeleniya. "TS, LCNA.
"Painted Wood. "*Carrousel* 2 (1923):9-10.
Pale Fire. New York: Putnam's, 1962.
"Pamyati A. M. Chornogo. "*Poslednie novosti,* August 13, 1932, 3.
"Pamyati I. V. Gessena. "*NRS,* March 31, 1943, 2.
"Pamyati Yu. I. Aykhenval'da. "*Rul',* December 23, 1928, 5.
"Pashkal'nyy dozhd'. "*Russkoe ekho*, April 12, 1925, 88.
Perepiska s sestroy. Ann Arbor: Ardis, 1985.
Pnin. Garden City, N. Y. : Doubleday, 1957.
Poems and Problems. New York: McGraw-Hill, 1971.
"Postscript to the Russian Edition of *Lolita.* "Trans. Earl D. Sampson, in Rivers and Nicol, 188-94.
"Pouchkine, ou le vrai et le vraisemblable. " *Nouvelle revue française,* March 1937, 362-78.
"Problems of Translation: 'Onegin' in English. "*Partisan Review,* Autumn 1955, 496-512.
The Real Life of Sebastian Knight. Norfolk, Conn. : New Directions, 1941.
"Rebel's Blue, Bryony White. "*Times Educational Supplement,* October 23, 1970, 19. Repr. *SO.*
"Reputations Revisited. "*TLS,* January 21, 1977, 66.
A Russian Beauty and Other Stories. Trans. DN and Simon Karlinsky with VN. New York: McGraw-Hill, 1973.
Selected Letters, 1940-1977. Ed. DN and Matthew J. Bruccoli. New York: Harcourt

Brace Jovanovich/Bruccoli Clark Layman, 1989.
"The Servile Path. "In *On Translation,* ed. Reuben A. Brower. Cambridge: Harvard University Press, 1959, 97-110.
Soglyadatay. Paris: Russkie zapiski, 1938.
"Some New or Little-Known Nearctic *Neonympha. "Psyche,* September-December 1942, 61-80.
The Song of Igor's Campaign [anon.]. Trans. VN. New York: Vintage, 1960.
Speak, Memory: An Autobiography Revisited. New York: Putnam's, 1966.
Stikhi. Petrograd: privately printed, 1916.
Stikhi. Ann Arbor: Ardis, 1979.
Stikhotvoreniya, 1929-1951. Paris: Rifma, 1952.
The Stories of Vladimir Nabokov. Ed. Dmitri Nabokov. New York: Knopf, 1995.
"The Strange Case of Nabokov and Wilson. "*NYRB,* August 26, 1965, 25-26.
Strong Opinions. New York: McGraw-Hill, 1973.
Three Russian Poets. Norfolk, Conn. : New Directions, 1945. Enlarged ed. , under the title *Pushkin, Lermontov, Tyutchev,* London: Lindsay Drummond, 1947.
"[To Kiandzhuntsev]: 25 October, 1917. " In Gennady Barabtarlo, "Nabokov's Reliquary Poem, "*Aerial View: Essays on Nabokov's Art and Metaphysics* (New York: Peter Lang, 1993), 245-61.
"To Prince S. M. Kachurin. "*The Nabokovian,* 29 (1992), 30-34; rpt. in Gennady Barabtarlo, *Aerial View: Essays on Nabokov's Art and Metaphysics* (New York: Peter Lang, 1993), 264-68.
Transparent Things. New York: McGraw-Hill, 1972.
Tyrants Destroyed and Other Stories. Trans. DN with VN. New York: McGraw-Hill, 1975.
[Untitled]. In *Pamyati Amalii Osipovny Fondaminskoy.* Paris: privately printed, 1937, 69-72.
Vesna v Fial'te i drugie rasskazy. New York: Chekhov Publishing House, 1956.
"Vladimir Nabokov's Translation of The Gettysburg Address. "*The Nabokovian,* 24 (1990), 8-14.
Vozvrashchenie Chorba: Rasskazy i stikhi. Berlin: Slovo, 1930.
The Waltz Invention. Trans. DN with VN. New York: Phaedra, 1966.
"What Faith Means to a Resisting People. "*Wellesley Magazine,* April 1942, 212.
"Wingstroke. "Trans. Dmitri Nabokov. *The Nabokovian,* 28 (1992), 11-33.
"Zametki perevodchika. "*Opyty* 8 (1957): 36-49.
"Zametki perevodchika—Ⅱ. "*NZ* 49 (1957): 130-44.
Nabokov, Vladimir Vladimirovich, and Andrey Balashov. *Dva puti.* Petrograd: privately printed, 1918.
Nabokov, Vladimir Vladimirovich, and Edmund Wilson. *Nabokov-Wilson Letters.* Ed. Simon Karlinsky. New York: Harper & Row, 1979.

INTERVIEWS WITH VN (SEE ALSO *SO*)

Ackerman, Gordon. *Weekly Tribune,* January 28, 1966.

All, Nikolay. *NRS,* June 23, 1940.
Appel, Alfred, Jr. *Novel,* Spring 1971, 209-22. Repr. in *SO*.
Belleval, Guy de. *Journal de Genève,* March 13, 1965.
Beretzky, Nurit. *Ma'ariv,* January 19, 1970. TS, VNA.
Boyle, Robert. *Sports Illustrated,* September 14, 1959, E5-E8.
Bronowski, Jacob, August 1963. TS, VNA.
Chudacoff, Helga. *Die Welt,* September 26, 1974. TS, VNA.
Clarke, Gerald. *Esquire,* July 1975.
Colombo, Janine. *L'Information d'Israel,* February 3, 1961.
Davis, Douglas. *National Observer,* June 29, 1964, 17.
Dommergues, Pierre. *Les Langues modernes* 62 (January-February 1968): 92-102.
Duffy, Martha. *Time,* May 23, 1969.
Esslin, Martin. *NYTBR,* May 12, 1968, 4-5, 50-51.
Feifer, George. *Saturday Review,* November 27, 1976, 20-26.
Gilliatt, Penelope. *Vogue,* December 1966.
Givan, Charles. *Los Angeles Times,* August 7, 1977.
Gold, Herbert. *Saturday Evening Post,* February 11, 1967, 81-85.
Guérin, Anne. *L'exprès,* January 26, 1961.
Hoffman, Kurt. Bayerishcher Rundfunk, May 1972.
Holmes, David. BBC, November 5, 1959. TS, VNA.
Hughes, Robert. National Educational Television, January 1966. TS, VNA.
Jannoud, Claude. *Le Figaro littéraire,* January 13, 1973.
Jaton, Henri. Radio Suisse Romande, October 5, 1963. TS, VNA.
Kulakofsky, Beth. *Wellesley College News,* March 21, 1941, 8.
Laansoo, Mati, CBC, 1973. Published in *Vladimir Nabokov Research Newsletter* 10 (1983).
Levy, Alan. *New York Times Magazine.* October 31, 1971. TS, VNA.
Macrae, Rosalie. *Daily Express,* April 8, 1961.
Mercadie, Claude. *Nice-Matin,* April 13, 1961.
Morini, Simona. *Vogue,* April 15, 1972, 74-79.
Mulligan, Hugh. Conducted November 1976. TS, VNA.
Nordstrom, Alan. *Ivy* (New Haven), February 1959, 28.
O'Neil, Paul. *Life International,* April 13, 1959, 63-69.
Petchek, Willa. *Observer Magazine,* May 30, 1976.
Pivot, Bernard. French television, "Apostrophes, "TF-1, May 30, 1975. TS, VNA.
Reese, Katharine. *We* (Wellesley College), December 1943, 32.
Safarik, Bernard. Swiss German television, 1974. MS, VNA.
Salter, James. *People,* March 17, 1975, 60-64.
Schroeder-Jahn. German television, 1966. TS, VNA.
Shenker, Israel. In Shenker, *Words and Their Masters,* Garden City, N. Y.: Doubleday, 1974.
Smith, Peter Duval. BBC, November 1962. Partially repr. in *SO*. TS, VNA.
Tabozzi, Roberto. *Panorama.* Conducted October 16, 1969. TS, VNA.
[Unsigned]. *Journal de Montreux,* January 23, 1964.

[Unsigned]. *Newsweek,* November 24, 1958, 114-15.
Whitman, Alden. Unpublished interview, October 6, 1971. VNA.
Zimmer, Dieter. *Die Zeit,* November 1, 1966. TS, VNA.

Ⅴ. *VLADIMIR NABOKOV: SECONDARY SOURCES*

A., A. "Vladimir Nabokov (Sirin) igraet N. N. Evreynova." *Russkaya mysl',* December 29, 1977.
Abrams, Meyer H. In Donoghue, "VN: The Great Enchanter."
——. In "Remembering Nabokov," in Gibian and Parker, 218-21.
Adamovich, Georgy. *Kommentarii.* Washington, D. C.: Victor Kamkin, 1967.
——. *Odinochestvo i svoboda.* New York: Chekhov Publishing House, 1955.
Adams, Robert M. "Nabokov's Show." *New York Review of Books,* December 18, 1980.
Aletrus [Irina Guadanini]. "Tunnel'." *Sovremennik* 3 (1961): 6-23.
Alexandrov, Vladimir, ed. *Garland Companion to Vladimir Nabokov.* New York: Garland, 1995.
Alloy, V. "Iz arkhiva V. V. Nabokova." *Minuvshee* 8 (1989): 274-81.
Allsop, Kenneth. "I Am a Pornographer." *Spectator,* October 21, 1960.
Amis, Martin. "Out of Style." *New Statesman,* April 25, 1975.
Appel, Alfred, Jr. "*Ada* Described." In Appel and Newman, 160-86.
——, ed. *The Annotated Lolita.* New York: McGraw-Hill, 1970.
——. "Backgrounds of *Lolita.*" In Appel and Newman, 17-40.
——. "Conversations with Nabokov." *Novel,* Spring 1971, 209-22.
——. "Memories of Nabokov." *TLS,* October 7, 1977, 1138-42. Repr. as "Remembering Nabokov," in Quennell.
——. "Nabokov: A Portrait." *Atlantic,* September 1971. Repr. in Rivers and Nicol.
——. *Nabokov's Dark Cinema.* New York: Oxford University Press, 1974.
——. "Nabokov's Puppet Show." *New Republic,* January 14 and 21, 1967.
Appel, Alfred, Jr., and Charles Newman, eds. *Triquarterly* 17 (Nabokov Special Issue, 1970). Repr. as *Nabokov: Criticism, Reminiscences, Translations, and Tributes.* Evanston, Ⅲ.: Northwestern University Press, 1970.
Arbatov, Z. "Nollendorfplatzkafe." *Grani* 41 (1959): 106-22.
Arndt, Walter, trans. *Eugene Onegin.* New York: Dutton, 1963.
Bader, Julia. *Crystal Land: Artifice in Nabokov's English Novels.* Berkeley: University of California Press, 1972.
Baedeker, Karl. *Russia with Teheran, Port Arthur, and Peking: Handbook for Travellers.* Leipzig: Karl Baedeker, 1914.
Bakhrakh, Aleksandr. "Ot Sirina k Nabokovu." *Russkaya mysl',* December 29, 1977, 8-10. Repr. in Bakhrakh, *Po pamyati, po zapisyam: Literaturnye portrety.* Paris: La Presse Libre, 1980.
Barabtarlo, Gennadi. *Aerial View: Essays on Nabokov's Art and Metaphysics.* New York: Peter Lang, 1993.

——. “Nabokov’s First American Questionnaire. ”*The Nabokovian*, 34 (1995), 9-15.
——. “Nabokov Papers in the University of Illinois (Urbana-Champaign) Archives. ”*The Nabokovian*, 28 (1992), 66-74.
——. “Nabokov’s *Chernyshevski* in the *Contemporary Annals*. ”*The Nabokovian*, 24 (1990), 15-23.
——. *“Onus Probandi. ”Russian Review* 47 (1988): 237-52.
——. *Phantom of Fact: A Guide to Nabokov’s Pnin*. Ann Arbor: Ardis, 1989.
Bayley, John. *Observer,* November 29, 1964.
Berberova, Nina. *The Italics Are Mine*. Trans. Philippe Radley. New York: Harcourt Brace & World, 1969.
——. *Kursiv moy*. 1972; 2d ed. 2 vols. New York: Russica, 1983.
——. “Nabokov in the Thirties. ”In Appel and Newman, 220-33.
Bethea, David. *Khodasevich: His Life and Art*. Princeton: Princeton University Press, 1983.
Bishop, Alison. In“Remembering Nabokov, ”in Gibian and Parker, 216-17.
Bishop, Morris. “Nabokov à Cornell. ”*L’Arc* 24 (1964): 62-64.
——. “Nabokov at Cornell. ”In Appel and Newman, 234-39.
Bitov, Andrey. “Odnoklassiki: K 90-letii O. V. Volkova i V. V. Nabokova. ”*Novyy Mir*, 5 (May) 1990, 224-42.
Blake, Patricia. Introduction to *Writers in Russia:1917 1978* , by Max Hayward. New York: Harcourt Brace Jovanovich, 1983.
Bodenstein, Jurgen. “ ‘The Excitement of Verbal Adventure’: A Study of Vladimir Nabokov’s English Prose. ”Ph. D. diss. , Heidelberg, 1977.
Boegeman, Margaret Byrd. *“Invitation to a Beheading* and the Many Shades of Kafka. ”In Rivers and Nicol, 105-24.
Bongard-Levin, G. M. “Vladimir Nabokov i Akademik M. I. Rostovtsev: materialy iz arkhivov SShA. ”*Novoe literaturnoe obozrenie*, 5 (1993), 122-37.
Boyd, Brian. “. . . and the eluding. ”*TLS,* April 24, 1987, 432-33.
——. “Chronology of Nabokov’s Life and Works. ”In Alexandrov 1995: xxix-l.
——. “Emigré Responses to Nabokov, (I)-(IV). ”*Nabokovian* 17-20 (Fall 1986-Spring 1988).
——. Letter to Editor. “Novel with Cocaine. ”*TLS,* March 6, 1987, 241.
——. Letter to Editor. “Vladimir Nabokov. ”*TLS,* June 17-23, 1988, 677.
——. “Nabokov at Cornell. ”In Gibian and Parker, 119-44.
——. “Nabokov Bibliography: Aspects of the Emigré Period. ”*Vladimir Nabokov Research Newsletter* 11 (Fall 1983): 21-24.
——. “The Nabokov Biography and the Nabokov Archive. ”*Biblion: The Bulletin of the New York Public Library*, N. S. 1 (1992), 15-36.
——. “Nabokov, Vladimir Vladimirovich. ”*Dictionary of American Biography*, Supplement 10, 1976-1980. New York: Charles Scribner’s Sons, 1995, 580-84.
——. *Nabokov’s Ada: The Place of Consciousness*. Ann Arbor: Ardis, 1985.
——. “Nabokov’s Russian Poems: A Chronology. ”*Nabokovian* 21 (Fall 1988): 13-28.

——. "New Light on Nabokov's Russian Years. "*Cycnos*, 10: 1 (1993), 3-9.

——. "Obituary: Véra Nabokov. " *Daily Telegraph*, April 13, 1991.

——. "The Problem of Pattern: Nabokov's *Defense. "Modern Fiction Studies* 33 (Winter 1987): 575-604.

——. "Véra Nabokov. "In *Dictionary of Literary Biography: 1991*. Detroit: Gale Research Company, 1992, 281-82.

——. *Vladimir Nabokov: I. Les Années russes*. trans. Philippe Delamare. Paris: Gallimard, 1992.

——. *Vladimir Nabokov: The Russian Years.* Princeton: Princeton University Press, 1990.

——. "Wholes and Holes: The Nabokov Archive and the Nabokov Biography. " *The Nabokovian*, 27 (1991), 19-29.

Breasted, Barbara, and Noëlle Jordan. "Vladimir Nabokov at Wellesley. "*Wellesley Magazine,* Summer 1971, 22-26.

Brenner, Conrad. "Nabokov: The Art of the Perverse. "*New Republic,* June 23, 1958, 18-21.

Brown, Clarence. "Little Girl Migrates. "*New Republic,* January 20, 1968, 19-20.

——. "Love-Hate Letters. "*Saturday Review,* June 23, 1979.

——. "Pluck and Polemics. "*Partisan Review,* February 1973, 311-14.

Brown, William Edward. *A History of Russian Literature of the Romantic Period.* Ann Arbor: Ardis, 1986.

Brown, William L. , Jr. In"Remembering Nabokov, "in Gibian and Parker, 224-26.

B[uckley], W[illiam] F. "VN-RIP. "*National Review,* July 22, 1977, 820.

Bunin, Ivan, and Vera Bunin. *Ustami Buninykh.* Ed. M. Grin. 3 vols. Frankfurt: Possev, 1977-1982.

Burgess, Anthony. "Dorogoi Bunny, Dear Volodya. . . . "*Inquiry,* July 9, 1979, 23-24.

——. "Pushkin & Kinbote. "*Encounter,* May 1965, 74.

Cannac, Evgenia. "Berlinskiy ' Kruzhok poetov' (1928-33). "In Shakhovskoy et al. , *Russkiy al'manakh,* 363-66.

Clayton, J. Douglas. *Alexander Pushkin's "Eugene Onegin. "*Toronto: University of Toronto Press, 1985.

Couturier, Maurice. "The Distinguished Writer vs. the Child. "*Cycnos*, 10 (1993), 47-54.

Cowan, Milton. In"Remembering Nabokov, "in Gibian and Parker, 222-23.

Croisé, Jacques. *See* Shakhovskoy, Zinaida.

Daiches, David. In Donoghue, "VN: The Great Enchanter. "

——. "Nabokov à Cornell. "*L'Arc* 24 (1964): 65-66.

Davies, Robertson. "Mania for Green Fruit. "*Saturday Night,* October 11, 1958.

Davis, Linda H. *Onward and Upward: A Biography of Katharine S. White*. New York: Harper & Row, 1987.

Davydov, Sergey. *Teksty-matreshki Vladimira Nabokova.* Munich: Otto Sagner, 1982.

Dembo, L. S. See *Wisconsin Studies in Contemporary Literature.*

Demorest, Jean-Jacques. "Administering Professor Nabokov." *Arts and Sciences* (Cornell) 4, no. 2 (1983): 8.

Deutsch, Babette. Letter to Editor. *New Statesman*. April 9, 1965.

——, trans., with Avrahm Yarmolinsky. *Eugene Onegin*. Harmondsworth: Penguin, 1964.

Don-Aminado [Aminado Shpolyansky]. *Poezd na tret'em puti*. New York: Chekhov Publishing House, 1954.

Donoghue, Denis. "VN: The Great Enchanter." BBC broadcast, March 17, 1982, featuring M. H. Abrams, David Daiches, Alex de Jonge, Alfred Kazin, Harry Levin, William McGuire, Dmitri Nabokov, Sergey Sergeevich Nabokov, Véra Nabokov, and Bart Winer.

Duffy, Martha. "An Old Daydream." *Time*, January 24, 1972, 58-59.

Elledge, Scott. *E. B. White: A Biography*. New York: Norton, 1984.

Ellmann, Richard. *James Joyce*. 2d ed. New York: Oxford University Press, 1982.

Fedotov, G. P. "I. I. Fondaminskiy v emigratsii." *Novyy zhurnal* 18 (1948): 317-29.

Field, Andrew. "Foreword: The Nabokov Mafia." In *VN: The Life and Art of Vladimir Nabokov*. London: Futura, 1988.

——. Letter to Editor. "Nabokov." *TLS*, January 27, 1978.

——. Letter to Editor. "Real Life of an Author." *Observer*, May 3, 1987, 17.

——. *Nabokov: His Life in Art*. Boston: Little, Brown, 1967.

——. *Nabokov: His Life in Part*. New York: Viking, 1977.

——. "Russia's 'Other' Poets." *New Leader*, August 1963.

——. *VN: The Life and Art of Vladimir Nabokov*. New York: Crown, 1986.

——. "The World of Vladimir Nabokov." *Literary Guild Magazine*, Spring 1969.

Fitch, Noel Riley. *Sylvia Beach and the Lost Generation: A History of Literary Paris in the Twenties and Thirties*. New York: Norton, 1983.

Fleishman, Lazar. *Boris Pasternak*. Berkeley and Los Angeles: University of California Press, 1990.

Fleishman, Lazar, Robert Hughes, and Olga Raevsky-Hughes, eds. *Russkiy Berlin*, 1921-1923. Paris: YMCA, 1983.

Fogel, Ephim. In "Remembering Nabokov," in Gibian and Parker, 231-33.

Franclemont, John G. In "Remembering Nabokov," in Gibian and Parker, 227-28.

Frank, S. "Pamyati Yu. I. Aykhenval'da." *Rul'*, December 17, 1929.

Freund, Gisèle, and V. B. Carleton. *James Joyce in Paris: His Final Years*. London: Cassell, 1966.

Gagen, Tatiana. "... Prinimayutsya deti vsekh veroispovedaniy i sosloviy," *Uchitel'skaya gazeta*, 3, January 1990, 4.

Garric, Alain. "Nabokov l'enchanteur." *Libération*, August 30-31, 1986, 26-28.

——. "Roman avec Nabokov." *Libération*, December 26, 1985, 21-24.

George, Emery. "Remembering Nabokov: An Interview with Victor Lange." *Michigan Quarterly Review* 25 (1986): 479-92.

Gerschenkron, Alexander. "A Manufactured Moment?" *Modern Philology*, May 1966, 336-47.

Gessen. *See* Hessen, Iosef.

Gezari, Janet K. "Roman et problème chez Nabokov. "*Poétique* 5 (1974): 96-113.

Gibian, George, and Stephen Jan Parker, eds. *The Achievements of Vladimir Nabokov*. Ithaca: Cornell Center for International Studies, 1984.

Gill, Brendan. *Here at the New Yorker*. New York: Random House, 1975.

Girodias, Maurice. Letter to Editor. *Life*, July 6, 1959.

——. "*Lolita*, Nabokov, and I. "*Evergreen*, September 1965. Repr. as "A Sad, Ungraceful History of *Lolita*, "in *The Olympia Reader*. New York: Grove, 1965.

——. "Pornologist on Olympus. "*Playboy*, April 1961.

Gold, Herbert. "The Artist in Pursuit of Butterflies. "*Saturday Evening Post*, February 11, 1967.

——. "Nabokov Remembered: A Slight Case of Poshlost. "In Gibian and Parker, 45-59.

——. "Vladimir Nabokov, 1899-1977. "*NYTBR*, July 31, 1977.

Grabes, Herbert. *Fictitious Biographies: Vladimir Nabokov's English Novels*. The Hague: Mouton, 1977.

Grayson, Jane. *Nabokov Translated: A Comparison of Nabokov's Russian and English Prose*. Oxford: Oxford University Press, 1977.

Green, Hannah. "Mister Nabokov. "*New Yorker*, February 14, 1977, 32-35. Repr. in Quennell.

Greene, Graham. *Yours etc. Letters to the Press 1945-89*. Ed. Christopher Hawthorne. London: Rinehart, 1989.

Gross, Miriam. "Portrait of a Publisher. "*Observer*, October 19, 1980.

Grumbach, Doris. *The Company She Kept*. London: Bodley Head, 1967.

Guerra, René. " A Propos d'une pièce oubliée de Vladimir Nabokov: *L'Evénement*. "*Slovo* (Paris) 6 (1984): 121-46.

Halsman, Yvonne. *Halsman: Portraits*. New York: McGraw-Hill, 1983.

Heine, T. C., Jr. "Nabokov as Teacher. "*Cornell Alumni News*, April 1977, 10.

Hessen, Iosif. *Gody izgnaniya: Zhiznennyy otchyot*. Paris: YMCA, 1981.

Hingley, Ronald. "An Aggressively Private Person. "*NYTBR*, January 15, 1967.

Hodges, Ronald W., et al., eds. *Check List of the Lepidoptera of America North of Mexico*. London: E. W. Classey and Wedge Entomological Research Foundation, 1983.

Holt, Terry. "Shades of Nabokov. "*Cornell Reports* 17 (Summer 1983): 2-3.

Hughes, Robert P. "Nabokov Reading Pasternak. " In Lazar Fleishman, ed. *Boris Pasternak and His Times: Selected Papers from the Second International Symposium on Pasternak*. Berkeley: Berkeley Slavic Specialties, 1989, 153-170.

——. "Notes on the Translation of *Invitation to a Beheading*. "In Appel and Newman, 284-92.

In Memoriam: Vladimir Nabokov, 1899-1977. New York: McGraw-Hill, 1977.

Ioann, Archbishop ["Strannik"]. "Nachalo Nabokoviany. "*Russkaya mysl'*, June 1, 1978, 10.

Ivask, Yuri. "Razgovory's Adamovichem, "*NZ* 134 (1979): 92-101.

——. "V. V. Nabokov. "*NZ* 128 (September 1977): 272-76.

J. , C. "Publishers' Confessions—Rejections I Regret. "*NYTBR,* May 7, 1984.

Jarrell, Randall. *Randall Jarrell's Letters.* Ed. Mary Jarrell. Boston: Houghton Mifflin, 1985.

Johnson, D. Barton. "Preliminary Notes on Nabokov's Russian Poetry: A Chronological and Thematic Sketch. "*Russian Literature Triquarterly*, 24 (1991), 307-27.

——. "Vladimir Nabokov and Captain Mayne Reid. "*Cycnos*, 10 (1993), 99-106.

——. *Worlds in Regression: Some Novels of Vladimir Nabokov.* Ann Arbor: Ardis, 1985.

—— and Ellendea Proffer. "Interview with Véra Nabokov and Dmitri Nabokov. " *Russian Literature Triquarterly*, 24 (1991), 73-85.

—— and Wayne Wilson. "Alphabetic and Chronological Lists of Nabokov's Poetry. "*Russian Literature Triquarterly*, 24 (1991), 355-415.

Johnston, Charles, trans. *Eugene Onegin.* Harmondsworth: Penguin, 1979.

Jonge, Alex de. In Donoghue, "VN: The Great Enchanter. "

Kahn, Peter. In"Remembering Nabokov, "in Gibian and Parker, 229-30.

Karlinsky, Simon. Introduction to *NWL,* 1-25.

——. *Marina Tsvetaeva: The Woman, Her World, and Her Poetry.* Cambridge: Cambridge University Press, 1985.

Karlinsky, Simon, and Alfred Appel, Jr. , eds. *The Bitter Air of Exile: Russian Writers in the West,* 1922-1972. 1973; rev. ed. Berkeley: University of California Press, 1977.

Kazin, Alfred. In Donoghue, "VN: The Great Enchanter. "

——. "Vladimir Nabokov: Wisdom in Exile. "*New Republic,* July 23, 1977, 12-14.

Killeen, Terence. "Nabokov. . . Léon. . . Joyce, "*Irish Times*, June 13, 1992.

Klots, Alexander B. *A Field Guide to the Butterflies of North America, East of the Great Plains.* Boston: Houghton Mifflin, 1951.

Kovalevsky, P. E. *Zarubezhnaya Rossia.* Paris: Librairie des Cinq Continents, 1971, and *Dopolnitel'nyy vypusk,* 1973.

Krishevsky, N. " V Krymu (1916-1918 g.). " *Arkhiv russkoy revolyutsii* 13 (1924): 71-124.

Lambert, J. W. , and Michael Ratcliffe. *The Bodley Head, 1887-1987.* London: Bodley Head, 1987.

Landau, Grigory. "Pamyati Yu. I. Aykhenval'da. "*Rul',* December 23, 1928, 5.

——. " Rul'. "*Vozrozhdenie,* December 1, 1931, 2-3.

Laqueur, Walter. *Russia and Germany: A Century of Conflict.* London: Weidenfeld & Nicolson, 1965.

Levin, Harry. In Donoghue, "VN: The Great Enchanter. "

——. *Grounds for Comparison.* Cambridge: Harvard University Press, 1972.

——. "Shakespeare's Misanthrope. "*Shakespeare Survey* 26 (1973): 89-94.

Lowell, Robert. "Nine Poems by Ossip Manderstamm. " *NYRB,* December 23, 1965.

Lutyens, Mary. *Edwin Lutyens.* London: Black Swan, 1991.

McCarthy, Mary. "A Bolt from the Blue. "*New Republic,* June 4, 1962. Repr. in

The Writing on the Wall, New York: Harcourt, Brace & World, 1970.

McConkey, James. "Nabokov and 'The Window of the Mint.' "In Gibian and Parker, 29-43.

McDunnough, J. "New North American Eupithecias 1 (Lepidoptera, Geometridae)."*Canadian Entomologist* 77 (September 1945): 168-76.

McGuire, William. *Bollingen: An Adventure in Collecting the Past.* Princeton: Princeton University Press, 1982.

——. In Donoghue, "VN: The Great Enchanter."

Makovsky, Sergey. *Na Parnase serebryannogo veka.* Munich: Tsentral'noe ob'edinenie politicheskikh emigrantov iz SSSR, 1962.

Maksimova, E. "Muza Nabokova."*Izvestia,* August 9, 1989, 6.

——. "Ya ne znala, chto ya russkaya."*Izvestia,* April 8, 1989, 6.

Malmstad, John. "The Historical Sense and Xodasevič's *Deržavin.*"In V. F. Khodasevich, *Derzhavin.* Munich: Wilhelm Fink, 1975, v-xviii.

——. "Iz perepiski V. F. Khodasevicha (1925-1938)."*Minuvshee* 3 (1987): 262-91.

Mandelstam, Osip. *The Prose of Osip Mandelstam.* Trans. Clarence Brown. Princeton: Princeton University Press, 1965.

Markevitch, Igor. *Etre et avoir été.* Paris: Gallimard, 1980.

Marshall, Sidney Smith. "Yellow-Blue Väse: A Reminiscence about Vladimir Nabokov."*Wellesley Alumnae Magazine,* Fall 1977, 25-26.

Mason, James. *Before I Forget.* London: Hamish Hamilton, 1981.

Meyers, Jeffrey. "The Bulldog and the Butterfly: The Friendship of Edmund Wilson and Vladimir Nabokov." *The American Scholar*, (Summer 1994) ??

Mizener, Arthur. "Professor Nabokov." *Cornell Alumni News,* September 1977, 56.

Morozov, Tatiana. "Pamyati Iriny Yurievny Guadanini."*Russkaya mysl',* May 12, 1977.

Nabokov, Dmitri Vladimirovich. "Close Calls and Fulfilled Dreams: Selected Entries from a Private Journal."*Antaeus* 61 (Autumn 1988): 229-323.

——. "Did He Really Call His Mum Lolita?"*Observer,* April 26, 1987.

——. In Donoghue, "VN: The Great Enchanter."

——. "A Few Things that Must Be Said on Behalf of Vladimir Nabokov."In Rivers and Nicol, 35-42.

——. "History-to-Be: The Tale of the Nabokov Archive." *The Nabokovian*, 29 (1992), 9-16; rpt., *Biblion: The Bulletin of the New York Public Library*, N. S. 1 (1992), 7-14.

——. Introduction to *SL,* ix-xviii.

Nabokov, Dmitri Vladimirovich. "Nabokov." Letter to Editor. *TLS,* January 6, 1978.

——. "Nabokov and the Theater."In *MUSSR,* 3-26.

——. "On a Book Entitled *The Enchanter.*"In *The Enchanter* by VN, 97-127.

——. "On Revisiting Father's Room."*Encounter,* October 1979. Repr. In Quennell, 126-36.

——. “A Rejoinder. ”*National Review,* January 30, 1987, 42-43.

——. “Translating with Nabokov. ”In Gibian and Parker, 145-77.

Nabokov, Dmitri, Gilles Barbedette and Gennady Barabtarlo. “In Memoriam Véra Nabokov. ”*The Nabokovian*, 26 (1991), i-x.

Nabokov, Nicolas. *Bagazh: Memoirs of a Russian Cosmopolitan.* New York: Atheneum, 1975.

Nabokov, Sergey S. In Donoghue, “VN: The Great Enchanter. ”

Nabokov, Véra. In Donoghue, “VN: The Great Enchanter. ”

——. Letter to Editor. *Russkaya mysl',* July 6, 1978, 10.

——. Letter to Editor. *Russkaya mysl',* December 13, 1985, 14.

——. Letter to Editor. *Insight,* December 22, 1986.

——. “Predislovie. ”In *Stikhi* by VN. Ann Arbor: Ardis, 1979, 3-4.

Nabokov, Véra and Dmitri. Letter to Editor. “Novel with Cocaine. ”*TLS,* December 20, 1985, 1455.

Nabokov, Véra and Gennady Barabtarlo. “A Possible Source for Pushkin's ‘Queen of Spades. ’ ”*Russian Literature Triquarterly*, 24 (1991), 43-62.

Nakhimovsky, Alexander, and Slava Paperno. *An English-Russian Dictionary of Nabokov's Lolita.* Ann Arbor: Ardis, 1982.

Nekrasov, Viktor. “Beseda v ‘Grand-Otele. ’ ”*NRS,* April 10, 1983, 5.

“Neopublikovannye avtografy iz Chukokkala. ” *Nashe Nasledie,* 10 (1989: IV), 71.

Nicol, Charles. “Pnin's History. ”*Novel,* Spring 1971, 197-208. Repr. *Critical Essays on Vladimir Nabokov,* ed. Phyllis Roth. Boston: G. K. Hall, 1984, 93-105.

Niven, David. *Go Slowly, Come Back Quickly.* Garden City, N. Y. : Doubleday, 1981.

Noel, Lucie Léon. “Playback. ”In Appel and Newman, 209-19.

Nosik, Boris. *Mir i dar Vladimira Nabokova*. Moscow: Penaty, 1995.

Obolensky, Vladimir. “Krym v 1917-1920 g. g. ”*Na chuzhoy storone* 5 (1924): 5-40; 6 (1924): 53-72; 7 (1924): 81-110.

Ofrosimov, Yuri. “Pamyati poeta. ”*NZ* 84 (1966): 290-93.

Oliver, Edith. “Notes on a Marginal Friendship. ”In *An Edmund Wilson Celebration,* ed. John Wain. Oxford: Phaidon, 1978, 3-16.

Orndorff, William. “Lolita's Home?”Letter to Editor. *Cornell Alumni News,* February 1984.

Ossorguine-Bakounin, Tatiana. *L'emigration russe en Europe: Catalogue collectif des périodiques en langue russe, 1855-1940.* Paris: Institut d'etudes slaves, 1976.

Ostrogorsky, Aleksandr. “Pamyati Knyazya V. N. Tenisheva. ” In Pamyatnaya knizhka Tenishevskogo Uchilishcha v S. – Peterburge za 1901-2 i 1902-3 uchebn. gg. St. Petersburg: 1905.

“Pamyati Yu. I. Aykhenval'da. ”*Nash vek,* January 1, 1932, 5.

Paperno, Slava, and John V. Hagopian. “Official and Unofficial Responses to Nabokov in the Soviet Union. ”In Gibian and Parker, 99-117.

Parker, Stephen Jan. “In the Interest of Accuracy. ”*Cornell Alumni News,* March

1981, 13-14.

——. "Nabokov in the Margins: The Montreux Books." *Journal of Modern Literature*, 14 (1987), 5-16.

——. "Professor Nabokov: A Review Essay." *Vladimir Nabokov Research Newsletter* 8 (Spring 1982): 38-45.

——, ed. "Vladimir Nabokov." In *Dictionary of Literary Biography: Documentary Series*, 3 (1983), 177-250.

Parry, Albert. "Chitateli pishut." *NRS,* September 10, 1978.

——. "Pamyati Vladimira Nabokova." *NRS,* July 9, 1978, 2.

Pascal, Naomi. "A Reminiscence of Nabokov at Wellesley." Nabokov-L Bulletin Board, July 10, 1995.

Paul, Sherman. *Edmund Wilson: A Study of Literary Vocation in Our Time.* Urbana: University of Illinois Press, 1965.

Pavarotti, Luciano. *Pavarotti: My Own Story.* With William Wright. Garden City, N. Y.: Doubleday, 1981.

Peterson, Ronald E. "Time in *The Gift.*" *Vladimir Nabokov Research Newsletter* 9 (Fall 1982): 36-40.

Pifer, Ellen. *Nabokov and the Novel.* Cambridge: Harvard University Press, 1980.

Poltoratzky, N. P., ed. *Russkaya literatura v emigratsii: Sbornik statey.* Pittsburgh: University of Pittsburgh Press, 1972.

Proffer, Carl R. *Keys to Lolita.* Bloomington: Indiana University Press, 1968.

——. "A New Deck for Nabokov's Knaves." In Appel and Newman, 293-309.

——. *The Widows of Russia and Other Writings.* Ann Arbor: Ardis, 1987.

Proffer, Ellendea. "Nabokov's Russian Readers." In Appel and Newman, 253-60.

Prokosch, Frederick. *Voices: A Memoir.* New York: Farrar Straus Giroux, 1983. (Invented"memoir"of VN.)

——, ed. *Vladimir Nabokov: A Pictorial Biography.* Ann Arbor: Ardis, 1991.

Quennell, Peter, ed. *Vladimir Nabokov: A Tribute.* London: Weidenfeld & Nicolson, 1979.

Quine, W. V. *The Time of My Life: An Autobiography.* Cambridge: MIT Press, 1985.

Raeff, Marc. "Russian Culture in Emigration." Unpublished TS.

Raevsky, Nikolay. "Vospominaniya o Vladimire Nabokove." *Prostor* 2 (February 1989): 112-17.

Rampton, David. *Vladimir Nabokov.* Cambridge: Cambridge University Press, 1984.

Reichard, Gladys, Roman Jakobson, and Elizabeth Werth. "Language and Synesthesia." *Word* 5 (August 1949).

"Remembering Nabokov." Reminiscences by Meyer H. Abrams, Alison Bishop, William L. Brown, Jr., J. Milton Cowan, Ephim Fogel, John G. Franclemont, and Peter Kahn. In Gibian and Parker, 215-33.

Ricks, Christopher. "Nabokov's Pushkin." *New Statesman,* December 25, 1964, 995.

Rivers, J. E. "Proust, Nabokov, and *Ada.*" In Phyllis Roth, ed. Critical Essays on

Vladimir Nabokov. Boston: G. K. Hall, 1984.
Rivers, J. E. , and Charles Nicol, eds. *Nabokov's Fifth Arc: Nabokov and Others on His Life's Work.* Austin: University of Texas Press, 1982.
Rosenblum, Michael. "Finding What the Sailor Has Hidden: Narrative as Patternmaking in *Transparent Things. "Contemporary Literature* 19 (1978).
Rowe, William Woodin. *Nabokov's Spectral Dimension.* Ann Arbor: Ardis, 1981.
Rozental', Lazar. "Neprimechatel'nye dostovernosti. "*Nashe nasledie*, 1991: 1, 103-08.
Sale, Roger. *Chicago Sun-Times,* October 25, 1981.
Sarton, May. *The Fur Person.* 1957: repr. New York: Norton, 1978.
Scammell, Michael. *Solzhenitsyn: A Biography.* New York: Norton, 1984.
Schapiro, Leonard. Preface to *Writers in Russia: 1917-1978,* by Max Hayward. Ed. Patricia Blake. New York: Harcourt Brace Jovanovich, 1983.
Sedykh, Andrey. "U V. V. Sirina. "*NRS,* December 5, 1982.
Sexton, David. "Nabokov in Trinity. "*Trinity Review,* 1980, 8-9.
Shakhovskoy, Zinaida. "Le Cas Nabokov, ou la blessure de l'exil" [as Jacques Croisé]. *La Revue des deux mondes,* August 15, 1959.
——. *La folle Clio.* Paris: Presses de la Cité, 1966.
——. *Une Manière de vivre.* Paris: Presses de la Cité, 1965.
——. *Otrazheniya.* Paris: YMCA, 1975.
——. "Pustynya. "*NZ* 111 (June 1973): 27-33.
——. "V. I Pol' i ' Angel'skie stihi' VI. Nabokova." In Shakhovskoy et al., *Russkiy al'manakh,* 230-35.
——. *V poiskakh Nabokova.* Paris: La presse libre, 1979.
——. [Untitled]. *Russkaya mysl',* December 29, 1977, 8.
Shakhovskoy, Zinaida, René Guerra, and Eugene Ternovsky, eds. *Russkiy al'manakh.* Paris, 1981.
Shapiro, Gavriel. *Delicate Markers: Subtexts in Vladimir Nabokov's Invitation to a Beheading,* New York: Peter Lang, 1998, 9-29.
Shcherbina, V. R. *Literaturnoe nasledstvo.* Vol. 84: *Ivan Bunin.* Moscow: Nauka, 1973.
Shumikhin, S. V. "Pis'mo Very i Vladimira Nabokovykh Yu. I. Aykhenval'du." *Nashe nasledie* 2 (1988): 113.
Skonechnaya, O. "Nabokov v Tenishevskom uchilishche. "*Nashe nasledie*, 1991: 1, 109-12.
Smith, Gerald S. "Nabokov and Russian Verse Form. "*Russian Literature Triquarterly* 24 (1991): 271-305.
Solzhenitsyn, Alexander. "Novy mir. "1998: 9, 47-125.
Spoto, Donald. *The Dark Side of Genius: The Life of Alfred Hitchcock.* Boston: Little, Brown, 1983.
Spravochnaya knizhka Tenishevskogo Uchilishcha. Petrograd: Tenishev Uchilishche, 1915, 5.
Stanford University Bulletin. Fiftieth Annual Register: 1940-1941. Stanford: Stanford University, [1940].

Stark, Vadim. "V. Sh. ili muza Nabokova." *Iskusstvo Leningrada* (March 1991), 17-25.

Stegner, Page. *Escape into Aesthetics: The Art of Vladimir Nabokov*. New York: Dial Press, 1966.

Strannik. *See* Ioann, Archbishop.

Struve, Gleb. "Dnevnik chitatelya: K istorii russkoy zarubezhnoy literatury: Ob odnom maloizvestnom zhurnale." *NRS,* June 5, 1979.

——. "Dnevnik chitatelya: Pamyati V. V. Nabokova." *NRS,* July 17, 1977, 5, 8.

——. "Iz moikh vospominaniy ob odnom russkom literaturnom kruzhke v Berline." *NRS,* October 4, 1981. Repr. in *Tri yubileya Andreya Sedykh,* ed. Leonid Rzhevsky. New York: Literaturnyy Fond, 1982, 189-94.

——. "K smerti V. V. Nabokova." *NRS,* August 7, 1977, 5.

——. *Russkaya literatura v izgnanii*. 1956; 2d ed., Paris: YMCA, 1984.

Struve, Nikita. "K razgadke odnoy literaturnoy tayny: *Roman s kokainom* M. Ageeva." *Vestnik russkogo khristianskogo dvizheniya* 144 (1985): 165-79.

——. *Ossip Mandelstam*. Paris: Institut d'etudes slaves, 1982.

——. "Spor vokrug V. Nabokova i *Roman s kokainom.*" *Vestnik russkogo khristianskogo dvizheniya* 146 (1985): 156-75.

Sukenick, Ronald. *Down and In: Life in the Underground*. New York: Beech Tree Books, 1987.

Sweeney, Susan. [Untitled note.] *Nabokovian* 16 (Spring 1986): 14-15.

Szeftel, Marc. "*Lolita* at Cornell." *Cornell Alumni News,* November 1980, 27-28.

Tammi, Pekka. *Problems of Nabokov's Poetics: A Narratological Analysis*. Helsinki: Academia Scientiarum Fennica, 1985.

Timashev, Nikolay. "M. M. Karpovich." *NZ* 59 (1959): 192-95.

Tolstoy, Alexandra. *Out of the Past*. Trans. and ed. Katherine Strelsky and Catherine Wolkonsky. New York: Columbia University Press, 1981.

Trachtenberg, Jakow. *Lehrbuch der russischen Sprache in der neuen Orthographie zum Selbstunterricht*. Berlin, 1927.

Trahan, Elizabeth Welt. "Laughter from the Dark: A Memory of Vladimir Nabokov." *Antioch Review* 43 (Spring 1985): 175-82.

Trevelyan, G. M. *Trinity College: An Historical Sketch*. Cambridge: Trinity College, 1943; repr. 1983.

Trilling, Lionel. "The Last Lover." *The Griffin,* August 1958.

Triquarterly, Special Nabokov Issue, 17 (Winter 1970). Repr. as Appel and Newman.

Tsvetaeva, Marina. "Poet o kritike." *Blagonamerennyy* 2 (1926).

Updike, John. "Grandmaster Nabokov." *New Republic,* September 26, 1964, 15-18.

——. Introduction to *Lects*.

——. "Van Loves Ada, Ada Loves Van." *New Yorker,* August 2, 1969.

Ustinov, Peter. *Dear Me*. London: Heinemann, 1977.

Venn, J. A. *Alumni Cantabrigiensis*. Cambridge: Cambridge University Press, 1947.

Vestermann, William. "Nabokov's Second Fiancée Identified." *American Notes and Queries,* September-October 1985.

Vishnyak, Mark. *Gody emigratsii, 1919-1969, Paris-New York.* Stanford: Hoover, 1970.

——. *"Sovremennye zapiski": Vospominaniya redaktora.* Bloomington: Indiana University, School of Slavonic and East European Studies, 1957.

"Vladimir Nabokov—A Profile." *The Last Word* (Wellesley), April 1943, 19-21.

"Vladimir Nabokov Visits Spelman." *Spelman Messenger,* November 1942, 5-9.

Vrangel, Baroness Ludmila. *Vospominaniya i starodavnie vremena.* Washington, D. C.: Victor Kamkin, 1964.

Weaver, Warren. *Alice in Many Tongues: The Translations of Alice in Wonderland.* Madison: University of Wisconsin Press, 1964.

Weeks, Edward. "The Peripatetic Reviewer," *Atlantic Monthly,* January 1967.

Weidle, Vladimir. "Pervaya *Lolita.*" *Russkaya mysl',* December 29, 1977, 9.

Weinstein, Randy F. *Lives of Works that Matter.* Southfield, Mass.: privately printed, 1989.

Wes, Marinus A. *Michael Rostovtzeff, Historian in Exile: Russian Roots in an American Context.* Stuttgart: Franz Steiner Verlag, 1990.

Wetzsteon, Ross. "Nabokov as Teacher." In Appel and Newman, 240-46.

——. "Vladimir Nabokov: A Student's Recollection." *Cornell Alumni News,* February 1968, 12-15.

Williams, Robert C. *Culture in Exile: Russian Emigrés in Germany.* Ithaca: Cornell University Press, 1972.

Wilson, Edmund. *The Fifties: From Notebooks and Diaries of the Period.* Ed. Leon Edel. New York: Farrar, Straus, and Giroux, 1983.

——. *The Forties: From Notebooks and Diaries of the Period.* Ed. Leon Edel. New York: Farrar, Straus, and Giroux, 1983.

Wilson, Edmund. *Letters on Literature and Politics, 1912-1972.* Ed. Elena Wilson. New York: Farrar, Straus, and Giroux, 1977.

——. Letter to Editor. *New Statesman,* January 5, 1968.

——. Letter to Editor. *NYRB,* February 17, 1966.

——. "The Strange Case of Pushkin and Nabokov." *NYRB,* July 15, 1965, 3-6.

——. *Upstate: Records and Recollections of Northern New York.* New York: Farrar, Straus, and Giroux, 1971.

——. *A Window on Russia.* London: Macmillan, 1973.

Winer, Bart. In Donoghue, "VN: The Great Enchanter."

Wisconsin Studies in Contemporary Literature, Special Nabokov Issue, Spring 1967. Repr. as *Nabokov: The Man and His Work,* ed. L. S. Dembo. Madison: University of Wisconsin Press, 1967.

Zaleski, Philip. "Nabokov's Blue Period." *Harvard Magazine,* July-August 1986, 34-38.

Zenzinov, Vladimir. "Pamyati I. I. Fondaminskogo-Bunakova." *NZ* 18 (1948): 299-316.

Zimmer, Dieter. "The Banana Was a Pineapple," *Nabokovian,* 27 (1991), 37-38.

——. "The Germans at Vyra, "*Nabokovian*, 27 (1991), 38-40.

——. *A Guide to Nabokov's Butterflies and Moths*. Hamburg: [privately printed], 1996.

——. "Nabokov's Lepidoptera: An Annotated Multilingual Checklist. "In Michel Sartori, ed. , *Les Papillons de Nabokov*. Lausanne: Musée cantonal de Zoologie, 1993.

Zveers, A. , ed. "Perepiska I. A. Bunina s M. A. Aldanovym. "*NZ* 155 (184): 131-46.

索 引

（索引页码为原书页码,即本书的边码）

生平与性格:

作品:

译后记

一般说来,后记往往有点像影片的片尾,生动活泼的画面忽然间变成了单调的、机械滚动的字幕,尽管制片人对演职员、赞助商等种种信息详细交代,唯恐遗漏,但观众大多早已起身离场。那些依然能够安静地坐在池子里,听着与主题相关或无关的片尾曲,望着一排排滑过去的名字,直到“剧终”的字样在让人觉得晃眼的灯光照耀下消失于银幕才走开的人,要么是“利益攸关方”,要么是真正的影迷,要么就是果戈理笔下那对着马车轱辘发呆的农民。不过,照纳博科夫的说法,发呆是“生存还是毁灭之沉思的原始形式”。

经过二十个月的艰苦努力,完成了这部对本人而言体量比较大的译著之后,我其实是有许多话要说的。从 2007 年 9 月 3 日魏东先生打电话跟我商谈此书的翻译至今,家事国事、身内身外,我亲历、目睹了太多的离合悲欢、失望希望。这样,翻译《纳博科夫传》于我除了是一种久存的心愿与责任外,有时还是一种寄托,甚至是一种强迫性的情感转移。坦率地说,我对这本传记非常用心,翻译过程中,为之歌哭泪笑的时候也有过。我沉湎很深时，妻子都有些担心，她逼着我跟她到超市去换换脑子，可在我眼里，那些促销的广告牌、琳琅的货架和推着购物车在商场晃悠的顾客都不真实，倒是柏林街头的电车、波罗的海的海滩、费奥多尔和济娜站在朦胧路灯下的形象让我觉得亲切，仿佛就在眼前。

但是，不管怎么投入，我必须面对许多麻烦，首先是文本方面的麻烦。开始翻译时，我依据的是普林斯顿大学出版社 1990 年的版本。译完第一部分后，我与作者布赖恩·博伊德取得了联系，他寄来了他 1991 年 4 月 17 日到 1996 年 6 月 30 日期间对原作所做的修订文本，从正文各章到注释、索引都有增删修改，电子文本的页面有 46 页之多。如何把众多修订的内容组织到原有文本之中，并相应地调整注释顺序、索引页码，就成了异常棘手的问题。进入校对阶段时，这样的问题变得更突出，为了落实译文的某个字句或数字，需要前后反复查对，比较原文本与修订本，这样的工作有时真令人绝望。（细心的读者会发现，原书页码即现在的边码缺少页 52、53、59、60 等，而页 57 等则相对较长或较短。另外，根据作者建议，原来放在《美国时期》卷的“文献目录”现在移到了本卷。）

其次就是语言障碍，特别是法语、德语以及拉丁字母转写的俄语。至于大量人名、地名、鳞翅目昆虫术语以及纳博科夫作品本身造成的难度就更不用说了。

因此，当我现在终于可以摘下面具、摆脱镣铐、自诉心志的时候，我首先要感谢广西师大出版社的编辑魏东先生，他的文学热情、使命感和责任心深深地打动了我。我与他素昧平生，他确定选题后听网友 drunkdoggy 推荐选择了我，看了我的几段文字后便毫不动摇地信任我，不屈不挠地催促我，没有他的信任与催促，我不可能这么快完成译稿。此外,他还为我提供了相关书籍,甚至在上海译文出版社的编辑面前为我说项。编辑过程中,他除了每个环节都极其认真外,还主动承担了索引部分的校译、核对工作,为我减轻了许多负担。他的细心和严谨使我的译文减少了不少错漏,我从心底对他表示感谢。

我要感谢本书作者布赖恩·博伊德先生,他不但欣然应约撰写了中文版序,提供了修订文本,使得中译本能够反映作者最新的传记研究成果,最近还给我发来了《纳博科夫传:美国时期》的俄文版注释扫描件,他是希望为我免却将拉丁字母转写的俄文再转写回去、另行翻译而造成的麻烦和可能的讹错。尽管扫描件对现在的我来说意义难以实现,但相信对下一卷的译者会有莫大的帮助,它更体现了作者对译者的关心体恤。需要特别一提的是,我在翻译过程中遇到一些知识及语言难点向博伊德先生求助时,他不厌其烦,详为释疑解惑,这大大增加了我对译文的信心。

上海译文出版社自 2005 年重译《洛丽塔》以来,已经先后重译或再版了纳博科夫的十一部小说和自传《说吧,记忆》等。这些译文都出自名家之手,是我学习的榜样。出于对翻译家前辈的尊敬,相关译文我都尽量直接采用(《说吧,记忆》和《防守》因为刚刚出版未及采用,其余也是我自己的翻译),在此,我对上海译文出版社及各位翻译家谨致谢忱。

我还要感谢黄黎娅小姐,她再次为我翻译了书中的德文字句。我的两个研究生吕梁和吴莹华分别学习俄文和法文,他们非常主动乐意地替我处理了许多的俄文及法文问题,并校读了部分译稿。客观地说,要将拉丁字母转写的俄文准确地译出来,对吕梁来说是困难的,但他很用心。有些他不敢确定的地方,我又请教了南京大学中文系的董晓老师。我对他们一并表示感谢。

最后，我要对多年来始终无怨无悔地伴着我的妻子高宏说一声谢谢。长期以来，她尽心尽力地承担着家务劳动，这次有机会直接参与我的翻译工作，更是感到兴奋。她先是帮我将博伊德的修订文本打印并按页剪裁，然后逐条夹到与原著对应的书页之中，为我省却许多麻烦；接着又帮我扫描了全部注释和索引，不但提高了我的翻译速度，而且避免了手工录入数字时的烦琐与错误；我在电子稿上修改的文字她又细心地在后寄过来的校样上一一反映。像她为我所做、所受的一切一样，她做这些工作时心中充满了爱意。毫不夸张地说，是她让我更深切地体味到了什么是爱，怎样去爱，如何去守护爱。我有理由相信，她会喜欢这部传记的。

本传记篇幅宏大，传论结合，历史、地理信息丰富，又涉及至少四种语言、多个学科，经过许多修订，这些都对译者的知识水平和耐心提出很大挑战。我愿意承担全部的文责，并乐于接受读者诸君的指教。

刘佳林
2009 年 5 月 15 日于上海